공공외교

이론과 사례

공공외교

이론과 사례

인　쇄 | 2020년　8월 14일
발　행 | 2020년　8월 24일

편저자 | 문경연·송기돈·박지연
발행인 | 부성옥
발행처 | 도서출판 오름
등록번호 | 제2-1548호 (1993. 5. 11)

주　소 | 서울특별시 중구 퇴계로 180-8 서일빌딩 4층
전　화 | (02) 585-9122, 9123 / 팩　스 | (02) 584-7952
E-mail | oruem9123@naver.com
ISBN　　978-89-7778-514-4　　93340

공공외교

이론과 사례

문경연·송기돈·박지연 편저

송기돈·박성용·강정석·조화림
문경희·임기대·마영삼·최현진
조현주·문경연·김유리·박지연

Public Diplomacy
Theories & Cases

Edited by
MOON Kyungyon · SONG Khee-Don · PARK Jiyoun

ORUEM Publishing House
Seoul, Korea
2020

"공공외교: 이론과 사례"를 편찬하며

한국은 2016년 공공외교법을 제정하고 그 이행기관으로 외교부와 한국국제교류재단(KF)을 지정하였다. 이에 따라 KF는 2018년 국내 주요 대학을 대상으로 공공외교 역량강화 대학 사업을 기획하였고, 전북대학교는 첫 시범대학으로 선정되어 2021년까지 3년에 걸쳐 교수들의 공공외교 분야에 대한 신진연구, 기존 전문영역과의 융합 촉진 그리고 대학생 및 석박사 과정의 학생들을 대상의 공공외교의 개념, 이론, 역사, 방법론, 국가별 사례, 이슈별 사례에 대한 강의와 연구를 수행할 수 있게 되었다.

전북대는 공공외교 역량강화대학 사업의 지속가능성을

고려하던 중, 공공외교와 관련한 개론서 부재를 인식하고 동 개론서 편찬을 2019~2020년 주요 사업으로 선정하였다. 이를 통해 공공외교에 대한 이론적 논의, 국가별 공공외교 정책 소개, 이슈 분야별 공공외교 사례 등 3개 분야 12명의 저자분을 모시고 "공공외교: 이론과 사례"를 발간하게 되었다.

동 개론서 발간은 KF의 적극적인 지원이 있었기에 가능하였다. 공공외교 역량강화대학 사업은 학부생 대상 공공외교 강의 개설이 사업의 주요 목적임에도 불구하고, 공공외교 교육의 확산과 지속가능성을 위해 관련 서적의 발간이 필요하다는 전북대의 의견을 적극 지지하고 필요한 재원을 지원해 주었다. 이러한 점에서 한국국제교류재단에 "공공외교: 이론과 사례"가 발간될 수 있도록 지원한 데 대해 집필진을 대표하여 감사의 마음을 전한다.

아울러, 12분의 집필진에게 감사의 인사를 전한다. 집필자들 중 일부는 공공외교가 본인의 전문 분야가 아님에도 불구하고, 자신의 전문영역을 공공외교적 관점에서 재해석하고 이론적 융합의 가능성을 찾기 위해 고민해 주신 데 대해서 감사드린다. 아울러 원고를 꼼꼼히 감수해주신 전북대 정치외교학과 송기돈 교수님과 국제인문사회학부 박지연 교수님께 감사드리며, 개론서 발간에 필요한 아낌없는 행정지원을 해준 오지은 조교와 전도인 팀장(전라북도지속가능발전협의회)에게도 감사의 마음을 전한다. 또한 개론서의 편집, 디자인, 구성 등에 관한 까다로운 요구를 모두 수용해주고 오히려 적극적인 의견을 제시해준 도서출판 오름의 부성옥 이사께도 감사의 인사를 전한다.

2016년 공공외교법이 시행된 이래로 동 분야에 대한 전문서적 발간의 필요성에 대한 인식이 확산되고 있다. 하지만 공공외교가 학문적 영역을 넘나드는 융복합적 성격을 가진다는 점에서 개론서 발간이 쉽지 않은 도전 과제임을 확인하였다. 아무쪼록 KF-전북대 공공외교 역량강화대학 사업단의 "공공외교: 이론과 사례"가 공공외교에 관심있는 연구자 및 학생들에게 유용한 자료가 되었으면 하는 바람이다.

2020년 7월
편저자 대표 문경연

차례

제4장　　**국가 브랜딩과 공공외교**　| 221　　　　　　강정석

제2부 국가별 공공외교 정책과 특성

제7장　　아프리카 공공외교의 안팎과 미래　| 353　　임기대

제3부 공공외교 사례

제1부 공공외교 이론

제1장
공공외교의 개념적 이해

송기돈 ● 전북대학교

창설적 정의	국가·비국가의 정의
학술적 정의	공공외교와 공공(성)
공공외교와 외교	

I. 들어가며

전문가들 사이에서 주로 논의되어 온 '국제관계' '외교정책' '외교'와 같은 개념들이 이제는 일반 대중들에게도 낯설지 않은 친숙한 용어가 되었다. 특히 '외교'의 경우에도 다자외교, 인권외교, 환경외교, 디지털외교, 지방외교 등 다양한 외교양식들diplomacies이 분출했음에도 대개는 이런 용어들에 대한 이해도가 비교적 높은 편이다. 지구화와 정보화의 확산으로 인해 국제 행위자 및 문제영역들 간의 상호연결성이 커지면서 대중들의 삶과 관련되는 외교적 접근방식들이 일상적인 주제로 다가왔기 때문일 것이다. 그러나 외교의 양식들 가운데 '공공외교public diplomacy'의 경우는 어떨까? 일반 대중은 말할 것도 없고, 심지어는 국제관계 전문가들 가운데도 공공외교의 정확한 의미와 내용을 이해하고 있는 경우가 예상보다 많지 않을 것이다. 오히려 번역어로서 '공공외교' 대신 '대중외교' 또는 '공중외교'라고 소개되었다면 사정은 달라졌을지도 모른다.

2007년 미국의 워싱턴 D.C. 소재 국가안보·국제문제 전문 세계정치대학원The Institute of World Politics은 학자 및 실무자들의 발언과 의회 또는 행정부 관련 기관들의 공식문서 등을 통해, 기원전 6세기부터 당시까지 공공외교를 직·간접적으로 관찰할 수 있는 자료들을 인용사전의 형식으로는 거의 유일하게 정리하고 있다. 이 자료는 공공외교의 개념 정의와 목적 외에도, 미국적 전통, 관념과 가치의 위력, 진정성과 신뢰성, 문화외교, 인도주의적 공공외교, 종교와 공공외교, 공공외교 임무로서의 방송, 어휘와 언어, 심리학적 기획과 전략, 선전과 대응선전, 정보와 공공문제의 통합, 9.11테러 이후의 공공외교, 기술의 도전과 기회, 시민 공공외교(관), 공공외교 관련 법률 등 17개 관찰영역에 걸쳐 모두 163개의 인용문으로 구성되어 있다.Waller 2007

심지어는 공공외교의 개념 정의와 목적만 하더라도 외국대중에 대한 정보 제공과 영향력 행사, 대중의 말과 행동, 정부와 비정부 사이의 초국적 상호작용, 관념의 개방적 교환, 국가이익과 국가안보의 증진, 외교정책 활동의 새로운 차원, 외교정책 목표에 대한 지원 수단, 국제적인 정치적 주창, 전통외교에 대한 보충과 강화, 이념적 추세의 형성을 위한 전략적 도구, 공공문제와의 비교, 전략적 소통의 구성 요소, 심리적 전략의 필수적 요소, 그리고 공공외교의 전략적 지주별로 다양하게 접근하고 있을 정도로 매우 복잡하다.

이러한 복잡한 구성에서 보듯, 공공외교의 개념을 이해하는 일이 매우 혼란스러울 것으로 예상됨은 너무 당연한 것이 아닌가 싶을 정도이다. 개념에 대한 인식과 강조되는 초점이 다양하여 개념 정의에 관한 합의가 형성되어 있지 않고, 현재 공공외교 학자와 실무자들 사이에서도 다양한 의견 격차가 존재하고 있다. 이러한 복잡성과 한계에도 불구하고 공공외교는 일반적인 전통외교를 실행함에 있어 최근 점차 중심적인 위상을 강화시켜 왔다고 볼 수 있다. 또한 그간 학계에서는 미국을 중심으로 한 서방세계 학자들의 견해가 지배적이었으나, 지금은 세계 각 지역에서 관련 연구들이 급속히 확산되어 더욱 다원화된 지형을 형성해 가고 있다.

이런 배경을 고려하여, 이 장은 공공외교의 개념적 이해를 위해 다양한 측면에서의 관찰을 시도하고자 한다. 첫째, II절에서는 공공외교의 창설적 개념 정의를 검토한 후 이 개념이 현재 어떤 수준으로 존재하고 있는가를 확인할 것이다. 둘째, III절에서는 공공외교를 실제로 수행하는 행위주체의 차원에서 미국을 중심으로 한 주요 국가들과 비국가 주체로서 정부 간 국제기구 및 NGOs가 표명하는 실제적인 개념 인식을 다루게 될 것이다. 셋째, IV절에서는 여러 학문분야의 학자들이 제시한 학술적 개념 정의들을 검토한 후, 공공외교에 있어 '공공'과 '외교'가 각각 무엇을 의미하며, 이에 대한 확대된 해석을 통해 공공외교 개념에 대한 보다 분석적이고 체계적 이해를 위한 방향을 제시해 보고자 한다.

II. 공공외교의 창설적 개념 정의

공공외교에 대한 최초의 체계적인 개념 정의는 1965년 미국 터프츠대학의 법률·외교대학(원)인 플렛춰스쿨(The Fletcher School of Law & Diplomacy, 1933년 설립)의 걸리온Edmund A. Gullion 학장이 공공외교연구소Edmund A. Murrow Center for Public Diplomacy의 설립을 계기로 제시한 것으로서, 이를 창설적 개념 정의로 명명하고자 한다.

> 공공외교는 "정부, 사적 집단 및 개인들이 타국의 외교정책 결정에 영향력을 행사하는 것과 같은 방식으로, 외국의 공중 및 정부의 태도와 의견에 영향을 발휘하려는 수단들"로서, 이 개념의 강조점 및 배경은 "첫째, 국가·정부에 의해 대표되는 국민들의 이익 증진과 가치 고양을 위해 타국의 국민들과의 직접적인 관계 설정의 과정, 둘째, 자국의 국가 목표·정책 및 사상·이상·제도·문화에 대한 이해 증진을 위해 정부가 타국의 국민과 소통하는 과정, 셋째, 미국 중심적 개념으로서 미국의 국익을 증진하기 위해 외국 대중들과의 공통의 비전·희망·번영을 제공한다는 것"이었다(USC CPD, 2006).

이 개념 정의는 공공외교의 주체, 목적, 접근방식, 그리고 미국적 특수성 등 비교적 균형적으로 구성되어 있다. 특히 주체의 경우 정부 및 비정부 주체들까지 구분한 것은 현대의 개념 정의와 거의 동일하며, 목적의 경우 상대국 공중과 정부의 태도·의견에 영향을 미쳐 궁극적으로는 외교정책 결정에까지 영향력을 발휘하여 국익을 증진한다고 한 것은 오늘날의 일부 정의에 비해서도 상대적으로 진화된 견해로 평가할 수 있다. 또한 관계 설정과 이해 증진 및 소통이라는 접근방식을 제시하고 있음은 공공외교에 있어 커뮤니케이션의 포괄적 과정을 거의 모두 제시하고 있어 비교적 모범적인 개념 정의라 할 수 있다.

그럼에도 불구하고 세 번째의 표현은 "냉전 시기 미국의 생활방식을 타국 국민들에게 알리려는 목적으로 행해진 일체의 외교활동"이라는 지적이 있듯이,Melissen 2007, 6 제1차 세계대전 이후 탈냉전 초기에 이르기까지 미국 공공외교의 특수성, 즉 미국 주도의 일방향적인 대외 공보나 정보 제공이 주류였다는 점을 시사하고 있다. 당시 동·서 진영 간 이념적 투쟁의 과정에서 미국과 소련 정부 모두 상대국 및 전 세계 공중들을 상대로 자국의 이념적 독트린의 우월성을 과시하려고 노력했다는 점이 이를 반영하고 있다. 또한 미국이 외국 공중에게 관여하는 방식들에 관해서는 비교적 구체적이지만, 외국 공중이 자국의 공공외교 수행과정에 영향을 미치는 것과 같은 상호적 관계 설정이나 미국의 국내 공중에 대한 관여 등이 빠져 있음은 현대의 기준으로 볼 때 다소 미흡하다고 할 수 있다.

이듬해인 1966년 동 연구소의 안내 자료에는 공공외교의 개념 정의가 다음과 같이 제시되어 있다.

"걸리온이 제시한 '공공외교' 개념은 외교정책(foreign policies)의 형성 및 집행에 대해 공중들의 태도가 미치는 영향을 다루고 있다. 여기에는 전통외교(traditional diplomacy)를 넘어선 국제관계의 여러 차원들, 즉 정부들에 의한 타국 여론의 계발, 국가들 간 사적 집단 및 이해관계와의 상호작용, 대외 문제와 이것이 정책에 미치는 영향에 관한 보고, 외교관 및 해외통신원들과 같은 커뮤니케이션 직업을 가진 사람들 간의 의사소통(communication), 그리고 문화 간 소통이 포함된다. 공공외교의 중심에는 정보(information)와 관념(ideas)의 초국 적 흐름이 자리 잡고 있다"(The Edmund A. Murrow Center for Public Diplomacy 웹자료).[1]

이 정의에서는 걸리온의 정의와는 달리 공공외교를 수행하는 핵심 주체가 명시되어 있지 않은 채, 주로 공공외교가 다루는 문제 영역들을 중심으로 구성되어 있음을 알 수 있다. 그러나 그 주체 가 국가의 중앙정부임을 쉽게 추정할 수 있고, 정부 대 정부 관계 로 진행되어 온 전통적인 주류 외교가 다루지 않았거나 또는 경시 해 온 국제관계의 문제영역들을 보다 구체화했으며, 특히 정부의 독점적 영역이었던 외교정책과의 관계를 보다 명시화했던 점이 걸리온의 정의와 비교될 수 있다. 따라서 한 국가의 외교정책에 영향을 미치는 공중들의 태도에 역점을 두면서, 이 문제를 관리하 기 위한 '여론' '의사소통' '정보'와 같이 현재까지도 공공외교 논의 에서 빈번히 등장하는 접근방식들 중 미시적 차원까지 비교적 상 세하게 등장하고 있음에 주목할 필요가 있다.

그러나 실제로 1965년 직전만 하더라도, 동 연구소의 소장으 로 내정되어 있던 것으로 알려진 머로우Edward R. Murrow의 발언 속

---

1 이 자료는 현재 동 연구소에는 남아 있지 않아 찾기 어려우며, USIA Alumni Asso-ciation 웹사이트와 Waller(2007, 23)에서 확인할 수 있음.

〈참고 1-1〉 공공외교의 창설 연구소 및 관련 인물들
The Edward R. Murrow Center of Public Diplomacy(1965)

THE EDWARD R.
MURROW CENTER
FOR A DIGITAL WORLD
CYBER • MEDIA • PUBLIC DIPLOMACY

미국 언론인 Edward R. Murrow의 업적을 기려 설립된 공공외교연구소는, 1999년 클린턴 정부가 USIA를 국무부로 통합하면서 The Murrow Center for International Information & Communications로, 2015년에는 사이버·미디어·공공외교 분야를 포괄하여 디지털 세계 연구소로 개명하였음. 현재 연구소의 주요 연구 초점은 초국경 디지털 정보와 흐름이 외교, 뉴스매체, 글로벌 질서에 미치는 영향 등으로 구성되어 있음.

Edward R. Murrow(1908~1965)
미국 CBS의 언론인으로서, 미국의 뉴스방송을 구축한 인물 중 한 사람으로 McCarthy 유형의 극단적 마녀사냥에 대항하는 권리의 옹호자로 인정받음. 케네디-존슨 정부에서 USIA 처장을 역임하고 초대 연구소장직이 예정되었으나 그 전에 사망함.

Edmund A. Gullion(1913~1998)
신생국 콩고의 미국 대사(1961~64)를 마지막으로 국무부(1937~64)를 떠나, Tufts 대학교 Fletcher School of Law and Diplomacy의 학장(1964~78)을 맡으면서, 1965년 동 연구소의 설립을 계기로 공공외교의 체계적인 학술적 개념을 최초로 제시함.

에 창설적 개념 정의와 중복되는 내용들이 제시된 바 있다. 당시 미국 공공외교의 핵심적인 수행기관이었던 미국공보처USIA 처장의 자격으로 참석한 하원 대외문제위원회 청문회에서, 그는 다음과 같은 실무적 차원의 개념적 내용을 밝힌 바 있다.

"USIA의 유일한 목적은 미국 외교정책의 목표 달성을 더욱 진전시키는 것이다. …… 이를 위한 방식으로서, 하나는 이러한 목표들을 지원함에 있어 해외 공중의 태도에 영향을 미치는 것이고, 다른 하나는 현재 계획 중인 미국의 정책 및 프로그램들에 대한 외국의 여론에 담겨 있는 함의들에 관해 백악관 및 행정부처에 조언하는 일이다. 우리는 개인적 접촉, 라디오 방송, 도서관, 도서 발행과 배포, 언론, 영화, 텔레비전, 전시회, 영어 교육 등 다양한 소통 수단들을 통해 사람들의 사고에 영향을 미치고자 한다. …… 미국의 정책이 타국 국민·정부의 정책과 조화를 이루며, 미국의 삶과 문화 속에서 미국의 정책에 대한 공감적인 이해를 촉진시키는 측면들에 역점을 두는 방식들을 강조하는 바이다"(1963.3.28, Waller 2007, 25-26).

"과학, 전쟁, 소통, 교육 및 삶의 다른 측면들에서 동시에 발생하고 있는 20세기의 혁명적 상황들로 인해 외교의 실행에 있어서도 혁명적 변화가 초래되어 왔다. 외교정책의 활동은 이념적 또는 심리적인 새로운 차원을 보여 왔다. 그간 오랜 기간에 걸쳐 군사력과 경제력이 외교의 지주로서 작동해 왔으며, 오늘날에도 이들은 그러한 기능을 수행하고 있다. 그러나 이러한 혁명적 변화로 인해 최근에는 사람들의 열망에 대한 지도자들의 각성이 커짐과 함께, 정부에 대한 일반대중(masses)

의 영향이 증대됨으로써 외교정책 활동에 있어 새로운 차원들이 창출되어 왔다. 어떤 외교정책 목표들은 외국 정부보다는 외국 사람들을 직접 다룸으로써 추구될 수 있다. 현대의 다양한 커뮤니케이션 도구와 기법들을 사용함으로써, 국경 밖의 외국 대중들에게 정보를 제공하고, 그들의 태도에 영향을 미치며, 그들로 하여금 특별한 행동경로를 취하도록 동기를 부여하는 일이 가능해졌다. 이로써 대중 집단들이 자국 정부에 대해 눈에 띌만한, 심지어는 결정적인 압력까지 행사할 수 있게 되었다"(1964.4.27, Waller 2007, 26-27).

이러한 창설적 개념의 본질적 특성은, 걸리온 당시 공공외교 연구를 주도했던 터프츠대학에 이어, 현재 선도적인 연구기관으로 자리 잡은 미국 남캘리포니아대학USC 공공외교연구소CPD의 컬 Nicholas J. Cull에 의해서도 비슷한 내용으로 다시 확인되고 있다.[2] 컬은 2019년 9월에 열린 특별라운드테이블에서 공공외교를 "한 국가의 외교정책을 형성하고 수행하는 데 있어 대중의 태도가 미치는 영향"을 다루는 것으로 정의하면서, 공공외교가 전통외교를 초월한 국제관계의 여러 차원들, 즉 ①타국에서의 여론의 형성, ②각국의 사적 집단들 간의 상호작용, ③대외문제와 이들이 정책에 미치는 영향에 대한 보고, 그리고 ④다양한 국가들에 있어 특

---

2 현재 공공외교의 연구·교육에 있어 터프츠대 연구소의 정체성과 위상은 상대적으로 완화된 느낌이며, 2000년대 이후 미국의 USC-CPD를 비롯하여 조지워싱턴대학 공공 외교·글로벌커뮤니케이션연구소(IPDGC)와 네덜란드 국제관계연구소(Clingendael) 와 학술지 *The Hague Journal of Public Diplomacy* 등(2006~)이 주도하고 있는 상황임.

정 직업인들 간의 소통(예: 외교관, 외신기자 등)을 포함하고 있는 것으로서(US-PDAA 2019), 이들은 문화교류 및 교육교류 활동을 통하여 광범위한 공적이고 사적인 문화 간 소통을 반영하는 것으로 간주되고 있다.

그러나 걸리온이 제시한 공공외교는 실제로는 결코 새로운 용어가 아니며, 또한 이 용어를 채택한 것 자체가 공공외교와 관련된 기존의 활동들을 근본적으로 변화시켰다는 의미도 아니라는 게 학계의 일반적 해석이다. 즉 이러한 활동 중 다수가 이미 장기간에 걸쳐 존재했거나,[Hunt 2015, 18] "제2차 세계대전 이후 미국의 관료들이 미국의 이미지 형성을 위해 설계한 모든 구상들(문화·교육교류 활동과 국내·외 정보 프로그램)을 하나의 우산으로 결합하여 공공외교라는 매트릭스를 형성했다"는 것이다."[Hart 2013, 108, 225-226] 그러나 무엇보다도 경멸적인 의미로 인식되던 '프로파간다(propaganda/선전)'를 대체할 보다 긍정적인 용어를 찾는 과정에서 '공공외교' 용어가 만들어졌다는 것이 중론이다.[Gilboa 2016, 1298]

III. 공공외교의 실제적 개념 인식

1. 국가(정부) 주체의 공공외교 인식

공공외교에 대한 국가별 인식은 국제관계에 대한 관점, 역사적·현재적 상황 조건, 일차적인 우선사, 공공외교의 수행 목적, 그리고 수행 역량 등의 차이로 인해, 용어의 채택이나 강조점에 있어 다양한 차이를 보이고 있다. 공공외교의 국제화가 시작된 계기가

2001년 9.11테러인 점을 고려할 때, 대다수 국가들의 경우 이전의 부정적인 프로파간다 중심의 국가별 접근방식을 제외하고는, 정상적인 공공외교의 실행은 2000년대 이후의 현상이라 할 수 있다. 따라서 우선 1960년대 이후 미국을 중심으로 살펴본 후, 기타 국가들의 경우에는 2000년대 이후의 비교적 최근의 경향을 소개하고자 한다.[3]

그러나 걸리온 이후 미국 정부의 공공외교의 인식과 실행은 본래 설정한 목적, 접근방식, 내용 등에 상관없이 정부의 외국 공중에 대한 일방향적 관계 구축에 초점이 맞춰진 공공외교의 전통적 유형에 해당한다고 볼 수 있다. 핵심은 정보 제공과 일방향적 메시징을 통해 미국에 대한 외국 공중의 인식에 영향을 미침으로써 미국 외교정책의 목표를 달성하는 것에 있었다. 이런 부류의 개념 인식은 상대적으로 오바마 정부를 제외하고는 대체로 그러한 기조가 유지되었으며, 특히 트럼프 정부의 인식은 주로 국제테러와 폭력적 극단주의에 대응하려는 메시징에 거의 초점을 맞춤으로써 더욱 퇴행적이라 할 수 있다. 이는 20세기 상당 기간 미국 공공외교를 수행했던 USIA의 인식과 유사하거나, 오히려 더욱 전통형으로 회귀하고 있는 경향으로 보인다.

걸리온의 창설적 개념 정의 이후 미국의 정부 차원에서 지속적으로 제시되어 온 공공외교의 개념들을 보면, 〈표 1-1〉에서처럼 이러한 배경이 상당 부분 반영되어 있음을 알 수 있다.

---

3 국가별 개념 정의 또는 인식은 주로 Pamment(2013, 15-16; 2018, 1566), Cull(2009, 2), Snow & Cull(2020), 한국외교부 웹사이트를 중심으로 참조하여 내용을 추가하였음.

〈표 1-1〉 미국 정부 차원의 공공외교 개념 정의 또는 인식

정부 기관(인사)	공공외교 개념 정의 또는 인식
공공외교자문위원회 (USACPD) (1985)	외국 공중에 대한 미국 정책의 설명, 미국 사회·문화에 대한 정보 제공, 미국의 다양성에 대한 개인적 체험, 해외 여론의 평가를 통해 전통외교를 보충·강화하는 일
국무부 (1987)	타국의 여론에 대해 정보를 제공하거나 영향을 미칠 의도로 만들어진 정부 후원 프로그램
미국 해외공보처(USIA) 국무부통합준비위원회 (1997)	외국 청중에 대한 이해, 정보 제공, 영향력 행사, 미국 시민·제도와 외국 시민들 간의 대화를 통한 미국의 국익 증진 모색
국무부(1997) 공공외교·공공문제 차관 지명자	외국 청중에 대해 미국의 정책·행동·가치를 이해하도록 관여하고 정보를 제공하며 지원하는 일(전략적 지주: 관여, 교류, 교육, 역량강화)
공공외교자문그룹 (US-AGPD) (2003)	세계인들에게 정보 제공, 관여, 영향력 행사를 통해 미국의 국익을 증진시키는 일
국무부·USAID '변환외교' (2007)	미국에 대한 인식과 관련하여 외국 공중에게 정보를 제공하고 미국의 가치·이익·정책에 관한 전략적 소통으로서, 관여·원조·대화를 통해 사람·관념·정보의 쌍방향 흐름, 즉 상호적 학습 및 존중에 의해 규정되고 미국과 타국들 간의 평화적이고 생산적인 관계성을 창출할 수 있도록 설계된 과정
공공외교자문위원회 (US-ACPD) (2008)	타국의 대중이 미국의 외교정책 목표를 지지하도록 그들을 이해시키고 그들에게 영향을 미치려는 외교적 노력
국무부·USAID 4개년 외교·개발검토보고서 (QDDR) (2010)	미국 국민과 세계 파트너들과의 장기적 관계성을 지속시키기 위해 미국에 대한 인식을 전환하려는 노력으로서, 공공외교의 프로그램·자원·구조가 외교정책 목표를 지원하는 방식의 전략적 틀
미국 백악관 국가안보전략(NSS) (2017)	적대 세력들의 정책 관련 정보 및 심리적 측면에서의 잇점에 대한 이해 증진을 위해, 미국의 효과적인 대응·경쟁을 위한 역량 강화의 대안
국무부 공공외교· 공공문제차관실 (2017)	외국 공중에게 정보를 제공하고 영향을 미치며 미국 국민·정부와 타국 시민들과의 관계 확대 및 강화를 통해 미국 외교정책의 목표를 지원하고 국가이익과 국가안보를 증진시키는 활동

공공외교

유럽의 국가들 중 영국은 미국 다음으로 2000년대 초반 단기 간에 공공외교에 대한 검토작업을 집중적으로 단행하여 개념을 계속 조정해 온 대표적인 국가이다. 영국의 공공외교는 본래 메시 징을 통한 자국의 이미지·가치·정책의 대외적 투사 및 증진에 중점을 두었던 국가브랜딩 중심이었다. 그러나 9.11테러를 계기 로 2003년 공공외교 연구기관인 월튼파크The Wilton Park를 중심으로 영국에 대한 해외의 개인 및 조직들의 인식과 그들의 영국에 대한 관여에 긍정적인 방식으로 영향을 미치려는 방향으로 전환하였다. 2005년 '카터검토보고서Rord Carter's Review'를 통해서는 여타 세계와 의 견해 공유view sharing로, 그리고 곧바로 보다 효율적인 공공외교 정책을 위한 구조개혁의 차원에서 '공공외교이사회Public Diplomacy Board'가 주도한 전략·협업·책무성 영역에서의 신사고, '영국위원 회British Council'와 BBC World Service 주도의 관계구축을 위한 평 판, 그리고 2010년경에는 전략적 소통, 그리고 현재는 소프트파워 도 즐겨 사용하고 있으며, 영국위원회는 '문화관계cultural relations'와 '상호성' 개념을 상대적으로 선호하고 있다.

프랑스의 경우 지금은 공공외교의 한 양식인 '문화외교Diplomatie Cuturelle'에 있어 역사적으로 오랜 경험을 축적해 온 가장 대표적인 국가이다. 현재도 공공외교 개념보다는 문화외교 중심적 경향이 짙 으며, 이에 따라 자국 문화의 우수성을 앞세워 '영향력 외교Diplomatie D'Influence' 등의 의미가 크게 작용하고 있고, 소통의 경우에도 주로 주창적 성격이 강조되고 있으며, 다만 현재의 디지털 환경에 부응 하고자 '디지털외교Diplomatie Numerique' 등의 개념이 추가되어 있는 정도이다. 그러나 한편으로는 유럽연합 대외행동부EEAS의 공공외교 정책에 대한 고려, 다른 한편으로는 1990년대 이후 르완다 및 코트디브와르 내전 개입, 핵실험, 이라크 전쟁, 이슬람 문제(복장 문제 금지) 등과 관련하여 소통의 부재와 외부세계의 오인 등을 의식하여 공공외교의 필요성이 대두되었다. 이에 따라 영향력 외교와 공공외교와의 관계를 둘러싼 외교담론적 논쟁이 있었으나, 현재까지 정부 차원의 체계적인 정책기조가 발표된 적은 없다.

독일의 경우에는 공공외교와 관련된 다양한 용어와 개념 인식이 혼재되어 있는 대표적 사례에 해당한다. 공공외교의 독일어 번역어인 *Öffentlicke Diplomatie*를 비롯하여, 외교·외교정책의 '공공관계*Öffentlickeisarbeit*,' 일반적인 '대화와 협력' 등이 사용되고 있으며, 특히 1990년대까지는 괴테인스티투트Goethe-Institut를 통한 '해외문화·교육정책Auswärtige Kultur- and Bildungspolitik,' 그리고 2000년대에는 국가브랜딩에 해당하는 독일의 '해외 이미지Deutschlandbilt im Ausland'와 같은 용어들이 혼용되는 특성을 보이고 있다. 이렇듯 독일은 공공외교가 아닌 다른 명칭들을 사용해 왔으나 이 과정에서 점차 자국의 공공외교를 개발할 필요성이 있다고 보았으며, 전략적이고 조정된 공공외교를 통해 자국의 해외 평판을 풍요롭게 했다는 것이 일반적인 평가이다.

북유럽 국가들을 포함한 1세대 중견국들middle powers의 공공외교에서는 다른 국가들에 비해 특화된 인식을 발견할 수 있다. 스웨덴Offentlig/Allmän Diplomati을 비롯해 노르웨이, 핀란드, 덴마크 등은 대체로 공공외교의 자국 번역어를 사용하는 경우가 많다. 그러나 오늘날 우리가 보편적으로 이해하는 보다 포괄적인 공공외교보다는 긍정적 평판에 기반한 국가이미징 또는 국가브랜딩에 초점이 맞춰진 특징이 있다. 그 이유는 공공외교가 확산되기 훨씬 이전부터 이들 국가들이 타국과의 관계 및 국제사회에서 지구적 의제들(평화, 인권, 개발협력, 환경, 국제윤리 등)에 관한 논의와 실천을 선도적으로 수행해 왔다는 이미지가 국가브랜드로 정착되었기 때문이다. 따라서 공공외교라는 별도의 정책 공간을 특별히 강조하지 않아도 되는 정책적 조화성을 자연스럽게 구성할 수 있었던 것이다.

중견국 캐나다의 경우, 2005년 외교부의 '국제정책성명International Policy Canada'을 통해 공공외교의 중요성을 국가의 정부 내부뿐만 아니라 사회에서 영향력을 가진 모든 사람들에게도 일관되고 영향력 있는 목소리를 투사하는 일에서 찾았다. 또한 캐나다에 대한 해외에서의 신뢰성과 영향력은 정부의 행동뿐만 아니라 해외 인사들과 상호작용하는 캐나다 국민들에 의해서도 구축될 것으로 보았다. 캐나다 공공외교의 주요 범주는 문화행사, 회의, 무역전시회, 청년 여행, 캐나다 거주 외국인 학생, 해외의 캐나다 연구, 여론주도자들의 방문 등으로서, 이런 활동들이 장기적 관계 구축, 대화 및 해외에서의 이해를 배양하는 것으로 인식했다. 북유럽 중견국들과 마찬가지로, 캐나다 또한 자국의 이미지 및 브랜드를 통해 대인지뢰금지 등 지구적 의제에 있어 일관되고 지속적인 주창을 투사하는 대표적 국가에 해당한다. 특히 외교정책의 목표 달성과 연계시키는 특성이 강하여, 캐나다의 제안과 전략을 타자들에게 설득하고 교차문화적 대화에 관여하는 방식을 선호하고 있기도 하다.

중견국 호주도 2005년 상원 외교위원회에 의해 정부가 공공외교에 재투자하여 대외업무에서 공공외교를 중심적인 위치에 올려놓았다는 평가를 받았다. 타국에 비해 특히 의회의 많은 관심 속에 진행된 호주의 공공외교는 국가이익을 보호·증진하기 위해 타국에게 영향을 미친다는 일반적 개념을 유지하고는 있으나, 초기의 이미지를 통한 주창과 영향력 행사라는 방식에서 점차 메시지의 응집성·일관성·신뢰성과 대화 및 관여를 중시하는 방향으로 전환되는 경향을 보여오고 있다. 여기에 보다 국제적 차원에서 세계무역의 자유화와 개발원조를 위한 주창과 국방 관련 기관들을 포함해 인도·태평양 지역의 신뢰받는 국가와 시민으로서 호주에 대한 해외의 경각심을 환기시키는 작업까지 포함되어 있다.

다음으로는 강대국이면서 공공외교를 적극적으로 수행하는 국가들 중 외부세계로부터 부정적으로 인식되는 중국과 러시아의 경우이다. 중국은 2004년을 계기로 외교부의 조직 및 업무 차원에서 공공사무에 가까운 '공중외교(公衆外交)'로 시작하면서, "외교 업무의 중요한 영역으로서 가장 근본적인 목적은 외교부문과 대중 사이의 상호교류를 강화하기 위해 대중을 유도하여 자국의 외교정책에 대한 이해와 지지를 추구하는 것"이라는 외교부의 입장을 공식화하였다. 2009년 '공공외교'로 바뀌면서 2004년에 이미 착수한 공자학원과 해외원조 등을 활용한 문화·인문교류와 경제지원 중심의 공공외교가 정립하게 되었다. 중국의 특수성은 정부 및 민간 차원의 학회·연구소·협회 등 지식공공외교의 제도화 기반에서 찾을 수 있다. 그러나 소프트파워를 강조하는 것과는 달리 공세적 선전(宣传: xuánchuán)의 성격이 농후하다는 것이 외부세계의 대체적인 진단이다. 러시아 역시 2000년대 이후 정부와 민간 차원의 공공외교를 통해 이미지 회복을 모색해 왔으나, 지나친 매체 중심의 일방향성과 정치 및 리더십의 신뢰성 저하 등으로 부정적인 평가에서 벗어나지 못하고 있다. 극단적으로는 이들 두 국가가 주창해 온 소프트파워가 실질적으로는 '샤프파워sharp power'라는 혹독한 비판이 대두하기도 하였다.[4]

그 밖의 지역에서의 공공외교 중, 먼저 동아시아 국가들의 사례는, 비록 국가들 간에 차이는 있으나 공공외교 연구자들 사이에서 서방세계 중심의 공공외교와는 차별화되어 있다는 것이 공통된 견해다. 차별화된 특성은 국가 역할의 상대적 강화, 시민사회 잠재력의 상대적 취약성, 역사성에 기초한 국가 정체성 및 지역 정세의 영향으로 인한 한계, 경제성장과 소프트파워의 비균등성 등이다. 한·중·일 간의 역사논쟁과 외교관계의 비일관성, 중국과 일본의 경제성장과 소프트파워 수준 간의 격차, 일본 공공외교 정책의 한계(문화교류, 공적개발원조, 대외발신, 국민외교 중시 등) 등이 그 예이다.

그 외에 인도는 개인 지도자 중심의 디지털 소통과 다민족 대상의 지식공유형, 싱가포르의 국가브랜딩, 이스라엘의 단일쟁점 중심의 국가이미지,[5] 그리고 터키의 경우 전략지역인 중동과 중앙아시아에 대한 커뮤니케이션 캠페인을 중시하는 특성이 있다.Sevin

---

[4] 샤프파워는 물리적 강제력을 사용하지 않는 점에서 소프트파워와 유사하나, 대신 직접적인 검열과 정보 통제·조작 등의 사악한 방식으로 목적을 달성하려 한다는 점에서 보다 자애로운 소프트파워와 차이가 있음(Walker & Ludwig 2017; 김태환 2018).

[5] 이스라엘의 경우 공공외교 용어는 이슬람권과의 관계에 대한 자국 입장의 '설명(Hasbard)'에 가까움.

2017, 143 아프리카와 중남미 지역은 대체로 아직은 국가 주체적인 공공외교보다는 타 지역·국가들의 공공외교 대상으로서의 위상에 머물러 있다.[6] 그 외에 대다수 후진국 및 소국들은 기타 소국들은 자국의 이미지 및 브랜드, 관광진흥, 그리고 산업화를 위한 상업적 국제홍보를 강조하는 특징이 있다.[7]

한국의 경우 1991년 외교부 산하의 한국국제교류재단KF을 통해 사실상 공공외교 활동을 추진해오다가, 2010년 '공공외교 원년'의 선포와 2016년 '공공외교법'의 제정을 통해 개념과 정책적 구조틀을 명확히 정립하였다. 이 법에 따르면 공공외교를 "국가가 직접 또는 지방자치단체 및 민간부분과 협력하여 문화, 지식, 정책 등을 통하여 대한민국에 대한 외국 국민들의 이해와 신뢰를 증진시키는 외교활동"으로 정의하고(제2조), 국제사회에서 대한민국의 국가이미지 및 위상 제고에 이바지하는 것을 목적으로 규정하고 있다(제1조). 공공외교의 주체를 세분화하면서 지방정부를 명시한 것과 문화·지식·정책으로 범주를 전문화한 점은 세계에서 거의 유일할 정도로 선도적인 개념 인식이라 할 수 있다. 다만 이해·신뢰·이미지·위상 제고로 한정함으로써 공공외교의 궁극적 목적인 외국 외교정책에의 실질적 관여가 제시되지 않은 점이 아쉽다.

---

6 예외적 사례로서 유엔헌장 정신을 활용한 모잠비크와 민주화를 매개로 한 튀니지의 공공외교가 있음.
7 국가별 공공외교의 특성에 관해서는, 한팡밍(2013)의 중국(인민화 모델), 미국(전략화 모델), 영국·독일(다각화 모델), 프랑스(인문화 모델), 일본(상업화 모델), 캐나다·노르웨이(참여 모델), 이스라엘(민족외교 모델), 사우디아라비아·이란(종교화 모델), 대국과 소국, 경쟁형과 협력형, 그리고 공격형과 방어형 공공외교, 김태환(2016)의 미국(혁신형·가치지향형), 일본(수정주의형), 중국(선전형), 러시아(대안적 가치 지향형) 등의 유형론을 참조할 필요 있음.

2. 비국가 주체들의 공공외교에 대한 인식

개별 국가의 차원을 넘어선 초국적 공공외교supranational public diplomacy의 주체는 국제기구와 비정부 주체들이 해당된다. 먼저 보편적 국제기구로서의 유엔UN은 공식적으로 '공공외교' 용어를 사용하거나 자체의 개념 정의를 갖고 있지 않다.[8] 다만 공공외교와 관련된 활동을 1946년부터 담당해 온 조직인 '유엔공보국Department of Public Information, DPI'을 통해 간접적으로 관찰할 수 있다.[9] 그러나 '공보'의 개념이 21세기의 복합적이고 경쟁적인 정보 및 소통 환경의 도전적 변화에 대응하는 데 한계가 있어 보다 효과적이고 책임있는 개혁조치로서 2019년 1월 1일 현재의 '글로벌커뮤니케이션국Department of Global Communications, DGC'으로 개명하게 되었다. 유엔총회를 통해 규정된 이 새로운 조직의 3개 책무와, 〈표 1-2〉에서 보듯 구체적인 기능 범주 및 수행 프로그램은 공공외교와 매우 긴밀하게 연계되어 있음을 알 수 있다.

"DGC는 ①전 세계에 대해 유엔의 이상과 직무에 관해 소통하며, ②다양한 청중들과의 상호작용 및 파트너십 관계를

---

8 그러나 유엔 체제 내에서는 유엔훈련연구기구(UNITAR)의 공공외교 교육과정 등 실제로 공공외교 관련 프로그램들이 다양하게 진행되어 왔음. 2016년 DPI 창설 70 주년 기념으로 이화여대 공공외교센터(PDC)와 공동으로 개최한 "70 Years of the UN's Communication: A Public Diplomacy Perspective" 심포지엄은 유엔 역사상 공공외교 개념을 정식 사용한 최초의 사례라는 보도가 있었음.

9 유엔의 정보·소통 관련 조직은 1946년 공보국(DPI)을 시작으로 1958년 공보사무소(Office of Public Information, OPI), 1997년 소통·공보사무소(Office of Communication & Public Information, OCPI)로의 개명을 거쳐 1998년 DPI로 다시 환원되었으며, 2019년에 DGC로 다시 개명되었음.

〈표 1-2〉 유엔 사무국 글로벌커뮤니케이션국(DGC)의 공공외교 관련 활동

기능 범주	수행 목적	수행 프로그램
뉴스 제작 및 송출	유엔의 세계적 활동에 대한 유엔 자체의 취재 및 송출	• UN-TV, 웹캐스트/스트리밍 • UN-Video, 오디오/비디오 서비스, 사진 제공 • 소셜미디어 활용, 미디어 관계자 파트너십
미디어 취재 서비스	유엔의 업무·활동에 대한 일반 미디어의 취재 지원 서비스	• 언론인들의 유엔본부 접근 허용 • 유엔 회의·이벤트 취재 지원 • 회의, 언론 브리핑, 대외활동 발표 • 유엔 문서(보고서, 보도자료 등)의 배포
공중에 대한 관여	유엔에 대한 공중들의 관심 유발과 참여 활동	• 정보센터, 브리핑, 가이드 투어 운용 • 오프라인 전시회 및 온라인 갤러리 • 학생 역량 강화 프로그램(사무국 직원 면담, 학생 모의회의)
정보·지식의 공유	유엔 및 관련 쟁점들에 관한 정보·지식에의 접근성	• 유엔 웹사이트 활용(웹브랜딩, 다중 언어, 장애인 접근성 수월화 등) • 도서관 서비스 및 발행물 접근 • 유엔 회의 및 프로그램 참여
유엔 목표·쟁점의 초점화	유엔의 우선적 목표·쟁점과 이들이 전 세계 국가·시민에게 미치는 영향에 관한 전문적 초점화	• 유엔의 3대 지주 쟁점들의 특화 (평화·안전, 기속가능 개발, 인권) • 특정 주제와 관련된 기념일 및 이벤트와 역사적 사례와의 연계를 통한 학습·행동의 촉진
장기적 파트너십의 구축	세계의 다양한 이해관계자들과 관심 쟁점들에 대처하기 위한 창의적인 장기적 파트너십	• 비정부조직(NGO Relations & Liaison Service) • 고등교육기관(UN Academic Impact) • 방송·영화계(Creative Community Outreach Initiative) • 각계 명사(Messenger of Peace & Goodwill Ambassadors) • 개도국·체제이행국 언론인(Reham Al-Farra Memorial Journalists Fellowship Programme)
전략적 소통의 수행	다양한 도전적 쟁점들에 대해 세계인들의 관여와 동원을 위한 전략적 소통	• 전략적 우선 쟁점 관련 소통 캠페인 • 평판 관리와 위기 시 소통 자문 • 유엔 60개 정보센터의 글로벌 네트워크(80개 언어)

| 세계공중 대상 대외활동 | 지구상의 다양한 구성원들과의 대화 촉진을 통한 유엔에 대한 지원의 모색 | • 대상(시민사회, 학계·교육자·학생, 미디어, 도서관, 엔터테인먼트 산업)
• 기타('장기적 파트너십의 구축'과 중첩) |

출처: 유엔 사무국 글로벌커뮤니케이션국(DGC)의 관련 내용을 조정·정리(https://www.un.org/en/sections/departments/department-global-communications)

수행하고, ③유엔 헌장에 제시되어 있는 목적 및 원칙들을 위한 지원 체계를 구축하는 책무를 갖는다"(United Nations General Assembly 2019, 4).

다음으로 지역 수준의 국제기구 차원에서 공공외교를 공식적인 정책으로 수행하는 대표적인 지역은 유럽이다. 〈그림 1-1〉의 왼편에서 보듯이 유럽 지역의 전반적인 공통 의제들을 다루고 있는 유럽연합EU은 산하 유럽위원회European Commission의 주관으로 2014년 이후 '외교정책도구서비스Service for Foreign Policy Instruments, FPI' 프로그램을 중심으로, 일차적으로는 비회원국들과의 관계 발전과 파트너십의 구축을 통해 EU의 견해·정책·우선사에 대한 이해를 증대시키며 EU의 가치·이익·인식을 증진시킨다는 목표를 지향하고 있다. 유럽연합은 자신의 공공외교를 수행하기 위해 정책결정자 및 정책에 영향을 미치는 학자 및 학생, 문화 경영자 및 예술가, 그리고 시민사회 조직들을 참여시키고 있으며, 민간과 민간 간 활동, 네트워크형 이벤트, 문화관계자의 역량 강화와 협업 활동의 촉진 등 다양한 대외활동 방식을 채택하고 있고, 2014년부터 2020년 기간의 공공외교 예산을 8,500만 유로로 책정한 바 있다.

EU와는 별도로 유럽과 북미 지역 국가들을 회원국으로 구성

〈그림 1-1〉 지역 국제기구의 공공외교: 유럽연합(EU)과 북대서양조약기구(NATO) 사례

〈그림 1-1〉 지역 국제기구의 공공외교: 유럽연합(EU)과
북대서양조약기구(NATO) 사례

출처: 유럽연합 유럽위원회, FPI 웹사이트(https://ec.europa.eu/fpi/showcases/public-diplo
macy-through-partnership-instrument_en; https://twitter.com/DZalkaliani/status/
1189442933197606912; https://www.atlantic-forum.com/events/transatlantic-model-
nato-youth-summit-2019)

하면서 집단안보 중심의 군사부문이라는 하드파워 영역을 배타적
으로 담당해 왔던 북대서양조약기구NATO 또한 공공외교를 공식적
으로 수행하고 있다. NATO의 공공외교 개념은 NATO의 가치·정
책·활동에 대한 인식과 이해를 촉진시키며 평화·안보·방위와 관
련된 쟁점들에 관한 논의의 수준을 증대시키는 데 초점이 맞춰져
있다. 공공외교를 담당하는 조직은 민간구조 부문의 '공공외교부
Public Diplomacy Division'로서, 이 조직은 세계의 공중에 대한 관여 방
식으로서 대학·연구소·비정부기구 등의 세미나·포럼에 재정적
으로 공동 후원하는 것을 비롯해, 정보 제공과 파트너국가들의 대사
관을 접촉점으로 하는 다양한 활동을 전개하고 있다. 〈그림 1-1〉
의 오른편에서 보듯이 2014년부터 시작한 NATO와 특정 국가 간

공공외교포럼을 포함하여 세미나·회의·라운드테이블, 청년정상
회의, 온라인 퀴즈, 소셜미디어를 포함한 디지털 소통 방식 등 다
양한 대외활동을 계속 추진해 오고 있다.

유럽 지역과는 대조적으로, 아시아의 대표적인 지역기구인 동
남아시아국가연합ASEAN은 공식적으로 공공외교 용어를 채택하고
있지 않으며, 관련 정책의 내용도 체계적인 구체성을 지니고 있지
않다. 다만 1997년 설립된 아세안재단ASEAN Foundation이 공공외교
관련 정책을 수행해 오고 있으며, 2008년 제정된 '아세안헌장'에서
는 현재까지 사회의 모든 부문이 참여하는 사람 중심성, 다양한
문화와 유산을 통한 정체성 증진, 대외적 파트너들과의 관계 구축
및 협력을 강조하는 아세안의 목적으로 이를 뒷받침하고 있다. 아
세안재단은 아세안 공동체를 구축하기 위해, 아세안의 정체성, 민
간-민간의 상호작용, 기업·시민사회·학계 및 기타 이해관계자들
과 긴밀한 협업을 수행하고 있다. 현재 아세안은 성명 등 각종 자
료를 통해 정보 관리, 오인에 대한 대응과 상호 이해, 외부 공중에
대한 관여와 소통 등 공공외교 관련 활동들을 공식화하고 있으며,
아세안재단 외에 사무국 및 관련 기관들도 일정 부분 공공외교
영역에 이미 진입해 있는 것으로 평가되고 있는 듯하다.ASEAN
Secretariat 2020, Pagovski 2015, 5, 17-19

공식적인 중앙정부로 대표되는 국가 및 국가들의 조직인 국
제기구와는 달리, 비정부조직들NGOs의 관점에서도 공공외교의 개
념 정의가 제시될 수 있다. 이들은 공공외교를 일반적으로는 "개별
적인 공중들에 대한 지원을 동원하며 규범적 측면에서 틈새외교
niche diplomacy의 아이디어를 활용하여 국가 및 다양한 행위자들과

연립을 형성하기 위한 도구"이거나, 또는 예를 들어 이슬람 세계와 서방세계 간의 관계 증진을 지원하는 것과 같이, 문명 및 종교간 대화와 같은 특정의 쟁점들을 다루는 일부 소규모의 NGOs는 "사회적 행위자들 간의 초국적 관계를 수월하게 하는 것과 같은 일에서 자신들의 역할을 강화시킬 기회"로 인식하기도 한다. Melissen 2018, 207-208

이러한 배경에는 NGOs가 갖고 있는 특수성, 즉 일부 NGOs가 정부에 비해 정당성과 신뢰성이 크며 또한 보다 유용한 커뮤니케이션 채널들을 활용할 수 있다는 점이 작용하고 있다.

그러나 이처럼 NGOs 스스로 독자적인 공공외교를 수행하기도 하지만, 국가정부 중심의 공공외교의 현재적 추세까지를 고려할 경우 정부와 NGOs 간의 네트워크형 협업 형식의 '관계적 공공외교relational public diplomacy'를 강조하는 아이한Kadir Ayhan의 주장을 참고할 가치가 있다. 그는 국가중심적 공공외교가 효과적인 공공외교 정책을 수행하기에는 한계가 있다는 점에서, 대화적 소통 및 신뢰와 교량적 사회자본을 통한 대중들과의 소통을 바탕으로 지속가능한 관계 형성 및 관리가 가능하다는 평가를 받고 있는 NGOs가 궁극적으로는 효과적인 공공외교 정책의 결과를 창출할 수 있는 잠재력을 갖고 있다는 견해를 내놓고 있다. Ayhan 2016, 332-334 10 이는 현재 주요 국가들의 공공외교 정책에 있어 비국가 행위자들

---

10 아이한은 이 연구를 바탕으로 후속 연구에서 공공외교에 대한 5개의 조망(국가중심적, 신국가주의적, 비전통적, 사회중심적, 조정적 조망)을 유형화하여 다양한 공공외교 유형들 간의 경계를 규명하고 있는데, 이를 통해 공공외교에 있어 NGOs의 위상과 특성을 살펴볼 수 있음(Ayhan 2019).

중 NGOs를 대표적인 파트너로 인식하고 있는 추세를 볼 때 쉽게
이해할 수 있다.

IV. 공공외교의 학술적 개념 인식

1. 주요 학자들의 개념 정의

공공외교에 대한 이러한 창설적 개념을 바탕으로, 이후 다양하게
제시된 학계의 개념 인식을 관찰하기 위해서 다음 〈표 1-3〉과 같이
정리할 수 있다.

여러 학자들의 개념 정의 사례들을 통해, 공공외교의 개념적
합의가 부재하다는 것보다는, 다른 한편으로는 각 측면에서의 공
공외교의 모습이 부분적으로는 수렴되는 느낌을 받기도 한다. 다
만 학자들에 따라 강조되는 초점에서 차이가 있을 수 있으나, 현
재의 신공공외교 추세를 고려하면 공공외교의 개념 지형이 어느
정도 정립될 수 있는 가능성도 보인다.

각각의 개념 정의를 종합하면 각 측면별로 다음과 같이 정리
할 수 있을 것 같다. 먼저 주체의 측면에서는 국가, 정부, 국가들
연합, 시민, 단체 등 정부 및 비정부 행위자들이 모두 공공외교의
수행 주체가 될 수 있으므로 대체적인 합의가 가능할 수 있다. 대
상의 측면에서는 외국의 공중을 비롯하여 외국의 정부 및 사회까
지 포함시키고 있어 대상의 범주가 크게 확대되고 있음을 알 수
있으며, 아직은 개념 정의 수준에서 자국의 공중과 포괄적인 세계
시민공중에 대한 직접적인 규정이 없는 정도이다. 수행 방식의 측

〈표 1-3〉 주요 학자들의 공공외교 개념 정의 또는 인식

학자(저술 연도)	공공외교 개념 정의 또는 인식
Benno Signitzer & Timothy Coombs(1992)	한 국가의 정부·민간인·단체가 타국 외교정책 결정을 직접 좌우하는 여론에 직접·간접으로 영향을 주는 방식
Robert S. Fortner (1994)	특정 국가가 자국의 외교적 목표를 성취하기 위해 외교 상대국의 정부·사회·국민을 대상으로 직접 소통하고 정보를 제공하는 적극적이고 세련된 설득 방식
Gyorgy Szondi (2008)	전통적으로는 해외 청중을 상대로 그들의 마음을 변화시키기 위한 정부의 소통이었으나, 이제는 다양한 차원들(국내와 해외, 국가 간 긴장 정도, 소통의 방향, 국가 특수적 맥락)의 상호적 텍스트 구성 방식(국가브랜딩 비교 관점)
Bruce Gregory (2011, 276)	국가, 국가들의 연합, 국가하위 행위자 및 비국가 행위자들이 자신의 이익과 가치를 증진시킬 목적으로, (자신들의) 문화·태도·행태를 이해시키고, (목표 대중들과의) 관계를 구축하고 관리하며, (그들의) 사고에 대해 영향을 미쳐 행동을 동원하기 위해 사용하는 도구
Mai'a K. Davis Cross (2013)	어떤 국가의 정부와 사회가 자국에 대한 해외 대중들의 인식을 증진시킬 목적으로 해외 청중들에 대해 어떻게 관여할 것인가의 방식
Eytan Gilboa (2016)	외국의 공중에 대한 (특정 국가의) 정부 관여를 통해 이루어지는 외교정책의 관리(본질: 자국에 대한 타국 공중의 좋은 인상 심기)
Ellen Huijgh (2016)	정치적 실체(고대의 왕, 현재의 국민국가)와 외국의 사람(공중) 또는 국내 공중 사이의 외교적 소통
Efe Sevin (2017)	국가 및 국가가 인정한 행위자들이 자국의 외교정책 목표를 달성하는 데 도움이 될 것이라는 기대로 타국의 비국가 집단들을 대상으로 전개하는 커뮤니케이션 기반적 활동
Jan Melissen (2005; 2018)	국민들의 이익 증진과 가치 고양을 위해 타국 국민들과 직접적인 관계를 맺는 과정(2005)으로서 사람들에 대한 외교적 관여(2018)
James Pamment (2018)	희망하는 정책목표를 지원할 목적으로 국제행위자가 외국의 청중을 이해하고 그들에게 정보를 제공하며 영향을 미치려는 노력(외국 시민·집단들에 대한 관여)
Nicholas J. Cull (2019)	한 국가의 외교정책을 형성하고 수행하는 데 있어 대중의 태도가 미치는 영향
The Hague Journal of Diplomacy (Jan Melissen & Jian Wang 2019)	자국의 정책 및 행동을 증진시킬 목적으로 다른 (국가) 사회의 공중들과의 관계를 창출·유지시키려는 노력

참조: 각 정의의 문헌 출처는 생략함

면에서는 정보 제공, 이해, 소통, 설득, 관여, 여론·사고·인식·태도·행동에 대한 영향, 관계 구축·유지 등 조직과 공중 사이의 커뮤니케이션 방식들이 거의 포함되어 있어, 공공외교와 관련된 환경의 상호 맥락성이 강조되고 있음을 알 수 있다. 다만 특수하게 마케팅 커뮤니케이션 분야의 학자들이 선호하는 이미징과 브랜딩을 통한 평판 관리가 보편적으로 나타나 보이지 않고 있으나, 실제로는 여기에 포함된 것으로 해석해도 무방할 것이다.

다음으로 목적의 측면에서는 외국 공중에 대한 '외교적 관여 diplomatic engagement'를 통해 상대국 외교정책의 변화를 모색하는 차원에서, 자국의 이익·가치를 반영한 외교정책의 목표를 달성하기 위해 상대국 외교정책에 영향을 미치는 등 전반적인 외교정책의 관리를 거의 공통적으로 강조하고 있다. 이는 곧 공공외교의 범주와 관련되는 것으로서, 단순히 외국 공중과의 소통 및 관계 구축을 넘어 외교정책 영역까지 진입하고 더 나아가 국제관계 전반과 관련된 외교적 관여 방식으로 확장될 것으로 예상된다. 이럴 경우 외교정책을 포함한 국제관계에서 공공외교의 위상과 중요성이 증대될 수 있다는 논리와 연결될 것이다.[11]

그럼에도 불구하고 공공외교의 이러한 유용성에 대해 부정적으로 인식하는 상반되는 입장이 존재한다. 즉 공공외교를 필요악

---

11 이와 관련하여 공공외교의 개념 정의들을 조사한 한 연구결과는 다음과 같이 유형화하고 있음. ①주창·영향(외국 공중의 태도·의견·행태에 대한 영향), ②소통·정보(타국 공중들에게 자국과 자국의 정책에 대한 정보 제공과 교육 목적으로 소통), ③관계(타국 사람들과의 호혜적 관계의 구축·유지), ④증진 활동(외국 공중에게 특정 국가의 특정 측면들을 증진·판매), ⑤정치적 목적(국제정치에 대한 관여), ⑥전쟁·선전(군사적 노력에 대한 지원·보강) 등(Fitzpatrick 2010).

으로 간주하여 전통적인 공공외교와 외교의 노력을 지원하는 단지 하나의 부수적인 전술에 불과하다는 견해이다.Snow 2009, 6 이와 관련된 대표적인 논리는 공공외교를 '프로파간다(propaganda/선전)'와 거의 동일시하는 입장이다. 20세기 초·중반의 정통 외교학자 겸 영국 외교관 니콜슨Sir Harold George Nicolson에 이은 저명한 주류 외교학자인 영국의 베리쥐Geoffrey R. Berridge 또한 국가 간 전통외교를 중시하는 학자로서, 공공외교의 본질적인 의도를 프로파간다와 유사한 것으로 간주하여 그 독자성을 부인하는 주장을 전개해 왔다. 그의 핵심적 주장을 원용하면 다음과 같다.

- "공공외교는 외교관들에 의해 수행되거나 오케스트라처럼 함께 연주되는 대외적 프로파간다로서 명백히 '외교가 아닌' 활동에 불과하다"(Berridge 2002, 17, 125).
- "공공외교는 가장 투명한 마케팅 책략을 제멋대로 사용하는 작업"이며, 모두의 눈을 속이기 위해 고안된, …… 프로파간다를 다시 브랜딩(rebranding)하는 작업이다"(Berrideg 2010; Berridge 2015, 198, 266).
- "프로파간다란 용어가 그간 거짓말을 체계적으로 전파하는 일과 관련되어 왔기 때문에, 각국 정부들은 해외를 향한 선전을 '프로파간다'로 명명할 수 없었다. 따라서 완곡어법에 따른 새로운 용어를 필요로 했던 것이다. 그러나 공공외교가 프로파간다 대신에 각국 정부들이 사용한 최초의 완곡어도 아니며, 또한 공공외교가 현재 왜 유행하고 있는지도 스스로 명백하지 않다. 그러나 공공외교가 선전이 아닌, 완전히 새로운 것이며 또한 전적으로 보다 개명된 무엇이라고 주장하는 영향

력 있는 일단의 사고집단들이 존재하기 때문에, 그러한 추이를 살펴보는 일이 도움이 될 것이다"(Berridge 2010, 179).[12]

• "프로파간다는 정치적 목적을 위해 대중매체를 통해 여론을 조작하는 일로서, … 원천을 인정하는 백색선전(white propaganda)'과 원천을 숨기는 '흑색선전(black propaganda)'으로 구분되는데, 공공외교는 주로 외국의 대중을 향한 백색선전의 현대적 명칭이다"(Berridge 2015, 198).

이와 관련하여 공공외교와 프로파간다 사이에서 비교적 중립적 개념 인식을 표명한 머로우의 견해를 참조할 수도 있다. 그는 미국 하원에서의 증언을 통해 다음과 같이 말한 적이 있었기 때문이다.

"우리는 진실을 기초로 활동하고 있다. 미국의소리(VOA) 뉴스 방송은 균형잡혀 있고 또한 객관적이다. … 미국의 전통과 윤리는 우리가 진실해야(truthful) 함을 요구하지만, 그러나 가장 중요한 이유는 진실(truth)이야말로 최상의 프로파간다이며 거짓(lies)은 가장 최악의 선전이기 때문이다. 우리가 설득력을 갖기 위해서는(persuasive) 믿을 수 있게 해야 하고 (believable), 믿을 수 있게 하기 위해서는 믿을만한 가치가 있어야 하며(credible), 이를 위해서는 우리는 진실해야만 한다" (Waller 2007, 158).

---

12 그러나 2015년판에서는 이 내용이 빠져 있음.

또 다른 측면에서는, 근대 국가시스템과 연관된 외교를 보다
옹호하는 전통주의자들은 '공중'을 '외교'에 포함시키는 일이 새로
운 현상이 아니고, 또한 중요한 의미를 지닐 수도 없으며 대개는
좋지 못한 아이디어라고 주장한다. 각국 정부는 항상 타국 사람들
과의 접촉이라는 아이디어에 의해 유혹을 받아 온 결과라는 것이
다.Sharp 2009, 270 공공외교의 모호성과 모순어법을 지적하는 한 외
교사가는 외교가 일반대중이 아닌 정부관료들 간의 상호작용이라
고 주장하면서, 공공외교는 기껏해야 정치적·경제적·군사적 정
책 구상들을 지원하는 부속품의 서비스 기능으로 간주되기도 한
다. 왜냐하면 대중에게 도달하여 여론에 영향을 미치려는 공중성
publicity은 다른 보다 긴급한 활동에 비해 이차적인 것이기 때문이
라는 것이다.Henrickson 2006, 1, 2, 7

2. 공공외교의 해부: '공공' 과 '외교'

공공외교의 개념을 이해하는 데 있어 혼동이 초래된 가장 큰 이유
는, 역사적으로 구성되어 온 본래적 의미를 갖고 있는 '공공public'
과 '외교diplomacy'가 '공공외교'라는 개념으로 합성되면서 다소 한
정적인 의미로 제한되어 사용되었기 때문일 것이다. 따라서 보다
명확한 이해를 위해, 공공외교의 창설적 정의와 이후 학자들의 견
해들 속에 '공공'과 '외교'가 어떤 의미로 사용되었는지를 먼저 확
인할 필요가 있다. 그리고 이후 변화된 다양한 관점들을 추가적으
로 적용하는 일이 요구되며, 이는 미래의 보다 혁신적인 공공외교
의 개념 정립과 바람직한 실천적 방향을 모색하는 데도 도움이
될 것으로 예상한다.

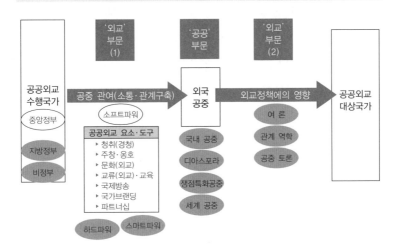

〈그림 1-2〉 공공외교 전체 구도 속의 '공공'과 '외교'

〈그림 1-2〉는 다양한 공공외교의 개념 정의들을 통해 도출된 공공외교의 전체적 과정 및 구도 속에서, '공공'과 '외교'가 각각 어떤 위치에서 어떤 내용과 방식으로 기능하고 있는지를 형상화한 것이다. 먼저 '공공' 부문은 공공외교의 대상을 지칭하는 것으로서, 공공외교 수행국가와 대상국가 사이에서 매개적 역할을 할 것으로 기대되는 '외국 공중'이다. 현재는 일차적으로 국내 공중과 디아스포라를 포함하는 것으로 확장되었으며, 가까운 미래형으로서 쟁점특화 공중과 세계 공중까지도 고려 대상이 되고 있다. 다음으로 '외교' 부문은 공공외교 수행 주체가 소통과 관계구축의 측면에서 외국 공중에 관여하는 '외교' 부문(1)과, 이렇게 구축된 관계성을 기반으로 외국 공중이 자국의 외교정책에 관여하는 '외교' 부문(2) 등 두 단계로 구성되어 있다.

1) 공공외교에 있어 '공공' 부문

공공외교에 있어 '공공public'은 공공외교의 대상에 초점을 맞춘 개념으로서, 일차적으로는 외국의 '공중(public, 公衆)'을 지칭하는 의미로 제시되었다. 여기에서 'public'을 '공중'으로 번역함은, 공공외교를 통해 외국의 사람들에 대해 관여할 경우 핵심적인 관여 방식(그림의 '공공외교 요소·도구')이 대체로 커뮤니케이션학의 'PR(public relations, 공중관계)'과 직접적인 관련성이 크다는 점을 중시했기 때문이다. 이런 측면에서 먼저 공중과 관련된 유사 개념들을 살펴볼 필요가 있다.

먼저 가장 혼동되는 용어인 '대중mass'은 다양하게 혼재된 사람들을 지칭한다. 공공외교에서 공중과 함께 쓰이는 매스미디어 용어인 청중(audience, 또는 수용자)의 관점에서 볼 때, 대중으로서의 수용자는 무지하고 비이성적이며 메시지를 기계적으로 받아들여 쉽게 조작·조종되는 존재로 인식된다.한국언론정보학회 2006, 322 다음으로 '군중crowd'은 어떤 장소에서 물리적으로 함께하며 집단적인 무리를 이루고 있는 다수의 사람들을 지칭한다. 군중은 대중과는 달리 일시적이고 (비)정기적으로 집합하는 비조직적 집단으로서 공통의 목표를 향해 행동하나, 익명성, 감정적 충동성, 비합리적 행동을 통한 무책임성과 무비판성을 보이기도 하는 존재들이다.강준만 2001, 27-28

이에 비해 '공중'은 15세기 인쇄술의 발명과 더불어 생겨난 용어로서, '대중'과 대비되어 긍정적인 의미로 사용되는 용어이다. 커뮤니케이션의 기술을 통해 성립된 비조직적 인간집단으로서 자기 의견의 표현, 토론을 통한 의견의 형성, 통치집단에 대한 자율적 행동 등의 특성을 갖는 존재이다.강준만 2001, 27 즉 사회적 쟁점에 대한 관심으로 의식적인 주장과 사고를 통해 여론을 형성할 수 있다는 점에서 PR의 대상은 당연히 공중이 된다.한정호 2014, 4 한국 PR학회가 공중을 "특정 이슈에 대한 커뮤니케이션 과정에 참여하여 조직과 영향을 주고받는 개인이나 집단"으로, PR을 "조직과 공중이 상호호혜적인 관계를 형성·유지하기 위하여 전략적인 커뮤니케이션을 통해 의미를 공유하는 과정" 그리고 "조직과 공중 간 상호 커뮤니케이션에 의해 형성된 전반적인 인식과 평가"를 '관계성relationship'으로 정의하고 있음을 고려할 때,신호창·문빛 2015 국가(정부)라는 조직과 외국 '사람'들과의 관계에 초점이 맞춰진 공공외교에서 'public'을 '공중'으로 번역하는 것이 보다 합리적인 것으로 보인다.

그러나 세 용어의 구성 범주나 특성을 구분하는 일은 이념형에 가까우며, 실제로는 각각의 사람 집합이 상황 조건에 따라 서로 경계를 넘나들 수 있다는 현실형임을 전제로 해야 할 것이다. 즉 일반 대중의 성격을 지닌 사람들이 특정 문제영역이나 관심 있는 대상(예: 국가 등)에 따라 공중 또는 군중의 성격으로 전환하여 특수한 행동을 보일 수도 있기 때문이다. 그러나 소통과 관여의 대상으로서의 공중 개념을 중시하는 것은, 이들이 '관심 공중interested public' 또는 '지식 공중informed public'으로서, 공공외교 수행주체의 체계적이고 의도적인 전략적 대상으로서의 의미가 크기 때문일 것으로 이해할 수 있다. 이 경우에도 실제 공공외교 프로젝트는 여론주도층이나 특정의 이해관계자들과 같은 공중뿐만 아니라, 해외의 일반 대중들에 대해서도 무차별적으로 투사되고 있음을 고려할 때 용어상의 구분은 여전히 어려움을 낳는다.13 그러나 실제로 공공외교 관련 저술에서 '대중'은 거의 사용되지 않고 있으며, 간혹 광범위한 일반대중을 시사하는 듯한 '사람population' 또는 '국민people'이 등장하고 있다. 또한 '공중'과 관련해서는 커뮤니케이션학이 중시하는 '청중audience'이란 용어가 빈번하게 사용되기도 한다.

공공외교의 창설적 정의와 이후의 전통적인 공공외교에 있어 '공공' 개념은 일반적으로 행정학(또는 정책학) 등에서 사용하는 정부 중심적 공적 주체의 개념이 아닌, 외교의 대상으로서의 '공중' 즉 일반 시민 대중 속의 공중이다. 공중의 구체적인 공간지리적 범주는 일차적으로는 '외국 공중foreign public'이며 넓게는 다수 국가의 '국제 공중international public'이다. 이들은 모두 전통적인 '외교'에서는 주체 및 객체(대상) 모두에서 역사적으로 배제되어 왔으며, 필요할 경우 극히 잠정적으로 객체로서 취급받아 온 존재들이다. 그러나 공공외교의 등장으로 인해 이들은 최소한 객체로서의 존재성만을 지니고 있지만 외교 영역에 진입하게 되었다. 그리고 공공외교의 국내적 차원domestic dimensions을 강조하는 신공공외

---

13 public 개념은 고대 그리스 민주주의 전통만큼 오래된 개념으로서, 공통된 의견을 가진 '모든 사람(*doxa*(everyman))'과 통찰력·지식·지혜를 가진 '지적 엘리트(*episteme*(intellectual elite))'인가를 둘러싼 논쟁의 중심에 서 왔음. public을 규정하기 위한 이론적 접근은 크게 다음과 같이 구분할 수 있음. ①규범적·질적 개념(지식·책임성·관심을 갖고 있는 시민들로 구성된 사회적 엘리트), ②작업적·양적 개념(여론조사의 측정 대상이 되는 특정 쟁점에 관해 의견을 가진 다양한 개인들의 집합), ③기능적 개념(사회 구성원들에게 관련된 쟁점들에 대해 반응할 수 있는 사회적 모니터링 체계, 또는 전체로서의 사회 안정화를 위해 사회적 일체성을 강화시키기 위한 사회통제 제도)(Jackob 3938).

교의 추세에 힘입어 그 대상이 국민외교people diplomacy에서처럼 공공외교 수행 국가의 자국 공중domestic public,14 그리고 민족적·역사적·사회문화적 정체성을 중심으로 구성되었으나 외교에서 주변적 존재에 머물러 왔던 초경계적·매개적·혼합적 성격의 재외동포를 대상으로 한 '디아스포라diaspora,' 국민국가의 법률적 국적에 상관없이 지구적 차원의 특정 문제영역별로 구성·재구성되는 '쟁점특화형 공중issue-specific public,' 그리고 국가 간 관계를 지칭하는 '국제international'를 극복하여 진정한 지구시민을 통합적으로 인식하는 '지구 공중global public'에 이르기까지 공공외교의 대상이 다양하게 확대되고 있다.

　이런 배경 속에서 공중이 지닌 의미와 역할에 대한 여러 견해들을 참고할 필요가 있다. 첫째, 공중을 도구로 보는 시각은 공중을 영향력 행사의 대상, 유권자로서 자국 정부에 압력을 행사하거나 여론에 영향을 미치는 간접적 도구, 언론의 여론 조작을 통해 타국의 정책결정자에게 영향을 미치는 도구로 보는 견해이다. 둘째, 공중의 주체성을 중시하는 시각은 공공외교에 있어 공중이 소비자가 아닌 생산자라는 관점을 중시하는 견해이다. 셋째, 공중의 객체성을 중시하는 시각은 공중을 외교 실행의 대상이나 생산자가 아니라 외교의 소비자로 보는 견해이다. 이는 다양한 목적을 위해 전개되는 초국경적 인구 이동에 따라 공중과 외교 간의 접촉 빈도와 정도가 늘어나는 상황에서 영사 업무의 중요성이 증대되

---

14 '국민외교'는 한국이 주도하는 신개념으로서 특정 국가가 자국민을 대상으로 전개하는 공공외교를 의미함(Choi 2019 참조).

는 것과 관련된다. 마지막으로 정부와 공중을 동반자로 보는 시각으로서 외교 네트워크 또는 거버넌스에 동질적으로 참여할 가능성을 강조하는 견해이다.Hocking 2005, 32-33 공중은 이러한 네 개 시각에 중첩적으로 걸쳐 있는 존재이다.

공공외교의 새로운 추세를 고려할 때, 아직도 여전히 국가(정부) 주도형 공공외교 속에서 공중들의 완전한 주체성 확보에는 부족한 수준이나, 정부주체와 민간주체 간 외교파트너십(협업)을 통해 공중의 실질적 위상이 제고되는 경향이 커지고 있다. 즉 공공외교의 소비자로서의 객체성에서 조금씩 벗어나, 공공외교 정책 결정 과정에의 부분적 참여 등 공급자로서의 주체성이 점진적으로 확보되고 있음을 알 수 있다. 이런 추세가 강화됨에 따라 공공외교의 미래는 현재의 국가 주도형 공공외교로부터, 정치공동체의 '공적' 문제를 '공동'으로 숙의·합의·결정·실행하는 실천적 공론장이 담보되어, 이해관계자들 간 주체적인 분업적 역할을 중시하는 거버넌스형 공공외교로 진전될 수 있다는 희망을 조심스레 가질 수도 있을 것이다.

이러한 상황 속에서 현재의 연구경향은 커뮤니케이션학 중심으로 진정한 소통의 내용과 방식을 비롯하여, '공공'의 의미, 범주, 대상, 지향성 등을 중심으로 '전략적 공중 차원strategic public dimension'과 이에 따른 '공중이익public interests' 등에 관한 논의로 확대되고 있다. 전략적 공중은 "국가의 임무 달성 능력을 증진 또는 제약할 수 있는 능력을 가진 개인이나 집단"Fitzpatrick 2012, 424으로서, 전통적인 수동적 외교 파트너 수준을 넘어, 전략적으로 중요한 정치적 실체들을 대표하는 강력한 개인이나 집단, 전략적 중요성이 낮은 실체들을 대표하거나 특정 정치적 실체와 어떤 제휴 관계도 맺지 않은 강력하고 높은 권위를 지닌 개인이나 집단, 전략적으로 중요한 정치적 실체들을 대표하지만 개인적 권력이 크지 않은 개인이나 집단, 전략적으로 중요하지 않은 정치적 실체들을 대표하며 개인적 권력 지위나 위상이 높지 않은 개인이나 집단, 그리고 전략적인 중요성에 상관없이 광범위한 정치적 실체들과 연관되어 있는 세계 청중들로 구분되어 차별화된 관여의 대상이 된다.Pacher 2018

이와 관련하여 특히 '지구 공중' 개념은 외국 공중으로 한정했던 기존의 경향과는 달리, 공중을 지구적 공공영역global public sphere에서 공공외교를 수행하는 사회적 행위자들로 해석하는 점에서 매우 전향적인 해석이다,[15] 이에 따라 기존의 국가이익 중심적 외교를 극복하여 진정으로 공중들이 희망하는 이익, 즉 공중이익 개념과도 연계됨으로써 공중의 위상 제고와 관련하여 시사하는 의미가 크다. 이는 공중을 단순히 하나의 대상만으로 간주하는 협소한 시각을 넘어 공중이 지닌 '공공성publicness'이라는 본질적 성격을 탐구하는 방향으로 진화함을 의미한다. 바로 이 점에서 'public'에 내포되어 있는 다른 의미들을 복원하여 그 개념을 확대함으로써, 한 국가의 시민이면서 동시에 지구사회의 시민에게 부여해야 할 생활로서의 외교에 대한 필요성이 제기될 수 있는 것이다.

'public'을 단순히 대상으로만 한정하지 않고 그 어원과 다의성을 고려할 경우, 김상배(2013)의 논의를 토대로 한 다음과 같은 개

---

15 이는 공공외교의 진보적인 미래형 아이디어로서, 지구시민사회와 지구거버넌스 및 네트워크 국가, 그리고 '지구적 공공영역' 또는 '공중 주체형 외교(Diplomacy of the Public)'로의 전환적 인식을 강조하는 입장에 해당함(Castells 2008, 83-90).

념적 확장을 신중하게 참조할 필요가 있다. 한자 번역어인 공공(公共)에서 '공(公)'의 개념은 공개성과 개방성이라는 측면에서 '공개외교'를 의미하며, 이는 정치공동체 구성 주체들의 자유로운 참여와 이들 주체들 간의 공유 공간이 창출하는 기능을 담당한다. 그리고 '공(共)' 개념은 공동성과 협업성이라는 측면에서 '공동외교' 또는 '네트워크 외교'를 의미하며, 전자는 참여주체의 다양성을 그리고 후자는 참여의 접근방식으로서 비선형 연계망을 통해 공동협업 또는 파트너십을 강조하는 의미로 이해할 수 있다. 여기에 public에 내포되어 있는 다른 함축적 의미들, 즉 정부성(외교라는 지구적 공공영역에서 국가를 대표하는 정부의 새로운 역할과 기능)과 공유성 및 공정성(공공외교 거버넌스에서 공유된 가치·원칙·규범에 준거하여 의사결정 과정과 이해관계자들 간 이익의 균형화를 위한 공정한 절차 등)의 개념들도 추가적으로 포함되어야 할 것으로 본다. 왜냐하면 이미 공공외교를 통해 공중이 지닌 근대성(국민국가로 구성된 국제체제 속 외교 공간에서의 공중의 위상과 성격)이 점차 극복되면서, 점차 '탈근대 공중post-modern publics'으로 진화하고 있기 때문이다.Nye 2019, 15 [16]

　우리는 그간 근대적 산물인 공(公)과 사(私)의 이분화법에 따라, 공공외교에 있어서도 공(정부)와 사(공중)의 구분에 친숙해 있는 느낌이며, 장기간 외교 영역에서 경시되어 온 사적 영역이 공공외교를 통해 부분적으로나마 인정받게 된 데 환호하고 있는 듯

---

[16] 탈근대 공중은 일반적으로 권위에 대해 회의적이어서 정부도 종종 불신의 대상으로 간주하는 비국가 주체임.

하다. 공적 영역과 사적영역의 구분은 근대의 기능적 필요에 의해 설정된 것임을 이해하고, 인간의 진정한 삶의 영역은 두 영역이 함께 결합된 것으로 인식해야 할 것이다. 즉 공과 사가 결합된 전체 영역이 곧 공적 영역이라는 모순어법이 가능하다는 것이다. 결론적으로 하버마스Jürgen Habermas의 '공론장public sphere' 개념처럼 의사소통적 합리성을 통해 생활세계의 민주적 잠재력이 실현되는 해방을 추구하듯이, 국제관계 영역에서도 공공의 진정한 의미를 복원·확대하여 국제정치 공동체의 도덕적 경계 확장을 통해 국제관계의 민주화를 추구할 수 있는데, 외교 영역에서 공공외교의 공공성 개념이 이에 기여할 수 있다고 보는 것이다.

2) 공공외교에 있어 '외교' 부문

공공외교에 있어 '외교'는 앞의 〈표 1-3〉의 개념 정의 사례들을 통해 보았듯이, 정보 제공, 이해, 소통, 설득, 관여, 여론·사고·인식·태도·행동에 대한 영향, 그리고 관계 구축 및 유지 등 국가(정부)와 외국 공중 사이의 다양한 커뮤니케이션 방식들과, 이를 통해서 외국 공중을 매개로 자국의 이익·가치를 반영한 외교정책의 목표를 달성하기 위해 상대국 외교정책에 영향을 미치는 등 전반적인 외교정책의 관리를 지칭하는 것임을 알 수 있다.

공공외교에 있어 '외교' 부문은 두 단계로 나누어 볼 수 있다. 제1단계는 공공외교 수행 주체가 소통과 관계구축을 위해 외국 공중에 관여하는 '외교' 부문(1)으로서, 주로 소프트파워 자원과 작동방식을 통해 청취에서 파트너십에 이르기까지 다양한 공공외교의 요소(또는 도구)들을 활용하는 커뮤니케이션 방식의 외교를 말한다. 현재는 하드파워는 물론 소프트파워와 하드파워 결합형으로서 사실상 스마트파워 공공외교로 이미 진입해 있는 상황이다. 제2단계는 공공외교 수행주체를 통해 구축된 관계를 기반으로 외국 공중이 자국의 외교정책에 관여하는 '외교' 부문(2)로서, 자신들이 형성한 여론과 관계역학 및 공중토론 등을 통해 자국의 외교정책에 영향을 미쳐 수행국가의 목적과 의도가 직·간접적으로 반영되는 것과 관련된 행동 부문이다. 추가로 공공외교의 수행주체는 본래 중앙정부 중심의 국가였으나, 지금은 다양한 비정부 행위자들은 물론, 또 다른 정부주체인 국가하위sub-state 수준의 지방정부도 함께 하는 구도로 서서히 진행 중이다.

(1) 커뮤니케이션 과정으로서의 외교: '외교' 부문(1)

먼저 제1단계 '외교' 부문(1)은 기본적으로 정통 외교라기보다는 실제로는 일반적인 커뮤니케이션 과정과 더욱 가깝다. 다만 커뮤니케이션의 내용이 국가의 대외적 사무와 관련되며, 일반 조직집단이 아닌 정부가 주체로서 관여하고 있는 점에서 차이가 있을 뿐이다. 공공외교 학자들은 대체로 이를 공공외교를 구성하는 기반적 요소 또는 수행 도구라고 부른다. 가장 대표적인 컬Nicholas J. Cull의 유형론에 따르면, 처음엔 청취listening, 주창advocacy, 문화외교, 교류외교, 국제뉴스방송이었는데Cull 2008, 최근에는 신공공외교의 추세로부터 대두한 국가브랜딩nation branding과 파트너십partnership을 추가하였다.Cull 2019 이외에도 여러 학자들은 국제PR, 미디어 관계(프레이밍, 정보관리), 관계 구축, 수월화(Facilitation: 타자의 목표 성취를 위한 지원), 직접적 메시징, 정보 교정, 심리전 활동, 디지털외교(소셜네트워크, e-image, 자기표출), 디아스포라 외교, NGOs 외교, 기업 공공외교, 학문 공공외교뿐만 아니라 하드파워 영역인 경제외교, 대외원조, 그리고 관광 진흥에 이르기까지 다양한 요소들을 추가해야 한다는 의견을 계속 제시하고 있을 정도이다._{Gregory 2008, 241-242; Gilboa 2016, 1303; Pamment 2018, 1564 등}

컬(2019)이 제시한 외국 공중을 대상으로 한 관여로서의 공공외교를 수행하는 구성 요소 7개를 중심으로 소개하면 다음과 같다.

- 청취[경청] – 공공외교의 성공을 위한 선행적·기반적 기술
- 주창[옹호] – 공공외교의 첨단에서 단기적 유용성에 기인한 편향성
- 문화 – 공공외교를 위한 우호적인 설득 요소
- 교류·교육 – 공공외교의 영혼
- 국제방송 – 뉴스를 둘러싼 투쟁
- 국가브랜딩 – 활발히 날뛰는 은유_{metaphor run amok}
- 파트너십 – 새롭게 부상하는 패러다임

첫째, '청취[경청]'는 공공외교의 기반적 기술로서, "공중 관련 정보의 수집·분석의 방식으로 외국 공중에 관여하여 그 학습 결과를 정책작성 과정에 투입하는 일"을 의미한다. 청취는 외국 공중에 관여하는 데 있어 공공외교 행위자들이 수행하는 매우 능동적인 행위의 형식으로서, 대체로 일방향적인 말하기_{telling}와 직접적 메시징 또는 캠페인 등과는 대조적인 요소이다. 청취가 가치를 발휘하기 위해서는 청취를 통한 데이터 수집과 메시지 작성에

한정하지 않고, 외국 공중들의 반응을 적극적으로 유인하여 효과적인 정책이나 어프로치로 연계해야 한다. 왜냐하면 청취에 대한 평판이 하나의 소프트파워 자원이긴 하지만, 공개적으로 이루어진 학습 자료가 공공연하게 무시될 경우 오히려 위험요인을 안게될 수도 있기 때문이다.Cull 2019, 21-22

둘째, '주창[옹호]'은 단기적 유용성으로 인해 공공외교의 중심에 있다는 편견으로 작용해 온 요소로서, "외국 공중의 마음속에 특정의 정책·관념·이해관계를 증진시키려는 목적의 국제 커뮤니케이션을 통해 국제환경을 관리하려는 노력 활동"이다. 주창이 갖는 단기적 유용성으로 인해 정치지도자들의 편견적 선호로 이어지고 그 결과 모든 공공외교에서 중심적 지위를 갖게 된 측면이 있다. 그러나 주창을 공공외교의 총체성으로 간주해서는 안 되며, 공공외교의 각 구성요소들의 첨단에서 어느 정도로 주창이 작동하고 있는가를 면밀히 검토하는 일이 중요할 것이다.Cull 2019, 39

셋째, '문화'는 공공외교 수행 과정에서 우호적인 설득에 효과적인 요소로서, "질적인 측면에서 특정 사회의 신념과 실행들의 가장 훌륭한 표현물이라는 '고급문화high culture'로부터, 특정 행위자의 삶의 생생한 경험에 대한 훨씬 광범한 표현이라는 '대중문화popular culture"까지 아우르는 요소이다. 그러나 문화를 통한 관여의 경우 다른 유사 용어들이 사용되고 있다. "자국의 문화적 자원·업적을 해외에 알리거나 해외로의 문화 전파를 수월케 함으로써 국제환경을 관리하려는 노력 활동"Cull 2008, 33으로 정의되는 '문화외교cultural diplomacy'는 미국이 선호하는 용어로서, 외교정책의 목적에 대해 문화외교 활동이 갖는 적합성을 강조하는 특성이 있다.

또한 영국이 선호하는 '문화관계cultural relations'는 정부의 역할은 수월성에 맞춰져 있고 활동의 결과는 외교정책의 특정 목표를 지향하기보다 느슨하게 혜택을 공유하는 보다 유기체적인 과정을, 그리고 일본이 선호하는 '문화교류cultural exchanges'는 지리적으로 특화된 인간의 특이성보다는 상호적 학습이라는 관념을 상대적으로 강조하고 있음을 참조할 필요가 있다.Cull 2019, 61-62

넷째, 교류 및 교육 활동은 공공외교의 영혼으로 불릴 만큼 실질적 효과가 큰 요소들로서, "일정 기간 동안 학습과 문화·교육에의 접촉을 위해 자국 시민의 해외 파견과 해외 시민의 자국 수용 등 상호적 방식으로 국제환경을 관리하려는 노력 활동"으로 정의된다.Cull 2008, 33 이 활동은 외국 공중에 대한 전체적인 관여 구조에 있어 광범하고 기반적인 관계 구축을 모색하는 차원에서 장기적으로 이루어지는 특성을 갖고 있다. 또한 주창에 비해 강요성이나 침투성이 강하지 않으며 문화에 비해 전도성이 강한 것도 아니다. 교류활동은 상호적 측면과 교육적 혜택을 발휘할 경우 신뢰성을 이끌어내며, 적절하게 설계될 경우 기대에 반하는 위험이나 의도치 않은 결과를 최소화할 수 있는 장점이 있다.Cull 2019, 81

다섯째, 뉴스를 둘러싼 국가 간 투쟁의 매개체인 국제방송은 "외국 공중에게 관여할 목적으로 라디오·TV·인터넷의 기술을 활용하여 국제환경을 관리하려는 노력 활동"Cull 2008, 34을 지칭한다. 국제방송은 역사적으로 해외 공중에 대한 관여에 있어 전통적인 추동자로 성장해 온 지구 차원의 관여를 위한 가장 중요한 요소들 가운데 하나이다. 그러나 다른 한편으로는 디지털 기술적 변화에 의해 가장 크게 도전받아 온 대표적 구성 요소이기도 하다. 20세기 중반까지만 해도 국제방송은 국가와 국가 지도자의 이미지를 대외로 투사하는 핵심적인 매체로서 국가 주도형으로 운용되어 왔다. 이제는 사람들의 인식과 기술적 변화와 함께 공공외교의 다른 요소들 모두와 연계되는 특성으로 인해, 새로운 변화에 직면하고 있다.Cull 2019, 101-102

여섯째, 컬이 최근에 추가한 구성요소로서 국가브랜딩은 "특정 상품의 일차적 요소인 상품의 구성 성분 및 특질과 이차적 요소인 상품 관련 기업의 행태를 중심으로 상품에 부착된 상품명, 로고, 슬로건 또는 표어 등 디자인 요소들로 구성된 복합적 개념"인 '브랜드brand'를 국가에 적용한 행태적 개념이다. 국가의 긍정적 이미지 또는 평판을 위해 다양한 은유를 통한 상품 만들기 작업으로서, 다양한 이질적 요소들로 구성되어 있음에도 그 본질은 브랜드가 존재하고 있는 구체적인 장소에 있다. 여기에서 장소는 어떤 물리적 공간이 아닌 세계 공중들의 마음을 가리킨다. 이로써 '장소브랜딩place branding' 개념을 사용하며, 그 장소가 국가일 경우 지리적·물리적 공간으로서의 국가가 아닌 세계 공중들의 마음 속에 존재하는 국가를 중시한다. 이 점에서 '도시브랜드city brand' 또한 마찬가지다.Cull 2019, 121-122

마지막으로, 파트너십은 "국가 또는 비국가 행위자들이 단독적인 공공외교를 수행하는 데 있어 능력의 한계를 극복하기 위해, 글로벌 공중에의 관여를 위한 다중 행위자들 간의 협업적 메커니즘"을 말한다. 국가들로 구성된 세계에서 개발된 고전적 실행방식인 다른 6개의 구성요소들이 외부의 공중을 대상으로 하는 것과는 달리, 파트너십은 일차적으로 공공외교의 내적 관리와 관련된다. 파트너십은 인지적·사회적 편견이 작동하는 공공외교의 환경 속에서, 파트너 행위자들과의 협업을 통해 과학적 또는 다른 권위를 행사할 수 있도록 행위자들의 지렛대를 확대시키는 메커니즘을 제공한다.Cull 2019, 142-144 컬은 이와 관련된 사례들을 청취(영국 BBC의 해외방송 모니터링·정보 서비스), 주창과 문화외교(Richard Crossman의 저술 *The God that Failed*), 교류(유럽연합의 *ERASMUS* 프로그램), 국제방송(UNICEF의 *Broadcasting for Child Survival*)과 기타(미국, 영국, 폭력적 극단주의) 부문에서 각각 소개하고 있다.Cull 2019, 145-161

(2) 외교정책에의 영향력 행사로서의 외교: '외교' 부문(2)

앞의 '외교' 부문(1)이 공공외교의 실질적 효과 창출을 위한 기반으로서의 커뮤니케이션 과정이라면, '외교' 부문(2)는 공공외교가 정통 외교의 수준까지는 아니더라도 본격적인 외교의 영역에 진입할 가능성과 관련된 영역이다. 이는 그간 학계에서는 공공외교에 관한 논의가 주로 커뮤니케이션 영역에 초점을 맞추어 온 결과, 외교를 통한 외교정책과의 연계 문제에 상대적으로 나태했다는 비판과도 관련되는 문제이다. 이 문제에 대한 보다 체계적인 연구와 공공외교적 실천이 이루어질 경우, 공공외교가 외교학, 외교정책 및 더 나아가 국제관계학에서 차지하는 위치와 중요성에 대한 인식에도 결정적인 영향을 미칠 수도 있다.

터키 출신 세빈Efe Sevin은 커뮤니케이션 학자이면서도 다른 대다수 학자들과는 달리 공공외교와 외교정책의 연계성에 관한 연구를 선도적으로 이끌고 있는 대표적인 학자이다. 그는 공공외교를 하나의 커뮤니케이션 과정일 뿐만 아니라 특정의 목표를 달성하기 위한 외교정책의 의도적인 새로운 도구로 간주하였다. 즉 공공외교를 "국제정치적 영역에서 영향력을 창출하기 위해 국가들이 활용하는 커뮤니케이션의 한 도구"로 보면서, "국가 및 국가가 인정한 행위자들이 자국의 외교정책 목표를 달성하는 데 도움이 될 것이라는 기대로 타국의 비국가 집단들을 대상으로 전개하는 커뮤니케이션 기반적 활동"이라는 공공외교의 작업적 정의를 제시하였다. 이 개념 정의를 통해 행위자 및 목표의 관점에서 공공외교가 일반외교의 확장판으로서 외교정책의 목표들과 연결되어 있다고 하였다._{Sevin 2017, 37}

세빈이 결론적으로 강조하고 있는 것은 '커뮤니케이션'과 '외교정책'의 연결이며, 이는 곧 이 글에서 제시하고 있는 '외교' 부문 (1)과 (2)의 연결과 맥락을 같이 한다고 볼 수 있다. 즉 '외교' 부문 (1) 단계만으로는 공공외교의 궁극적인 목적을 성취하기 어려우므로, '외교' 부문(2) 단계로의 순환적 연계를 통해 이행되지 않으면 안 된다. 여기에서 비로소 공공외교가 단순한 커뮤니케이션 과정에 그치지 않고 외교정책에 관여하게 되는 본연적 의미의 '외교'로 성립되는 계기를 맞게 될 것이다. 이를 위해 그는 자신의 분석을 위한 인과적 메커니즘 구도의 양 극단에 공공외교 수행국가와 상대국의 정책 변화 사이에 외국 공중을 배치하였다. 그리고 수행국가가 외국 공중에 관여하는 공공외교 프로젝트는 소프트파워 자산을 통해 이루어지며, 외국 공중이 자국의 정책 변화에 영향을 주는 방식으로 여론, 관계역학 그리고 공중토론을 설정하여, '관계적 공공외교relational public diplomacy'의 관점에서 공공외교를 관찰하고 있다.

세빈의 견해와는 상관없이 '외교' 부문(2)에서 작동할 수 있는 경로와 기제는 다양할 수 있다. 하나의 경로는 외국 공중이 자국의 정책에 관여하는 순수하게 국내적 경로일 수 있다. 즉 한 국가의 국민 구성원으로서 자국의 외교정책에 대해 의견을 제시하고 영향을 미치는 국내정치 과정으로 볼 수 있다. 다른 하나는 공공외교 수행국가가 외국 공중을 매개로 상대국의 정책에 영향을 미치는 대외적 경로이다. 공공외교 논의에서는 실제로 이들 두 경로를 명확히 구분하지 않고 관찰하는 경우가 대다수이다. 그렇다면 후자의 대외적 경로, 즉 공공외교 수행국가가 실질적으로 관여할 수 있는 외교 방식은 무엇이며 어떻게 실행할 것인가 하는 문제는 앞으로의 과제이므로 여기서는 생략하고자 한다. 그 이유는 이 글에서는 공공외교가 단순히 커뮤니케이션에서 머물지 않고 보다 외교적인 개념으로서 관련성을 갖는가 하는 개념상의 문제를 다루고 있기 때문이다.

그렇다면 전통적인 외교 및 외교정책에 대한 공공외교의 연계 가능성을 아무리 긍정적으로 인정하더라도, 공공외교 지지자들의 기대 수준만큼 그 개념이 상승할 것인가의 문제는 여전히 남아 있다. 여기에는 외교의 전통적 개념이 주류를 이루고 있는 상황 속에서 공공외교가 여전히 그 하위적 수단이나 도구로 인식되는 경향이 강하게 자리 잡고 있기 때문이다. 역사적으로 외교연구는 배타적으로 국가 간 관계 초점이 맞춰져 왔고, 이의 제도화 산물인 "외교에 관한 비엔나협약"(1961년)에도 접수국에서의 파견국의 대표, 파견국과 파견국 국민의 이익 보호, 접수국 정부와의 협상, 합법적 방법에 의한 접수국의 사정·발전의 확인 및 자국 정부에의 보고, 그리고 접수국과 파견국 간 우호관계의 증진 및 경제·문화·과학 관계의 발전 등 국가(정부) 중심의 근대 주류 외교의 신조들이 강하게 작동하고 있음이 그 증거이다.

또한 이러한 배경을 전제로 외교에 대한 학계의 다양한 개념은 전체로서의 대외 문제의 내용, 외교정책의 수행, 협상에 의한 국제관계의 관리, 외교관계의 수행 방식, 조직화·전문화된 외교업무에 있어 외교관의 기술 등으로 요약될 수 있다.Peter Marshall의 정의를 Jönsson 2015, 15에서 재인용 이에 비추어 공공외교가 과연 외교의 이런 보편적 수준까지 상승할 수 있을까? 현 단계에서 공공외교 또는 공공외교적 성격을 지닌 정책 기조나 활동들, 그리고 공공외교관을 통한 전문화 등이 외교 또는 외교정책의 내용에 일부 반영되어 있기는 하나, 국가의 대표성representation에 대한 인정을 기반으로 협상negotiation을 통한 국제관계의 관리 수준까지는 아직 진입하지 못하고 있다.

그러나 혁신적인 외교 연구자들과 공공외교 학자들 사이에서는 희망적인 견해들이 다수 제시되고 있다. 대표적인 사례로 유럽과 미국의 선도적인 학자들의 최근 견해를 빌리면 다음과 같다.

"현재 외교 의제상의 쟁점들과 다양한 이해관계자들을 포함한 현대의 외교적 실행들의 측면에서 볼 때, 외교의 사회화 추세를 고려하면 공공외교가 외교의 구성요소로서 덜 적합한 것이 아니므로, 현재의 전반적인 외교적 실행들을 공공외교의 관점에서 다시 개념화할 필요성이 있다. 즉 점차 분산화가 진행되고 있는 국제시스템과 지구사회에 있어 공-사 간 소통과 협업의 경향을 따라잡기 위해서 요구된다는 것이다. 이제 최소한 공공외교의 요소가 없는 외교는 점차 존재하지 않으며, 외교와 공공외교 사이에 경계를 확인하려는 어떤 시도도 그 적합성이 떨어지고 있다. 21세기 초 이래 국제 외교시스템의 중심에 있던 각국의 외교부들이 공공외교의 수행에 있어 커뮤니케이션의 주요 원칙 및 기법들과의 친화성을 더욱 필요로 해 왔다. 이는 그들이 대외관계에 있어 다양한 행위자들과 성공적으로 결합하고, 외국 공중뿐만 아니라 국내 및 디아스포라 공중들에 대한 관여 활동들을 상당 수준으로 계속하고 있음에서 알 수 있다. 이러한 공중들 외에, 지구시스템에서 점차 그 중요성이 커지는 하위국가 행위자, 국제제도, 다국적 기업 및 시민사회 조직들에 대해서도, 공공외교의 원칙과 도구들이 국가정부의 국제적 상호작용을 위해 가치 있는 틀을 제공하고 있다는 것이다"(Melissen & Wang 2019, 2-3).

V. 맺음말

이 글은 순전히 공공외교의 개념에 대한 체계적인 이해를 위한 목적으로 작성되었다. 이를 위해 공공외교의 창설적 개념 정의를 토대로, 이후의 개념 인식을 국가(정부)와 국제기구 및 비정부 주체들 중심의 실제적 개념과 학자들 중심의 학술적 개념 인식으로 나누어 고찰하였다. 개념의 전반적인 이해를 위해, 현 단계에서의 공공외교의 개념 변화를 나타내는 유형의 문제, 즉 전통공공외교와 신공공외교의 특성에 관한 이해가 필수적이나, 이는 공공외교의 역사적 변화 과정에서 대두되었다는 점을 고려하여 여기에서는 포함시키지 않았다.

공공외교라는 용어가 처음 등장한 것은 19세기 중반이지만 오늘날 보편화된 공공외교와는 개념에 차이가 있어, 일반적으로 수용되어 온 1960년대 걸리온의 정의를 창설적 개념으로 채택하였다. 많은 학자들이 공공외교 개념 정의에 대한 합의 부재를 말해 왔지만, 창설적 정의에는 외국 공중과의 상호성에 기초한 관계적 개념과 당시 프로파간다를 대체해야 할 미국적 특수한 배경 등을 제외하면 이후의 개념 정의들과 커다란 차이는 많지 않은 것으로 여겨진다. 다만 공공외교의 일차적 수행 주체인 국가들에 따라 공공외교의 용어 사용과 강조되는 측면 등에서 차이를 보이고 있음은, 각국의 역사적 경험과 현재적 초점이 동일하지 않기 때문일 것이다.

비정부 주체들의 경우 자체의 특수한 목적과 존재이유로 인해 처음부터 세계의 공중들에 자연스럽게 접근하고 또한 다른 행위자들에 비해 비교적 일찍 국가의 공공외교에 진입할 수 있었는데, 이는 국가들에게 부족한 정당성과 효율성의 한계를 보충할 수 있는 장점을 갖고 있었기 때문이다. 비정부 간 국제기구를 제외한 정부 간 국제기구들은 기본적으로 국가주체들로 구성되어 있긴 하지만, 각 회원국의 정부뿐만 아니라 전체 회원국들 간 공동의 문제와 이익을 상호적으로 고려하여 제도적 안정성을 모색해야 하는 특수성 때문에, 제도권 밖의 외부 공중들에 대한 긍정적 관여를 상대적으로 중시해 왔던 것으로 보인다. 이를 위해 정보 제공 및 참여 프로그램 등을 다양하게 수행하고 있으며, 심지어는 군사적 성격의 기구들조차 하드파워 자원을 소프트파워적으로 활용하는 전략까지를 중시하기에 이르렀다.

학자들의 학술적 개념 인식의 경우, 공공외교에 대한 일부 부정론자들을 제외하고는 대체로 공공외교의 규범적 정당성을 상당 부분 인정하는 방향으로 수렴되고 있는 것 같다. 다만 외국 공중에 대한 소통과 관계 구축이라는 점에서 주로 커뮤니케이션 과정에 집중해 온 경향이 강하였다. 이 점에서 공공외교의 궁극적인 목적인 상대국의 정책 변화를 긍정적으로 유인하는 동태적인 정치적 역학과 관련해서는 이론적 연구나 실행 측면에서 모두 상대적으로 소홀했다는 느낌이 든다. 물론 이 문제에는 이론적인 틀이 제공되어도 실천적 효과성이 반드시 담보되지 않을 수 있다는 한계가 항상 내재되어 있다. 그럼에도 불구하고 공공외교가 단순히 커뮤니케이션 과정으로 한정되지 않는 역동적인 국제관계에 있어 외교의 한 양식이라면, 분석적 이해와 실천적 전략을 모색하는 문제는 필수적 과제이다.

이 문제와 관련하여 공공외교의 개념을 보다 분석적으로 이해할 목적으로 공공외교 개념을 분해하여 '공공'과 '외교'의 부문으로 나누어 접근하였다. 공공외교의 개념을 통해 본래 제시되었던 각각의 의미를 중시하는 한편, 각 개념이 본질적으로 추구하는 가치와 목적 의식에 비추어 개념에 대한 확장적 해석을 적용하고자 하였다. 이에 따라 공공 부문의 경우 외국 공중을 넘어 다양한 공중들로 대상이 확장되고, 다시 대상을 넘어 공공성이 지향하는 본질적 성격을 중심으로 보다 포괄적인 공공 개념을 추구하고자 하였다. 외교 부문의 경우에는 공공외교가 일반외교의 단순한 도구성을 넘어 현재와 미래 외교에 있어 필수적으로 요청되는 개념이 될 것이라는 믿음으로, 외교 및 외교정책과의 관계적 위상 차원에서 논의하였다.

일찍이 미국의 공공외교자문패널은 미국의 공공외교가 외교의 주변부로부터 핵심부로 이동해야 한다고 요구하였고,Fulton 1998, 12 영국의 공공외교 연구기관은 공공외교의 중요성에 비추어 주류외교와 빈약한 관계여서는 안 된다고 하였다.Wilton Park 2006 또한 호주의 상원 위원회는 공공외교가 주류외교의 하나의 통합된 부분으로서 국가의 정부 및 외교부에서 높은 가치를 지닌 활동이라는 점이 명백하게 뒷받침되어야 할 것이라고 하였다.Australian Senate Standing Committee on Foreign Affairs, Defence and Trade 2007 네덜란드 국제관계연구소Clingendael의 멜리센은, 공공외교를 둘러싼 열광적 분위기를 언급하면서 전 세계의 외교 업무에 있어서 가장 뜨거운 논쟁 주제가 되었다고 말한 지 벌써 많은 시간이 흘렀다.Melissen 2007, 211

종합하면 공공외교는 모든 사람들에 대한 외교적 관여를 의미하는 개념으로서, 좁게는 국가보다는 국민이나 지구사회의 공중을 지향하는 외교의 새로운 수행방식이며, 넓게는 진정한 외교로 인식되는 방향으로 팽창해야 할 개념이다. 이 두 경로가 수렴될 때 외교의 사회화, 인간화, 민주화를 모색할 수 있는 중요한 개념적 단초가 제공될 것으로 기대할 수 있다. 따라서 미국 남캘리포니아대 공공외교연구소의 입장처럼, 공공외교가 "외교의 공중적 차원과 상호작용적 차원으로서, 성격상 지구적일 뿐만 아니라 다수의 행위자와 네트워크를 포괄하며, 국가들이 상호 신뢰와 생산적 관계성을 촉진시켜 건전한 지구적 (외교)환경을 구축하는 데 절대적으로 중요한 메커니즘이다. 따라서 단일의 합의된 개념 정의는 존재하기도 어려울 뿐만 아니라, 개념상의 합의 부재가 반드시 부정적인 것만은 아니다"USC-CPD라는 견해도 참고할 만하다.

공공외교의 개념을 이해하는 데 있어 가장 큰 어려움은 많은 개념들이 공공외교와 관련되어, 한편으로는 서로 동의어로서 사용되기 하고, 다른 한편으로는 상위 또는 하위 개념 등 포섭 관계로 이해해야 하는 등 매우 혼란된 양상을 보이고 있기 때문이다. 더구나 각 개념들이 지향하는 목적, 수행하는 내용 및 활동 범주, 강조되는 접근 방식 등이 너무 다양하여, 모든 개념들을 동일한 수준으로 관찰하기 어렵다는 점도 작용하고 있다. '프로파간다' '공중관계PR' '공공문제public affairs' '공보public information' '소프트파워외교' '문화외교' '민간외교' '국민외교' '국가브랜딩' '국가 캠페인' 등이 대표적이다. 그러나 이 용어들이 일정 부분 공공외교와 중첩되거나 때로는 많은 점에서 공통점이 있기는 하나, 한 저명한 공공외교 학자는 이들 용어 모두가 불완전할 정도로 편파적이며, 이들 중 일부는 방향도 잡지 못할 정도로 오도적이라고 혹평을 가한다. 오히려 미국식 용어인 '공공외교'가 공통적으로 사용하기에는 가장 결함이 적어least-worse 선호되는 용어라고 하였다.Cull 2019, 2

결론적으로 공공외교를 이해하는 일은 하나의 공통된 정체성을 지향하는 작업으로서, 미국 아메리칸대의 피츠패트릭Kathy R. Fitzpatrick 이 공공외교와 관련하여 제기한 문제들을 다소 조정하여 제시해 보고자 한다. 이를 통해 공공외교의 개념에 대한 이해를 보다 총체적이고 균형적으로 시도해 필요가 있을 것이다.Fitzpatrick 2010

첫째, 공공외교를 경시하게 된 원인이 다수 요인들의 개입으로 인해 개념을 적절히 설명하지 못한 데 있음을 고려하여 "공공외교의 개념은 과연 무엇인가?"

둘째, 필연적으로 파워와 연계되어 있는 공공외교의 중요성을 고려하여 "공공외교가 추구하는 가치는 무엇이며, 어떤 추동력으로 역할과 기능을 수행할 것인가?"

셋째, 공공외교의 진정한 주체와 이들 간의 관계를 중심으로 "공공외교는 현재 누가 수행하고 있으며, 장차 누가 또 수행해야 하는가?"

넷째, 위기에 기반한 전략적 선택과 지속되어야 할 노력의 측면에서 "공공외교는 누구를 대상으로 해야 하는가?"

다섯째, 정부의 이익, 국가의 이익, 공중의 이익, 그리고 지구 시민의 이익의 관점에서 "공공외교는 누구의 이익에 봉사해야 하는가?"

마지막으로 하나 덧붙이자면, "국가 중심적 공공외교와 지구 중심적 공공외교의 결합은 가능할 것인가?" 그리고 만일 가능하다면 "이들을 어떻게 결합하여 지속가능한 공공외교로 정착시킬 수 있을 것인가?"

1 공공외교의 창설적 개념 정의를 통해서 제시된 공공외교의 핵심적인 의미는 무엇이며, 이후 다양하게 제시된 학자들의 공공외교 개념 정의는 대체로 어떤 점에서 합의를 이루고 있다고 생각하는가?

2 새로운 외교양식으로서의 공공외교의 새로움에 대해 부정적인 시각을 갖고 있는 사람들은 주로 어떤 관점에서 공공외교를 해석하고 이해하고 있는가?

3 외교의 주체별로 공공외교에 대한 인식에 있어 공통점과 차이점이 존재할 수 있는데, 주요 국가, 국제기구, 그리고 비정부 주체들이 중시하는 공공외교의 목적과 전략을 구분해서 이해할 수 있는가?

4 공공외교의 개념에 대한 보다 체계적인 이해를 위해 구성 개념인 '공공(public)'은 본래 무엇을 지칭하는 것으로 사용되었으며, 이를 보다 진취적으로 이해하는 현재의 경향은 대체로 어떤 방향으로 진전하고 있는지를 설명할 수 있는가?

5 공공외교에 있어 '외교(diplomacy)'는 본래 어떤 의미로 사용되어 왔는지를 정확히 이해하고, 외교 연구나 외교적 실행에 있어 공공외교는 현재 어느 수준에 있으며, 이런 측면에서 향후 공공외교 개념의 바람직한 방향성은 어떻게 설정하는 것이 바람직하다고 전망하는가?

(참고문헌에서는 생략함)

김상배(2019). "공공외교의 이론적 이해." 김상배 외. 『지구화 시대의 공공외교』. 서울: 사회평론아카데미, pp.13-62.

김상배 외(2019). 『그래서 공공외교가 뭔가요?』. 서울: 한국국제교류재단 공공외교아카데미.

멜리센, 얀(2008). "신공공외교: 이론과 실제." 얀 멜리센 엮음. 『신공공외교: 국제관계와 소프트 파워』. 고양: 인간사랑, pp.33-67.

컬, 니콜라스 J.(2013). "공공외교: 분류학 및 역사." 제프리 코원·니콜라스 J. 컬 엮음. 『새 시대의 공공외교』. 고양: 인간사랑, pp.58-98.

한국외교협회(2014). "특집: 공공외교의 중요성과 주요국가 사례(9개 논문)." 『외교』. 서울: 한국외교협회.

한정호 외(2014). 『PR학 원론』. 서울: 커뮤니케이션북스.

호킹, 브라이언(2008). "신공공외교 다시 보기." 얀 멜리센 엮음. 『신공공외교: 국제관계와 소프트 파워』. 고양: 인간사랑, pp.69-92.

Melissen, Jan(2018). "Public Diplomacy." In Pauline Kerr & Geoffrey Wiseman, eds. *Diplomacy in a Globalizing World: Theories and Practices*, 2nd ed. Oxford: Oxford University Press, pp.199-218.

Pamment, James(2013). *New Public Diplomacy in the 21st Century: A Comparative Study of Policy and Practice*. London & New York: Routledge.

Sevin, Efe(2017). *Public Diplomacy and the Implementation of Foreign Policy in the US, Sweden and Turkey*. New York: Palgrave Macmillan(제1장 The Need for Communication, 제2장 Public Diplomacy: The New Foreign Policy Tool).

참고 문헌

강준만(2001). 『대중매체 이론과 사상』. 서울: 개마고원.

김상배(2013). "중견국 공공외교의 이론: 매력과 네트워크의 시각." 김상배 외 편. 『중견국의 공공외교』. 서울: 사회평론, pp.11-46.

김태환(2016). "주변국 공공외교의 최근 추세 유형과 한국에 대한 함의." 국립 외교원 외교안보연구소. 『주요국제문제분석』 2017-45.

_____(2018). "중국과 러시아의 '샤프 파워'와 함의." 국립외교원 외교안보연 구소. 『주요국제문제분석』 2018-16.

대한민국 외교부. "공공외교(Public Diplomacy)란?"(http://www.publicdi plomacy.go.kr/introduce/public.jsp, 검색일: 2020.2.8).

신호창·문빛(2015). "Public Relations(공중관계) 분야의 토대 개념 의미에 관한 연구." 한국PR학회 2015 가을철 정기학술대회.

한국언론정보학회(2006). 『현대사회와 매스커뮤니케이션』 전면 개정판. 파주: 한울아카데미.

한정호(2014). "PR의 정의와 유형." 한정호 외. 『PR학 원론』. 서울: 커뮤니케 이션북스, pp.3-20.

ASEAN Secretariat(2020). *The ASEAN Charter*. Jakarta: ASEAN Com-munity Relations Division.

Australian Senate Standing Committee on Foreign Affairs, Defence and Trade(2007). Australia's Public Diplomacy: Building Our Image.

Ayhan, Kadir(2016). "Collaborative Public Diplomacy between the Government and NGOs in Korea, Japan and Turkey." Doctoral Thesis, The Graduate School of International Studies, Seoul National University.

_____(2019). "The Boundaries of Public Diplomacy and Nonstate Actors: A Taxonomy of Perspectives." *International Studies Perspectives*, 20(1), pp.63-83.

Berridge, G. F.(1995, 2002, 2010, 2015). *Diplomacy: Theory and Practice* 각판. New York: Palgrave Macmillan.

Castells, Manuel(2008). "The New Public Sphere: Global Civil Society, Communication Networks, and Global Governance." *ANNALS, AAPSS*, 616, pp.78-93.

Choi, Kwang-jin(2019). "Peoplomacy vs. Diplomacy: The Diplomatic Evolution." CPD Blog(https://www.uscpublicdiplomacy.org/blog/peoplomacy-vs-diplomacy-diplomatic-evolution, 검색일: 2020. 3.16).

Cull, Nicholas J.(2008). "Public diplomacy: Taxonomies and Histories." *CANNALS, AAPSS*, 616, pp.31-54.

_____(2009). "Public diplomacy: lessons from the past." *CPD Perspectives on Public Diplomacy 2*. Los Angeles: Figueroa Press.

_____(2019). *Public Diplomacy: Foundations for Global Engagement in the Digital Age*. Cambridge, UK: Polity Press.

_____(2020). "Public Diplomacy Before Gullion: The Evolution of a Phrase." Nancy Snow & Nicholas J. Cull. *Routledge Handbook of Public Diplomacy*, 2nd Ed. New York: Taylor & Francis Books, Inc., pp.13-17.

Fitzpatrick, Kathy R.(2010). *The Future of U.S. Public Diplomacy: An Uncertain Fate*. Leiden: Martinus Nijhoff Publishers.

_____(2012). "Defining Strategic Publics in a Networked World: Public Diplomacy's Challenge at Home and Abroad." *The Hague Journal of Diplomacy*, 7, pp.421-440.

Fulton, Barry(1998). "Reinventing Diplomacy in the Information Age." CSIS Final Draft(http://dosfan.lib.uic/edu/usia/usiahome/pdforum/fulton.htm, 검색일: 2020.1.26).

Gilboa, Eytan(2016). "Public Diplomacy." Gianpietro Mazzoleni, ed. *The International Encyclopedia of Political Communication*, Volume III. Chichester, UK: John Wiley & Sons, pp.1297-1305.

Gregory, Bruce(2008). "Public Diplomacy and Governance: Challenges for Scholars and Practitioners." Andrew F. Cooper, Brian Hocking & William Maley. *Global Governance and Diplomacy Worlds Apart?* New York: Palgrave Macmillan, pp.241-256.

Hart, Justin(2013). *Empire of Ideas: The Origins of Public Diplomacy and the Transformation of U.S. Foreign Policy*. Oxford, UK: Oxford University Press.

Henrikson, Alan K.(2006). "What Can Public Diplomacy Achieve?" Discussion Papers in Diplomacy, Netherlands Institute of International Relations(Clingendael).

Hocking, Brian(2005). "Rethinking the 'New' Public Diplomacy." Jan Melissen, ed. *The New Public Diplomacy: Soft Power in International Relations*. New York: Palgrave Macmillan. pp.28-43.

Hunt, Alan(2015). *Public Diplomacy: What It Is and How to Do IT*. New York: United Nations Institute for Training and Research (UNITAR).

Jackob, Nikolaus(2008). "Public." Wolfgand Donstach, eds. *The International Encyclopedia of Communication*. Blackwell Publishing, pp.3938-3940.

Jönsson, Christer(2015). "Theorising diplomacy." B.J.C. McKercher, ed. *Routledge Handbook of Diplomacy and Statecraft*. London: Routledge, pp.15-28.

Melissen, Jan(2007). "The New Public Diplomacy: Between Theory and Practice." Jan Melissen, ed. *The New Public Diplomacy: Soft Power in International Relations*. New York: Palgrave Macmillan, pp.3-27.

Melissen, Jan, & Jian Wang(2019). "Introduction: Debating Public Diplomacy." *The Hague Journal of Diplomacy*, 14, pp.1-5.

Nye, Joseph S., Jr.(2019). "Soft Power and Public Diplomacy Revisited." *The Hague Journal of Diplomacy*, 14, pp.7-20.

Pacher, Andreas(2018). "Strategic Publics in Public Diplomacy: A Typology and a Heuristic Device for Multiple Publics." *The Hague Journal of Diplomacy*, 13, pp.272-296.

Pagovski, Zhikica Zach(2015). *Public Diplomacy of Multilateral Organizations: The Cases of NATO, EU, and ASEAN*. Los Angeles: Figueroa Press.

Pamment, James(2018). "Public Diplomacy." In Gordon Martel, ed. *The Encyclopedia of Diplomacy*, Volumes III. Oxford: John Wiley & Sons, pp.1563-1575.

Public Diplomacy Association of America(PDAA)(2019). "Future of Public Diplomacy Organizations Focus of Special Meeting." September 9, 2019(http://pdaa.publicdiplomacy.org/?p=2216, 검색일: 2020.3.5).

Sharp, Paul(2009). *Diplomatic Theory of International Relations*. Cambridge: Cambridge University Press.

Snow, Nancy, & Nicholas J. Cull(2020). *Routledge Handbook of Public Diplomacy*, Second Edition. New York: Taylor & Francis Books, Inc.

United Nations General Assembly(2019). "Proposed programme budget for 2020." A/74/6(Sect. 28).

USC CPD. "What is PD?"(https://www.uscpublicdiplomacy.org/page/what-is-pd, 검색일: 2020.2.23).

Walker, Christopher, & Jessica Ludwig(2017). "From 'Soft Power' to 'Sharp Power': Rising Authoritarian Influence in the Democratic World." National Endowment for Democracy Forum, pp.8-25.

Waller, J. Michael, ed.(2007). *The Public Diplomacy Reader*. Washington, DC: The Institute of World Politics Press.

Wilton Park(2006). *Public Diplomacy: Key Challenges and Priorities*. Report on Wilton Park Conference WPS06/21.

제2장

공공외교의 역사, 유형·특성 및 이론적 조망

송기돈 ● 전북대학교

[핵심어]

고대공공외교	공개외교	전통공공외교
신공공외교	다중학문성	국제관계이론
외교이론	국제PR이론	

I. 들어가며

공공외교라는 용어의 등장과 현재와 유사한 개념화는 각각 19세기 중반과 20세기 중반의 현상으로서 비교적 긴 역사는 아니다. 그러나 외국의 공중을 대상으로 하는 공공외교의 특성을 고려할 때 그 역사적 기원은 고대 시기까지 거슬러 올라갈 수 있다. 그럼에도 불구하고 일반외교의 제도화 과정의 거의 모든 시기에 있어 공공외교적 실행은 주변적 위상에서 벗어나지 못했다.[1] 물론 현재

---

1 여기에서 '일반외교'는 국가들 사이의 정부 간 공식적 외교를 의미하는 것으로서 학계의 보편적인 용어는 아님. 공공외교 학계에서는 대체로 공공외교와 대비되는 일반외교를 '전통외교(traditional diplomacy)'로 지칭하고 있으나, 일반외교도 '전통외교(old diplomacy)'와 '신외교(new diplomacy)'로 구분했던 역사가 있어 이러한 용어상의 혼란을 피할 목적으로 이 용어를 사용하고자 함.

의 개념과는 차이가 있었지만, 공공외교는 20세기 초에서야 비로소 국제관계 수행방식으로서의 외교에 있어 새로운 인식 대상으로 부상하였으며, 1960년대 중반 이후 보다 체계화된 정책적 대상으로서 그 위상이 상승하는 듯 보였다. 그러나 국제체제라는 보다 거시적인 환경 변화에 민감했던 각국의 외교정책에 있어 지속적인 정책적 관심 주제가 되지 못했고, 따라서 보다 전문적인 학문적 분석 대상으로서의 위상도 매우 취약했다.

그러나 21세기로의 진입 과정에서 9.11테러라는 또 다른 환경 변화로 인해 공공외교의 실제적 및 이론적 위상은 전환의 계기를 맞게 되었다. 공공외교에 대한 국가들의 인식과 정책적 초점에서는 다양한 차이를 보이고 있으나, 외교를 통한 국제관계의 정립에 있어 공공외교의 위상과 실질적 효과성을 창출해야 한다는 당위론으로 인해 이제 자체의 지속성을 유지할 합의 공간이 마련되었다고 할 수 있다. 이에 따라 일반외교의 틀 속에서 공공외교를 활용할 보다 체계적인 정책적 고민 속에서, 자연스럽게 새로운 공공외교의 유형으로 진전하게 되었고, 또한 이를 설계하고 지지할 학문공동체들의 이론적 노력들도 보다 풍요롭게 동행하게 되었다.

이러한 역사적·정책적·이론적 공진 과정을 바탕으로 본 장은 공공외교의 역사, 유형·특성, 그리고 이론적 조망으로 구성되었다. 첫째, II절의 역사에서는 고대로부터 현재에 이르기까지 전체 시기를, 일반적인 역사적 시기나 일반외교 중심의 시기가 아닌, 공공외교와 관련된 변화적 계기를 중심으로 3개의 단계(전통공공외교 2개와 신공공외교)로 나누어 공공외교적 사례와 특성을 정리하였다. 둘째, III절의 유형에서는 9.11테러를 계기로 공공외교 유형의 변화가 초래된 배경을 기초로, 그 이전의 공공외교를 전통 공공외교로 통합하여 이를 이후의 신공공외교와 다양한 비교범주에 따라 특성을 대비시키고자 한다. 마지막으로 IV절의 이론적 조망에서는 공공외교에 접근하고 있는 다양한 학문분야들과의 관계를 통해 공공외교(학)의 학문적 특성과 이론화 수준을 검토한 후, 국제관계 및 외교이론과 국제PR이론의 관점에서 공공외교를 조망해 보고자 한다.

II. 공공외교의 역사

1. 역사 구분의 도식

공공외교의 역사적 시기 구분은 학자들에 따라 다양하다. 가장 단순하게는 걸리온Edmund A. Gullion이 공공외교의 창설적 개념 정의를 제시한 시점을 기준으로 그 이전(1856~1965년)과 이후(1965~2008년)로 구분하는가 하면,Cull 2020 걸리온 이후 시기만을 다루거나 또는 20세기부터 현재까지 전체 시기를 중심으로 구분하기도 한다. 구체적으로 Szondi(2008, 2-3)는 미국 공공외교를 중심으로 미국·서유럽의 가치·규범의 확산기(1950년대 중반~1990년), 미국 공공외교의 쇠퇴기(1990~2000년)와 9.11테러 이후 시기(2001~)로, Sevin (2017, 29-37)은 미국공보처(USIA) 초기부터 9.11테러까지의 전통외교(1960년대 중반~2001년), 관계적 공공외교로 선회한 신공공외교(2001~)와 공공외교의 지구화(2000년대 이후)로, Pamment(2013, 20-29)는 공개외교의 시기(1850년대 중반~제1차 세계대전 직후),

프로파간다(propaganda/선전)와 초기 PR산업 시기(전간기), 총력
외교total diplomacy(제2차 세계대전 직후~냉전기), 국제PR 시기(1980
년대~1990년대), 신공공외교 시기와 그 이후(9.11테러 이후~2013
년 당시)로 구분하는 등 다양하다.

　　그러나 이 글에서는 단순히 공공외교의 역사적 전개과정에만
국한하지 않고, 전체적인 외교의 지형 속에서 공공외교의 위상 및
특성을 이해하기 위한 목적으로 〈그림 2-1〉과 같이 관련 시기를
고대로까지 확장하여 구도를 설정하였다. 일반외교의 경우 '고대'
'고전·중세' '근대' 및 '현대'외교는 시기적 구분에 의한 명칭이고,
'전통' '신·근대' 및 '탈근대' 외교는 특성에 의거한 명칭이다. 공공
외교의 경우에는 실제적 사례, 용어 및 개념화 그리고 양식의 변
화와 같은 계기적 이벤트 시점을 기준으로 구분하였다. 물론 이러
한 시기 구분은 일반적인 역사적 관점에서 보면 부적절한 것으로

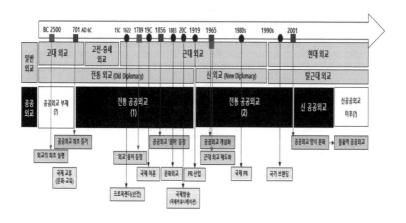

〈그림 2-1〉 일반외교의 제도화 과정에 있어
공공외교와 관련 영역의 관계 구도

보일 수 있으나, 공공외교를 중심으로 역사적 흔적과 특성을 관찰하기 위해 설정했음을 전제로 한다.

먼저 일반외교의 경우 기원전 2500년경을 착수 시점으로 하여,Cohen 2018, 21 제1차 세계대전 직후까지의 장기간을 '전통외교'로 명명하여, 이 기간을 '고대' '고전·중세' 그리고 '근대'외교로 구성하였다. 근대외교가 1919년을 기준으로 분할된 것은 제1차 세계대전을 계기로 이전의 일반외교를 유럽중심적 '전통외교(비밀외교·비공개외교)'와 그 한계를 비판한 '신외교(공개외교)'의 유형으로 구분하여 논의된 점을 반영한 것이다. 탈냉전과 지구화 등으로 인해 대두한 '탈근대post-modern외교'는 이전까지의 역사적 제도화를 통해 정립된 근대외교를 극복하기 위한 외교의 변환적 성격을 강조하는 개념이다. 외교의 탈근대화는 외교의 주체, 문제영역, 방식 등의 변환을 모색하는 과정으로서, 자연스럽게 '공공외교'와의 접근을 가능케 하였을 뿐만 아니라 기존의 '전통공공외교' 자체에도 변화를 초래하여 '신공공외교'를 통해 서로 경로를 달리해 온 외교의 두 경로 사이의 부분적인 수렴 가능성까지도 기대케 하는 외교의 새로운 경향에 해당한다. 이는 현재 공공외교가 일반외교와 분리될 수 없다는 견해와도 맥락을 같이 한다.Melissen & Wang 2019, 2-3

다음으로 '공공외교'의 경우 일반외교가 시작되고 이로부터 1800여 년 후 최초의 증거가 발견된 이후부터 '신공공외교'의 출현 이전까지를 광범하게 '전통공공외교'로 명명하여 이를 두 단계로 구분하였다. '전통공공외교(1)'은 최초의 공공외교 사례가 발견된 시점을 기준으로 제1차 세계대전까지, 그리고 '전통공공외교(2)'는 제1차 세계대전 이후 1965년 창설적 개념 정의의 제시, 그리고 이 개념에 기초하여 20세기 중·후반에 전개된 사실상 체계적인 차원에서 최초의 공공외교로 인지되는 전통공공외교에 해당한다. 그리고 신공공외교 시기는 지구화·정보화의 심화 및 확산과 더불어 2001년 9.11테러를 계기로 초래된 최초의 유형 분화에 따라 전통공공외교와 차별화된 새로움이 추구되는 양식과 '새로움의 이후 beyond the new'까지를 포함하는 단계로 구성하였다.

2. 전통공공외교 시기(1): 공공외교의 기원과 초보적 공중관계

1) 고대, 고전, 중세 시기의 공공외교(BC 2500~15C 중반)

'실행'으로서의 최초의 외교는 수메르를 중심으로 도시국가들이 출현한 이후이며, '기록'으로서의 외교는 문자가 만들어진 이후인 기원전 2500년경 메소포타미아 밖 좌우에 위치한 에블라(Ebla/시리아)와 하마지(Hamazi/이라크) 간 용병-물자 교환 서판Tablets으로 알려져 있다.Cohen 1999, 32 그로부터 약 100년 후 메소포타미아 지역의 우르크Uruk와 라가쉬Lagash 간 우호협정에서도 유사한 증거가 발견되었으며,Barber 1979, 8 바빌론 함무라비 시기의 마리 서신Mari Correspondence(기원전 18세기)의 스파이 기용을 통한 외국 정보의 수집, 그리고 이집트에서 발견된 아마르나 서판Tel-el-Amarna Tablets (기원전 15세기, 설형문자)에서 나타난 근동 지역 국가들 간의 소

---

2 네덜란드의 Huijgh(2016, 438)는 이 당시 중동 지역의 외교 메시지와 조약에 나타난 특사를 통한 선물 교환이나 초기 도시외교를 통한 관계증진 등과 관련된 공공담론(public discourses)이 초기 공공외교를 시사하는 듯한 주장을 하고 있으나, 이것이 엄격한 의미에서 공공외교와 관련되는 것인지는 불명확함.

통 수단으로서의 국제공용어 아카드Akkadian어의 사용 등이 당시 외교의 특성을 보여주고 있다. Cohen & Westbrook 2000, 9-10

고전 외교 시기는 대체로 기원전 6세기 초 페르시아 제국부터 15세기 중반 동로마제국(비잔틴) 이전까지를 가리킨다. 페르시아(522~486 BC)는 정복과 지배 중심적이어서 외교적 협상이 상대적으로 취약했다. 고대 그리스는 국제 문제보다는 역내 도시국가들 간의 관계를 관리하기 위한 사회통합 차원에서 올림피아 제전과 비정치적 부문에서의 교류 활동이 주류를 이루었다. 또한 외교에 있어 협상보다는 주장에 의한 관리 목적으로 연설 및 웅변에 능숙한 인사를 외교특사로 고용한 웅변적 연설외교oratorical diplomacy가 대표적이었다. 이런 현장에 일반 공중이 참석한 것이 공공외교의 사례가 되는데, 그 이유는 그들을 통한 증언과 전달이 연설의 유의미성과 외교의 효율성을 위한 기반으로 활용될 수 있었기 때문이었다. Sharp 2009, 272 고대 로마제국에서는 복속된 국가들의 시민을 관리하기 위한 목적으로 외국인에 대한 포용성과 언어 다양성을 인정한 것 등이 공공외교와 관련된 것이었다.

학계에서는 사실상 공공외교의 최초의 사례를 고전 시대인 기원전 8세기 수메르와 예루살렘의 사례에서 찾는다. 당시 수메르에서는 고대 앗시리아 언어인 아카드어가 상형문자가 아닌 자음문자인 셈어족 언어인 아람Aramaic어로 대체되면서 새로운 언어를 통한 소통의 중요성이 대두되었는데,3 이는 기원전 701년 앗시리

---

3 아람어는 후에 페르시아제국의 다리우스(Darius) 1세가 공식적인 행정언어로 채택함.

아의 예루살렘 포위에 관한 성서의 설명에 반영되어 있다. 당시 앗시리아의 관리였던 랩샤케Rabshakeh가 예루살렘 시민들을 상대로 성벽 밖에서 위협과 약속의 내용을 섞어, 소통을 위해 외교언어인 아람어가 아닌 유대어Judean로 항복하라는 설득을 시도하였다는 것이다.Cohen 2018, 25 또한 청동기 시대 이래로 여러 교류활동들이 정치적 목적을 위해 활용되었으며, 문화외교가 줄곧 왕들이 사용한 최초의 호소 수단으로 자리 잡아 왔는데, 이 과정에서 당시 지도자들은 강력한 문화적 상징들을 조작했다는 견해도 있다.Gregory 2016, 6 재인용 또한 이집트인과 그리스인들은 전시에 잡은 볼모를 평화 시에는 조약의 보증인이나 교차문화적 학습을 위한 문화 해석자 및 전달자로서 활용했다는 기록도 있다.4

그러나 고대 및 고전 시기의 외교는 대체로 외국의 공중보다는 상대국의 공식적 행위자들을 상대로 이루어져 실질적인 공공외교라기보다는 전통외교의 양식이 주류를 이루었다고 볼 수 있다. 그럼에도 불구하고 고대 그리스의 투키디데스Thucydides, BC 5C와 인도의 카우틸랴Kautilia/Chanakia, BC 4~3C와 같은 사상가들도 정치지도자들이 자신의 정책들에 대한 국내·외의 지원을 통해 잇점을 얻을 수 있는 것으로 인식하였다.Gilboa 2016, 1297 5 그리고 실제로도 로마제국의 기독교와 고대 인도 아쇼카왕Ashoka의 불교 전파를 비

---

4 그러나 공공외교의 기원을 찾으려는 노력이 일면 의의가 있을지라도, 기원의 정확한 시점을 찾기보다는, 국제적 정책의 형성 및 수행에 있어 공공외교가 민주화의 본질적인 한 부분임을 인식함이 더 중요하다는 시각도 있음(Huijgh 2016, 438).
5 고대문명 지역 중 인도는 다른 지역에 비해 뒤늦게 기원전 4~3세기 마우리아 왕조 시기 『국가론(Arthashastra)』에 나타난 소프트파워외교와 정보 및 심리전 등과 관련된 내용들을 통해 유추할 수 있음.

롯하여 무역과 이민 또는 제국의 관리 차원에서의 문화 교류와, 고대 이오니아Ionia와 메시나Messina 그리고 그리스 및 로마제국에서도 교육 교류가 이미 이루어졌다.Cull 2019, 63, 83 또한 문자화된 기록을 통해 국제적 평판 관리가 실행되고 있었다.Melissen 2018, 201 메소포타미아 지역에서 시작된 외교가 그리스와 로마로 서진한 이후 로마제국의 분할로 동진하게 된 비잔틴(동로마) 제국(395~1453)은 전쟁에 의한 제국 건설이 여의치 않을 경우, 외국인에 대한 개방적·포용적 정책의 일환으로 이민과 용병 형식의 인적 교류가 수행된 적이 있었다. 그러나 비잔틴의 외교는 공공외교라기보다는 대부분 다양한 형식의 의전과 상징조작을 통해 외부 주체들을 관리하는 부정적 전통의 대표적 사례로 볼 수 있다.

2) 근대 초·중기의 공공외교(15C 중반~제1차 세계대전)

비잔틴 시기로부터 대두된 외교의 전문직업화가 로마교황청 및 베네치아를 거쳐 강화되면서 15세기 이탈리아 도시국가들 간 관계에서 근대외교가 발아되었다. 이탈리아에선 대외적인 상업활동이 활발해지면서 상업과 상인들이 직·간접적으로 외교 영역에 진입하게 되고, 역으로 이들에 대한 외교 업무의 필요성이 발생하여 영사 업무가 대두되기도 하였다.

이탈리아의 외교 전통을 기반으로 근대외교가 보다 체계적으로 정립하게 된 프랑스 중심 외교 시기(17~18세기)에는, 특히 18세기 후반 프랑스혁명 시기에 '외교diplomatie' 용어가 도입·사용되는 등 근대적 의미의 외교의 제도화를 위한 기반이 점차 강화되기 시작하였다.[6] 또한 공공외교와 관련해서도 19세기 중반에는 비록 오늘날의 의미와는 차이가 있으나, 영국과 미국의 공공 매체에 공공외교라는 용어가 처음 등장했음을 목격할 수 있다. 1856년 영국 일간지에서의 공공외교는 미국의 중미 지역 외교에 대한 영국의 비판적 입장을 나타내는 예의바른 정중함과 설득의 외교를, 그리고 1871년 미국 뉴욕타임스에서의 공공외교는 미국의 세출예산과 중미 지역과의 관계에 대한 의회의 반론에 나타난 공개외교를 지칭하는 것이었다(〈참고 2-1〉).

이러한 과정에서 대외적으로는 1535년 오스만투르크와의 문화협정을 통해 사실상 최초의 문화외교가 시작되고, 이는 16세기 후반 이후 18세기까지 브르봉 왕조 하에서 프랑스어를 매개로 한 대외적 문화정책으로 연계되었다. 이러한 기반 위에서 1883년에는 언어와 문화 증진을 위한 알리앙스 프랑세Alliance Française가 설립되어 가장 대표적인 문화외교 국가로서의 위상을 유지하고 있다. 다른 한편 국내적으로는 건전한 외교방식으로서 소통이 중시되고, 특히 성공적인 외교를 위해 자국민을 대상으로 한 국민여론의 중요성이 인식되면서 국내 차원의 선전 제도를 정당화하려는 시도가 있었는데, 이는 오늘날 국민외교와 같은 공공외교의 국내적 차원에 해당한다고 할 수 있다.

이 시기에 다른 한편에서는 '프로파간다'의 원형이 종교적 배경에서 등장하였다. 1539년 스페인 성직자 로욜라Sanctus Ignatius de

---

6 '외교'의 어원은 고대 그리스어의 '두 겹으로 접혀짐(*diploun*)'을 의미하는 동사 (*diploô*)의 명사형(*diploma*)으로서 외교여권에 해당하는 공식적인 문서임. 이후 다른 파생어와 복합어들이 등장했고 그 실질적 의미와 초점도 시대적 맥락에 따라 다양하게 존재했음(Leira 2016, 31-32).

공공외교

■ 영국 매체 The Times의 사례(1856년)

1856년 영국의 일간지 타임(*Times*)의 사설에 처음 등장한 공공외교 용어는, 당시 미국 제14대 대통령 피어스(Franklin Pierce, 민주당, 임기 1853~57)가 1855년 12월 31일 미국 의회에 보낸 연례 메시지에 담긴 중미 지역(니과라구 아, 코스타리카, 모스키토 해안 등)에 대한 외교정책에 있어, 미국이 영국 정부 에 대해 1850년 4월 19일에 맺은 양국 간 협약을 지키라는 압력을 '덜 예의바 른(less-than-civil)' 태도로 인식하여 영국이 이를 비판하는 과정에서 사용한 '예의바른 정중함(civility)'과 동의어로 사용되었다. "만일 미국의 정치가들은 스스로 생각하는 것처럼 우리 영국에 대해 (좋은) 인상을 심어주려면 그들 국민 들에게도 어떤 모범을 보여줘야 할 텐데 '공공외교'와 같은 눈에 띌만한 것이 거의 없다는 점을 상기해야 한다." 그러나 여기에서 공공외교와 관련된 보다 핵심적인 의미는 "(피어스 정부가) 영국의 시민들을 설득하는 데 성공하려면 …"이라는 물음에서 보듯 외교의 모범(examples)을 통한 '설득(persuasion)' 의 외교에 더 가까운 것으로 보인다.

출처: "Editorial," *The Times*, London, January 15, 1856, 6면. Cull(2019, 13); https://millercenter.org/the-presidency/presidential-speech es/december-31-1855-third-annual-message

■ 미국 매체 The New York Times의 사례(1781년)

미국에서는 제18대 대통령 그랜트(Ulysses S. Grant, 공화당, 임기 1869~77) 정부 시절, 의회의 하원 입법 의제를 취재한 보도 기사를 통해 처음으로 공공외교 용어가 등장하였다. 당시 하원에서의 논쟁은 영사 및 외교 세출법안(Consular & Diplomatic Appropriation Bill)의 자금이 중미 도미니카공화국의 합병에 사 용될 수 있다는 의혹을 갖고, 대외 문제가 비밀리에 행해져야 하는지에 관한 것이었다. 전직 오토만제국 대사를 지낸 뉴욕 주 출신의 민주당 콕스(Samuel S. Cox) 의원은 비밀임무를 위한 자금이 있어서는 안 되며 자신은 '공개적인 공공외교(open, public diplomacy)'를 신봉한다고 주장하였는데, 여기에서의 공공외교는 '공개외교'를 의미하는 것이었다.

출처: "House of Representatives: Miscellaneous Bills and Resolutions," *The New York Times*, January 20, 1871, 2면. Cull(2019, 13-14)

Loyola, 1491~1556는 종교개혁의 도전에 대한 가톨릭의 대응과 새로운 종교질서의 수립을 위해 예수회Jesuits를 창설하면서, "신앙을 수호하고 전파propagation 라틴어 *progaganda fide*"하는 것을 그 목적으로 규정하였다. 이후 몇 차례의 과정을 거쳐 1622년 교황 그레고리 15세Gregory XV가 반종교개혁의 영구적인 본산으로서 로마에 '신앙 전파를 위한 포교성성The Sacred Congregation for the Propagation of the Faith'을 설립하면서 프로파간다의 용어와 과정이 완전히 제도화하였다. 이 개념이 부정적 함의를 갖게 된 것은 제1차 세계대전 이후의 일이며, 이후 다양한 방식으로 도입·활용되면서 20세기까지 공공외교 개념과 매우 긴밀하면서도 긴장관계를 이루어 왔다.

나폴레옹 전쟁의 실패를 계기로 프랑스 중심형 외교에서 유럽의 다자주의 협조체제로 이행한 19세기 초의 유럽의 외교 지형에 있어 공공외교와 관련된 가장 획기적인 변화는 여론에 관한 것이었다. 이미 1588년 몽테뉴Michel de Montaigne에 의해 처음 등장한 '여론'opinion publique' 개념은 18세기 영국의 정치사상을 거쳐 프랑스혁명 시기에 '국제international' 개념을 도입했던 벤덤Jeremy Bentham에 의해 이론화된 후, 제1차 세계대전 이후인 1930년대에 다원적 민주주의의 핵심적 가치 및 정당성 확보 수단으로서 과학적 여론조사가 도입되면서 보다 정교한 의미를 획득한 것으로 알려져 있다.[7] 19세기 초는 여론이 하나의 정치적 세력으로 인식된 최초의 시기

---

7 외교 및 공공외교 관련 19세기의 논의는 앙시앵레짐에 대한 프랑스의 계몽주의 비판가들과 외교의 이중적 성격에 대한 18세기 국제 문제의 공적 담론에 연원하며, 여기에서의 핵심 논쟁점은 정치가(또는 외교관)와 공중의 관계로서 20세기 초 공개외교로 연결된다는 주장이 있음(Rolfe 2014, 83-87).

였으며, 이는 전통외교의 성행기에 있어서도, "여론이 모든 것들의 가장 중요한 매개체이다. 종교와 마찬가지로 여론도 가장 어두운 구석들에 침투해 있다"고 했던 당시 오스트리아의 재상이었던 메테르니히Klemens von Metternich의 말에서도 엿볼 수 있다.Melissen 2018, 201 재인용

그러나 이 시기 국제체제는 유럽의 5대 강대국들로 구성된 컨소시엄과 이들 간의 경쟁으로 인해, 주요 강대국들 간 세력균형을 통한 관리방식이 주류를 형성하면서 공공외교보다는 전통적인 외교가 지배적인 지위를 유지해 왔다. 다만 프랑스혁명의 여파로 일반 대중들의 반정부적 요구가 구제도의 권력과 갈등을 벌였으나, 이는 외교 문제보다는 대내적인 문제에 주로 집중되어 있었다고 할 수 있다. 공공외교라는 용어 또한 오늘날의 의미와는 차이를 보이는 방식과 기법으로서 제1차 세계대전 이후 보다 빈번하게 사용되기 시작했으며, 국제관계의 전문용어로서 사용된 것은 제2차 세계대전 이후라고 볼 수 있다. 또한 여론의 중요성에 대한 인식에도 불구하고, 그 일차적 대상은 해외 공중이 아닌 국내 공중이었으며, 해외 공중 또한 일반적인 시민대중이기보다는 외국의 궁정에 소속된 특수층 사람들을 대상으로 했다는 한계를 이해할 필요가 있다.

3. 전통공공외교 시기(2): 공개외교와 공공외교의 중첩
(제1차 세계대전~1990년대)

1) 20세기 전반기의 공공외교(제1차 세계대전~공공외교 개념화 이전)

제1차 세계대전은 이전 시기의 제도화 요소들을 바탕으로 공공외교에 있어 사실상 최초의 실질적인 전환의 계기를 제공하였다. 여기에는 처음엔 유럽의 전쟁으로 인식했던 미국이 참전하게 된 배경과 관련된 영국의 대미 접근 전략, 전쟁 과정 중의 승리를 위한 각국의 전술적 책략, 종전 직후 전후 신국제질서의 수립을 위해 제시된 미국의 지도 원리, 그리고 신생 사회주의 국가인 소련 및 비주류 국가들에서 개발되고 수행된 공공외교적 요소와 방식들이 작용한 것이었다.

　　첫째, 중립국 선박에 대한 독일의 공격이 아닌 1917년 미국의 참전 배경과 관련한 영국의 공공외교적 접근 방식이다. 영국은 미국의 전쟁 개입을 위한 외교적 로비를 지원할 목적으로, 일부는 회색 또는 흑색 선전이나 조작된 오보로 간주될 수 있는 독일 병사들의 잔악한 행위들에 관한 뉴스를 매개로, 미국의 영향력 있는 시민들에게 직접 관여하여 그들의 인식과 여론을 변경시키고자 하였다.[8] 직접적인 정보 전파를 통해 효능성을 입증한 영국식의 이러한 프로파간다 접근방식이 외국 여론에 대한 전략적 조작을 일컫는 대명사가 되었다.Pamment 2013, 22 재인용

---

8 백색선전(white propaganda)은 정보의 출처를 밝히고 공식기관에 의해 수행되는 선전전, 회색선전(gray propaganda)은 정보 출처가 불분명한 선전전, 그리고 흑색 선전(black propaganda)은 근거나 증거가 없이 사실을 조작하여 혼란을 야기하려는 선전전을 의미함(송태은 2019, 75-76 참조).

둘째, 전쟁의 수행 과정에서의 승리를 위한 전술적 차원에서의 공공외교적 책략이다. 국제방송의 경우 그 단초는 1901년 이탈리아 과학자 마르꼬니Guglielmo Marconi의 대륙 간 무선신호였으나, 이를 정보와 연계시켜 실질적인 국제방송으로 활용한 것은 1915년 제1차 세계대전 중이었다. 당시 독일은 영국이 통제하고 있던 해저케이블을 우회하기 위해 1844년에 고안된 모르스 전신부호를 사용하여 전쟁 소식지를 정기적으로 발행하였다. 이후 소련은 1918년 국제뉴스의 발행과 이듬해 최초로 라디오 방송을 송출하였고, 1925년 모스크바 라디오방송Radio Moscow을 통해 본격적인 국제방송 시대를 열었다. 이후 1920년대와 1930년대에는 네덜란드Radio Netherlands, 프랑스Poste Colonial, 영국BBC Empire Service 등이 차례로 자국의 홍보 또는 선전을 위한 국제방송에 진입하였다.Cull 2019, 104 미국 또한 국내여론과 해외 청중에게 미국을 이해시킬 목적으로, 1901년 개교한 미육군대학US Army War College이 주도하여 군과 언론 관계의 연구를 수행하였고, 이를 기반으로 1917년에는 윌슨Woodrow Wilson 대통령 주도로 '국가공보위원회Committee for Public Information, CPI'를 창설하였다. 이 위원회는 사실상 미국 최초의 공공외교 수행기관으로서 미국의 세계대전 참전에 대한 국내적 지지와 해외에서의 미국에 대한 긍정적 이미지 창출을 목표로 하였다. Armstrong 2020, 83; Fitzpatrick 2010, 16-17 9

---

9 CPI는 '크릴위원회(Creel Committee)'라고도 하는데, 이는 전직 언론인이자 작가로서 미국 공공외교의 창설자로 불리는 크릴(George Creel) 초대 위원장의 이름을 딴 것임. 그러나 미국 공공외교의 실질적인 시작을 1953년 USIA(미국공보처)로 보는 시각이 일반적임.

셋째, 종전 직후 전후 신국제질서의 수립을 위해 제시된 미국의 지도 원리로서의 공공외교적 성격이다. 제1차 세계대전 전까지만 해도 미국의 공중들은 국제 문제의 복잡성을 이해할 능력이 없는 존재로 인식되었다. 그러나 전쟁 중에 루스벨트Theodore Roosevelt와 윌슨 대통령은 여론에의 관여가 미국 외교의 건전성과 성공에 있어 결정적으로 중요하다는 점을 믿고 있었다. 루스벨트가 국내여론과 해외에서의 이미지 계발을 위해 외국인 장학제도와 국제문제 연구소(예: 카네기재단, 록펠러재단 등) 설립 및 인도적 원조 등을 위해 노력한 점에서 보다 공개적인 공공외교로의 전환을 착수했다면, 윌슨은 '14개 조항(1918)'과 '베르사이유조약(1919)'을 통해 이러한 기조를 국제적 수준에서 공식적으로 제도화하였다.10 그러나 이 과정에서 사용된 공공외교의 함의는 다른 자유주의 국가들이나 미국 및 국외의 각종 매체들의 입장에서는, 오늘날의 공공외교이기보다는 '비밀외교'에 대비되는 '공개외교,' 또는 '정보· 선전 활동'으로서의 외교의 성격으로 수용된 바가 오히려 컸다고 볼 수 있다.

넷째, 신생 사회주의 국가인 소련과 비주류권의 나치 독일 등에서의 공공외교적 속성이다. 이들은 기본적으로 공공외교라는 용어와 개념을 수용하지 않았으나, 서방세계의 공공외교에 내포된 정보와 선전이 갖는 함의는 공통적으로 갖고 있었다. 소련의 경우

---

10 '14개 조항' 중 제1항의 "공개적으로 합의에 이른 공개적인 평화조약(그 이후에는 어떠한 종류의 사적인 비밀스런 국제이해가 있어서는 안 되며, 외교는 항상 정직하고 공개적인 관점에서 진행되어야 한다)"과 '베르사이유조약' 전문 중 "국가들 간의 공개적이고 정당하며 상호 존중하는 관계"가 이에 해당함.

공공외교

서방세계의 자본주의적 국제관계에 대한 거부와 적대시로 어떤 형식의 외교도 상호 타협이 아닌 '전쟁'으로 간주하여, 원론적으로는 전쟁불가피론에 입각하여 이를 위한 가장 정당하고 효율적인 대응을 위해 공산당 주도의 외교를 위한 인민외교위원회Наркомидел, 1917~1946와 정치국Politburo을 중심으로 국제혁명을 위한 선전과 계급투쟁의 수단으로서의 외교에 집중하는 특성을 보였다. 다른 한편으로 무솔리니의 이탈리아와 히틀러의 독일과 같은 파시즘 국가들은 자유주의(서방세계)와 사회주의(소련 등)의 대결 구도 속에서, 국가사회주의에 입각한 타자 배척과 자기 중심성, 그리고 국가의 특수한 목표를 향한 특정 지도자 중심성으로 국제관계와 외교를 개인 수단화하는 제3의 길을 선택하였으나, 일방적인 자기 선전성이란 측면에서는 일면 공통점을 보이고 있다.

이후 특히 제2차 세계대전 이전까지 전쟁이 없던 평화 시기의 공공외교는 1930년대 중남미 지역을 대상으로 한 국제교류 활동에 있어 주요 국가들 간의 경쟁이 특징적이다. 프랑스와 영국이 선도하면서 독일 및 이탈리아를 비롯하여 일본의 교류활동을 목격한 미국은, 1933년 루스벨트Franklin D. Roosevelt 대통령의 '근린정책Good Neighbor Policy' 발표에 이어, 1936년 아르헨티나 부에노스아이레스에서 개최된 범미주회의를 통해 문화·교육·과학기술 교류를 위한 정부 후원을 모색함으로써 중남미 국가들과의 관계개선을 도모하였다. 이런 점에서 이 시기부터 USIA 창설 직전까지를 미국 공공외교의 제1 국면으로 보는 시각이 있기도 하다.Hart 2013 등 국제교류 활동은 미국 외에 특히 유럽 국가들에 있어서도 일반적인 현상으로 점차 확대되는 추세에 있었다.

세계대전 중에 전개된 공공외교는 주로 국내 및 해외 공중들에게 영향을 미치기 위한 일방향적 정보의 전파에 초점이 맞춰져 대화나 관계구축과는 거리가 있었다. 따라서 당시의 공공외교라는 용어는 선전주의자들의 의도에 봉사할 목적으로 사람들의 인지 및 행태를 체계적으로 조작하는 활동을 의미하는 프로파간다에 보다 근대적인 외투를 입힌 대안으로서 채택되었다는 주장이 있다. 특히 전쟁에 참전했던 미국과 영국 등 주요 국가들의 정보 및 선전 기관들이 미디어를 통해 참전에 대한 국내 대중의 인식, 여론 조성을 통한 대중의 전쟁 동원, 상대국의 전략적 시도에 대응한 대중의 지원을 이끌어내고자 일방향적인 커뮤니케이션의 한계를 벗어나지 못했다. 또 다른 한편에서는 20세기 전반기의 전통적 공공외교가 대체로 일반외교의 한 부산물로서, 극단적으로는 부정적인 프로파간다에 비해 상대적으로 편견에 덜 사로잡힌 프로파간다로 간주되기도 하였다. Huijgh 2016, 438 & 440 재인용 전체적으로 공공외교라는 외피를 두른 프로파간다가 주요 국가들의 군사력을 보강하는 심리적 전쟁 도구로서 기능했다고 볼 수 있다.

프로파간다가 성행했던 이런 배경이 1900년 미국 보스턴에 설립된 최초의 PR 회사 Publicity Bureau를 시작으로 1920년대에 미국을 중심으로 한 초기 PR(홍보) 산업의 결정적인 토양이 됨으로써, 공공외교와 PR의 초기 관계가 형성되는 계기가 조성되었다.[11]

---

11 학문 및 전문적 차원에서는 1939년 할로우(Rex F. Harlow)의 주도로 '미국PR협회(American Council on Public Relations, ACPR)'가 창설되었음. 이 협회는 '미국PR협회연합(National Association of Public Relations Councils, NAPRC)과 함께 1947년 Association of Public Relations Council로 통합됨.

이는 정보에 대한 영향력 있는 전달자로서의 매스 미디어의 위상이 강조되고, 이에 따라 미디어는 관련 담론을 통제하고 쟁점을 프레이밍하며 특정의 이해관계를 보호하는 기능을 수행하게 되었다. 즉 통제된 정보와 사회의 주요 인사들을 전략적 자원으로 삼아 여론을 형성하기 위한 목적으로 미디어 산업이 공공담론에 투입된 것이다. 이 과정에서 특수한 기능을 발휘하는 주체는 영향력을 지닌 엘리트로서, 이들은 자신들의 신념과 사회적 존경심을 활용하여 정부의 프로파간다와 일반대중 사이에서 미디어를 통한 연계를 형성함으로써 대중을 상대로 한 일방향적인 권력관계를 구축했다고 볼 수 있다.pamment 2013, 22-23

제1차 세계대전 이후 전간기에 있어 미국 정부는 자신의 정책들을 지원하고 조직화하기 위해 외국 공중들에 대한 직접적인 관여의 중요성을 인식하였다. 그러나 관련 기관 및 인사들의 공공외교 개념에 대한 명료한 인식 부족, 비일관적인 리더십, 책임성의 결여 등으로 외교정책의 수행에 있어 공공외교의 중요성에 대한 인식은 감소되어 왔다.Armstrong 2020, 91

미국은 제2차 세계대전 발발 이후인 1942년 전쟁정보국OWI과 중앙정보국CIA의 전신인 전략첩보국OSS을 창설하고 '미국의 소리VOA' 방송을 최초로 시작하였다. 전쟁 종식 후에는 국제교류프로그램인 풀브라이트법Fullbright Act, 1946과 정보·교육교류를 위한 스미스-문트법VSmith-Mundt Act, 1948을 제정하기도 하였다. 그러나 무엇보다도 공공외교에 있어 가장 중요한 작업은 1948년 트루먼 정부 당시의 미국공공외교자문위원회Advisory Commission on Public Diplomacy, ACPD와 아이젠하워 정부에서 1953년 설립한 미국공보처United States

Information Agency, USIA였다.

ACPD는 미국 의회의 스미스-문트법에 의해 정보와 교육교류 자문위원회의 자매기관으로 창설되었으나, 현재는 국무부 공공외교·공공문제차관실의 산하 조직이다. 주요 기능은 해외 공중에 관한 이해·정보제공·영향력 행사에 대한 미국 정부의 활동 평가, 정부의 공공외교에 관한 평가와 담론을 제공하기 위한 연구 및 심포지엄 활동, 그리고 백악관·국무장관·의회에 대한 관련 보고서의 제출 등으로서, 미국 공공외교의 범정부적 문제와 접근을 원활케 하기 위한 정부 내의 연구·정책 조직이다.

USIA는 1999년 클린턴 정부 당시 국무부로 통합될 때까지 미국 공공외교의 대표성을 지닌 기관으로서 냉전기 미국 공공외교의 역사라고 할 수 있을 정도이다. USIA 주요 임무는 외국에 대한 미국 정책의 설명과 주창, 미국의 공식적 정책과 정책에 영향을 미치는 사람·가치·제도에 관한 정보 제공, 미국 시민·제도와 외국 시민·제도 간의 장기적인 관계 구축을 위한 국제적 관여, 그리고 정책적 조언 등이었다. USIA는 공공외교 관련 전문지식을 발전시킨 효율적인 모형으로 인식되기도 했으나,Melissen 2013, 440 규범적 행태(결정작성의 증진을 위한 청취) 및 목표지향적 행태(정책포지션에 대한 주창)와 관여의 채널(문화, 교류, 방송) 간 중첩의 문제와, 디지털외교, 대외원조, 심리적 작전과 같은 비밀 행동, 경제외교 등과의 관계 등이 명확하지 않다는 점에서 비판적 인식도 존재한다.Pamment 2018, 1564-1565

2) 20세기 중·후반기의 공공외교(1965〜9.11테러)

제2차 세계대전 종식 후 20년간의 냉전 초기 공공외교는 미국의 경우에는 USIA 중심으로, 그리고 일부 유럽 국가들은 문화외교, 국제방송, 정보관리 등을 통해 자체의 공공외교적 대외 활동을 전개해 왔다. 냉전의 특수성으로 인해 대다수 국가들의 공공외교는 형식적으로는 일부 활동에 있어 상호적 관계구축을 표방하긴 했어도, 실제로는 일방향적 독백이나 주창이나 긍정적인 국가 이미지·평판을 위한 PR(홍보) 등을 통한 설득적 관여 방식이 주류를 이루었다. 오늘날 신공공외교에 접근하는 특성이 거의 보이지 않는 가운데, 그래도 이 시기에서 상대적으로 긍정적인 변화를 대표하는 사례가 학계에서 출현하였다. 하나는 1965년 미국 터프츠대학의 걸리온이 공공외교의 용어 및 개념 정의를 제시한 것이었고,12 다른 하나는 1990년대 초 하버드대학의 나이Joseph S. Nye가 제시한 국제관계에서의 소프트파워 개념이었다.

걸리온이 제시한 공공외교 개념은 외국 공중과의 관계 설정, 상호 이해 증진을 위한 소통, 그리고 공통의 비전·희망·번영을 지향하고 있다는 점에서, 1850년대 이후 설득외교와 공개외교의 의미로 통용되던 공공외교 개념과는 차이가 있다. 다른 또 하나는 기존의 공공외교가 경멸적pejorative 의미의 프로파간다와 거의 동일어로 인식되고 있었던 상황에서, 20세기 초 윌슨의 자유주의적 국제주의가 지닌 상대적으로 긍정적인 의미에 적합하면서 동시에

---

12 참고로 1960년대는 유엔 국제법위원회에서 외교관계, 조약, 그리고 영사관계에 관한 3개의 비엔나협약이 체결되어 전통적인 일반외교의 근대적 제도화가 성문화된 시기이기도 함.

미국이 외국 공중을 상대로 소통해 온 외교정책의 수행을 지칭하는 새로운 용어를 찾으려는 배경도 자리 잡고 있다.[13] 즉 공공외교는 국가의 공식적 외교와 민주적 이상에 대한 역사적 관련성을 통해 정당성을 획득하려는 상대적으로 자비로운benigh 용어였다. Pamment 2018, 1564 또한 걸리온의 정의는 국내 공중을 대상으로 했던 전간기의 PR산업에 착안하여 국내보다는 국제적인 정책적 맥락에 이를 적용했다는 특성도 있다.Pamment 2013, 24

　　1990년 냉전 종식 직후 등장한 소프트파워 개념은 본래 공공외교가 아닌 탈냉전 시기에 추구할 새로운 국력의 요소로 제시되었으나, 이후 공공외교와 가장 긴밀한 관계를 형성하게 되었다. 또한 이 개념은 현재의 공공외교 연구에 있어 다수를 차지하고 있는 국제PR 중심의 커뮤니케이션학에 비추어, 상대적으로 왜소한 국제관계학을 공공외교와 연계시킨 최초의 개념이기도 하다. 문화·관념·정책의 매력을 통해 구사되는 소프트파워는 하드파워의 보충적 국력으로서, 공공외교를 소프트파워의 핵심 도구 가운데 하나로 간주한다. 이를 공공외교에 적용하면, 어떤 국가의 문화·관념·정책에 외국의 공중들이 공유하기를 원할 경우 이 국가는 자신이 원하는 이익이나 리더십을 획득할 수 있는 효과를 향유하게 된다는 것이다. 그러나 소프트파워는 9.11 이전까지는 특별히 영향력이 없다가 이후 기업 부문에서 추구하던 국제PR 학자들에 의해 조명받기 시작했다고 한다.Pamment 2018, 1567

---

13 당시 유럽 국가들은 공공외교 대신, 독일의 '공공관계' 및 '해외문화·교육정책'이나 프랑스의 '문화외교' 또는 '영향력 외교'와 같은 다른 용어들을 사용했음(제1장 3의 1 참조).

또한 이 시기에 주목할 만한 현상은 1980년대와 1990년대에 걸쳐 국제PR과 국가브랜딩 분야가 공공외교와 접목하게 된 것이다. 전자는 공공외교 수행국가와 외국 공중 사이의 관계성을 강조하는 입장에서, 공공외교가 특히 쌍방향 커뮤니케이션 기법을 중심으로 한 PR 모델을 채택하여 이론화되어야 한다는 견해와 관련된다. 후자는 국가의 이미지 및 평판이 하나의 장소브랜드place brand 로서 공공외교의 핵심적인 추동 요인이 되므로 양자 간의 공통점과 차이점을 고려하여 공공외교에 적용하는 것이 유의미하다는 입장에 해당한다. 그러나 이들은 모두 국가의 대외적 관여를 취급하는 국제관계학이 아닌, 일반 사적 조직과 공중과의 관계를 다루는 PR론과 기업의 구매자로서의 공중과 구매 상품의 브랜드를 다루는 마케팅학에 기반을 두고 있다. 그러나 이 시기 전반에 걸쳐 PR과 브랜딩은 상호적으로 구성되기보다는 주체 국가의 일방향적 성격이 상대적으로 강했던 것이 일반적 특징이었다.

종합적으로 볼 때, 1990년대 후반 미국에서는 USIA가 국무부로 통합되면서 미국 공공외교는 제도적으로 퇴보했음에도 불구하고, 이 시기 전반에 걸쳐 다수 국가들은 비록 전통적인 형식에서 크게 벗어나지 않았지만 다양한 공공외교 활동을 전개해 왔다. 그러나 커뮤니케이션 혁명과 경제·사회·문화적 차원의 지구화가 심화되면서 국제사회 전반에 걸쳐 기존의 구도와 양식에 변화가 일어났으며, 이들이 지속적 기반이 되고 9.11테러가 직접적인 계기를 조성하면서 탈냉전 10여 년 후에 신공공외교로의 전환이 모색되었다.

4. 신공공외교 시기: 공공외교의 질적 변화(2001~현재)

냉전 이후 새로운 공공외교에 실질적으로 영향을 미친 요인은 탈냉전이라는 국제체제의 변화이기보다는, 오히려 이로부터 10여 년이 지난 2001년의 9.11테러이다. 1980년대 말을 국제관계의 전환적 계기로 보는 일반적인 관찰 시점과는 시간적 격차가 존재하는데, 이는 국제관계와 외교정책에 있어 '외교' 또는 '공공외교'의 본질적인 위상과 한계를 가늠케 한다. 9.11테러는 다른 국가들에 비해 미국으로 하여금 거시적으로는 자국의 외교정책 전반뿐만 아니라, 미시적으로는 기존 공공외교의 정책적 인식에 대해서도 보다 새로운 성찰의 계기를 제공하는 듯하였다. 따라서 9.11 이후 공공외교의 새로움은 미국의 공식적 정책기조가 그 방향을 설정하고 있음을 고려하여, 미국의 공공외교 정책의 추이를 먼저 살펴본 후 일반적인 특성을 간략하게 종합하고자 한다.

9.11테러의 영향에 대응하기 위한 미국의 첫 조치는 각종 발행물을 비롯하여 라디오 및 텔레비전 방송과 같은 대중매체를 통해 정보를 확산시키는 것이었다. 가장 대표적인 사례는 2002년 국무부 공공외교·공공문제차관인 비어스Charlotte Beers의 주도로 이루어진 '공유가치 구상Shared Values Initiative'이었다. 이 구상은 미국에 대한 해외 무슬림들의 인식을 증진시킬 목적으로 텔레비전 상업방송을 통해 무슬림들의 미국 사회로의 통합을 보여주기 위한 것이었는데, 이는 광고 및 마케팅 기법을 통한 신뢰할 수 없는 프로파간다 메시지 중심이어서 효율성이 없었고 또한 목표 청중들에 접근하는 데도 실패한 것으로 판명되었다.Pamment 2018, 1567

그러나 당시 부시George W. Bush, 2001~2009 정부의 실질적인 정

〈표 2-1〉 미국 부시 행정부의 공공외교 관련 정책 기조와 내용

공공 문서명	정책 기조	주요 내용
국가안보전략 (백악관, 2002.9)	대테러 동맹 강화와 미국·우방국에 대한 공격 예방작업	• 테러조직의 붕괴 수단으로서의 효율적인 **공공외교** 활용 　－ 테러세력 관련인들의 자유에 대한 희망·열망의 조장 　－ 정보와 관념의 자유로운 흐름 촉진
	21C 도전·기회에 대처하기 위한 미국 국가안보제도의 변환	• 미국의 군사력과 정보력의 강화 • 국익 수호를 위해 군사력만큼 **외교**에도 의존 (사람·제도의 NGOs·국제제도와의 상호작용) • 전 세계 국가들의 국내 거버넌스 이슈들의 이해 활동(보건, 교육, 사법, **공공외교**)
국가안보전략 (백악관, 2006.3)	21C 도전·기회에 대처하기 위한 미국 국가안보제도의 변환 (변환외교를 위한 국무부의 재조정)	• [공공외교의 목표] 세계를 대상으로 미국의 정책·가치들을 명확·정확하며 설득적인 방식으로 옹호함. • [공공외교의 방식] 　－ 외국 청중에 대한 능동적인 관여 　－ 미국민(외국 언어·문화교육), 외국인(미국 내 연구 기회) 　－ 미국의 약속을 공유하는 외국인과 미국 민간대사 지원 　－ 민간부문에 대한 지원 　－ 무슬림 지도자 및 시민들과의 대화 채널 증대 　－ 잘못된 신화·왜곡에 대한 신속한 대응 선전
국무부 계획·비전 (국무장관, 2006)	국무부의 해외·국내 직무의 구조조정 위한 지구 재배치 계획과 국무부의 미래 비전	• 지구 차원 재배치(새로운 지역적 확대와 직책의 재조정) • 지역 차원 초점(**지역 공공외교센터** 및 플랫폼 구축) • 현지화(버추얼 활동기지, IT 집중화, 인터넷 활용) • 신기술 대처(지역 지식·훈련, **공공외교·외국공중 관여**) • 연방정부 내 기관들의 협업과 외교관의 역량 강화
2007~2012 5개년 변환외교 계획 (국무부-USAID, 2007)	[전략적 목표 6] 국제이해의 증진	• 미국 공공외교와 외국 청중에 대한 전략적 소통을 지도할 전략적 우선사 　－ 긍정적 비전의 제공(대외원조와의 연계) 　－ 다원적 사회를 통한 극단주의의 주변화 (교육·교류, 민주화, 거버넌스, 경제·인간개발) 　－ 미국인과 타국 국민들 간 공동 이익·가치의 배양 (커뮤니케이션과의 통합, 보건·교육 초점화)

출처: The White House(2002, 29-31); The White House(2006, 45); Department of State (2006); Department of State & USAID(2007, 34-37)

책은 외교적 접근보다는 선제적인 군사적 대응에 집중되었으며 이런 기조는 집권 1기까지 지속되었다. 물론 2002년의 '국가안보전략National Security Strategy'에 공공외교가 포함되기는 했으나, 쌍방향적 소통이나 관계구축보다는 독백과 일방적 메시징을 중심으로, 구체적인 전략과 내용도 없이 테러리즘에 대응하기 위한 수단이나 타국의 국내 거버넌스 이슈를 이해하기 위한 여러 부문들 중 하나로 규정함으로써 공공외교의 새로움은 찾기 힘들다. 이러한 기조가 군사로부터 외교의 방향으로 형식상으로나마 전환된 것은 집권 2기였으며, 더구나 공공외교에 관한 정책적 전환이 구체적으로 착수된 시점은 〈표 2-1〉에서 보듯 2006~2007년 기간에 공표된 백악관과 국무부의 공식 문건들이었다.

먼저 2006년의 '국가안보전략National Security Strategy'은 공공외교의 목표와 방식을 비교적 구체적으로 제시하고 있는데, 목표는 설득에 초점을 둠으로써 일방향성을 극복하지 못했으며, 방식의 경우에도 교육·연구와 대화를 제외하고는 신공공외교의 일반적 특성에 비해 매우 부족한 느낌이다. 같은 해 국무장관의 계획·비전 또한 이러한 한계를 크게 벗어나지 못했으나, 그간 미국 외교에서 경시되어 왔던 지역이나 국가로 확대하고 디지털 기술 환경을 활용한 보다 현장 중심형 공공외교로 진전하고 있음에 의의가 있다. 이러한 배경으로 2007년의 변환외교transformational diplomacy는 이 시기 미국 외교정책의 종합판으로서, 미국의 외교력을 외국 시민들의 삶의 개선과 국가건설을 통해 그들의 미래를 변환시키는 데 활용한다는 기조 하에, 공공외교의 전략을 대외원조와의 연계, 극단주의에 대한 사회 인프라적 접근, 그리고 공동의 이익·가치를 위한 소통으로 구성함으로써 매우 전향적인 방향을 제시하고 있다. 그러나 이는 미국의 진정한 인식과 실천과는 별개의 문제로서, 타자들에 대한 자문, 청취, 대화는 없고 관념의 전쟁에서 승리하고자 미국의 이상을 확산시키기 위한 수사rhetoric를 설교하고 도덕화하는 것으로 외부 세계가 인식함으로써 사실상 성공적이지 못한 결과를 낳았다.Fitzpatrick 2011, 22

오바마Barack Hussein Obama, Jr., 2009~2017 정부는 부시 정부의 공세외교와 변환외교 과정에서 도출된 미국의 추락한 대외 이미지를 개선하고 기존의 적대관계를 원점에서 다시 정립하기 위한 재설정외교reset diplomacy와 스마트파워외교를 추구하였다. 2010년 최초로 발행된 '외교·개발 4개년 검토보고서QDDR'는 미국 국민과 세계 파트너들과의 장기적인 상호적 관계성을 지속시키기 위해 미국에 대한 인식을 전환하려는 복합적·다차원적인 공중 관여 노력을 효율적인 외교의 본질적 요소로 규정하여, 공공외교를 외교정책 목표와 결합시켜 공공외교 프로그램·자원·구조가 외교정책 목표를 지원하는 방식에 전략적 초점을 맞추기 위한 로드맵으로서의 의의가 있다. 공공외교의 구체적인 전략은 서사narrative의 형성(지역별 미디어 허브 확대), 민간-민간 관계의 강화·확대(버츄얼 신기술 활용, 아메리칸센터의 강화·확대, 영어 훈련 및 학문적 기회에의 접근성, 과학·기술 활동에 대한 투자), 폭력적 극단주의 대처(대테러 전략커뮤니케이션센터Center for Strategic Counterterrorism Communications 신설), 정책 작성에 대한 알리기, 그리고 현재의 긴급과제를 위한 자원 배치를 통해 초국가적 관여를 강화시킨다는 것이다. 오바마 정부의 공공외교는 외교와 개발협력의 공진화는 물론 민간역량을 활용한 다양한 파트너십을 활용하여, 글로벌 관여를 지도철학으로 하고 상호존중과 이해를 지도원리로 삼아 외국 공중과 소통하고 직접적으로 관여하기 위한 혁신적인 방식들을 모색하려는 것으로 요약될 수 있다.

트럼프Donald Trump, 2017~현재 정부에서의 공공외교는 2017년 '국가안보전략'의 제3지주("강력한 국력을 통한 평화 유지") 중 '외교와 국가경영'의 '정보 운용' 부문에서 간략히 소개되고 있다. 트럼프 정부의 공공외교 정책 기조는 기본적으로 테러리즘을 포함한 적대 세력들과 이들의 선전·정보·메시징에 대응하기 위한 대응정보력과 일방향적 메시징·캠페인 중심의 커뮤니케이션 전략에 집중되어 있어 매우 퇴행적이라고 볼 수 있다. 미국의 국익과 안보의 증진에 초점이 맞춰진 백악관의 이러한 프레이밍 속에서 국무부의 정책 기조 또한 테러리즘 및 폭력적 극단주의에 대응하기 위한 메시징을 목표화함으로써 크게 벗어나지 못하고 있다.

9.11테러 이후 시기의 공공외교의 특성은 다음과 같이 요약될 수 있다.

첫째, 9.11테러와 이에 대한 미국의 정책 기조를 중심으로 살펴본 것은 이것이 탈냉전 시기의 공공외교에 관한 새로운 글로벌 논쟁의 단초가 되었기 때문이다. 물론 미국 외의 다른 국가들의 대응도 있었지만, 이들이 인식하는 9.11테러와 공공외교의 관계는 미국과는 거리가 있었다. 이들은 단순히 테러 대응 차원의 공공외교를 넘어 새로운 외교 환경에서 자국의 전반적인 외교를 성찰하는 외교혁신revolution in foreign affairs, RFA 작업에 돌입하였고, 이과정에서 소프트파워 자원과 국가 이미지 및 브랜드의 개발·강화에 기반한 새로운 글로벌 공중관계를 모색하기 위해 자국의 특화적 공공외교에 관심을 갖기 시작했다.[14] 바야흐로 미국 및 일부 선진국 중심이었던 공공외교가 전 지구적으로 확산되었다는 것이 이 시기의 가장 중요한 특성일 것이다.

둘째, 이 시기 공공외교에 대한 새로운 인식은 국제사회의 '재공간화respatialisation'로 인해 논의되는 탈국가성post-statism에 대한 인식과 깊은 연관성을 갖는다. 재공간화는 지구화, 지역화, 지방화뿐만 아니라 전통적인 국가 영역을 강조하는 국가주의화 간의 동시적이며 상호적인 일련의 과정들을 포함한다.Scholte 2008, 40-47 즉 공공외교에 있어 다양한 비국가 주체들의 등장과 사회적 매체기술의 발달로 인해 전 지구적 차원의 다원성과 복합성 속에서 외교의 이음과 짜임이 계속되는 동시에, 기존 외교 무대에서 상대적으로 경시되어 온 지역 및 지방이 새로운 주체로 부상하는 한편으로, 전통적인 외교 주체인 국가의 특수한 위상과 기능이 복합적 외교 거버넌스에서 재조명되는 계기가 된 것이다. 현재 우리가 국가 단위의 공공외교에 여전히 관심을 갖는 것도, 외교의 복합 구도 속에서 국가가 종식·축소된 것이 아니며 여전히 다중심적 외교 거버넌스에서 핵심적인 행위자로 남아 있기 때문이다.

셋째, 정보·통신의 기술 발달에 따른 디지털 매체 환경에 있어 공공외교의 커뮤니케이션 메커니즘의 변화가 초래되었다는 점이다. 이 시기 등장한 신공공외교의 개념에 있어 디지털 속성이 가

---

14 주요 국가별 입장에 관해서는 제1장 III의 1(국가·정부 주체의 공공외교 인식)과 제2장 III의 2(신공공외교의 대두 배경)를 참조.

장 핵심적인 요소이다. 이는 단지 소통의 수단으로서만이 아닌, 일 반 공중이 정보의 생산자가 되면서, 소통과 관여의 메커니즘에 있 어 외교의 주체가 갖는 속성이나 행위자들 간의 상호적 관계성을 근본적으로 변화시켰기 때문이다. 이에 따라 모든 행위자, 문제영 역, 행위양식들 각각에 존재했던 기존의 경계와 장애물들이 완화 되면서, 관계적·협업적·네트워크적 성격을 강조하는 새로운 공 공외교 양식이 출현했을 뿐만 아니라, 학문적으로도 PR을 포함한 커뮤니케이션학 등 다양한 학문분야들의 개입이 더욱 심화되고 각 분야들 간의 복합적 다중학문성이 강화되는 계기가 되었다.[15]

III. 공공외교의 유형 및 특성

앞의 공공외교의 역사를 통해 대략 짐작할 수 있듯이, 고대 시기 로부터 19세기까지의 시기를 제외하더라도 공공외교는 20세기 이 후에도 몇 단계를 거쳐 전개되어 왔다. 시기적인 구분을 통해 공 공외교의 실제를 관찰할 경우, 앞으로 살펴볼 유형별로 그 실행이 명료하게 나타나지 않은 채 혼재되는 양상을 보여 왔다는 측면에 서 유형을 구분하는 일이 반드시 적절하지 않을 수도 있다. 다만 이러한 유형론은 현실형이 아니라 이념형ideal type으로서, 공공외교 의 변화 추이를 여러 측면에서 대조적으로 살펴보면서 현재 진행

---

15 이와 관련된 구체적인 내용은 III절 2의 2) '전통공공외교와 신공공외교의 특성 비 교'를 참조할 것.

되고 있는 공공외교의 주요 맥락과 앞으로 전개될 공공외교의 미래를 예측하는 데 있어 의미 있는 지침이 될 수 있다.

그간 다면적 복합성을 지닌 공공외교의 이론적 및 실제적 측면들을 관찰해 온 경험을 통해, 강조되는 초점이나 준거에 따라 다양한 유형들이 제시되어 왔다. 본 절에서는 현재까지 제시된 여러 유형들의 핵심적 내용을 소개한 후, 종합적인 유형론으로서 대표적으로 간주되는 전통공공외교와 신공공외교를 중심으로 각각의 주요 특성들을 상세하게 비교할 것이다. 그리고 이를 통해 궁극적으로는 신공공외교의 새로움을 넘어 현재의 핵심적인 논의 주제와 미래의 규범적인 방향 등을 예측해 보고자 한다.

1. 공공외교의 다양한 유형들

공공외교의 유형론이 등장한 것은 공공외교의 전반적인 부문에서 나타난 특성을 중심으로 변화하는 외교의 다양한 맥락 속에서 공중과의 관계를 체계적·비교적으로 이해하기 위한 목적에서 비롯되었다. 여기에서 외교의 맥락이라 함은 공공외교를 수행하는 주체, 수행되는 문제영역 , 그리고 동원되는 권력 자원과 행사 방식 등을 포함한 전반적인 공공외교의 환경을 의미하고, 공중과의 관계는 수행 주체와 대상으로서의 공중 간의 커뮤니케이션 과정에서 작동하는 도구로서의 매개체, 접근 및 소통 방식 등을 포괄하는 다양한 관계양식을 가리킨다. 이외에도 다양한 기준과 관찰수준에서 다수의 유형들이 계속 출현하고 있다.

첫째, 공공외교의 수행 주체의 측면에서는 크게 국가와 비국가 행위자로 나누어 '국가 중심형 공공외교'와 '비국가 공공외교'로 구분하는 경우가 일반적이다.

- 국가 중심형 공공외교: 국가가 사실상 유일한 주체임을 강조하는 경우로서, 비국가 행위자들의 외교적 행위자성actorness을 완전히 거부하면서 공공외교의 주체를 국가기관에만 한정하는 경우를 의미한다.Ayhan 2019, 64 16 그러나 실제로는 중앙정부가 핵심적 주체라는 점에서 외교부를 중심으로 각 정부부처 및 기관들이 수행한다는 점에서 '정부 공공외교' 또는 '공식적official 공공외교'Melissen 2018, 205라고도 한다. 이 경우 정부와 비정부 부문 사이의 중간적 성격을 지닌 주체로서 정부의 재정 지원을 통해 공식적 협업의 방식으로 수행되는 '준정부quasi-governmental 공공외교'까지를 포함하는 것으로 이해된다.Nye 2019, 15 또한 국가정부가 자국민 공중을 대상으로 전개하는 '국민외교people diplomacy'도 이 유형에 속하는 공공외교의 국내적 차원이다. 이 유형의 공고외교는 국가별 특성을 고려하여 대국, 중견국, 소국의 공공외교 또는 인민화(중국), 전략화(미국), 다각화(영국·독일), 인문화(프랑스), 상업화(일본), 참여(캐나다·노르웨이), 민족외교(이스라엘), 종교화(사우디아라비아) 공공외교한팡밍 2013, 342-376, 또는 혁신형·가치지향형(미국), 수정주의형(일본), 선전형(중국), 대안가치 지향형(러시아) 공공외교김태환 2016 등으로

---

16 이와 관련하여, 국가만을 유일한 공공외교의 주체로 한정하면서도 비국가 행위자들의 공공외교 활동을 '사회외교(social diplomacy)' 또는 '풀뿌리외교(grassroots diplomacy)'라는 대안적 용어를 사용하면서, 일정 부분 외교의 행위자성을 인정하는 신국가주의적(neo-statist) 견해도 있다고 함(Ayhan 2019, 64).

공공외교

분류하기도 한다.

■ 비국가 공공외교: 공식적인 국가가 아닌 다른 모든 행위자
들을 총칭하여 이들이 수행하는 공공외교를 의미한다. 여
기에는 정부 간 및 비정부 간 국제기구와 지역국제기구, PR
과 브랜딩 중심의 기업과 같은 다양한 NGOs, 그리고 명사
celebrity 공공외교 등 개인들이 수행하는 공공외교가 해당한
다. 비국가 주체들은 독자적으로 공공외교를 수행하거나
정부와 함께 수행하기도 한다. 이런 점에서 정부가 일정 부
분 권한을 양도하고 재정 지원을 하며 동시에 감독과 통제
를 행사하는 준비정부조직들quasi-NGOs도 NGOs와 정부의
공적 부문 사이의 구조적 연결의 한 예가 된다.[17] 또한 특수
한 경우로서 '지방정부 공공외교' 또는 '도시 공공외교'라는
명칭으로 세계의 수많은 지방정부들도 국가 단위로 취급되
지는 않지만 국가하위적sub-state 공식정부의 자격으로 공공
외교를 수행하고 있다.[18] 여기에 국가와 비국가라는 단순
한 이분법이 아닌 다양한 주체들을 모두 포괄하면서 지구
적 공공재를 중심으로 한 '지구 공공외교global public diplomacy'

---

17 '준비정부조직(quasi-nongovernmental organizations)'은 1967년 미국 카네기재단
이사장인 Alan Pifer가 제시한 용어로, 후에 영국 에섹스대학의 Anthony Barker는
'qungos'로 약칭하였고, 참고로 영국에서는 이를 일반적으로 '비정부부처 공적기관
(non-departmental public bodies, NDPD)'이라고 함.
18 지방정부 범주 내에서 스코틀랜드(영국), 퀘벡(캐나다) 또는 까딸루냐(스페인)처럼
분리주의 독립 등을 의제로 거의 국가 수준에서 특이하게 전개되는 주창외교
(proto-diplomacy)적 성격의 공공외교도 있음.

도 미래의 유형으로 논의되어 오고 있다.Zaharna 2020

둘째, 공공외교가 수행되는 문제영역별 측면에서의 공공외교의 유형은 너무나 다양하여, 지구사회에서 출현한 거의 모든 영역에 공공외교가 이미 침투해 있을 정도이다. 문화·예술, 인도주의(인권, 난민, 젠더·LGBTQ), 개발, 환경, 보건, 빈곤·식량, 종교, 과학·기술·정보, 스포츠, 위기·혁명, 원주민, 음식·요리외교gastrodiplomacy 분야에서의 공공외교가 이미 보편화되었다. 여기에 공공외교의 기반적 성격을 지닌 학문·지식, 정책, 가치 공공외교 등이 뒤늦게 진입해 있으며,김태환 2019 가상공간에서 진행되는 신미디어·디지털 공공외교를 포함한 전체로서의 사이버 공공외교와, 그리고 현실정치realpolitik와 대비하여 인간의 심적 인지권역Noosphere에서 작동하는 정신정치noopolitik의 차원에서의 공공외교까지 그 범위가 무한대이다. 현재는 전통공공외교에서 제외되었던 하드파워 영역인 군사·안보(평화유지, 군축, 무기통제, 테러리즘)와 경제(무역, 금융, 투자 증진) 공공외교까지 확대되고 있는 추세이다.

셋째, 동원되는 권력의 자원과 행사 방식에 따라, 각각 소프트파워, 하드파워, 스마트파워, 규범적 파워 공공외교로 유형화할 수 있다.

■ 소프트파워(soft power) 공공외교: 소프트파워는 1990년 처음 등장하면서 공공외교와 가장 일차적이며 직접적인 관련성을 갖고서 9.11테러를 계기로 더욱 일반화된 개념이다. 소프트파워는 강요, 유인, 보상이 아닌 매력과 설득을 통해 타자의 선호를 형성시키는 능력을 말한다. 공공외교를 핵

공공외교

심적인 추동 요소로 간주해 온 소프트파워는 제도와 이념을 포함하여, 일차적으로 문화(타자에 대한 매력적인 공간), 정치적 가치(국내 및 해외 모두에서 실천하는 경우), 그리고 외교정책(정당한 것으로 보이고 도덕적 권위를 가질 경우)과 같은 무형의 원천들에 기초하고 있는 개념이다. Nye 2019, 7-8 그러나 소프트파워는 항상 긍정적으로 작용하는 것이 아니며, 차별과 불평등의 문화, 편협한 지도자의 부적절한 언사, 정보 왜곡 등 부정적인 정책과 행태로 인해 언제든지 한계에 직면할 수 있다.[19] 따라서 소프트파워와 공공외교는 반드시 같은 개념이 아니어서, 공공외교를 "소프트파워를 지렛대 삼거나 또는 소프트파워를 증대시킬 목적으로 국제행위자들이 활용할 수 있는 다양한 어프로치들의 집합"으로 보는 것이 적절할 것이다. Cull 2019, 17

■ 하드파워(hard power) 공공외교: 하드파워는 소프트파워와는 달리 군사력 및 경제력과 같은 물질적 영향력을 사용하여 상대의 동의에 상관없이 강제적 방식으로 목표를 달성하려는 힘의 원천이다. 하드파워는 본래 공공외교와는 무관한 것처럼 간주되어 온 경향이 있었으나, 지금은 공공외교 분야에서 하드파워와 소프트파워의 유용성을 대비하는 것이 논의의 원칙으로서 재조명되어온 지 오래다. Hocking 2007,

---

[19] 특히 해외의 목표 공중을 관리할 목적으로 소프트파워 자원인 정보의 통제·조작·왜곡 등을 '샤프파워(sharp power)'로 개념화한 논의도 있음(Walker & Ludwig 2017).

33 즉 군사적·경제적 자원과 같은 하드파워도 소프트파워를 창출할 수 있다는 점에서 공공외교와 관련될 수 있다는 것이다. 강력한 군대가 타자의 변화를 유인하는 근원이 될 수 있으며 국가 간 군사적 협력·훈련 프로그램이나 군사력의 평화적 이용도 소프트파워를 강화할 수 있다는 것이다. 나이 2012, 138-141 [20] 그러나 군사력만으로는 한계가 있어 경제적 매력이 지닌 '점성파워sticky power'도 공공외교의 원천이 될 수 있다고 한다. Mead 2004, 29-36 [21]

■ 스마트파워(smart power) 공공외교: 스마트파워는 성공적인 목표 달성을 위한 새로운 파워 유형으로서 강압과 응징을 앞세운 하드파워와 설득과 유인을 내세운 소프트파워를 결합한 메타파워이다. 여기에는 소프트파워만으로는 정책 효과가 제한적이어서 국가 간의 장기적 협력관계가 지속되기 어려우므로 하드파워의 보충성이 요구된다는 인식의 변화가 작용한 것으로 보인다. 보다 중요한 점은 국제체제에

---

20 이런 점에서 "외교정책의 목표를 달성하기 위해 외국의 공중 및 군사 청중에 대한 군사적 소통 및 관계 구축"이라는 '군사 공공외교(military public diplomacy)' 개념도 등장하였으며, 한 예로 미국 국방부도 자신의 공공외교 관련 활동들을 '공공외교에 대한 국방 지원(DSPD)'으로 명명한 바 있음(Wallin 2015, 2).

21 미드는 점성파워를 수액의 향기로 곤충을 유인하는 육식성 식물인 끈끈이주걱(carnivorous sundew)에 비유하면서, 19세기 영국이 자국의 무역·투자시스템에 미국을 참여시키고 20세기 미국이 주도한 국제통화 및 자유무역체제에 다수 국가들을 끌어들인 사례를 제시하고 있음. 미드는 하드파워로서 샤프파워(군사력)와 점성파워(경제력), 소프트파워로서 매력파워(sweet power: 이상·문화·가치)와 패권파워(샤프·점성·매력파워)로 구분함(Mead 2004, 21-44).

서의 파워 분산과 여타 세계의 부상과 같은 다양한 상황에
서 두 파워의 자원을 성공적으로 조합하는 전략으로 전환
하는 방법으로서,나이 2012, 36, 304 파워의 여러 자원들을 조화
롭게 융합시키는 통합적 전략이 공공외교에 더욱 적합하다
는 것이다. 테러리즘을 예로 들면 테러분자들의 핵심부에
대해서는 하드파워 전략이, 온건세력에 대해서는 공공외
교, 개발원조, 재난 구호, 교류프로그램, 군-군 접촉이 상
대적으로 효과적이다. 그러나 어느 경우에 있어서도 항상
파워의 다른 원천들을 고려하면서 결합시키는 일이 공공외
교의 관건이 된다.

■ 규범적 파워(normative power) 공공외교: 국제관계에 있어
규범norm이란 처방적 성격을 지닌 개념으로서 행위주체들
이 일반적 또는 특정 상황에서 해야 할 일과 해서는 안 될
일을 규정하는 전범code에 해당한다. 즉 공공외교에 있어서
도 정의와 부정 또는 도덕과 부도덕과 같은 윤리적 측면을
회피할 수 없으며,Erskine 2016, 236, 246 규범적 파워는 정의롭
고 도덕적인 공공외교의 실행을 위한 근본 원리를 작동시
키는 추동력에 해당한다. 대다수 공공외교 학자들은 공공
외교의 실질적인 이론화를 위해 규범보다는 실행을 강조하
는 비판적 입장이지만, 공공외교의 목적, 추구하는 가치,
주체들의 책임성 등과 이에 관여하는 규범적 파워의 작동
방식에 대한 성찰 없이 공공외교를 수행함은 바람직하지
않다. 규범적 파워 공공외교는 아직 개별국가보다는 다수

국가들로 구성된 EU와 같은 국제제도와 관련된 논의가 대세이다. EU 회원국들 간의 동등한 권리와 다양성 보장, 공통의 가치와 원칙, 정책 의제별 호혜성 등 공동의 관념을 기초로 한 바람직한 거버넌스good governance로의 정상화 등이 핵심적인 논의 요소들이다. Rasmussen 2010, 266; Michalski 2012; 126-127, Cross 2013, 8-9

넷째, 공공외교의 주체와 대상 간의 관계성과 관련하여, 매스커뮤니케이션과 공중관계 PR 이론적 관점에서의 접근방식을 중심으로 구분되는 유형들이다.

- 공공외교의 구성요소별 공공외교: 경청, 주창, 문화(외교), 교류·교육, 국제방송, 국가브랜딩, 파트너십, 수월화facilitation, 직접적 메시징 등 각 요소별로 공공외교를 유형화함(제1장 IV 참조). Cull 2019; Fisher & Bröckerhoff 2008

- 시간적 범위에 따른 소통전략으로서의 공공외교: 시간별 또는 일별 단위의 반응전략으로서의 단기적인 '뉴스 관리(전통외교와의 소통을 결합할 필요성을 반영하여 매일매일의 쟁점들에 관한 소통의 관리),' 주 또는 월별 단위의 예방적 전략으로서의 중기적인 '전략적 소통(특정 국가에 대해 자국을 판촉하기 위한 전략적 메시지),' 연 단위의 장기적인 '관계구축(관련 쟁점들에 대한 공동의 분석과 행동에 영향을 미치는 동기 및 요인들에 대한 명료한 관념의 제공과 토론)' 등. Leonard et al. 2002; Nye 2019 22

- 시간적 범위에 따른 공공외교의 통합모델 구축을 위한 3개 층별

유형: 단기·중기적인 '중개적mediated 공공외교(글로벌 뉴스 미디어의 프레이밍의 형성에 대한 영향력 행사),' 중기·장기적인 '국가브랜딩·국가평판 공공외교(마케팅 전술을 통한 국가의 속성과 쟁점들을 연계시키려는 노력),' 장기적 관점에서의 '관계적relational 공공외교(해외 공중들과의 상호 호혜적 관계를 구축·유지하기 위한 관계성 관리),' 그리고 앞의 3개 유형을 통합한 '통합적integrated/integrative 공공외교(3개 유형 각각만으로는 공공외교를 완전히 이해할 수 없으므로 통합적 접근이 성공의 관건이 됨).'Golan & Yang 2015; Huijgh 2016

■ 바람직성을 기준으로 한 공공외교: 훌륭함nice과 비열함nasty 을 양 극단으로 한 스펙트럼상의 소통전략으로서의 '관여engagement 공공외교(새로운 사고와 관념의 주입, 공유자원의 창출, 대화 촉진, 공통 언어 사용)', '구성적shaping 공공외교(신선한 조망의 창출, 새로운 개념의 개발, 언어의 변화)', '분열적disruptive 공공외교(취약점 조사, 분열적 쟁점의 활용, 논쟁의 관점에서 재정의, 대항 서사의 창출)', 그리고 '파괴적destructive 공공외교(혼란·두려움·공포의 조장을 위한 허위정보의 활용).'Evans & Steven 2008

마지막으로, 외교의 환경 변화에 따른 공공외교의 주체, 영역,

---

22 나이는 소프트파워와 공공외교의 관계를 논할 때 다른 어떤 유형보다도 이 세 유형의 공공외교를 현재까지도 지속적으로 강조해 옴.

접근방식, 성격 등을 총체적으로 고려하여 제시된 유형들도 존재한다. 예를 들어 '전체적holistic 공공외교'는 지구시민, 디아스포라, 국외이주자expatriates, 그리고 점차 이질적인 구성을 보이는 국내 공중 등 고도의 이동성을 보이는 세계에 있어 외국 공중으로만 한정하지 않고 이들을 모두 포괄하는 개념으로서의 공공외교, 독백과 대화 중심의 이분법적 공공외교를 극복하여 보다 포괄적인 협업을 강조하는 패러다임 전환으로서의 '협업적collaborative 공공외교,'Pisarska 2016; Cowan & Arsenault 2008 주체·영역·방식 등 보다 포괄적인 측면에서의 상호성과 결합성을 강조하는 '네트워크 공공외교'와 이런 배경에서 효과성을 모색하려는 '전략적 공공외교,' 보다 사회화된 외교의 형식과 "사회적으로 보다 책임 있는 외교로서의 '사회적 공공외교,'Fitzpatrick 2017; Melissen, 2018, 213 공공외교의 실행에 대한 철학적·규범적 접근으로서의 '윤리적 공공외교'Golan 2015 등, 그리고 전반적인 측면에서의 혁신적 변화와 지속성을 강조하는 의미의 '변환적transformational 공공외교'Copelan 2009와 '지속가능sustainable 공공외교'Deos & Pigman 2010 등이 있다.

이 밖에도 차원, 작동방식, 일시성과 연속성, 규모, 구성요소, 도구, 모델, 이념형, 스펙트럼, 그리고 층(tiers)과 같은 기준으로 수많은 유형들을 통해 공공외교 활동을 범주화하려는 시도들이 존재한다. 그러나 이들 모두는 공공외교의 이해를 위한 이념형을 개념화하는 데 있어서는 가치 있는 도구이지만, 공공외교의 실제와 이론 간 관계를 균형적으로 이해하는 데는 한계가 있다고 볼 수 있다. 이런 점에서 '전통공공외교'와 '신공공외교'라는 유형이 비교적 전체적인 측면에서 공공외교를 이해하는 데 상대적으로

유용할 수 있다.Pamment 2018, 1571

2. 전통공공외교와 신공공외교

앞에서 소개한 다양한 측면에서의 유형들을 통해서도 공공외교의 특성을 이해하는 데 도움이 되지만, 전반적인 측면에서의 이해를 위해서는 주로 20세기 중심의 '전통공공외교old/traditiona public diplomacy'와 21세기 중심의 '신공공외교new public diplomacy'라는 유형론을 통한 관찰이 보다 적합할 수 있다. 따라서 신공공외교가 대두된 배경을 살펴본 후 두 유형의 특성을 상호 비교해 보고자 한다. 전통공공외교의 특성은 신공공외교와의 비교를 통해 자연스럽게 도출되므로 여기서는 별도로 설명하지 않고, 두 유형의 특성들을 각 비교범주에 따라 대비하여 살펴보는 것으로 대신할 것이다.

1) 신공공외교의 대두 배경

신공공외교는 냉전 시기 전체와 탈냉전 초기 10여 년간의 전통공공외교와는 대비되는 공공외교의 새로운 양식을 의미한다. 신공공외교가 등장한 배경에는 지구화의 확산, 과학·기술의 발전과 정보화로 인한 커뮤니케이션 혁명, 국제관계의 민주화와 같은 일반적 추세와, 2001년의 9.11테러라는 현상적 이벤트를 계기로 외교 분야에 있어 혁신이 요구되는 특수성이 자리 잡고 있다. 이에 따라 미국과 여타 세계, 그리고 학자와 실무자들 사이에서 기존의 공공외교에 대한 검토와 새로운 공공외교에 대한 지구적 차원의 논의가 활성화되었는데 그 소산이 신공공외교이다.

전통공공외교와 대비되는 공공외교의 새로움, 즉 신공공외교를 모색하게 된 배경과 방향은 미국의 정책적 전환, 기타 국가별 대응 인식의 차이, 각국 정부 특히 외교부 중심의 내부 역학, 학계를 포함한 정부 밖 지식집단, 그리고 규범적 및 실제적 변환 요인 등 다양한 측면에서 관찰될 수 있다. 대표적인 여러 학자들의 견해를 종합하여 제시하면 대체로 다음과 같다.Cross 2013, 16; Melissen 2013, 440-441; Pamment 2013, 25-29; Gilboa 2016, 1300; Huijgh 2016, 441 등

첫째, 9.11테러의 직접적인 당사국인 미국의 경우 자국의 외교 및 공공외교가 테러와 대테러 전쟁으로 인한 트라우마와 국가 안보에 의해 지배당하게 된 지정학적 맥락에 대한 대응 차원에서 새로운 인식론적 차원의 문제로 제기되었다. 즉 대테러 전쟁의 목적과 대응방식을 규정함에 있어 폭력적 극단주의에 대한 여론에의 관여 문제와 새로운 지구적 쟁점과 공유된 위험에 대한 의식이 증대되어 국제안보에 동감하는 국가 및 초국적 집단들의 연합을 통해 다자적 행동이 요구되는 분위기가 상승한 데 따른 것이었다. 이에 따라 냉전 종식 후 공공외교의 중요성을 인지하지 못한 것 (예: 1999년 USIA의 폐지 및 국무부 통합 등)과 동맹국 및 기타 국가들과의 이미지 격차 등을 통해 자국의 외교를 성찰해 볼 주요 원천으로서 새로운 공공외교를 모색하게 되었다. 이러한 노력은 안보 관심사와 기업의 방식을 중시했던 미국의 기존 접근방식에 대해 보다 자유주의적인 국제관계를 위한 대응으로서의 특성을 보여주고 있다는 것이다.

둘째, 미국 외에 다른 국가들의 경우, 먼저 유럽 국가들은 주로 테러 위협의 맥락에서 바라본 미국과는 달리, 한편으로는 국가 안보에 대한 일차적 고려를 중시했던 미국의 외교 및 공공외교에

대한 반작용의 입장에서, 다른 한편으로는 공공외교를 자신들의 차별화된 전문적인 외교적 실행을 현대화하기 위한 창구로 간주하였다. 이에 따라 유럽 각국은 자국의 강점과 특성에 적합한 새로운 공공외교의 모델을 구축하고 실행하는 작업에 착수했다. 또한 그동안 자국의 외교정책의 기조에 공공외교를 포함시키지 않았거나 경시해 왔던 다수 국가들도, 이러한 외교적 환경 변화를 계기로 각자에 적합한 공공외교 전략의 수립에 착수하기 시작하였다(이에 관해서는 제1장 III의 1 참조). 여기에서 드러난 공통된 특성은 미국 중심적 시각에 대한 진취적인 분석과 다양한 국가들의 특성화된 공공외교를 통해 공공외교의 지구화가 사실상 진행되기 시작했다는 점이다.

셋째, 각국 정부의 내부에서 공공외교를 옹호하는 실무자들은 전반적인 논의를 지켜보면서, 이러한 새로운 어프로치가 공중을 상대할 경우 위험을 꺼리는 기존의 내부 지향적인 외교문화를 변화시키는 데 도움이 될 하나의 방식이라고 간주하였다. 즉 외국 공중에 대한 일방향적 소통과 외국 언론들과의 접촉에 있어 대사관들의 자유재량이 거의 없는 상황에서 공공외교를 단순한 정보업무로 인식해 왔던 정부의 실행들을 비판적으로 인식했다는 것이다. 이는 외교부 내부에서 정치적·사회적·기술환경적 변화에 대처할 목적으로 공공외교 프로그램에 대한 구조조정 및 재통합에 대한 열망으로 이어지고, 이로써 대외 문제의 의제들과 외교부의 소통에 대한 목표와 요구가 기존의 공공외교의 무대를 근본적인 방식으로 변화시키는 등, 사회적 변화의 관점에서 외교의 공공적 실행을 업데이트해야 한다는 방향성을 갖게 되었다.

넷째, 학계 차원에서는 역사학, 정치학, 커뮤니케이션학, PR과 같은 학문분야에 대해 믿음을 가졌던 신세대 공공외교 학자들이, 외국 사회와의 접촉이 더 이상 외교 문제의 주변에 머물러 있지 않는, 새로운 형태의 외교적 관여임을 기대하여 새로운 공공외교를 제안하였다는 것이다. 게다가 정부 밖에서는 공공외교가 부상하던 초기에 이를 놀라워했던 연구소 연구원, 학자, 자문관들이 실무자들에 대한 조언자로서 행동하기 시작하였는데, 이는 당시 공공외교 분야에서 일어나고 변화들에 대해 그들이 각성할 필요가 있다고 생각했기 때문이었다. 이에 따라 유럽 및 기타 지역의 학자들이 지구화의 영향, 외교 행위자의 다양화, 온라인 및 오프라인 이동성의 증대, 그리고 관료들의 배타적인 영역이었던 국내 대중에의 관여와 같은 쟁점들에 관하여 미국 지배적인 논쟁에 대거 참여하게 되고, 또한 신세대의 학자들의 연구와 일부 국가의 성공적인 공공외교 실행에 관한 미래지향적인 연구들에 의해 자극받기도 하였다.

다섯째, 공공외교에 대한 규범적 및 실제적 측면에서의 변환 요인이 신공공외교의 출현에 있어 결정적으로 중요한 배경이자 추동력으로 작용하고 있다. 규범적 요인은 전통공공외교가 현상을 기술하고 있음에 비해 신공공외교는 추구하는 가치나 원칙들을 실현시킬 목적으로 혁신적 개혁을 지향하는 태도와 관련된다. 미국 외의 다른 국가들이 9.11테러를 계기로 모색했던 규범적 열망은 말할 것도 없고, 미국조차도 테러 직후 이러한 경향을 보여주었다. 한 예로 2003년 미국외교협회(CFR)는 미국 외교정책의 혁명적 변화의 틀 속에서 공공외교가 차지하는 중심적 역할과 이를 위한 제도 개혁은 물론, 외교의 전략 및 실행에 있어 압박push-down 이 아닌 '관여engagement,' 즉 청취, 진정한 대화, 문화적·정치적 현실의 고려, 그리고 공개적 토론과 관계 구축과 같은 새로운 소통 채널을 통해 실질적으로 외국 공중과의 관계에 있어 규범적인 요구를 한 바 있다.Peterson et al. 2003, 5, 8-16 그리고 실제적 측면에서의 핵심적 요인은 공공외교에 참여하는 행위주체들의 다양성과 문제 영역의 확장 및 상호 네트워크성뿐만 아니라, 미디어 기술의 영향에 따른 새로운 커뮤니케이션 양식과 공중 커뮤니케이션 능력을 의미한다. 특히 커뮤니케이션 환경의 변화는 9.11테러 주체의 소셜미디어 활용성뿐만 아니라 세계의 일반 공중들의 일상생활 속에 소셜미디어가 통합됨으로써, 공공외교의 과거에 대한 성찰성과 미래를 위한 실험성과 관련하여 신공공외교 이후의 논쟁에 있어 급진적인 잠재성을 갖고 있다.

2) 전통공공외교와 신공공외교의 특성 비교

전통공공외교에 대비하여 신공공외교라는 용어와 양식이 등장한 것은 시간적 차원에서 20세기 냉전 시기의 공공외교로부터 21세기 탈냉전 시기의 공공외교로의 이행을 시사한다. 이러한 이행 과정에서 도출된 두 유형 간의 특성은 〈표 2-2〉에서처럼 공공외교의 행위자, 공간(문제영역), 목표·추동력, 커뮤니케이션 역학, 메시지(징), 외교 행정, 주도 국가, 그리고 전통외교와의 관계성 등 다양한 측면에서의 비교될 수 있다. 각각의 범주별로 두 유형의 특성을 비교하면 다음과 같다.

첫째, 공공외교 행위자의 측면에서 볼 때 전통공공외교의 주

〈표 2-2〉 전통공공외교와 신공공외교의 특성 비교

비교 범주			전통공공외교(20세기)	신공공외교(21세기)
외교 행위자	주체	정체성	분절형 국민국가(정부 중심)	통합형 국민국가(정부 및 비정부)
		정부 주체	외교부	외교부 및 기타 정부 기관
	객체	대상	외국 공중	외국 공중 및 다양한 공중들
		공중 특성	수동적 존재	능동적 존재
	행위자 간 관계		정부 대 외국공중	다중심적 외교
외교 공간	경계		경계의 명확한 구분	명확한 경계의 부재
	문제영역		하위정치	하위정치 + 고위정치
외교 목표	목표		타국의 공중 및 외교정책의 변화	자국과 타국의 공진적 변화 모색
	시간성		장기적 결과 산출	단기·중기·장기적 결과 산출
외교 추동력	원천		소프트파워(샤프파워)	스마트파워(소프트파워 + 하드파워)
	특성		파워의 집중성	파워의 분산성과 집중성
커뮤니케이션 역학	목표		공중 관리	공중 관여
	소통 채널		전통적 대중 매체	전통 매체 + 신미디어
	정보 흐름		일방향성	쌍방향·다방향성
	접근 특성		수직적·하향적 비대칭성	수평적·상향적 대칭성
	이론적 원천		PR학(홍보), 국가브랜딩	PR학(공중관계), 국가브랜딩
메시지 (징)	목표		송신자의 대외 이미지 형성	수신자의 정책 태도·결정에의 영향
	기본 인식		메시지의 정당화	메시지의 상호 구성성
	서사 구조		거대 서사	다중 서사
	원천		정태적 이념과 이익	동태적 관념과 가치
	작동 방식		하향식 타깃 메시징(정보 제공)	관계적·협업적 메시징(이야기 공유)
외교 행정	자원·예산		국가 정부 주도 지원	공적·사적 파트너십
	프로그램·교육·훈련		이차적 중요성	일차적 중요성

주도 국가	미국·영국의 지배성	미국·유럽과 비서구의 다양성
전통외교와 의 관계성	우연성과 주변성	지속성과 중심성

출처: Cull(2009, 14), Zaharna(2010, 113), Gregory(2014, 16)의 유형론을 종합하여 자신의 견해
를 추가한 Huijgh(2016, 439)를 바탕으로, 필자가 Szondi(2009, 305)와 Gilboa(2016,
1300–1303)를 추가하여 비교범주를 새롭게 설정한 후 전반적으로 내용을 조정 또는 추가하
여 재구성한 것임. 단 Zaharna의 경우는 '공공외교'가 아닌 '소프트파워 커뮤니케이션'의
관점에서 유형화한 것임을 전제로 함

체는 정부 중심의 분절형 국가로서, 여기에서 분절형이라 함은 한
국가를 구성하는 행위주체들이 다양함에도 불구하고 중앙정부가
유일한 행위 주체로서의 일차적인 정체성을 갖는다는 의미이다.
정부 주체들 가운데도 실질적으로는 주도적인 집합성이 부여되어
있는 외교부가 수동적 존재로서의 외국 공중을 대상으로 공공외교
를 수행하는 정부 대 외국 공중 간 관계government-to-people diplomacy
를 형성하고 있다. 이에 비해 신공공외교는 정부 및 비정부 주체
들(예: 국제기구, NGOs 다국적기업, 글로벌 미디어 네트워크, 테
러조직, 군사동맹, 저명한 개인 등)을 포괄하는 통합형 국민국가
의 정체성에 기반하고 있다. 정부 내 외교부가 갖는 특수성이 여
전히 유지되고 있으나 다른 정부기관들도 함께 참여하여,[23] 점차
수동적 존재성을 탈피해 가는 다양한 공중들(외국 공중, 국내 공

---

[23] 전통공공외교에 있어 외교부는 대외 문제에 있어 감시자 및 일차적 행위자로서
주도적인 집합성의 주체이나, 신공공외교에 있어서는 외교부가 반드시 일차적 주
체가 아니며 다른 정부 부처·기관들도 자율적인 외교(quasi-diplomacy)의 주체
가 됨. 이 점에서 외교부와의 협업적 네트워크성을 강조하는 '범정부 외교(whole-
of-government diplomacy)' 개념이 등장하였음. 이는 외교부가 더 이상 감시자
(gatekeepers)가 아닌 경계확장자(boundary-spanners)로의 기능적 변화가 이루
어졌음을 의미함(Hocking 2005).

중, 디아스포라, 쟁점특화 공중, 세계 시민)을 대상으로 한 다중심적 외교polycentric diplomacy 관계를 형성하고 있는 특성을 갖고 있다.

둘째, 공공외교의 공간에 있어 전통공공외교는 국경을 경계로 한 국외와 국내 사회 간, 그리고 한 국가 안에서의 국가와 시민사회 간 경계가 명확히 구분되고, 외교와 사회문화의 관계에 있어서는 문화적 경계 및 장벽이 존재하며, 심지어는 커뮤니케이션 부문에서도 국내뉴스와 국제뉴스가 분명히 구분되어 있다. 이에 비해 신공공외교는 국외-국내 및 국가-시민사회 간 구분이 따로 없고, 국가별 문화적 다양성을 수용하고 통합하는 인식이 존재하며, 따라서 국내뉴스와 국제뉴스 간 구분도 모호한 특성이 있다. 또한 공공외교가 발생하는 공간으로서의 문제영역에 있어서도, 전통공공외교가 정부 중심의 공식적이고 고차원의 분야인 정치·군사적 및 경제적 영역과 같은 고위정치high politics를 제외한 하위정치low politics 중심으로 착수했음에 비해, 신공공외교는 고위정치의 영역에까지 경계 파괴적 침투성을 보이고 있다. 그러나 고위정치 영역에서의 신공공외교는 그 목적이나 추진 방식 등에 있어 전통외교와는 차이가 있음을 전제로 한다.

셋째, 공공외교의 목표와 이를 달성하기 위한 추동력에 있어서도 차이를 보이고 있다. 목표에 있어 두 유형은 일차적으로 외국 공중에 대한 외교적 관여를 통해 자국의 장기적 국익을 모색한다는 점에서 동일하다. 그러나 전통공공외교가 외국 공중의 인식 및 행태에 대해 영향력을 발휘하여 상대국의 외교정책을 변화시키려는 수행국 중심의 일방향성을 갖고 있음에 비해, 신공공외교는 해외에서의 자국에 대한 수용적 환경과 긍정적 평판을 창출하고, 더 나아가서는 이를 자국의 정책 변화를 위한 피드백으로 활용하는 양방향성을 배제하지 않으면서 단기·중기·장기적 결과를 전략적으로 고려한다는 점에서 차이가 있다. 그리고 이러한 목표를 달성하기 위한 추동력으로서 전통공공외교는 소프트파워에 집중하여 공공외교를 수행함에 비해, 신공공외교는 한편으로는 파워의 분산성 측면에서 소프트파워, 하드파워, 사회적 파워 등을 통해 다양하게 접근하는 동시에, 궁극적으로는 이들 간의 관계성을 중시한 네트워크 파워에 기반하여 스마트파워형으로 추동력을 집중시키려는 점에서 차이가 있다.

넷째, 공공외교의 실행에 있어 실질적인 중요성으로 작동하는 커뮤니케이션 역학에 있어 두 유형은 뚜렷하게 대조적이다. 가장 기본적인 소통 매체에 있어 전통공공외교는 다수 외국 공중을 대상으로 신문, 단파 라디오, TV, 유선 전화 등과 같은 산업화 시대의 전통적 매스미디어를 통해one-to-many, 독백, 주창, 정보 제공, 프로파간다, 캠페인, 영향력 행사, 설득과 같은 일방향적인 수직적·하향적 비대칭적 접근 방식의 공중 관리public management를 모색한다. 이에 비해 신공공외교는 전통 매체를 포함하여 위성, 인터넷, 실시간 뉴스, 이동전화, 소셜 미디어 등 디지털 시대의 전방위 네트워크all-channel network 소통망을 통해, 청취, 대화, 이해, 관계 구축과 같은 쌍방향 또는 다방향적인 수평적·상향적 대칭성으로 다–대–다many-to-many 공중 관여public engagement의 역학을 중시한다. 이런 점에서 전통공공외교가 전통적인 홍보 중심의 PR 커뮤니케이션학과 수행국가 중심의 일방적인 전통 국가브랜딩에 이론적 원천을 두고 있는 반면, 신공공외교는 공중관계 중심의 PR 커뮤니케이션학과 주체와 대상 간의 네트워크적 상호적 구성에 기초한 현대적 국가브랜딩으로부터 이론적 원천을 찾고 있다.

다섯째, 따라서 커뮤니케이션 역학에 있어 보다 구체적인 비교 범주로서의 메시지(징)에 있어서도 두 유형은 확연하게 대비된다. 전통공공외교는 공중관리를 위한 메시징의 목표를 메시지 송신자의 대외적인 우호적 이미지 형성에 두고, 이를 정당화하기 위해 거대서사meta-narratives 구조 속에 자신이 희구하는 이념과 이익을 정태화시켜, 주로 일방적인 정보 제공과 같은 하향식 방식으로 메시징을 작동시킨다. 이에 비해 신공공외교는 공중관여를 위한 메시징의 목표를 메시지 수신자의 정책적 태도나 정책결정에 긍정적인 영향을 미치는 데 두지만, 메시지의 일방적인 정당화가 아닌 타자와의 상호 구성을 위해 다중서사multiple narratives의 구조 속에24 관념과 가치를 동태적·신축적으로 담아내는 관계적이고 협업적인 방식을 강조한다. 즉 메시지를 통한 정보가 외국 공중들에게 전달되지만, 대화의 창출과 메시지 수용자들의 관심 및 필요에 대한 경청을 통해 메시지 주체를 다중 주체들로 확대함과 동시에, 단순히 정보가 아닌 이야기를 통해 공공외교를 공유적으로 품어냄을 상대적으로 강조한다고 볼 수 있다. 전체적으로 보아 전통공공외교가 단일의 마스터 전략인 고슴도치hedge-hog/master 전략이라

---

24 여기에서 다중서사의 개념은 료따르(Jean-François Lyotard)로부터 연원하는 탈구조주의의 종교·문화 및 정치·경제 이데올로기와 같은 거대서사(grand narratives)와 이들에 의해 억압되어 온 다양한 소서사(little narratives)의 개념과 비교될 수 있음. 즉 신공공외교에 있어 거시적 국가쟁점뿐만 아니라 외국 공중과의 관계에 있어 크고 작은 다양한 이야기들이 공공외교를 위한 메시지 구조에서 작동할 수 있다는 것을 시사함.

면, 신공공외교는 다양하고 신축적인 전략인 여우fox/buffets 전략으로 비유될 수 있다.Gregory 2014, 16

마지막으로, 앞에서 제시한 범주별 차별화에 따라 전반적인 외교 행정에 있어서도 공공외교의 위상 및 특성이 달라진다. 전통 공공외교의 경우 자원·예산에서부터 프로그램·교육·훈련 등 모든 영역에서 항상 민간 부문이 거의 배제된 채 국가 정부의 주도 하에 기획·수행되고 일반외교에 비해 항상 이차적인 중요성으로 인식되어 왔다. 이러한 경향으로 인해 공공외교는 시대적 상황 조건에 따라 취사선택의 대상으로서 그 중요성의 정도가 일관적이지 못했다. 이에 비해 신공공외교는 정부가 민간역량을 중시하여 상호 파트너십에 기초하여 이루어진다는 점에서 그 중요성이 계속 상승하고 있는데, 새로운 공공외교 환경에 적합하도록 전통적인 외교관의 인식과 능력을 혁신하여 공공외교관public diplomats으로 전환하려는 각국 정부의 노력이 이를 반영하고 있다. 이러한 경향은 미국과 유럽을 넘어 나머지 세계로 확산되고 다양한 선도 모델들이 경쟁하면서, 전통외교에서 차지하는 공공외교의 중심적 위상이 계속 지속될 것으로 보인다.

3. 신공공외교 이후의 공공외교

전통공공외교와 신공공외교의 유형론이 공공외교의 진행과 변화에 대한 이해를 돕는 데 상당히 기여할 수 있다. 그러나 이러한 견해에도 비판적인 견해가 없지 않다. 몇 개의 대표적인 사례를 제시하면 다음과 같다.

"신공공외교의 … 영역과 시계(視界/visibility)는 새로우나 그것이 사용하는 메커니즘들은 새로운 것이 아니다. 설득, 프레이밍 및 의제설정이 정치적 영향력의 기본적 도구들이다"(Brown 2004, 25-26).

"사실상 신공공외교 시기에서도 공공외교의 잠재력에 대한 이해도가 커졌을 뿐, 그 외에 변화된 것은 거의 없다"(Pamment 2013, 9).

'신(공공외교)' 대 '전통(공공외교)'라는 범주가 다소 무익하며, 이들 간의 중첩된 특성들이 대개는 경시되고 또한 이로 인해 강한 규범적 판단에 시달리고 있다(Huijgh 2016, 444).

"많은 학자들은 신공공외교라는 용어를 채택하는 일이 반드시 필요하다고 생각하지 않으며, 또한 현재의 국제적 영역과 정보화 시대의 새로운 구성요소들을 포함할 수 있다고도 생각하지 않는다. 그들은 공공외교에 (너무) 고착되어 있다"(Gilboa 2016, 1300).

이러한 유형론에 대한 비판적 견해에는, 행위자, 쟁점, 방법 등이 증가함으로써 이미 특정 초점이 없는 총칭적 개념generic concept으로 보편화되어버린 공공외교를, '전통'과 '신(새로운)'이라는 엄밀한 이분법적 구분에 초점을 맞춰 두 유형 간의 중첩 요인과 공통점보다는 차이점만을 대비시키는 범주적 사고에 대한 반작용이 자리 잡고 있다.Huijgh 2016, 448 이에 따라 양자 간의 단순 비교를 통해 드러난 신공공외교의 새로움을 극복함과 동시에, 공공외교의 개념상의 명료성과 공공외교의 미래에 대한 새로운 사고 방식을 찾으려는 시도로서 '신신 공공외교beyond the new public diplomacy'

개념이 등장하였다.Melessen 2013, 440-442 이 글에서는 신신 공공외교의 대안적 방향을 크게 통합적 공공외교, 인간 중심적 외교, 그리고 다층 외교거버넌스 측면에서 접근하고자 한다.

첫째, 신신 공공외교는 신공공외교 어프로치에 내재해 있는 전통공공외교와의 중첩성을 비롯하여 자체의 규범적 성격 및 모호성을 해결하고자, 구조에 있어서는 '연결망network'을, 과정에 있어서는 '협업collaboration'을, 그리고 경쟁성과 협업을 위한 지렛대로서는 '관계relations'에 대한 보다 구체적인 통찰력을 제공하려는 의도를 갖고 있다.Zaharna, Arsenault & Fisher 2013 이는 기존의 유형론을 통해 나타난 행위자의 성격이나 의도 등에 의해 지배되어 온 논쟁이 그들 간의 관계성과 상호작용 패턴으로 전환되는 점진적 변화를 시사한다. 이에 따라 공공외교의 새로운 이행 과정을 대표적으로 제시하는 도식이 전통공공외교 → 신공공외교 → 통합적integrative 공공외교이다. 공공외교에 대한 통합적 어프로치는 유형 간 범주적 사고를 완화시켜 과거와 현재 사이의 공통성을 증진시키고자 유형 간 구분보다는 상보성complenentarities을 강조하는 시각이다.Huijgh 2016, 444

이러한 시각에 기초하여 네덜란드의 한 학자는, 근대와 근대 전후 시기별 변화와 연속성, 전통공공외교와 신공공외교의 요소들, 다양한 쟁점별 의제와 영역, 다양한 행위자들 간 상호작용, 일반외교의 시스템·과정과 공공외교의 관계 등 여러 조망들을 결합하려는 선행연구를 토대로 하여,Hocking et al. 2012 통합적 공공외교를 위한 자신의 제안을 제시하고 있다.Huijgh 2016, 444-448 즉 외교의 공공차원public dimension으로서의 새로운 공공외교는 첫째, 변화된 외교 환경에 대한 국가 행위자들의 적응 여부에 대한 이해와 함께,

디지털 커뮤니케이션 환경에서 비국가 행위자들이 기여할 수 있는 전략적 접근, 둘째 조직·관리·마케팅 부문을 통합한 집합적 corporate 커뮤니케이션을 통해 공공외교를 범정부적 책무성이라는 기조 하에 수평적으로 관리하는 일, 셋째 관념의 간주관적인 공유에 기반한 전체주의적 구성주의holistic onstructivism의 이론적 통찰력을 활용한 국제관계이론 체계의 강화, 마지막으로 통합적 공공외교의 미래를 위해 특정 지역의 견해를 넘어 부상하는 세력들의 잠재력과 협업하기 위한 경험적 조사 작업 등이 그것이다.

둘째, 신신 공공외교의 방향은 공공외교 밖, 즉 일반외교 분야에서 논의되어 온 다양한 형식의 '인간 중심적 외교들humanity-centred diplomacies'을 통해서도 모색될 수 있다.[25] 이 외교양식은 국제체제 내에서 개별 국가에 관심을 두는 국가중심적 외교에 비해, 인간성이라는 보다 큰 목표에 초점을 두고 공통성에 기반한 인류의 총체성을 지구적으로 확산시키려는 희망을 추구한다.Zaharna 2019, 126, 128 공공외교에 있어 인간 중심적 유형은 Castells(2008)의 '공중 주체형 외교diplomacy of the public(공유된 공공이익에 반하는 사적이고 자기 규정적인 이익·가치와 대조),' Zhang & Swartz(2009)의 '지구공공재Global Public Goods 공공외교(인류의 공유재에 대한 집합적 행동),' 그리고 Fitzpatrick(2017)의 '공중이익public interest 공공외교(글로벌 쟁점, 문제해결, 공유된 목표에 대한 사회적 의식)'

---

25 콘스탄티누(Costas Constantinou)의 타자를 인간화하는 변환적 외교로서의 '인간외교(human diplomacy)'와 데어 데리안(James Der Derian)의 평화보존과 평화조성을 통해 지역적·지구적 이익에 초점을 둔 '지속가능외교(sustainability diplomacy)'와 평화·우애·존중과 같은 가치에 기반한 '코스모폴리탄외교(cosmopolitan diplomacy)' 등이 대표적임(Zaharna 2019, 127 재인용).

등이 대표적이다. 이들 유형에 있어 공통적 특성은 첫째, 자아와 타자의 연결성으로 인한 인류가족화(예: 아프리카의 우분투Ubuntu), 둘째, 인류의 전체성이 근본적인 생존 단위이며 외교적 비전과 실행의 핵심이라는, 즉 인간관계와 외교관계의 전체주의적 조망, 셋째, 외교의 비전과 실행에 있어 핵심적 특징이자 역학으로서의 문화다양성 중시, 넷째, 협업과 과정 정향성을 통해 목표 지향적인 국가 중심적 외교의 대체 등이다.Zaharna 2019, 128-130

　　셋째, '다중심 거버넌스polycentric governance'는 앞에서 제시한 접근방식으로서의 통합적 공공외교와 가치 지향성으로서의 인간 중심 공공외교를 체계적으로 관리·운용하는 메커니즘에 해당한다. 숄트Jan Aart Scholte는 현대사회의 거버넌스에 대한 일반적 분석을 통해 21세기 외교에 대한 함의를 규명한 대표적인 학자이다. 그는 지금까지 정부government에 의존해 외교가, 지구화, 지역화, 지방화로 인한 사회의 재공간화respatialisation 과정에서 거버넌스에 의거하는 새로운 외교로 전환되면서 행위자의 다양성 증대, 커뮤니케이션의 규모·속도·종류의 증가, 다양한 행위자들의 공공외교 관여, 외교관들의 혼합형 정체성, 그리고 집단 내 및 집단 간 협상의 상호 침투성 등의 특성을 보이게 되었다고 한다.Scholte 2008, 39-60 이런 관점에서 신신 공공외교의 방향성도 현대 외교의 다중심성과 다층성을 고려하여, 개별 국가 또는 국가 간 관계를 넘어 일관적이고 지속가능한 글로벌 외교 거버넌스를 정립하기 위해서는 원칙, 규범·규칙, 운영 절차 등 상호 준수적 레짐으로 제도화하는 것이 바람직할 것이다.[26]

IV. 공공외교의 이론적 조망

공공외교 분야는 관련된 문제영역이 너무도 광범하여 이에 대한 이론적 탐구 작업 역시 여러 학문분야들과 긴밀하게 연계되어 있어, 현대 학계에서 다중학문성multi-/cross-/trans-disciplinarity이 가장 크다. Gilboa 2008, 56; Huijgh 2016, 437 등 다수 전 세계에서 전개되어 온 다양한 형식의 공공외교의 활동들 또한 공통분모도 찾기 어려워 전 포괄적이며 통합적인 이론의 틀조차 결여되어 있으며,Pamment 2018, 1567-1568 심지어는 이론 구축을 위한 방식조차 거의 존재하지 않는다는 비판이 있을 정도이다.Melissen 2018, 200 이 절에서는 공공외교의 이러한 특수성을 고려하여 이 분야의 학문적 특성을 요약·정리한 후, 공공외교와 관련된 다수의 학문분야들 가운데 상대적으로 그 중요성과 비중이 큰 것으로 간주되는 국제관계학과 커뮤니케이션학의 이론적 조망을 중심으로 살펴보고자 한다.

국제관계학의 경우, 주류 및 비주류 국제관계이론들이 공공외교를 직접적으로 다루지 않았음을 고려하여, '외교'에 대한 이론적 관점을 통해 추론해 본 후 외교학 자체 내에서의 시각을 관찰할 것이다. 커뮤니케이션학의 경우에는 커뮤니케이션 논리의 역학을 통해 주로 '홍보'가 아닌 '공중관계'로서의 PR의 이론적 관점에 초점을 맞추고자 한다. 그 이유는 공공외교가 특정 국가의 외국 공중에 대한 관계 설정이라는 점에서 PR이 실질적인 중심에

---

26 숄트의 견해를 기초로 '다중심 거버넌스(poly-centric governance)'와 '다층 외교(poli-lateral diplomacy)'라는 보다 현대적인 관점에서 공공외교를 특화하여 논의하고 있는 Gregory(2016)를 참조할 필요가 있음.

서 있기 때문이다.

1. 공공외교(학)의 학문적 특성

가장 최근에 발간된 대표적인 공공외교 저술의 편집자들은 공공외교를 "국제행위자들이 공중들에 대한 관여를 통해 자신들의 목적을 증진시키는 과정"으로 정의하면서, 공공외교가 광범하고도 계속해서 움직이는 표적 대상으로서 다음과 같은 특성을 지니고 있다고 하였다. 즉 "공공외교는 어떤 하나의 이론으로 포착하기에는 그 규모가 너무 크고, 하나의 지리적 차원의 모델로 관찰하기에는 그 수행 방식이나 성격이 너무 변화무쌍하며, 또한 어떤 하나의 도구에 대한 탐구만으로는 적절히 이해할 수 없을 정도로 그 적용 분야나 형식이 너무 다양하다는 것이다."Snow & Cull 2020, xi

공공외교를 이론적으로 조망하기 위해서는 바로 이러한 특성들에 대한 객관적 인식이 선행되어야 할 것이다. 첫째, 공공외교가 하나의 이론으로 포착하기에는 그 규모가 너무 크다는 것은, 공공외교의 관련 범주와 취급 범위가 너무 다양하고 복합적이어서 관련된 학문분야와 각 분야가 동원하는 이론들 또한 매우 다양함을 의미한다. 둘째, 공공외교가 하나의 지리적 차원의 모델로 관찰하기에는 그 수행 방식이나 성격이 너무 변화무쌍하다는 것은, 물리적 측면에서는 전 세계 거의 모든 국가들이 차별화된 공공외교를 수행하고 있으며, 탈물리적 측면에서는 국가 외의 주체(국제기구, 지방정부, NGOs, 기업 등의 공공외교)와 문제영역(개발협력, 공중보건 등 부문별 공공외교)별로 다양한 공공외교가 존재함을 의미한다. 셋째, 공공외교가 어떤 하나의 도구에 대한 탐구

〈표 2-3〉 공공외교 관련 학문분야와 공공외교에 대한 이론적 관찰점

학문 분야		세부 연구 분야	공공외교에 대한 이론적 관찰점
사회 과학	정치학	○ 전략 연구	공공외교 파워 자원과 수행 방식
	국제관계학	• 외교학	외교학 이론을 통한 공공외교의 위상·해석
		• 외교정책	외교정책 목표·수행방식과 공공외교의 관계
	커뮤니케이션학	○ 여론	공공외교의 대상으로서의 국내외 공중 의견
		○ 미디어 효과	공공외교 수행주체와 공중 사이의 매개성
		○ 정치·국제 커뮤니케이션	국내 및 국외 이해관계자 및 쟁점 간의 소통
	PR학 (공중관계학)	• (국제)PR	네트워크형 협업적 공중관계로서의 공공외교
		○ 위기관리 커뮤니케이션	다차원 도전요인들에 대한 공공외교적 대응
	마케팅학	• (국가)브랜딩	공공외교 기반으로서의 국가 이미지·평판
	사회학	○ 문화 연구	문화 소프트파워 자원을 통한 문화공공외교
		○ 공동체론	비국가·국가·지구사회 차원의 외교거버넌스
인문학	역사학	○ 역사 연구	역사 속 공공외교의 현재주의적 재구성
	심리학	○ 태도 연구	공중의 심리적 태도·행동과 공공외교의 관계
자연 과학	컴퓨터학	○ 기술	정보통신 기술의 지구화와 디지털 공공외교
	정보과학	○ 인터넷 연구	

출처: Gilboa(2016, 1303)에서 병렬적으로 제시된 10개 학문분야를 중심으로, 3개의 학문분야와 공공외교에 대한 이론적 관찰점을 추가하여 작성한 것임[27]

를 통해서 적절히 이해되기에는 그 적용 분야나 형식이 너무 다양하다는 것은, 공공외교의 수행에 동원되는 도구들이 너무 다양하

---

27 Gilboa(2008)는 과거 공공외교의 이론 모색을 위해 관련 학문분야를 ① 정치학, ② 국제관계·외교·전략, ③ 미디어 효과, ④ 여론, ⑤ 역사학, ⑥ PR 브랜딩, ⑦ 경영학·마케팅, ⑧ 심리학, ⑨ 사회학, ⑩ 문화연구, ⑪ 컴퓨터학, ⑫ 기술, ⑬ 수사학으로 구분한 바 있음. 이외에 다른 학문분야들도 추가될 수 있음.

여(예: 정보 제공, 독백·주창, 경청과 대화, 문화 외교, 국제교류 활동, 국제방송, 국가이미지와 국가브랜딩, 디지털외교, 네트워크 구축 등) 가능한 한 이들 모두를 고려해야 하는 이론적 어려움과 한계가 있음을 의미한다.

앞에서 제시한 공공외교 분야의 학문적 특성들을 종합하면, 공공외교가 단순히 몇 개 학문분야 간의 단순한 학제성을 떠나 매우 중층적이고 복합적인 다중 학문성을 내포하고 있음을 알 수 있다. 공공외교 관련 학문분야와 이들 각각을 통해 공공외교에 접근할 수 있는 이론적 관찰점을 정리하면 〈표 2-3〉과 같다.

이스라엘의 국제커뮤니케이션 학자인 길보아^{Eytan Gilboa} 교수는 공공외교와 관련된 학문분야들 가운데 일차적으로 국제관계학, 정치학, 커뮤니케이션학, 역사학, 마케팅학, PR학(공중관계학)에 속하는 세부 연구분야('기능적 하위분야'로 명명함)들을 제시한 후, 심리학, 사회학, 컴퓨터학, 정보과학의 일부 하위분야들도 공공외교의 이론, 개념 및 연구·분석에 기여하고 있다고 하였다. 그러면서 특히 국제관계학 내의 외교학 분야의 경우 공공외교 분야가 배타적으로 자신들의 하위분야여야 한다고 주장하는 한편, 국제커뮤니케이션학, PR학 및 마케팅학도 공공외교의 전체 영역이 하나의 지배적인 구성요소로 환원되어야 한다면서, 은연 중 각자 자기 영역이 상대적으로 중요하다는 점을 시사하고 있다^{Gilboa 2016, 1303}

역사학적 관점의 외교학자인 미국의 컬^{Nicholas J. Cull} 교수 또한 국제관계학과 외교학, 커뮤니케이션학, 미디어 연구, 지역연구, 그리고 심지어는 행태심리학과 자신의 분야인 역사학에 이르기까지 학문분야 간 경계를 초월한 통합적 통찰력을 통해 공공외교에 접근할 필요성을 강조하면서, 신공공외교의 추세를 고려하여 국가 브랜딩까지 포함시켜야 한다는 입장을 피력한 바 있다.Cull 2019, 19 여기에 그가 2008년에 주창과 문화외교를 공공외교의 주요 구성 요소로 제시한 점을 고려하면, 정책학과 문화연구 분야도 크게 관련되는 학문분야임을 알 수 있다.

또한 국제커뮤니케이션학회ICA는 2015년 학회 최초로 공공외교 학술회의를 개최한 후, 이듬 해 학회 내의 분과그룹Interest Groups 에 공공외교 분과를 신설하여 체계적인 연구작업을 적극 진행해 오고 있다. 이 분과그룹은 새롭고 혁신적인 연구의제들을 통해 9.11 테러 이후 진행되어 온 공공외교 학계의 노력을 인정함과 동시에, 공공외교 연구의 방향을 설정하기 위한 목적으로 학문 간 경계를 가로질러 여러 학문분야에 속한 학자들 간의 독창적인 협업을 논의하였다. 여기에서 강조된 연구분야가 국가 브랜딩, 국가 이미지 및 평판, 국가별 PR, 그리고 국제관계에 영향을 미치는 정치적·지구적·문화 간 커뮤니케이션 영역인 것을 고려하면,Zaharna 2016 많은 학문분야들 가운데 국제관계학, 커뮤니케이션학, 그리고 마케팅학이 핵심인 것을 짐작케 한다.

그러나 공공외교를 이론적으로 조망하기 위해서는, 과연 공공외교 분야에 있어 체계적인 이론의 정립이 가능하며, 또한 현재 그러한 이론이 존재하는가의 여부를 먼저 물음으로 던져야 할 것이다. 이는 곧 공공외교 분야가 하나의 학문분야로서 정립하기 위한 조건을 구비하고 있는가 하는 문제로 연결된다. 이와 관련하여 긍정적 시각을 가진 대표적인 두 명 학자의 견해를 소개하면 다음과 같다.

먼저 미국의 그레고리Bruce Gregory 교수는 "공공외교가 (자체의) 분석적 경계와 차별화된 특성을 지닌 하나의 정치적 도구이긴 하나, 과연 하나의 학문분야인가?"라는 물음에 "공공외교를 부상하고 있는 하나의 학문분야로 취급하는 일이 가능할 뿐만 아니라 또한 바람직하다"면서, 그 근거로 분석틀에 관한 합의 가능성, 학계 및 실무 영역에서의 연구 문헌의 축적, 그리고 공공외교 관련 학습·공유지식·전문적 실행 측면에서의 혜택 제공을 제시하였다. 이를 충족하기 위해서는 공공외교 분야가 개별 학문분야들의 학문적 기준을 유지하는 동시에, 공적 영역public sphere에 적합한 하나의 다중학문적 분야로 창출되어야 한다고 하였다.Gregory 2008, 286-287

또한 길보아 교수는 다른 학문분야와의 명확한 구별 가능성, 이론·모델·방법론을 공유하는 일부 하위분야로의 한정, 그리고 학문분야로서의 대내·외적인 인정이라는 기준에 비추어, 여러 학문분야들이 공공외교의 학문적 발전에 기여할 수 있을 것으로 보았다. 또한 공공외교가 '외교정책'과 '외교' 분야에서 차지하는 중심적 위상을 고려할 때, 공공외교 연구가 다른 학문분야들로 확장될 경우 큰 발전을 이룰 것으로도 전망했다. 다만 하나로 통일된 통합적 패러다임을 개발하기 위한 새로운 과학적 프로그램을 통해 이론을 설계하고 실행하는 방향으로 연구를 축적하는 일이 도전적 과제임을 조건으로 하였다.Gilboa 2008, 75 이후 그는 학문분야 간 경쟁과 상호 간 배제 현상이 공공외교의 이론화 노력에 오히려 장애가 되어 왔다며, 이론 자체의 구축보다는 공공외교의 다양한 도구들(예: 주창, 국제방송, 국제교류로부터 학문적 공공외교까지 14개)에 관한 프로그램 및 연구 설계를 구축하는 일이 오히려 해

결책이 될 것이라고 하였다._{Gilboa 2016, 130}

이러한 전제 조건이 강조됨은 학문분야로서의 공공외교의 미래 가능성을 긍정적으로 바라보는 시각에 해당한다. 여기에는 '실행'으로서의 공공외교가 멀리는 기원전 시기부터 비교적 오랜 역사를 지니고 있으며, 현재 많은 공공외교 학자들 사이에서는 각국의 외교정책 및 일반외교에서 그 위상이 점진적으로 상승하면서 중심적 지위를 차지해 갈 것으로 예측하기도 한다. 그러나 하나의 독립된 학문분야로서의 '공공외교학'의 자율적인 위상에 관해서는 견해 차이가 존재하는 것도 사실이다. 즉 개념, 범주, 분석적 접근법 및 이론 등의 측면에서 독자성과 완결성이 미비한 혼재된 상태이며, 외교학조차 주류 국제관계학 내에서 차지하는 이차성 또는 주변성 등을 고려할 때 공공외교학의 경우는 더욱 취약하다는 부정론도 동시에 존재한다. 그러나 이러한 제약에도 불구하고, 다양한 조망을 통해 공공외교를 살펴보는 일이 처음 접하는 일반인들에게는 소개의 차원에서, 그리고 서로 다른 학문적 공간에서 연구하는 학자와 현장에서 실천하는 실무자들에게는 다양한 조망을 통해 참신한 시각을 열어 보이는 효과가 있을 수 있다._{Snow & Cull 2020, xi}

2. 국제관계이론 및 외교이론

1) 국제관계 이론적 조망

일반 국제관계이론과 공공외교와의 관계를 보기 위해서는, 먼저 일반적인 외교에 대한 국제관계이론들의 시각이 우선되어야 한다. 왜냐하면 대다수 국제관계이론들이 공공외교를 직접적·체계적으로 취급해 오지 않았으며, 공공외교를 하위분야로 하고 있는 일반외교에 대해서도 이를 주변적인 것으로 간주하는 등 기존 이론적 논의의 특수성을 이해할 필요가 있기 때문이다. 이 점에서는 국제관계의 본질적 논의에서 유리된 채 국제관계 또는 국제관계학과 '서로 경시'하는 관계로 유지되어 역사기술적 측면에 주로 초점을 맞추어온 외교학도 거의 유사하다.Jönsson 2018, 946

구체적인 이론을 들어가기 전에 우선 외교를 포함한 국가 간 정치관계를 지칭하는 용례들을 통해서 공공외교의 위상을 간접적으로 엿볼 수 있다. 먼저 국제정치학의 탄생과 더불어 최초로 사용된 대표적인 용어인 '국제정치international politics'는 "국가들 간의 군사와 경제 무대에서 벌어지는 다스림"으로서, 행위주체는 정부로 대표되는 국가이며 행위영역은 군사와 경제와 같은 하드파워 영역이다. 따라서 민간 주체가 정무 및 경제외교 외의 영역에서 참여하는 공공외교는 '국제정치'의 상황에서는 거의 존재 근거가 없다고 할 수 있다. '세계정치world politics'는 "국가뿐만 아니라 초국가 및 하위국가 주인공들이 군사와 경제 이외에 문화·환경·정보·지식을 포함하는 복합무대에서 벌이는 다스림"으로서, 행위의 주체와 영역이 무한대로 확장된 복합적 상황을 전제하므로, 공공외교의 환경으로는 가장 적합하다고 할 수 있다. '지구정치global politics'는 "국제로 나뉘지 않은 지구 전체를 하나의 정치단위로 보는 것으로서 '세계정치'의 일부를 이루고 있는 개념"으로서, 공공외교의 미래형에 해당한다. 즉 현재 각 국가별로 진행되고 있는 자국 중심적 공공외교가 타국들과의 호혜적인 쌍방향 공공외교로 심화되고, 더 나아가 모든 국가들이 지구적 의제나 공공재를 중심으로 수렴되는 공공외교를 정착시킬 경우에 해당하기 때문이다.[28] 이외에도 "국가들 간의 군사와 경제를 비롯한 다른 모든 무대에서 벌어지는 다스림"을 의미하는 '국제관계international relations'의 상황도 비록 행위영역이 하위정치까지 확대되었음에도 불구하고, 국가 간 상호성을 의미하는 '국제성internationality'이 유지되는 한 공공외교의 명료한 위상을 찾기는 어려운 맥락으로 보인다.

다음으로는 국제관계학의 대표적인 이론들이 공공외교를 어떻게 조망하고 있는지를 주류의 실증주의, 비주류의 구조주의 이론과 탈실증주의, 그리고 양자 간의 중도적 입장에 있는 사회구성주의 이론을 통해 살펴보면 다음과 같다. 그러나 각 이론들이 그동안 공공외교를 직접적인 분석의 대상으로 취급해오지 않았기 때문에, 일반외교를 어떻게 조망해 왔는지 그 이론적 기조를 통해 간접적으로 추론하는 수준이라는 점을 전제로 한다.

실증주의 계열에 속하는 대표적인 이론 범주 중 (신)현실주의와 (신)자유주의의 이론적 입장은 다음과 같다.

첫째, 고전현실주의는 무정부적 국제체제에서 국가 유일 행위자론과 국가안보 중심의 파워정치를 국가 간 관계에서 접근함을 핵심적 전제로 한다. 이런 조건 하에서 국가-국가 간 협상이라는 방식을 통해 국가 목표를 추구하는 외교정책의 수단·도구로서의 외교는 항상 주변성을 지니고 있다. 이런 상황에서 비국가행위

---

28 '국제정치', '세계정치' 및 '지구정치'의 개념 정의는 하영선·남궁곤(2012, 24)에서 원용하고, 각 개념별 공공외교와의 관계는 필자가 추가함.

자인 국내·외 공중을 대상으로 하위정치low politics 영역에서 작동하는 공공외교의 위상은 매우 취약하거나, 아니면 국가의 대외적 목표에 필요한 경우에만 일시적인 중요성을 가질 뿐이다. 더구나 물리적 국력 증대와 세력균형을 더욱 강조하는 구조적 또는 공격적 현실주의라는 신현실주의 이론들의 경우, 공공외교의 가능성은 더욱 취약해진다.Jönsson 2015, 19 다만 국내·외적 제도와 같은 속성을 상대적으로 중시하는 신고전현실주의 이론들의 경우 약간의 가능성을 볼 수도 있으나, 이 문제도 관련 학자들의 이론화 작업 여부와 방향에 따라 좌절될 수도 있다.

둘째, 자유주의 이론은 국제체제의 무정부성을 수용하면서도 국가 외의 다양한 행위자들과 고위정치를 포함한 하위정치까지를 중시하면서 국제정치의 제도화를 강조하는 입장이다. 이런 측면에서 자유주의의 이론적 환경 속에서 공공외교가 숨 쉴 공간은 일정 정도 부여되어 있다고 말할 수 있다. 이런 이론적 기조에도 불구하고 국내·외 공중의 중요성은 현실주의에 비해서는 상대적으로 클 수 있지만 여전히 하위 수준을 탈피하기에는 한계가 있다. 다만 비국가 행위자들의 영향력이 제고됨에 따라 달라질 수는 있다. 그러나 신자유주의로 진화하면서 현실주의와의 절충성으로 인해 이론적으로는 크게 진화하지 못한 느낌이 있다.

그러나 자유주의의 이론적 공간에서 공공외교의 중요성이 부각되는 결정적인 이론적 계기가 마련되었는데, 하나는 영국학파 English School의 국제사회론이고 다른 하나는 소프트파워론이다. 영국학파는 외교를 주류이론들이 선호하는 주권, 전쟁, 국제법과 함께 국제사회를 구성하는 중심적인 국제적 제도의 메커니즘으로 인식

한다. 영국학파는 크게 3개의 세대로 구분되는데, 제1세대는 외교를 국제관계의 중심에 위치시켰으나, 사회적 삶에 있어 하나의 실행이나 통합적인 한 부분이 아닌 역사철학적 입장에 초점을 맞추었다. 제2세대는 실행 쪽으로 보다 방향을 돌렸으나 외교가 국제사회를 구성하기보다는 오히려 국제사회가 반영되는 객체로 간주하는 결점이 있다. 제3세대는 학문적 정체성의 모호함, 방법론적 다원성, 미국 이론의 주류화 등으로 인해 중단되었다. 영국학파가 당시에는 공공외교를 직접 조망하지는 않았으나, 현재는 영국 외의 많은 학자들이 이를 계승하여 이론을 발전시키고 있어, 공공외교로서는 의미 있는 기대를 할 수 있는 이론으로 간주된다.Jönsson 2015, 19-23

스마트파워는 미국 학자인 나이가 제시한 개념으로서, 9.11 테러를 계기로 공공외교와 긴밀한 관계가 형성되면서, 국제관계학 내의 개념이나 이론들 중에서는 가장 신속하고 빈번하게 공공외교에 진입한 대표적인 경우이다. 소프트파워는 직접적·명령적인 유형tangible의 하드파워에 대비되는 문화·이념·제도와 같은 간접적이고 상호 수용적인 무형의 파워이다. 9.11테러를 목격하면서 나이는 소프트파워의 요소로서 개방성·번영·매력·설득·책임성·협력을 제시하였고, 2003년 제2차 이라크 전쟁을 계기로 하드파워와 소프트파워를 결합한 메타파워로서 스마트파워 개념을 제시하면서, 문화(교류), 정치적 이상, 다자적 협력을 통한 정책, 강제보다 매력을 통한 기대 획득의 능력을 예시로 들었다. 이러한 개념적 기반 위에서 현재 공공외교 분야에서는 소프트파워 → 스마트파워 → 사회적 파워social power로 진화하는 논의가 활발하다.Melissen

2018, 213 사회적 파워는 "강제나 지불에 호소하지 않고 표준을 작성하고 정당하고 바람직한 것으로 간주되는 규범과 가치를 창출할 수 있는 능력"을 의미한다.Van Ham 2010, 8 이런 경향은 외교의 국가화가 아닌 외교의 사회화를 지향하는 운동으로서 국제관계와 외교 분야에서는 사회학적 전환sociological turn이라고 하는데, 이런 환경이 조성될 때 일반 민간 공중이 주체적으로 외교적 삶을 공유하게 될 것이다.

다음으로 비주류 이론에 속하는 구조주의와 탈실증주의 계열의 이론들의 입장은 다음과 같다.

첫째, 마르크시즘에 기반하고 있는 구조주의structuralism는 계급을 행위자로 규정하여 기본적으로 경제 중심의 유물론적 공간에서 계급이익을 위해 계급투쟁이라는 필연적 상호관계를 국제관계로 인식한다. 궁극적으로는 계급으로 분화된 세계체제 하에서 자본주의 지배계급에 대한 혁명적인 변혁을 통해 사회주의적 세계정부로의 이행을 목표로 한다. 따라서 이건 조건 하에서의 외교는 반계급적 대외 선전 전략 및 전술에 해당하며, 이 논리는 역으로 자본주의 진영에서의 외교에도 유사하게 적용된다. 구조주의 내에도 다양한 이론적·전술적 시각이 존재하지만, 기본적으로 공공외교의 개념을 적용할 경우 세계의 피지배계급인 노동자 대중이 중요한 대상이 될 것이며, 신그람시주의neo-Gramscianism의 견지에서는 혁명 투쟁을 위한 진지전으로서의 의미를 지닐 수 있다.

둘째, 프랑크푸르트 학파로 명명되는 비판이론Critical Theory/Frankfurt School은 마르크시즘으로 출발했던 초기에는 주류의 '전통이론'에 대한 '비판이론(과학의 일체성 부정, 해석학적 사유의 필연성, 지식과 권력 관계, 인간 해방론 등)'의 대응이라는 이분법과 계몽의 변증법 테제(동일성의 원리, 자연과의 화해를 통한 해방)와 일차원적 사회(계급 해방의 잠재력에 대한 의문) 논리를 통해 근대 주류의 인식론에 대한 비판적 이론 탐구에 집중하였다. 인간 해방을 주창하였다는 점에서 주류 외교의 제도적 구속성과 인간 대중의 관계에 대한 해석을 도출할 수 있다. 그러나 외교와 공공외교에 대한 결정적 단초를 제공한 것은, 이 이론이 마르크시즘으로부터 벗어난 이후 하버마스Jürgen Habermas의 의사소통행위론과 급진적 민주주의를 통한 궁극적 해방론, 그리고 호네트Axel Honneth의 인정recognition이론이었다. 이를 토대로 국제관계학에서는 주권국가의 윤리적·도덕적 경계의 해체와 정치공동체의 확장을 통한 급진적 민주주의와, 이질성을 포용하는 통합네트워크와 세계 시민사회 구성원으로서의 보편적 권리가 보장되는 국제 차원에서의 새로운 인정 질서 등이 논의되기 시작하였다. 이러한 환경은 외교 영역에 있어 공공외교를 위한 최상의 조건이 될 수 있다.

셋째, 포스트모더니즘을 중심으로 한 탈구조주의post-structuralism는 계몽사상을 인간의 문명적 해방과 인간성의 완성이라는 진보적 이념과 진리로 고착화시킨 근대성의 자의적 확정 모델을 비판하는 입장이다. 이를 위해 보편적 역사 개념과 소서사의 화용론 관점에서의 언어적 담론 분석, 권력-지식 관계의 규명을 위한 계보학적 어프로치, 텍스트와 상호텍스트성, 해체와 이중 독해 등의 방식을 주요 전략적 도구로 채택하고 있다. 이를 기반으로 국제관계학자들은 다양한 국제적 주제들을 해석하고 이론화하는데, 외교도 이의 분석 대상이 된다. 특히 공공외교와 관련해서도 근대적인 외교 계보와 구도에서 공공외교에게 부여된 구조화된 위상과 성격을 해체·분석할 수 있다는 점에서, 비판이론과 함께 본질적인 이론적 규명을 가능케하는 이론이라 할 수 있다.

마지막으로 중도적 입장의 사회구성주의social constructivism는 국제정치가 사회적으로 어떻게 구성되는가를 공통된 의제로 하여 다음과 같은 구체적인 독트린에 기초하고 있는 이론이다. 즉 국제정치는 행위자와 구조가 상호적으로 구성하여 산출한 산물·결과로서, 이를 결정하는 일차적인 힘은 '물질적인 것'이 아니라 공유된 '관념ideas'이라는 가정에 기초하고 있다. 행위 주체와 이들과 관계를 형성하는 사회구조에서의 정체성과 이익은 외부로부터 주어진 것이 아니라 공유된 관념에 의해 구성된다는 것이다. 구성주의는 복합적인 사회과정으로서의 공공외교에 가장 적합하다는 것이 학계의 중론이다, 그 이유는 특정 행위자의 대외적 이미지는 공공외교가 증진시키려는 행위자의 정체성·가치·정책들이 반영된 일단의 규범들로 구성되어 있으며, 국제관계에서 국가의 행태와 그 결과를 결정짓는 데 있어 외국 공중의 인식이 결정적으로 중요하다는 관념을 신뢰하고 있기 때문이다.Cross 2013, 4 이외에도 구성주의 계열의 이론들은 매우 다양하여 공공외교와 관련지을 경우 매우 복합적인 이론적 배경을 갖고 있다.[29]

---

29 구성주의 계열의 이론은 매우 다양하여 전통적·사회적·자연주의적 구성주의 등으로 명명되는 '근대적 구성주의'와 비판적·급진적·해석적·언어학적 구성주의 등으로 명명되는 '탈근대적 구성주의' 등 다양하나, 여기서는 전자에 기준하고 있음.

2) 외교이론적 조망

순수 외교연구 분야에서 논의되고 있는 이론적 경향을 통해 공공외교에 대한 조망을 추론해보기 위해, 대표적으로 〈표 2-4〉와 같은 3개 외교연구 학파의 시각을 비교해 보고자 한다.

전통학파는 외교를 주권국가들로 구성된 국제적 영역에서 국제체제의 무정부적 성격을 극복하여 역사적으로 친숙한 외교 채널을 통해 주권국가들 간의 평화로운 관계를 수월케 할 목적으로 국가가 수행하는 배타적인 기능으로 묘사하는 시각이다. 주로 고전적인 정치·군사적 성격의 고위정치적 의제를 중심으로 실행되는 외교에 대한 이론화와 외교의 처방적 지침을 중시한다.

신생학파는 대안적 외교의 새로운 형식들에 초점을 두고, 외교가 국가의 역할에 집중하여 엄격하고 정밀하며 권위적인 방식으로 해석되어야 한다는 전통학파의 개념을 근본적으로 재개념화하려는 시각이다. 따라서 국가와 국가 주도의 외교를 보다 평화로운 국제관계 시스템을 변화시키는 데 있어 장애물로 간주한다. 심지어는 전통적인 외교제도가 위기에 처해 있거나 극단적으로는 무용지물이라는 입장까지 존재하며, 그 대안적인 외교 행위자인 비국가 행위자들에게 초점을 맞춘다.

이들에 비해 혁신학파는 전통학파와 신생학파라는 이분법적 관계 설정에 대한 비판적 시각으로서 이들 사이에서 중도적 입장을 강조한다. 즉 다른 두 개의 학파가 각각 외교의 성격에 관한 협소한 시각을 옹호함으로써 외교에 대한 명확한 평가를 내리는 데 혼동을 야기되고, 이러한 구분으로 인해 외교에 관한 이론적 사상의 극화를 초래하여 학자들을 선택의 문제로 내몰고 있다는

〈표 2-4〉 외교연구 학파 비교

비교 범주	전통학파 (Traditional School)	신생학파 (Nascent School)	혁신학파 (Innovative School)
기원 (등장 시기)	1648(30년 전쟁) 이후	1989년 이후(탈냉전)	1989년 이후(탈냉전)
관련 이론·철학	현실주의·신현실주의 (마키야벨리즘)	이상주의·자유주의 (칸트주의, 상호의존, 도덕·윤리)	구성주의 (상호의존, 낙관· 비관도 아님)
이론가	De Callieres, Berridge, Satow, Nicolson, Kissinger 등	Jackson, Hoffman, Langhorne 등	Sharp, Melissen, Cooper, Hocking 등
일차적 행위주체	국가, 전통 외교제도	비국가(NGOs, IGOs, MNCs)	국가·비국가
국제 환경	국제적 무정부성, 쌍무주의, 세력균형. 비개입주의	다자주의, 국내·국제적, 투명성·개방성, 개입주의	다층주의, 국가·비국가 행위자로 구성된 비대칭적 국제화 네트워크
주요 의제	고위정치 (군사적 개체안보, 국방, 무역, 국익)	하위정치 (인도주의, 원조, 환경, 집단안보)	고위정치·하위정치 (타 학파의 외교에 대한 이론적 해석의 한계 규명)
기반 요소 (추동 요인)	국가이익, 주권, 세력균형, 제로섬 경쟁, 안보, 국제적 무정부성	세계사회·국제사회, 자결권, 여론, 민주주의, 통합, 상호의존, 국제기구	외교에 대한 규범적 혁신, 각 이론적 전통의 가정 추적, 외교의 관념적 지형 탐색
관련 용어	기계성, 엄격성, 구식성, 공식성, 전통적, 협소성, 비밀성, 신성성, 은둔성, 관료성, 위계성, 트랙 1	신축성, 현대성, 비공식성, 윤리성, 도덕성, 유토피아, 투명성·개방성, 자기엄격성, 트랙 2	상생성, 균형성, 공동성, 지속성, 탄력성, 근대성, 혁신성, 창의성, 다중트랙
영향 요인	강한 역사적 유산 (역사 의존성 경향)	역사적 유산 부재 (현대 국제관계 시스템을 과거로부터의 급진적 이탈로 간주)	외교행위자들의 기본적 추동요인들에 관한 이론적 설명에의 의존성

출처: Murray(2008, 36)

것이다. 즉 이것과 저것, 낡음과 새로움, 국가와 비국가와 같은 이분화를 극복하여, 양자 모두를 동등하게 취급함으로써 실질적인 균형을 찾으려는 이론적 절충 방식을 선호한다.

　각 학파들과 공공외교의 관계는 다음과 같이 설정할 수 있다. 전통학파의 경우 국가 간 외교만을 배타적으로 인정하고 있어 공공외교가 침투할 공간이 없다. 신생학파는 비국가 행위자를 중시함으로써 다른 학파에 비해 공공외교의 자율적 주체성을 가장 인정하는 것으로 추론할 수 있다. 그러나 이는 국가가 배제된 상황에서 비국가 자체만의 공공외교로 한정될 수 있다. 이에 비해 영국학파 및 탈구조주의 계열의 입장과 연계되어 학자들에 따라 견해 차이가 존재하나, 위 유형론에 준거할 경우 전통학파의 국가 간 외교와 신생학파의 비국가 중심형 (공공)외교 간에 상호적 수용과 수렴성을 전제하고 있다는 점에서 신공공외교의 이후와 관련성이 크다. 이러한 추론은 이에 속하는 학자들의 학문적 배경과는 상관없이 중도를 모색하는 사회구성주의의 공공외교 이론에도 부분적으로 접근하고 있다고 해석할 수 있다.

3. 커뮤니케이션학: 국제PR(공중관계) 이론

지금까지 발표된 공공외교 관련 전문적 연구들 중 커뮤니케이션 분야가 가장 다수를 차지하고 있다. 그 이유는 일반외교가 국제관계와 긴밀히 관련된 것과는 달리, 공공외교는 외국 공중들과의 소통에 초점을 맞춤으로써 국제관계학보다는 국제커뮤니케이션학에서 보다 중심적인 위상을 갖고 있기 때문일 것이다. Chitty 2020, 306 "커뮤니케이션을 활용하여 상호 간 이해를 달성하고 조직의 목표를 실현하며 공중 이익에 봉사할 목적으로, 특정 조직과 다양한 공중들 간의 관계를 전략적으로 관리하는 일"(2009년 캐나다 PR학회CPRS)로 정의되는 '공중관계' 개념을 기초로, 공중관계 이론과 공공외교의 관계를 이해하기 위해 커뮤니케이션 논리와 이론적 조망을 살펴보기로 한다.

1) 커뮤니케이션 논리의 유형과 역학

커뮤니케이션학의 관점에서 공공외교를 이해하기 위해서는, 가장 우선적으로 이 학문분야의 핵심인 '소통' 개념을 통한 다양한 논리적 기초를 통해 접근하는 일이 요구된다. 왜냐하면 공공외교는 타자들과의 관계에 있어 다양한 소통의 역학을 통해 외교의 지평을 변화시키고 있는 새로운 외교양식이기 때문이다. 따라서 이와 관련하여 커뮤니케이션학에서 가장 다양하고 구체적으로 이를 소개하고 있는 글로벌 공공외교의 커뮤니케이션 논리를 〈표 2-5〉와 같이 3개의 유형별로 소개하고자 한다.Zaharna 2020, 99-103

첫째, '개체individual assertive' 차원의 논리는 공공외교의 일차적인 인식 주체이며 정책결정자로서의 개별적인 소통 주체, 대상으로서의 청중, 주체와 대상 간의 매개요인으로서의 메시지와 미디어, 그리고 각 개체들 간의 상호적 역할로 구성된다. 개체적 논리는 상호적 관계의 부재라는 전제 하에서 분리되어 있는 자율적 존재로서 자기구속적인 개체에 초점을 맞춘 개체주의에서 출발한다. 따라서 이 논리는 공공외교의 대상인 타자들과의 상호적 관계와 협력이 아닌 각각 개체 주체별로 일방향적인 자기 주장적인 성격을 강조하는 경우이다. 9.11테러 직후 초기의 미국이나 현재

〈표 2-5〉 공공외교에 있어서의 커뮤니케이션 논리의 유형, 역학과 특성 및 예시

논리의 유형	유형별 역학과 특성
개체 차원 논리 (주창성)	개체적 소통 주체(소프트파워에 기초한 국가 및 비국가), 메시지 (소통자-청중 간 연결고리), 미디어(메시지 형성에 있어서의 위상), 청중의 형상(자율적·구속적 존재), 작동 요인(전략적·효과적 영향력과 기술로서의 S-M-C-R-E 모형)[30]
관계성 측면 논리 (결합성)	접촉점(적재적소의 메시징 접촉 주체: 기업파트너십 등), 물리적 공존(물리적 만남과 직접적 상호작용: 교류방문 등), 정서(관계 강화를 위한 정서적 연결성과 표상), 관점 수용(인지적 이해와 타자와의 공감성: 위기 시 연대감 등), 상호성(관계적 유대를 발전시키는 지침: 자매도시 교류프로그램 등), 상징주의(독특한 관계적 특성 고취: 기념일 공유 등)
전체성 차원 논리	완전한 연결성(관계의 내적·외적 및 시간·공간적 확대), 다양성 (공적-사적 부문 간 파트너십과 적대관계까지의 포섭: 적대적 국내공중과 디지털 디아스포라의 수용), 맥락적 지식과 민감성(관계성을 위한 역량의 원천: 유엔의 복합적 관계 구조, 국제법·무역의 맥락적 차원), 적응과 제휴(다양한 타자와의 관계에서 상호적 영향력 행사: 타국 행동에 대한 연성균형화, 우호-적대의 비고정화), 협력적 정향(경쟁·갈등보다는 상호 윈-윈하는 협력의 필요성: 특정 사회 내 타 지역 및 토착 원주민 문화전통의 공존 등)

출처: Zaharna(2020, 99-103)의 핵심 내용을 요약·정리함

일부 국가들에서 보여지는 자기중심적 공공외교가 대표적 사례로서, 이는 '전통공공외교'의 일반적 특성이다.

둘째, '관계성relational assertive' 차원의 소통 논리는 상호적 관계 구축 및 유지를 강조하는 개체들 간의 결합적인 성격을 강조하는 경우이다. 따라서 관계성의 강도, 성격, 품질에 따라 커뮤니케이션의 방식과 내용이 달라진다. 남아프리카에서 한 사람의 존재적

---

30 라스웰(Harold Lasswell)이 제시한 커뮤니케이션 분석모델로서, S(송신자)-M(메시지)-C(매체)-R(수용자)-E(효과성)를 의미함.

위상과 가치가 다른 사람들을 통해 확인된다는 반투어의 우분투 Ubuntu 나, 지방정부 차원에서 형성된 자매도시처럼 자아와 타자 사이의 동행과 단결성에 기반한 '가족 은유family metaphor'처럼 소위 긍정적 차원에서의 '신공공외교'가 이에 해당한다고 볼 수 있다.

셋째, '전체성holistic' 차원의 논리는 개체 차원의 자기 주장적 단일성과 관계성 차원의 상호적 결합성을 모두 포섭하면서 동시에 하나의 전체적 지형을 창출하려는 미래지향적 유형에 해당한다. 따라서 개체성 논리 또는 관계성 논리를 상대적으로 강조해왔던 전통공공외교 또는 신공공외교를 고려할 때, 주체 및 부문의 연결성 및 다양성과 상호 맥락적 역량·영향력을 통한 협력을 통해, 신공공외교의 단순한 새로움을 넘어 그 이후의 공공외교를 조망할 수 있는 논리에 해당한다고 볼 수 있다.

2) 공중관계 이론적 조망

이러한 논리를 바탕으로 그간 PR학계에서의 일반적 연구 경향과, 조삼섭 2004 이러한 경향이 공공외교에 대해 시사하는 점을 정리하면 다음과 같다.31 여기에서의 조직과 공중은 공공외교에 있어 일차적으로 국가와 외국 공중으로 치환된다.

첫째, 전통적인 PR의 고유 기능 측면에서, '커뮤니케이션 관리'로서의 PR 연구는 소통의 쟁점을 해결하기 위해 조직 환경에

---

31 공공외교와의 관련성은 필자가 정리한 것임. 다른 학자들은 커뮤니케이션의 이론적 전통을 사회심리학적 전통, 사이버네틱 전통, 수사학적 전통, 현상학적 전통, 사회문화적 전통, 비판적 전통, 기호학적 전통으로 유형화하기도 함(Infante et al. 2016).

대한 모니터링, 외부 의견의 수렴, 조직 의견의 외부 전달 등 주로 경계적 관찰자로서의 PR의 역할을 강조한다. 이는 공공외교에 있어 국제PR이 국가 내 공공외교 담당 조직의 환경과 내·외부의 의견을 담당하는 기능을 수행하는 경계적 관찰자가 된다. 다음으로 '수사·비판'으로서의 PR은 PR의 본질적·윤리적·사회적 가치에 대한 관심을 중시하여 조직-공중 간 호혜적 관계를 위해 설득을 강조하는 입장으로서, 공공외교의 경우 그러한 가치에 기반한 국가-외국공중 간 설득적 관계에 적용될 수 있다. 그리고 '통합 마케팅'으로서의 PR은 현재 및 미래 잠재 고객의 구매 유인을 위한 정보 제공과 같이 마케팅 목적을 위한 조직의 내·외적 소통을 강조하는 입장으로서, 자국의 공공외교 자원 및 전략에 외국 공중을 마케팅 방식으로 유인하는 것과 관련된다. 마지막으로 '관계 경영'으로서의 PR은 이미지·상징 관계로부터 장기적·철학적 관점의 실천성으로 이행하는 관점을 중시하는 경향으로서, 공공외교에 있어서도 전통공공외교로부터 신공공외교로의 이행을 이해하는 데 적용될 수 있다.

다음으로 비교적 최근의 추세를 반영하면서 혁신적 경향으로서, '국제PR'은 세계의 지역·국가별 문화적 특성, 미디어 시스템, 경제적 변인, 작동방식 및 네트워크의 다양성을 고려하는 입장으로서 현재의 신공공외교와 이후의 경향을 예측하는 데 도움이 된다. 다음으로 '뉴미디어' 관련 PR은 게이트키핑의 부재, 다중방향성, 사이버 파워 등과 같은 매체의 변환에 주목하는 경향으로서, 사이버 파워 기반적 디지털 공공외교와 관련된다. 마지막으로 비판적 문화연구 등에서 논의되는 '포스트 모더니즘'의 PR은 조직과 공중 간 파워 불평등 구조의 해체를 통해 진보적 민주주의를 추구하는 경향으로서, 공공외교에 있어서도 근대 외교의 지배성에 대한 성찰과 이를 통해 외교의 삶의 공간을 혁신함으로써 국제관계의 민주화를 이해하는 데 도움이 된다.

다음으로는 이러한 연구 경향을 배경으로, PR 학계에서 조직과 공중 간 관계를 분석하기 위해 구축되어 온 이론이나 모형들 중, 공공외교 연구와 긴밀한 관계에 있는 것들은 〈그림 2-2〉와 같이 매우 다양하다. 다양한 이론적 목적과 특성을 보이고 있는 각 이론·모형별로 강조되는 초점과 지향성을 요약하여 소개한 후, 이들이 각각 공공외교와 어떤 상관성이 있는지를 살펴보고자 한다.

먼저 미국 PR의 역사에 대한 이론적 해석틀로 제시된 PR 4 모형은 PR의 이론적 연구에 있어 후속 분석 모형의 지침으로 작용

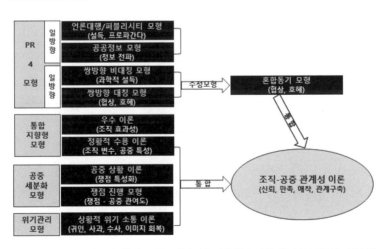

〈그림 2-2〉 PR의 주요 이론·모형의 구도

참조: Grunig & Hunt(1984); 한정호 외(2014)의 2부; 이유나(2015) 등 참조하여 필자가 재구성함

해 왔는데, 크게 4개의 모형으로 구성되어 있다.Grunig & Hunt 1984

먼저 조직과 공중 사이에서 조직의 인지도 제고를 목적으로 하는 '언론대행press-agentry/publicity 모형'은 목표 청중이 조직의 욕구대로 행동하도록 그들의 사고와 의견의 형성에 영향을 미치기 위해 설득, 부분적 진실, 조작 등 일방향적 방식을 사용한다. 주로 뉴스 미디어와 같은 전통적 퍼블리시티 수단을 통한 프로파간다 기법이 대표적이다. 이 모형은 공공외교에 있어 신공공외교 이전까지의 대부분 시기에 지배적이었던 공공외교 수행국가 중심적 전통공공외교에 해당한다. '공공정보public information 모형' 또한 일방향적 커뮤니케이션으로서, 조직의 정보를 분배할 목적으로 언론 발표나 기타 일방향적 소통 기법들을 사용한다. 이 모형은 정확한 정보를 제시하는 데 초점을 둠으로써 프로파간다의 한계를 극복하고 있으나, 여전히 일방향적 전통공공외교에서 벗어나 있지 못하다.

다음으로 '쌍방향 비대칭two-way asymmetric 모형'은 목표 청중에 대해 광고·소비자 마케팅과 같은 '과학적 설득' 방식을 사용하지만 조직의 이익을 우선한다는 점에서 비대칭적·불균형적 성격을 지닌다. 공공외교에 있어 이 모형은 외국 공중에 대해 설득을 통한 동의를 의도한다는 점에서 상호적이긴 하나, 설득의 진실성과 자국 중심적인 점에서 여전히 한계를 갖고 있다. 이에 비해 같은 쌍방향 소통을 강조하는 '쌍방향 대칭two-way symmetric 모형'은 조직과 공중·이해관계자들 사이에서 협상을 통한 상호적 이해, 존중, 호혜를 증진하고자 노력한다. 따라서 공개적이고 정직한 소통이 중시되어 PR이 설득자가 아닌 조직과 공중 간 연결자로서 모든 당사자들이 이익을 중시한다는 점에서 대칭적이며 또한 가장 윤리적인 모형으로 간주된다. 그러나 이 모형이 너무 이상적이고 규범적이라는 비현실성 때문에 두 모형을 절충한 '혼합동기mixed-motive 모형'이 등장했는데, 이 모형은 조직과 공중 간에 상호적 이해가 조정되는 균형점을 찾기 위해 게임이론 등 과학적 분석기법을 중시한다. 따라서 공공외교에 있어서도 수행국가와 외국 공중 사이의 이익 균형점을 찾기 위한 미래의 분석 전략으로서의 의의가 큰 모형이라고 할 수 있다.

'우수이론excellence theory'과 '정황적 수용contingency of accommodation 이론'은 PR의 전문지식의 공유를 위한 PR의 개념화에 기여하고 있는 이론들이다. 우수이론은 조직의 효과성을 위한 조직의 구조적·환경적 특성과 프로그램 및 운영 등에 관한 실증분석을 중시하는 이론이다. 이는 공공외교에 있어 수행 국가의 정부 및 준정부 조직들의 효과성을 창출하는 것과 관련되는 것으로서, 이를 기반으로 보다 효과적인 공공외교 수행 주체의 인프라를 구축하는 데 시사점을 제공한다. 정황적 수용 이론은 조직 안팎의 변수와 공중의 특성에 따른 유동성을 중시하는 입장이다. 따라서 공공외교도 수행 국가의 국내·외 환경적 변수와 외국 공중의 특성을 고려하여 보다 신축적인 공공외교를 가능케 할 수 있다.

'공중세분화public segmentation 모형'은 상황적 특성에 따라 공중의 유형을 관찰하는 '공중상황이론situational theory of public'과 쟁점에 따라 공중의 유형을 관찰하는 '쟁점관리issue management 모형'으로 구성된다. 전자는 주로 다양한 상황에 따른 공중의 인식 등을 고려하여 목표 공중을 세분화하여 조직이 접근하는 태도를 중시한다. 후자는 주로 쟁점의 변화에 대한 공중의 지식과 실질적 관여의 수준 등에 초점을 맞추어 쟁점의 의제화 과정에서의 조직의 전략에 초점을 맞춘다. 이는 공공외교의 '전략적 공중' 전략에서처럼, 외국 공중이 상황과 쟁점에 대해 갖는 인식과 관여 등을 고려하여 다양한 공중관계 전략을 모색하는 데 기여할 수 있다. 이와 관련하여 '위기관리 모형'은 위기라는 특수한 경우를 특화시킨 상황 모형으로서, '상황적 위기소통situational crisis communication이론'으로 대표된다. 이 이론은 위기 시 효과적인 소통을 위해 위기의 근본 원인의 규명(귀인이론), 소통 전략의 모색(수사적 접근), 위기에 대한 즉각적인 선제적 대응(사과이론)을 통해 조직의 이미지 회복을 목표로 삼는다. 공공외교의 경우에도 위기 상황에 의한 국가 이미지 훼손에 대응하기 위해 동일한 전략을 사용할 수 있다.

이와 같은 이론 및 모형을 통해 통합적으로 고려할 수 있는 PR 이론으로서 '조직-공중 관계성organization-public relationship이론'의 유용성이 상대적으로 크다고 할 수 있다. 이 이론은 혼합동기 모형을 통해 PR의 이상과 현실을 절충할 수 있으며, 개념화 모형을 통해 PR 수행의 기반을 조성한 후, 공중세분화와 위기관리 모형을 통해 공중을 전략적으로 조정하여, 궁극적으로는 조직과 공중 간의 통합적 관계성을 도출할 수 있다. 따라서 공공외교의 경우에도 PR의 이러한 접근방식을 고려하여 공중에 대한 보다 합리적 관여와 관계구축을 시도할 수 있을 것으로 전망되며, 이를 기반으로 탈실증적 국제관계학 및 외교학이 추구하고자 하는 방향과도 수렴될 수 있는 공간이 마련될 것으로 본다.

V. 맺음말

본 장에서는 공공외교의 역사, 유형 및 특성 그리고 이론적 조망을 전반적으로 다루었다.

첫째, 공공외교의 역사에 있어서는 연원적 시점을 고대 시기까지 확장하여, 공공외교의 중요한 제도적 변화를 중심으로 시기를 구분하였다. 고대로부터 20세기까지 공공외교적 사례들이 종종 발견되었으나, 엄밀한 의미에서 현재의 공공외교에 적합한 사례는 상대적으로 많지 않았으며, 20세기 전반부까지만 해도 일반외교의 비밀성을 해체하려는 공개외교적 성격이 농후하였다. 이러한 경향은 1965년 공공외교의 체계적인 개념이 제시된 이후에도 지속되면서, 교류, 프로파간다, 문화외교, PR, 국가브랜딩 등과 상호중복적인 현상을 보였다. 그러나 공공외교의 본질적이고 혁신적인 변화가 등장한 것은 2001년 이후로서 현재는 이를 기반으로 다양한 방향 모색이 이루어지고 있음을 미국의 선도적인 정책지침을 중심으로 제시하였다.

다음으로 공공외교의 유형에 있어서는 각각 수준이나 초점에 있어 다양한 차이가 있지만, 여러 유형들을 수행 주체, 문제영역, 권력 자원과 행사 방식, 공중관계(PR) 측면에서의 주체와 대상 간의 관계성과 총체적 측면별로 소개하였다. 가장 의미 있는 유형은 전통공공외교와 신공공외교 유형으로서 앞의 다양한 유형들이 이들 두 유형 속에 내재되어 있음을 알 수 있다. 그러나 단순히 구분과 비교보다는 이를 극복하기 위한 유형들 간의 상호적 수용과 절충적 조정을 통해 새로운 통합형 유형을 창출하는 작업이 더욱 유의미한 것으로 판단하여, 신공공외교의 새로움을 넘어선 신신공공외교의 방향도 모색해 보았다.

　마지막으로, 공공외교의 이론적 조망은 공공외교(학)의 학문적 특성을 먼저 검토한 후, 전통적인 국제관계학과 커뮤니케이션학 중심으로 접근하였다. 먼저 수많은 학문분야와 접속하고 있는 공공외교 분야의 다중 학제성, 국가 및 다중 주체들의 개념 인식의 다양성, 그리고 공공외교에 내포되어 있는 과도할 정도의 구성요소들로 인해 엄격한 체계성을 구비한 객관적이고 포괄적인 이론화의 어려움과 가능성을 동시에 전제로 하였다. 외국 공중에 대한 특정 국가의 소통과 관여라는 측면에서 커뮤니케이션학의 공중관계이론을, 그리고 외국 공중을 매개로 대상 국가에 대한 정책적 관여라는 측면에서 외교정책 및 외교를 포괄한 국제관계학의 이론적 조망으로 한정하였다. 국가브랜딩을 중심으로 한 마케팅학의 중요성을 고려하여 그 이론적 조망을 포함시킬 의도였으나, 제4장에서 다루고 있으므로 생략하기로 하였다.

　결론적으로, 본 장의 핵심인 이론적 조망을 위해서는 공공외교의 역사와 이 과정에서 도출된 다양한 유형들이 시사하는 공공외교의 본질적 속성들을 보다 체계적으로 재검토할 필요가 있다. 지금까지의 공공외교가 개별 국가의 정책적 효과 차원에서의 도구적 성격과 개념 및 방식의 질적 개선에 머물러 있었다는 점을 고려하여, 미시적 차원에서의 구체적인 전략과 방법에만 너무 한정되지 않고, 국제관계 및 외교 지형의 변환 추세와 이 과정에서 지구적 삶의 주체들이 갖고 있는 인식과 미래적 비전을 기반으로 보다 혁신적인 이론적·실제적 외교적 비전을 구상할 필요가 있다.

1 공공외교의 역사를 관찰함에 있어 공공외교의 성격을 전환시킨 중요한 계기는 어떤 것들이었으며, 이로 인해 공공외교가 어떻게 변화하였는가를 설명할 수 있는가?

2 공공외교는 핵심적인 특성을 준거로 '전통공공외교'와 '신공공외교'라는 대표적인 유형으로 구분되고 있는데, 각 유형은 행위 주체, 대상, 영역, 그리고 접근방식 등에 있어 어떤 차이가 있는가?

3 공공외교는 외교학에 속하는 연구분야로서 일차적으로는 국제관계학의 이론적 조망의 대상이 된다. 국제관계의 일반이론들이 (전통)외교를 어떻게 인식해 왔으며, 이를 통해 공공외교에 대한 이론적 관점을 어떻게 추론할 수 있는가? 그리고 어떤 이론이 공공외교를 설명하는 데 상대적으로 적합하다고 생각하는가?

4 공공외교 분야는 본질적으로 다중학문적 성격을 지니고 있어, 공공외교를 이론적으로 조망하기 위해서는 다양한 학문분야의 이론적 관점들을 적용하여 설명할 수 있다. 그 가운데 커뮤니케이션학의 PR(공중관계) 이론은 공공외교를 어떻게 조망하고 있는가?

5 공공외교의 역사, 유형, 그리고 이론적 조망을 종합적으로 동원하여, 전체적으로 신공공외교의 새로움을 넘어 미래의 공공외교는 어떻게 전개될 것으로 예측하는가?

추천 문헌

(참고문헌에서는 생략함)

김상배(2019). "공공외교의 이론적 이해." 김상배 외. 『지구화 시대의 공공외교』. 서울: 사회평론아카데미, pp.13-62.

송태은(2019). "공공외교의 역사적 이해." 김상배 외. 『지구화 시대의 공공외교』. 서울: 사회평론아카데미. pp.63-101.

한정호 외(2014). 『PR학 원론』. 서울: 커뮤니케이션북스.

한팡밍 편(2013). 『公共外交槪論』 제2판. 서울: 동국대학교출판부(제1장 공공외교 이론구조).

Cull, Nicholas J.(2020). "Public diplomacy Before Gullion: The Evolution of a Phrase." Nancy Snow & Nicholas J. Cull. *Routledge Handbook of Public Diplomacy*, 2nd ed. New York: Taylor & Francis Books. pp.13-17.

Gilboa, Eytan(2008). "Searching for a Theory of Public Diplomacy." *ANNALS, AAPSS*. 616. pp.55-77(번역 자료: 에이탄 길보아(2013). "공공외교 이론의 모색." 제프리 코원·니콜라스 컬. 『새 시대의 공공외교』. 서울: 인간사랑. pp.99-139).

Gregory, Bruce(2008). "Public Diplomacy: Sunrise of an Academic Field. *ANNALS, AAPSS*. 616. pp.274-290(번역 자료: 브루스 그레고리(2013). "공공외교: 학문 분야로의 부상." 제프리 코원·니콜라스 컬. 『새 시대의 공공외교』. 서울: 인간사랑. pp.484-506).

Huijgh, Ellen(2016). "Public Diplomacy." In Costas M. Constantinou, Pauline Kerr & Paul Sharp, eds. *The SAGE Handbook of Diplomacy*. Los Angeles: SAGE. pp.437-450.

Melissen, Jan(2018). "Public Diplomacy." In Pauline Kerr & Geoffrey Wiseman, eds. *Diplomacy in a Globalizing World: Theories and Practices*, 2nd ed. Oxford: Oxford University Press. pp.199-218.

Pamment, James(2018). "Public Diplomacy." In Gordon Martel, ed. *The Encyclopedia of Diplomacy*, Volumes III. Oxford: John Wiley & Sons. pp.1563-1575.

참고 문헌

김태환(2016). "주변국 공공외교의 최근 추세 유형과 한국에 대한 함의." 국립 외교원 외교안보연구소, 주요국제문제분석 2017-45.

_____(2019). "대미 정책공공외교 효과성 제고를 위한 개선 방향: 주요 국가 사례 비교를 통한 함의." 국립외교원 외교안보연구소, 정책연구시리즈 2019-07.

나이, 조지프(2012). 『권력의 미래』. 서울: 세종서적.

이유나(2015). "전략 커뮤니케이션: PR(공중관계)." 이준용·박종민·백혜진 엮음. 『커뮤니케이션 과학의 지평』. 파주: 나남, pp.405-444.

조삼섭(2004). "미국 PR학의 연구 경향: 기존 연구 분석을 중심으로." 한국PR 학회 학술발표논문집.

하영선·남궁곤(2012). 『변환의 세계정치』 제2판. 서울: 을유문화사.

한정호(2014). "PR의 정의와 유형." 한정호 외. 『PR학 원론』. 서울: 커뮤니케 이션북스.

Armstrong, Matthew C.(2020). "Operationalizing Public Diplomacy." Nancy Snow & Nicholas J. Cull. *Routledge Handbook of Public Diplomacy*, 2nd ed. New York: Taylor & Francis Books, Inc., pp.82-95.

Ayhan, Kadir(2019). "The Boundaries of Public Diplomacy and Nonstate Actors: A Taxonomy of Perspectives." *International Studies Perspectives*, 20(1), pp.63-83.

Brown, Robin(2004). "Information Technology and the Transformation of Diplomacy." *Knowledge, Technology & Policy*, 18(2), pp.14-29.

Castells, Manuel(2008). "The New Public Sphere: Global Civil Society, Communication Networks, and Global Governance." *ANNALS, AAPSS*, 616, pp.78-93.

Chitty, Naren(2020). "Australian Public Diplomacy." Nancy Snow & Nicholas J. Cull. *Routledge Handbook of Public Diplomacy*, 2nd ed. New York: Taylor & Francis Books, Inc., pp.306-313.

Cohen, Raymond(2018). "Diplomacy through the Ages." Pauliner Kerr & Geoffrey Wiseman, eds.(2018). *Diplomacy in a Globalizing World: Theories and Practices*, 2nd ed. Oxford: Oxford Univ. Press. pp.21-36.

Cohen, Raymond, & Raymond Westbrook(2000). *Amarna Diplomacy: The Beginnings of International Relations*. Baltimore & London: The Johns Hopkins University Press.

Cowan, Geoffrey, & Nicholas J. Cull, eds.(2008). *Public Diplomacy in a Changing World*. SAGE Publications, Inc.

CPRS(The Canadian Public Relations Society). "CPRS Public Relations Definition"(https://www.cprs.ca/About.aspx, 검색일: 2020.6.17).

Cross, Mai'a K. Davis(2013). "Conceptualizing European Public Diplomacy." Cross, Mai'a K. Davis & Jan Melissen, eds. *European Public Diplomacy: Soft Power at Work*. New York: Palgrave Macmillan, pp.1-11.

Cross, Mai'a K. Davis, & Jan Melissen(2013). *European Public Diplomacy: Soft Power at Work*. New York: Palgrave Macmillan.

Cull, Nicholas J.(2019). *Public Diplomacy: Foundations for Global Engagement in the Digital Age*. Cambridge, UK: Polity Press.

_____(2020). "Public Diplomacy Before Gullion: The Evolution of a Phrase." Nancy Snow & Nicholas J. Cull. *Routledge Handbook of Public Diplomacy*, 2nd ed. New York: Taylor & Francis Books, Inc., pp.13-17.

De Lima, Antônio Ferreira, Jr.(2015). "An English School Approach to Public Diplomacy: social power and norm creation." *Conjuntura Internatcional*, 12(1), pp.11-17.

Deos, Anthony, & Geoffrey Allen Pigman(2010). "Sustainable Public Diplomacy: Communicating about Identity, Interests and Terrorism." Costas M. Constantinou, J. Der Derian & James Der Derian, eds. *Sustainable Diplomacies*. London: Palgrave Macmillan, pp.151-172.

공공외교

Evans, Alex, & David Steven(2008). "Towards a theory of influence for twenty-first century foreign policy: public diplomacy in a globalised world"(https://globaldashboard.org/wp-content/uploads/2008/07/Towards_a_theory_of_influence.pdf, 검색일: 2020.4.22).

Fisher, Ali, & Aurelie Bröckerhoff(2010). *Options for Influence: Global Campaigns of Persuasion in the New Worlds of Public Diplomacy*. London: Counterpoint.

Fitzpatrick, Kathy R.(2010). *The Future of U.S. Public Diplomacy: An Uncertain Fate*. Leiden: Martinus Nijhoff Publishers.

_____(2011). *U.S. Public Diplomacy in a Post-9/11 World: From Messaging to Mutuality*. CEP Perspectives on Public Diplomacy, Paper 6.

_____(2017). "Public Diplomacy in the Public Interest." *Journal of Public Interest Communication*. 1, pp.78-93.

Gilboa, Eytan(2016). "Public Diplomacy." Gianpietro Mazzoleni, ed. *The International Encyclopedia of Political Communication*, Volume III. Chichester, UK: John Wiley & Sons, pp.1297-1305.

Golan, Guy J.(2015). "An Integrated Approach to Public Diplomacy." Guy J. Golan, Sung-Un Yang & Dennis F. Kinsey, eds. *International Public Relations & Public Diplomacy: Communication & Engagement*. New York: Peter Lang Publishing, Inc., pp.417-440.

Golan, Guy J., & Sung-Un Yang(2015). "Introduction: The Integrated Public Diplomacy Perspective." Guy J. Golan, Sung-Un Yang & Dennis F. Kinsey, eds.(2015). *International Public Relations & Public Diplomacy: Communication & Engagement*. New York: Peter Lang Publishing, Inc., pp.1-12.

Gregory, Bruce(2008). "Public Diplomacy and Governance: Challenges for Scholars and Practitioners." Andrew F. Cooper, Brian Hocking & William Maley. *Global Governance and Diplomacy Worlds Apart?* New York: Palgrave Macmillan, pp.241-256.

_____(2014). *The Paradox of US Public Diplomacy: Its Rise and*

Demise. IPDGC Special Report #1, Institute for Public Diplomacy & Global Communication, The George Washington University.

_____(2016). "Mapping Boundaries in Diplomacy's Public Dimension." *The Hague Journal of Diplomacy*, 11, pp.1-25.

Grunig, James E., & Todd Hund(1984). *Managing Public Relations*. New York: Holt, Rinehart & Winston.

Hart, Justin(2013). *Empire of Ideas: The Origins of Public Diplomacy and the Transformation of U.S. Foreign Policy*. Oxford, UK: Oxford University Press.

Hocking, Brian(2005). "Introduction: Gatekeepers and Boundary-Spanners: Thinking about Foreign Ministries in the European Union." Brian Hocking & David Spence, eds. *Foreign Ministries in the European Union*. London: Palgrave Macmillan, pp.1-17.

_____(2007). "Rethinking the 'New' Public Diplomacy." Jan Melissen, ed. *The New Public Diplomacy: Soft Power in International Relations*. New York: Palgrave Macmillan, pp.28-43.

Hocking, Brian, Jan Melissen, Shaun Riordan, & Paul Sharp(2012). *Futures for Diplomacy: Integrative Diplomacy in the 21st Century*. Clingendael: Netherlands Institute of International Relations.

Infante, Dominic et al.(2016). *Contemporary Communication Theory*. Dubuque, IA: Kendall Hunt Publishing Company.

Jiang, Hua(2015). "Ethical Visions for Public Diplomacy as International Public Relations." Golan, Guy J., Sung-Un Yang & Dennis F. Kinsey, eds. *International Public Relations & Public Diplomacy: Communication & Engagement*. New York: Peter Lang Publishing, Inc., pp.167-186.

Jönsson, Christer(2015). "Theorising diplomacy." B. J. C. McKercher, ed. *Routledge Handbook of Diplomacy and Statecraft*. London: Routledge, pp.15-28.

_____(2018). "International Relations Theory and Diplomacy." Gordon Martel, ed. *The Encyclopedia of Diplomacy*, Volumes II. Oxford, UK: John Wiley & Sons, pp.946-961.

Jönsson, Christer, & Martin Hall(2005). *Essence of Diplomacy*. Basingstoke: Palgrave Macmillan.

Leira, Halvard(2016). "A Conceptual History of Diplomacy." Costas M. Constantinou, Pauline Kerr & Paul Sharp, eds. *The SAGE Handbook of Diplomacy*. Los Angeles: SAGE, pp.28-38.

Leonard, Mark, Catherine Stead, & Conrad Smewing(2002). *Public Diplomacy*. London: Foreign Policy Centre.

Mead, Walter R.(2004). *Power, Terror, Peace, and War: America's Grand Strategy in a World at Risk*. New York: Vintage Books.

Melissen, Jan(2013). "Public Diplomacy." Andrew F. Cooper, Jorge Heine & Ramesh Thakur, eds. *The Oxford Handbook of Modern Diplomacy*. Oxford: Oxford Univ. Press, pp.436-452.

Melissen, Jan, & Jian Wang(2019). "Introduction: Debating Public Diplomacy." *The Hague Journal of Diplomacy*, 14, pp.1-5.

Michalski, Anna(2012). "The EU as a Soft Power: the Force of Persuasion." Jan Melissen, ed. *The New Public Diplomacy: Soft Power in International Relations*. New York: Palgrave Macmillan, pp.124-144.

Murray, Stuart(2008). "Consolidating the Gains Made in Diplomacy Studies: A Taxonomy." *International Studies Perspectives*, 9(1), pp.22-39.

Nye, Joseph S., Jr.(2019). "Soft Power and Public Diplomacy Revisited." *The Hague Journal of Diplomacy*, 14, pp.7-20.

Pamment, James(2013). *New Public Diplomacy in the 21st Century: A Comparative Study of Policy and Practice*. London & New York: Routledge.

Peterson, Peter G. et al.(2003). *Finding America's Voice: A Strategy for Reinvigorating U.S. Public Diplomacy: Report of an Independent Task Force Sponsored by the Council on Roreign Relations*. Washington, DC: Council on Foreign Relations.

Pisarska, Katarzyna(2016). *The Domestic Dimension of Public Diplomacy: Evaluating Success through Civil Engagement*. London:

Palgrave Macmillan.

Rasmussen, Steffen B.(2010). "The Messages and Practices of the European Union's Public Diplomacy." *The Hague Journal of Diplomacy*, 5, pp.263-287.

Rolfe, Mark(2014). "Rhetorical Traditions of Public Diplomacy." *The Hague Journal of Diplomacy*, 9, pp.76-101.

Scholte, Jan Aart(2008). "From Government to Governance: Transition to a New Diplomacy." Andrew F. Cooper, Brian Hocking & William Maley. *Global Governance and Diplomacy: World Aparts?* London: Palgrave Macmillan, 39-60.

Sevin, Efe(2017). *Public Diplomacy and the Implementation of Foreign Policy in the US, Sweden and Turkey.* New York: Palgrave Macmillan.

Sharp, Paul(2009). *Diplomatic Theory of International Relations.* Cambridge: Cambridge University Press.

Snow, Nancy, & Nicholas J. Cull(2020). *Routledge Handbook of Public Diplomacy*, Second Edition. New York: Taylor & Francis Books, Inc.

Szondi, György(2008). "Public Diplomacy and Nation Branding: Conceptual Similarities and Differences." Netherlands Institute of International Relations 'Clingendael.'

The White House(2002). *National Security Strategy of the United States of America.* December.

_____(2006). *National Security Strategy of the United States of America.* December.

U.S. Department of State(2006). "Transformational Diplomacy"(https://2001-2009.state.gov/r/pa/prs/ps/2006/59339.htm, 검색일: 2020. 5.21).

U.S. Department of State & USAID(2007). *Strategic Plan Fiscal Years 2007-2012: Transformational Diplomacy.* Revised Version. Washington, DC.

_____(2010). *Quadrennial Diplomacy and Development Review: Leading*

공공외교

Through Civilian Power. Washington, DC.

Van Ham, Peter(2010). *Social Power in International Politics*. New York: Routledge.

Walker, Christopher, & Jessica Ludwig(2017). "From 'Soft Power' to 'Sharp Power': Rising Authoritarian Influence in the Democratic World." National Endowment for Democracy Forum, pp.8-25.

Wallin, Matthew(2015). *Military Public Diplomacy: How the Military Influences Foreign Audiences*. ASP White Paper, Washington, DC.

Zaharna, R. S.(2016). "Culture Posts: What about the Public Diplomacy Context?" USC CPD Blog(https://www.uscpublicdiplomacy.org/blog/culture-posts-what-about-public-diplomacy-context, 검색일: 2020.3.19).

_____(2019). "Culture, Cultural Diversity and Humanity-centred Diplomacies." *The Hague Journal of Diplomacy*, 14. pp.117-133.

_____(2020). "Communication Logics of Global Public Diplomacy." Nancy Snow & Nicholas J. Cull. *Routledge Handbook of Public Diplomacy*, 2nd ed. New York: Taylor & Francis Books, Inc., pp.96-111.

Zaharna, R. S., Amelia Arsenault & Ali Fisher, eds.(2013). *Relational, Networked and Collaborative Approaches to Public Diplomacy*. New York: Routledge.

Zhang, Juyan, & Brecken Chinn Swartz(2009). "Public diplomacy to promote Global Public Goods(GPG): Conceptual expansion, ethical grounds, and rhetoric." *Public Relations Review*, 35(4), pp.382-387.

제3장

안보와 공공외교:
소프트파워를 통한 안보, 하드파워를 통한 공공외교

박성용 • 전북대학교

[핵심어]

안보 패러다임 변화   하드파워   소프트파워

공공외교를 통한 안보 증진   군사적 수단의 공공외교 활용

I. 들어가며

안보는 안전보장의 줄임말로 편안함과 안전을 의미하는 '安'과 지킴과 보호를 의미하는 '保'라는 한자의 결합어로 안전이나 편안함을 지키거나 확보하는 것을 의미한다. 안보의 영어 표현인 secu-rity는 불안, 근심으로부터의 자유를 의미한다.이성만 외 2018, 18 학계에서 일정 수준 공감대가 형성된 안보의 정의는 "개인 및 집단의 핵심가치에 대한 위협이 없는 상태"이나 많은 논쟁이 존재한다.베일리스 2009, 273 안보는 객관적이기보다 주관적 성격이 강하다. 건강이나 지위를 표현하는 것처럼 안보는 특정 상태를 의미하기 때문에 정의나 분석을 어렵게 만드는 개념이기 때문이다.Gray 2016, 17; Morgan 1992, 466

안보는 불안insecurity의 문제로 환원된다. 외부의 위협이 존재

하고 이 위협이 자신의 능력으로 대처하기 어려운 상태이면 불안 상태가 되는 것이다. 결국 안보를 확보하는 것은 이러한 불안 상태에 대응하는 것으로 외부의 위협이 존재하지 않는 상태를 유지하거나 위협을 극복할 수 있는 상태를 만드는 것이다.안문석 2014, 69

외부 위협을 극복하거나 위협이 없는 상태를 유지하는 것은 쉽지 않다. 우리가 직면하고 있는 안보환경은 안보의 주관적 속성만큼이나 복잡하고 다양한 양상을 내포하고 있다. 국제 환경의 변화에 따라 안보의 개념은 진화하고 있으며, 안보 영역은 극적으로 확장되었고, 다양한 행위자가 안보 주체로 그 영향력을 발휘하고 있다. 안보는 더 이상 군사력과 같은 하드파워hard power를 기반으로 국가의 생존을 지키는 것만으로 달성되지 않는다. 안보는 정치, 경제, 사회, 문화 등 다양한 영역과 연계되어 있는 만큼 다양한 수단을 필요로 한다. 다양한 소프트파워soft power 수단을 활용하는 공공외교는 여러 안보 도전에 대응하는 데 효과적인 옵션을 제공할 수 있다. 또한 군사력을 포함한 하드파워 수단 역시 공공외교 수행에 유용한 도구를 제공할 수 있다. 즉, 복잡다기한 국제 환경에서 국가의 이익을 실현하기 위해 하드파워 혹은 소프트파워의 단편적 사용이 아니라 이들의 적절한 배합과 상호보완적 활용이 필요하다.

이번 장에서는 공공외교와 안보의 연계성과 상호 간 활용을 논의하고자 한다. 이를 위해서는 우선 안보에 대한 기본적 이해가 필요하기 때문에 전통안보의 개념 및 한계와 안보 패러다임 변화의 특징적 양상을 살펴볼 것이다. 다음으로 공공외교 패러다임의 변화와 이에 따른 안보와의 연계성을 논의할 것이다. 마지막으로 안보 영역에서 공공외교가 어떻게 활용되고 있고, 군사적 수단이 공공외교에 어떠한 방식으로 기여할 수 있는가를 살펴볼 것이다.

II. 전통안보 개념과 한계

안보에 대한 전통적 접근은 국가안보, 군사안보, 절대안보에 기반하고 있다. 30년 전쟁의 결과로 1648년 체결된 베스트팔렌Westfalen 조약은 주권국가sovereign state의 탄생을 촉진했고, 국제질서는 국가 단위로 재편되어 구축되었다. 국가는 대내적 질서를 수호하고 외부의 위협을 차단하는 안보의 주체임과 동시에 궁극적인 보호의 대상이 되었다. 국가 중심의 안보에서는 모든 구성원들의 개인적 안보와 국가안보가 동일시된다. 군사력은 전통적으로 안보를 구성하는 중요한 요소이다. 다른 국가로부터의 군사적 위협은 국가의 안전에 가장 강력한 위협으로 인식되고 있다.

국가를 보호하는 것은 자국의 군사적 수단을 통해 외부로부터의 군사적 위협을 차단하거나 제거하는 것에 중점을 두게 된다. 따라서 강력한 군사력을 건설하고 다른 국가들과 동맹을 맺어 군사적 안정을 추구하는 것은 안보의 우선 대상으로 고려된다. 주권 및 영토와 같은 국가의 핵심적 가치를 보호하는 것은 강력한 군사적 역량에 의해 달성될 수 있다는 믿음은 전통안보를 구성하는 개념으로 자리 잡게 된다. 강력한 군사력 유지와 군사력 행사를 통해 안보를 달성하는 것은 현재적 혹은 잠재적 적대국과 경쟁국의 안보를 희생시켜 우리의 안보를 확보하고자 하는 일방적이며

제로섬zero-sum적인 특징을 보인다.

　전통안보 개념의 확립에는 시대를 반영한 국제관계International Relations, IR 분야의 연구 경향도 영향을 미쳤다. 두 차례의 세계대전 이후 냉전Cold War이라는 시대적 상황에서 (고전적) 현실주의Realism 가 국제관계 연구에서 두각을 나타내고 있었다. 무정부적인 국제 사회에서 국가는 생존과 이익을 위해 국력을 극대화하고, 국력의 극대화를 추구하는 과정에서 국가 간 갈등은 불가피하며, 이러한 갈등은 국제관계의 특징이라는 것이 현실주의의 기본적 시각이 다. 냉전 기간 중 안보의 초점은 군사력과 국가들 사이 전략적 관 계였으며 현실주의에 기반을 둔 국가안보연구National Security Studies 와 전략연구Strategic Studies가 안보연구의 주요 기반을 제공했다.Booth 2007, 96; Malik 2015b, 5; Snyder 2012, 5-8

　전통안보의 중요함을 부정할 수 없으나 한계점도 존재한다. 첫째, 안보 대상과 주체가 다양화하는 국제정치의 현실을 반영하 는 데 한계가 존재한다. 군사적으로 국가를 안전하게 유지했으나, 만약 국민들이 환경, 경제, 보건, 식량 등의 문제로 희생된다면 진 정한 안보를 확보했다고 보기 어렵다. 또한 국제사회에서 국가 이 외의 여러 행위자가 영향력을 발휘하면서 안보 분야에의 주체가 다양해지고 있다.

　둘째, 안보 위협이 다양화되고 있으나 전통안보는 군사적 역 량에 국한되는 한계가 존재한다. 군사적 위협이 국가안보에 중요 한 위협이기는 하나 환경, 경제, 식량부족, 에너지 등의 위협도 국 가의 근간을 흔들기에 충분하다고 볼 수 있다. 또한 메르스, 사스, 에볼라, 코로나 바이러스 사례는 질병 역시 중요한 위협이 될 수 있음을 보여주는 예이다. 이러한 이슈들은 소위 비전통안보에 해당한다.

셋째, 절대안보의 추구는 안보 딜레마security dilemma와 국방 딜레마defense dilemma를 야기할 수 있다. 힘의 극대화를 위한 군사력 강화는 상대 국가를 자극하여 군비경쟁을 유발시키고, 이러한 경쟁이 상호적으로 지속·증폭되어 안보 위기를 불러오는 안보 딜레마를 촉진한다. 또한 군사력의 증강을 위한 과도한 국방비 지출은 발전을 위한 다른 분야의 투자를 감소시켜 경제 성장이 둔화되고, 중장기적으로 경제 규모를 축소시켜 결과적으로 국방비 총액이 제한되어 국방의 약화를 불러오는 국방 딜레마에 직면할 수도 있다. 조남진 2010, 77

III. 안보 패러다임의 변화

1970년대 들어서면서 다양한 비군사적 안보 이슈의 등장에 따라 전통안보에 대한 비판이 증가하고, 안보의 개념과 영역에서 확장과 심화가 진행되기 시작했다. 1970년대 마르크스주의 국제정치이론은 국제체제를 하나의 분석 단위로 간주해야 한다고 주장했으며, 국제체제 자체가 위협받는 상황을 막아야 한다는 인식 하에 국제 안보가 주목받기도 하였다. 또한 상호의존론의 등장은 비국가 행위자의 역할에도 주목하는 자유주의에 대한 관심을 제고시켰다. 자유주의는 안보 주체의 다양화에 대한 논의와 연계되었고, 포괄적 특징을 보이는 인간안보 개념의 인식적 바탕이 되었다.안문석 2014, 73

자유주의는 또한 국가 간 협력 가능성을 모색함으로써 절대적 안보관을 상대적 관점으로 전환시키는 기반을 제공했다.

그러나 1980년대 냉전의 심화 속에 전통안보는 그 위세를 유지했고, 탈냉전기에 접어들어서야 안보 패러다임의 변화가 본격화되었다. 코펜하겐학파Copenhagen School의 안보담론은 안보 대상과 영역의 확대를 주장함으로써 분석 수준을 확대시켰다.민병원 2012, 220 인간의 해방emancipation이 안보 연구의 새로운 방향성이 되어야 한다고 주장한 웰시학파Welsh School나 탈구조주의 및 탈식민주의 등을 포함하는 비판안보연구Critical Security Studies는 전통안보 패러다임에 강한 의문을 제기하면서 안보 담론을 확장시켰다.Malik 2015a, 31-43 특히, 인간안보human security의 등장은 국가 중심적 안보관을 변화시키며 안보영역을 극적으로 확대시켰다. 여기에서는 안보 개념의 상대화, 안보 영역의 확대와 심화, 안보 주체의 다양화 그리고 안보를 위한 수단의 복합화를 중심으로 안보 패러다임의 변화를 살펴보고자 한다.

1. 안보 개념의 상대화

공동안보common security는 안보 상대화의 기반을 제공했다. 공동안보는 안보라는 것은 상호의존적이며 다른 국가의 안보 우려를 고려해야만 상호 간 안보가 확보될 수 있다고 주장하면서, 과도한 군비경쟁을 유발하는 절대안보에 기반을 둔 안정은 지속될 수 없다고 인식했다. 냉전체제에서 핵경쟁과 공포의 균형은 오히려 안보를 확보하는 데 부정적이라 인식하였다. 1982년 "군축 및 안보 문제에 관한 독립위원회The Independent Commission on Disarmament and Security

Issues" 보고서에서 그 개념이 처음으로 등장한 공동안보는 군사적 수단보다 외교적 수단을, 무력적 수단보다 정치적 협상을 선호하는 특징을 보인다. 공동안보 개념에서 군사력은 전쟁에서 승리를 위한 수단이 아니라 전쟁을 예방하고 방어하는 수단이다.조남진 2010, 78-79

협력안보cooperative security는 공동안보에서 더욱 발전한 개념이다. 포괄적이고 상호의존적 성향이 심화되는 가운데 보다 다양화되고 지구화된 안보 쟁점들을 관리하기 위해서 양자간 혹은 다자간으로 적극적 문제 해결을 모색한다는 점에서 공동안보에 비해 진일보한 개념이다. 협력안보는 구체적이고 정확한 개념으로 활용되기보다 대립 관계를 청산하고 협력 관계를 설정하여 상호 양립 가능한 안보 목적 달성을 추구하는 메커니즘으로 이해되기 때문에 명확한 정의를 내리기 어렵다. 협력안보는 예방외교를 중시하며, 경제, 환경, 기술, 인권 등 다양한 비전통적이며 초국가적 안보 위협 요인을 포괄적으로 다루며 관련국들의 다자적 이해와 관심을 유도한다. 또한 대화dialogue를 중심으로 한 협상이라는 수단을 활용하여 궁극적 협력 장치로 안보 레짐의 구축을 목표로 한다.온만금 2004, 245-248

2. 안보 영역의 확대와 안보 개념의 심화

냉전 중 경제적 상호의존의 증가, 1차 및 2차 석유파동으로 인한 에너지 문제와 경제위기 등을 경험하면서 군사 이외의 영역에서 안보를 논의하려는 움직임이 나타났다. 1975년 헬싱키 협정으로 탄생한 "유럽안보협력회의Conference on Security and Cooperation in Europe, CSCE"는 군사적 부분 외에도 경제, 환경, 인권, 문화 등의 비군사적 영역을 안보의 대상으로 논의하였다. 또한 1970년대 일본이나 아세안ASEAN 국가들 역시 안보에 대한 포괄적 인식을 보여주었다.[1] 그러나 논의의 진전은 미·소 양극 대립의 해소, 지구화 및 세계적 수준의 경제 통합에 따른 경제 문제의 부각, 환경 및 테러리즘으로 대표되는 비군사적(비전통적) 도전 등이 불거진 탈냉전기에 들어서면서 촉진되었다.

코펜하겐학파는 안보의 적용 영역을 대폭적으로 확대시켰다. 과거에는 전략적 이해관계가 걸린 군사 영역에서만 안보의 논의가 이루어졌지만, 탈냉전기에는 전략적 이해관계가 결부된 영역이 대단히 넓어졌기 때문에 안보도 이에 따라 확대되어야 한다고 보았다. 대표적 학자 중 한명인 부잔Barry Buzan은 비군사적 영역까지 안보에 포함시켜 군사, 정치, 경제, 사회, 환경 등 5개의 분야를 안보의 핵심 영역으로 간주했다.민병원 2006, 23-24

포괄안보comprehensive security는 안보를 군사적 차원만으로 인식하지 않고 경제, 에너지, 환경 등의 분야를 포괄적 차원에서 이해해야 한다는 개념이다. 포괄안보에 따르면 국가의 역할은 군사, 치안, 경제와 같은 분야에서의 전통적인 역할뿐만 아니라 국민의 생명, 재산, 인권, 복지, 환경 등의 분야로 확대된다. 한국도 2004

---

1 일본은 1970년대 총합안보(Overall Security)라는 개념을 도입했으며 일본의 포괄안보는 국내적, 양자적, 지역적, 세계적 수준의 다층적인 성격을 보였다. 1973년 인도네시아는 다른 국가와의 군사적 연대가 아닌 경제적, 사회적 발전과 정치적 자주성을 강조하는 국가탄력성(National Resilience) 개념을 정립하였고 이는 지역탄력성(Regional Resilience)이라는 개념으로 확장되었다. 1970년대 중반 말레이시아는 인도네시아의 입장에 호응하여 정치, 사회, 문화, 심리, 경제 등과 연계된 안보협력 개념을 발전시켰다. 동남아시아의 포괄안보는 일본에 비해 내부지향적이며 반외세와 비동맹 성격을 가진다(이원우 2011, 44-45).

년 발표한 안보정책구상에서 포괄적 안보 개념을 도입하여 과학기술, 경제, 환경, 보건 등 비군사적 분야에서 다양한 위협 용인을 안보 차원에서 다뤘다.유현석 2017, 173

안보의 대상이 국가가 아닌 인간 그 자체임을 주장하는 인간안보에 대한 논의는 1970년대부터 시작되었고, 본격적인 담론을 형성한 계기는 "유엔개발계획United Nations Development Program, UNDP"이 1994년 발간한 인간개발보고서Human Development Report였다.2 보고서는 인간을 기아, 질병, 가혹행위 등 만성적 위협으로부터 보호하는 것과 가정, 직장, 사회공동체 속에서 일상생활의 갑작스럽고 고통스러운 격리로부터 보호하는 것이 인간안보라고 정의하고 있다. 더불어 공포로부터의 자유freedom from fear와 결핍으로부터의 자유freedom from want가 인간안보의 구성요소이며, 분야는 경제, 식량, 보건, 환경, 개인, 지역사회, 정치적 안보라고 명시하고 있다. United Nations Development Program 1994, 23, 230-234 또한 인간안보가 내전이나 국내분쟁 등으로 훼손되는 인권을 보호하기 위하여 국제 공동체가 군사적 수단을 사용하여 개입할 수 있는 명분을 제공하면서, 군사력 사용의 범위가 인도주의적 개입humanitarian intervention이나 보호책임responsibility to protect까지도 확대되었다.

3. 안보 주체의 다양화

안보 위협 요인이 다양화되고 이에 대응한 노력들이 다차원적으로 시도되면서 안보 주체의 국가 중심성에도 변화가 나타났다. 국

---

2 유엔개발계획의 인간개발보고서는 1990년부터 발간되기 시작했고, 1993년 인간개발보고서에서 인간안보에 대한 논의가 본격적으로 이루어지기 시작했다.

제기구는 안보 문제를 글로벌 차원에서 관리하는 메커니즘의 주체로서 역할을 수행하고 있다. 유엔United Nations과 같은 국제기구는 국가 간 그리고 비국가 행위자들 사이의 협력 및 다양한 행위자들을 연계하여 안보 증진에 기여하고 있다. 지역기구는 지역의 특수성에 기반해 지역 차원의 갈등과 안보 위협을 조정하는 안보 주체로서 활동한다. 유럽연합European Union, 아프리카연합African Union, 아세안 등의 지역기구와 함께 아세안지역안보포럼ASEAN Regional Forum, ARF, 유럽안보협력기구Organization for Security and Cooperation in Europe, OSCE와 같은 지역 안보 공동체는 역내 안정을 도모하는 데 기여하고 있다.

국제기구나 지역기구 이외의 비국가 행위자도 변화된 국제 환경에서 국가정책에 영향을 미치거나 안보 위협을 조장하고 있다. 다국적 기업은 지구화 시대에 물리적 국경을 무너뜨리고 세계 경제를 하나로 통합하고 있는 주체로 경제안보의 중요한 행위자이다. 테러조직은 탈냉전기에 들어서면서 급격히 떠오른 행위자로 지구적 차원에서 비전통적 안보 위협을 조장하고 있다. 비정부기구non-governmental organization, NGO는 환경, 군축, 인권 등 지구적 관심을 요하나 주권국가들에 의해 충분히 주목받지 못하고 있는 안보 부문에서 적극적인 활동을 펼치고 세계적 네트워크를 구성하여 영향력을 발휘하고 있다. 이성만 외 2018, 26

지방정부 역시 최근 주목받는 안보 주체이다. 지방분권 및 지방화가 진행되고 초국가적 또는 하위국가적 조직의 성장과 중요성에 따른 다층적 거버넌스multi-level governance가 구성됨에 따라 지방정부는 안전, 평화이니셔티브 지원, 시민의 보호, 평등한 삶 보

〈참고 3-1〉 NGO의 군사안보에서의 영향력 사례:
"국제지뢰금지운동(International Campaign to Ban Landmines)"

"임무를 완수하자. 지뢰 없는 세계!" ICBL 포스터

사진 출처: ICBL 홈페이지, http://www.icbl.org/en-gb/finish-the-job.aspx

지뢰는 매설 이후 탐지 및 제거에 많은 비용과 시간이 요구되기 때문에 사용 이후 방치되는 경우가 많고, 방치된 지뢰에 민간인이 피해를 입는 경우가 빈번하다. 비인도적 무기 제한에 대한 관심이 증가하면서, 1980년 무기 규제를 위한 특정재래식무기협약(International Convention on Certain Conventional Weapons, CCW)이 발효되었다. 1995년 지뢰의정서를 개정해 CCW 내에서 지뢰사용을 제한하려는 노력이 실질적 효과를 거두지 못하자, 60여 개국 1,000여 단체가 참여한 국제네트워크인 국제지뢰금지운동은 대인지뢰의 전면 금지를 위한 캠페인에 돌입했다. 미국과 러시아 등 강대국들의 반대 속에서도 1997년 9월 오슬로 지뢰금지 국제회의에서 89개국의 지지를 얻어 대인지뢰전면금지조약을 이끌어 냈다. 이 후 캐나다 등이 중심이 되어 12월 121개국의 서명으로 오타와 협약(Ottawa Treaty)이 체결되었다. 국제지뢰금지운동과 이를 주도한 조디 윌리엄스(Jodie Williams)는 같은 해 노벨평화상을 수상하였다. 국제지뢰금지운동은 세계 NGO들의 주도로 국가가 매우 민감하게 인식하는 그리고 국가의 독점적 분야로 인식되던 군사영역에서 NGO가 영향력을 행사한 사례이다. 오타와협약은 대인지뢰 사용의 어떠한 예외도 인정치 않고 특정조항의 유보도 허용하지 않는 상징적인 군비통제의 사례이다. 또한 오타와 협약은 인간안보 증진에도 큰 기여를 했다고 평가가 가능하다

출처: 유현석(2017, 265)

장 등 인간안보 및 평화와 관련한 행위자로 역할하고 있다. 유럽연합에서는 시민이 신뢰하는 지방정부에 의한 인간안보를 유럽연합이 제공하는 인간안보 6대 원칙 중 하나인 정당한 정치적 권위에 포함시키고 있다.

개인 역시 포괄안보 및 인간안보와 관련하여 안보의 대상이자 주체이다. 전·현직 국가지도자, 종교지도자 등 국제적 인지도와 영향력이 있는 인사들은 안보 문제에서 무시할 수 없는 영향력을 미친다._{이성만 외 2018, 27}

4. 안보를 위한 수단의 복합화

포괄안보와 인간안보는 전통적인 의미의 군사안보뿐만 아니라 다양한 비전통적 분야를 안보의 영역으로 포함시켰다. 포괄적 개념 하에서의 국가안보는 더 이상 외부의 군사적 위협으로부터 국경을 지키는 것만을 의미하지 않는다. 또한 비군사적인 수단만으로도 안보가 달성되지는 않는다. 포괄적 안보 실현은 포괄적인 안보 기능을 제공할 수 있는 국가와 이의 기본적 생존을 담보하는 군사력이 어느 정도 충족됨을 전제로 한다. 국방을 포함하여 정치, 경제, 사회, 환경 등 다양한 분야에서 국가의 시스템을 보존하고 구성원의 안위를 고려해야만 안보를 달성할 수 있다.

하드파워와 소프트파워는 자국의 목적을 성취하기 위한 국가의 능력이나 수단을 지칭한다. 하드파워는 군사력과 경제력으로 구성되며 강압, 위협, 보상 등을 활용하여 상대방을 우리의 목적에 부합하도록 변화시킨다. 소프트파워는 강압적이거나 강제적이지 않고 자발적으로 상대방을 변화시키는 힘이다. 소프트파워는 한 나라의 문화나 민주주의, 인권 등과 같이 그 나라가 추구하는 정치적 목표와 제반 정책 등에서 나타나는 매력에 기반하고 있다. 소프트파워는 국제정치 무대에서 의제를 설정하는 능력이고 국가 행위의 정당성과 도덕성에 기반을 두는 권력이다.

소프트파워의 중요성에 대한 논의가 주를 이루고 있으나, 하드파워와 소프트파워는 상대적이라기보다는 상호보완적이다. 일정 수준 하드파워를 보유한 상황에서 소프트파워가 성공적으로 행사될 경우, 이는 다시 하드파워를 행사하기 유리한 소프트파워 환경을 만들어 낼 수 있다. 하드파워와 소프트파워 양자를 절묘하게 결합하고 활용하는 것이 나이Joseph Nye가 제시한 스마트파워 smart power이며, 스마트파워 메커니즘을 통해 하드파워와 소프트파워는 서로 상호작용하면서 신장된다.김상배 2009, 12-13

IV. 공공외교와 안보의 연계

공공외교는 예전부터 다양한 형태로 존재했으나 공공외교란 용어는 1965년 미국 터프츠Tufts대학교 플레처스쿨Fletcher School of Law and Diplomacy의 학장이던 걸리온Edmund Gullion에 의해 등장했다. 냉전기 미국, 소련, 유럽의 강대국(영국, 프랑스, 서독)은 세계와의 커뮤니케이션을 위해 막대한 투자를 진행했다. 미국의 경우 냉전의 배경적 요인을 고려하여 미국적 생활 방식American way of life을 외국 대중들에게 알리는 것에 초점을 맞췄다.Melissen 2005, 4-6

탈냉전기 공공외교에 대한 관심이 다소 감소하였으나, 9.11

테러, 정보·통신 발달, 하드파워의 한계 인식 등은 공공외교에 대한 관심을 제고시키는 계기로 작용했다. 최근 공공외교에 대한 논의는 신(新)공공외교(또는 21세기 공공외교)를 중심으로 전개되고 있다. 전통적 의미의 공공외교가 2번의 세계대전에 따른 동서냉전 프레임을 배경으로 등장하고 논의된 반면, 신공공외교는 소프트파워의 중요성 부각, 세계화의 진전과 민주화의 확산에 따른 다양한 외교 주체의 등장, 개방적 환경에서 다양한 외교 주체와 협업하는 네트워크 외교, 정보 민주화에 따른 외교 분야에서 대중의 부각이라는 배경에 기반하고 있다.외교부 공공외교 홈페이지; 김상배 2013, 12-13

신공공외교는 〈표 3-1〉에서 볼 수 있듯이 전통공공외교와 뚜렷한 차이를 보인다. 첫째, 주체와 대상 측면에서 전통공공외교는

〈표 3-1〉 전통공공외교와 신공공외교 비교

	전통(old)공공외교	신(new)공공외교
주체	국가	국가, 다양한 비국가 행위자 및 민간주체
대상	대중(자국민 불포함), 상대국	대중(자국민 포함), 상대국
매체	PR, 캠페인	매체 다양화
매체 환경	국내뉴스와 국제뉴스 범위의 경계 명확성	국내뉴스와 국제뉴스 범위의 경계 불명확성
기술 환경	단파 라디오, 신문, 유선전화	위성, 인터넷, 실시간 뉴스, 스마트폰
역할 속성	타깃형 메시징 (targeted messaging)	관계구축 (relationship-building)
관계 유형 성격	수직적, 일방적	수평적, 쌍방향적 교류 및 대화

출처: 다음의 자료를 참조하여 작성. 김태환(2019, 3); Cull(2009, 14); 외교부 공공외교 홈페이지

공공외교

국가(정부)를 중심으로 자국민을 제외한 대중과 상대국을 대상으로 한다. 반면 신공공외교는 국가, 국제기구 NGO, 개인 등 다양한 주체를 포함하고 그 대상도 자국민까지 포함하게 된다. 둘째, 매체 및 기술과 관련하여 전통공공외교와 신공공외교는 뚜렷한 차이를 보인다. 전통공공외교는 국내·외가 명확히 구분되는 환경에서 신문이나 유선통신과 같은 제한적인 기술적 수단을 통해 PRpublic relation, 프로파간다, 정책지지political advocacy, 캠페인 등을 활용하여 소통했다. 신공공외교는 국내와 국제의 범위가 불명확한 환경에서 기술발전에 따라 등장한 다양한 매체들이 활용된다. 셋째, 전통공공외교와 신공공외교는 역할 및 관계 설정에서 차이가 있다. 전통공공외교는 정보의 비대칭성이 높고 확산성이 낮은 환경에서 교류와 소통이 수직적이고 일방적인 특징을 보인다. 반면 신공공외교는 정보의 접근성이 매우 향상되어 정보의 비대칭성이 완화된 상황에서 소통이 수평적인 특징을 보인다. 또한 특정 사건이나 뉴스에 대한 실시간적 피드백이 가능한 매체들로 인해 쌍방향적인 소통이라는 특징을 보인다. 그리고 전통공공외교는 특정 집단에 한정된 일방적인 메시징에 머무르나 신공공외교는 불특정하고 다양한 대상과 관계를 구축하는 역할 속성을 보인다.

공공외교가 외교의 한 형태로 그 기본적 목적이 국제적으로 국가의 이익을 확대하고 증진하는 수단이라는 점에서, 공공외교는 국가의 생존과 번영의 추구에도 직결되어 있어 안보와의 연계성이 있다. 또한 안보와 공공외교의 주요한 추세와 변화를 살펴보면 양 분야의 연계 및 중첩 그리고 상호 간 활용을 확인할 수 있다.

첫째, 안보와 공공외교의 영역 확대이다. 공공외교와 관련한 담론이 신공공외교 패러다임을 중심으로 이루어지면서 공공외교 영역의 확대가 이루어지고 있다. 〈표 3-1〉에서 볼 수 있듯이 신공공외교는 공공외교정책의 대중적 공감확대와 지지를 위하여 대중에 자국민을 포함시킴으로써 공공외교의 영역을 국내까지 확장시켰다. 또한 다양한 매체의 활용 역시 공공외교 영역의 확대를 지속시키는 요인이다. 안보와 공공외교의 영역 확대는 다양한 수단의 활용 필요를 촉진하고 다양한 수단의 활용 필요성은 각자의 영역에서 상호 간 역할을 가능케 한다. 즉, 안보를 달성하기 위하여 공공외교의 수단이 활용될 수 있으며, 공공외교를 위하여 군사적 수단의 활용이 가능하다. 군사안보의 방향성은 대외적인 성격이 강하지만 그 기반에는 자국 국민의 이해와 동의 및 지지가 필요하다. 군사안보 관련 정책의 토대를 형성하기 위하여 국내까지 영역을 확장한 공공외교의 수단이 활용될 수 있다. 더불어 하드파워적 속성이 중심인 군사력도 군조직이 보유한 문화 및 교육 자산 등과 같은 일부 소프트파워 성격을 보유한 수단들이 존재하는 만큼, 공공외교를 위해서 이들 수단의 활용이 가능하다.

둘째, 행위주체의 다양화 추세이다. 전통적으로 외교나 안보 분야에서 국가는 배타적 영역을 구축해왔다. 여전히 국가가 이들 영역에서 중심적 역할을 수행하고 있으나, 국가 이외의 다양한 행위자들이 등장하고 이들의 영향력이 증대하고 있는 추세이다. 신공공외교 담론은 기본적으로 다양한 주체를 전제하고 있다. 공공외교에서 중요한 영역 중 하나로 문화를 꼽을 수 있는데, 문화의 특성상 국가가 전폭적인 지원을 통해 개입하여 주도하더라도 한계가 뚜렷하기 때문에 창의성에 기반한 민간주체의 역량과 참여는 필수적이다. 다양한 원조와 봉사활동을 수행하는 수많은 NGO들은 세계 곳곳에서 대중과 가장 가까운 곳에서 교류하며 상호 영향을 미치고 있다. 이미 살펴보았듯이 안보의 주체가 다양해지고 이들의 역할이 증대하는 상황에서, 다양한 행위자들을 전제하고 실제로 다양한 주체가 참여하는 신공공외교로의 패러다임 전환은 안보 분야에도 시사점을 제공한다.

셋째, 세계 여론의 중요성 증가이다. 정치적 목적을 위한 여론에 대한 힘은 군사적 그리고 경제적 힘만큼이나 필수적이라는 카E. H. Carr의 주장은 여론의 중요성을 단적으로 대변해주고 있다. Melissen 2005, 4 재인용 공공외교는 타국 여론을 염두에 두고 있고 이는 곧 공공외교가 세계 여론을 변수로 인식한다는 것을 의미한다. 공공외교의 목적은 자국에 유리하게 형성된 세계 여론을 기본으로 자국의 영향력을 증대시켜 국익을 도모하는 것이다. 송태은 2017, 164 국제사회는 원칙적으로는 강제성이 결여되어 있어 특정 국가의 행위를 강제할 수 없다고 논의된다. 그러나 실제로는 국제적 규범이나 세계 여론에 의해 국가의 행위는 제약을 받게 된다. 기술발달로 인해 온라인 매체를 활용한 정보의 확산과 선호preference의 공유가 신속하고 광범위하게 이루어지는 상황에서 세계 여론의 영향력은 나날이 증대되고 있다.

9.11테러 이후 "테러와의 전쟁War on Terror"에서 미국은 부정적 세계 여론에 직면하였다. 국제적인 지원은 고사하고 서유럽 국가들과 터키 및 사우디아라비아와 같은 전통적 우방조차도 지원에 소극적이거나 반대하는 모습을 보였다. 아프가니스탄과 이라크 전쟁의 결과는 미국이 목적했던 바와는 거리가 상당하고, 현재까지

도 불안한 중동 정세에 영향을 미치고 있다. 아이러니하게도 9.11 테러와 테러와의 전쟁은 미국이 다시금 세계 여론과 공공외교에 관심을 갖게 만드는 결정적 요인이었다.

물론 안보 영역에서 국가의 정책결정이 반드시 세계 여론에 의해 좌우되지는 않지만, 세계 여론의 영향력으로부터 자유로울 수 없다. 국제안보는 물론이고 국가안보조차 특정 국가의 독자적

〈참고 3-2〉 평판안보(reputational security)

평판안보는 컬(Nicholas J. Cull)이 "The Tightrope to Tomorrow: Reputational Security, Collective Vision and the Future of Public Diplomacy"라는 논문에서 제시한 개념이다. 평판안보는 국제사회의 인식에서 특정 국가가 얼마만큼 유리한 위치를 차지하고 있느냐는 문제로 귀결된다. 평판안보가 확립되면 특정 국가가 인접 경쟁국으로부터의 군사적 위협, 분리운동에 따른 대내 정치적 혼란, 자연재해 등과 같은 도전에 직면했을 때, 세계 여론이나 다른 국가들이 관심을 갖고 대응하게 된다. 기존의 평판에 관한 연구가 국제관계에서 국가 지도자에 초점을 맞췄다면, 컬이 제시한 평판안보는 국가나 사회가 생존과 지속적 통합성에 우선순위를 두고 이를 위해 국제사회와 연계되어가는 것에 초점을 두고 있다. 1938년 나치 독일의 체코슬로바키아 점령은 국제사회가 체코슬로바키아를 히틀러에게 양보 가능한 대상으로 인식했다는 점에서 평판안보 실패 사례로 볼 수 있다. 반면 제2차 세계대전 초 영국은 평판안보의 성공 사례이다. 당시 미국은 중립을 유지하고 유럽 본토가 독일에 점령되어 영국만이 독일에 대적하던 상황이었다. 영국은 제국(empire), 전통(tradition), 계급(class)과 같은 기존의 평판 대신 민주주의 가치를 지니고 독일에 대항하는 숭고한 고난을 감내하는 국가로 평판을 재정립하여 미국의 원조와 지원을 이끌어냈다. 최근 평판안보의 예로 코소보(Kosovo)의 국제사회에서 외교적 인식 증진 노력, 대만의 타국 대중에의 관여, 2017 엑스포(Expo) 및 아스타나 영화제(Astana Film Festival) 등을 통해 국제사회와 긴밀한 연계를 맺기 위한 카자흐스탄의 노력 등을 들 수 있다.

출처: Cull(2019, 29-31)

능력만으로 달성될 수 없으며, 정도의 차이는 존재하나 우호국이나 동맹국 심지어 경쟁국이나 적대국을 포함한 국가들과의 상호 의존과 협력이 필요하다. 세계와 다른 국가들이 우리를 어떻게 바라보느냐는 협력에 있어 중요한 요인이다. 이는 국가 이미지나 국가 브랜딩national branding 구축과 관련이 있으며, 또한 세계적 차원에서 우리가 얼마만큼 우호적으로 인식되느냐의 문제인 평판안보와도 연계된다.Cull 2019, 29

V. 공공외교와 안보의 상호 간 활용

공공외교는 분야에 따라 국가안보 및 군사안보를 포함한 전통 및 비전통안보 그리고 국제안보, 국가안보, 인간안보 등 다양한 수준에서 활용될 수 있다. 또한, 군사력의 활용이 소프트파워 제고에 기여할 수 있다는 점과 군사력의 일부 요소가 소프트파워의 성격을 가지고 있다는 점을 고려할 때, 군사적 수단 역시 공공외교에 기여가 가능하다. 이와 관련하여 특징적인 사례를 살펴보고자 한다.

1. 공공외교를 통한 안보 증진

1) 국가안보: 동맹 및 파트너십 강화
자국의 능력만으로 국가를 완벽히 안전하게 할 수 없으며, 더불어 다양한 형태의 비전통안보 위협에 대해 한 국가의 힘만으로 대처하기 어려운 것이 현실이다. 이 경우 다른 국가와의 동맹이나 파트너십을 통한 협력은 국가의 안보를 확보하는 효과적 정책대안이 된다. 공공외교는 동맹과 국제적 협력을 위한 파트너십 구축 및 증진을 통해 국제적 차원에서 국가이익의 확보와 제고에 도움이 된다. 공공외교의 기본적 목적은 국익의 확보이며, 공공외교는 소통으로 대상국 국민에게 자국의 정책 및 행동을 설득력 있게 설명하고 이해시키는 수단이 된다. 또한 관여engagement로 현장에서 직접적인 인적관계를 형성함으로써 우리 정책에 대한 상대국의 이해도를 높일 수 있다.박재적·이신화 2019, 7-8에서 재인용

월트Stephen Walt 1997는 동맹국의 패권적 리더십, 신뢰 유지, 국내정치에서 동맹 지지 세력, 동맹의 제도화, 가치 및 이념 공유 등의 요소가 동맹의 형성과 유지에 영향을 미친다고 주장했다. 패권적 리더십은 리더 국가가 정치적, 외교적 영향력을 발휘해 동맹 이탈을 막는 것이다. 또한 동맹의 유지와 존속을 위해 필요한 공공재public good를 제공하는 역할을 수행하는 것이다. 신뢰는 동맹국의 역량과 도움을 줄 수 있다는 의지를 상대방에게 지속적으로 확인시켜줌으로써 동맹의 형성과 유지에 기여한다. 국내정치에서 동맹 지지 세력은 동맹을 유지하고 존속하게 만드는 국내에서의 세력 형성이며, 제도화의 수준이 높을수록 동맹의 지속 가능성이 높아진다. 가치와 이념은 동맹 파트너 간의 신뢰와 협력을 증진시키는 데 긍정적 기여를 하는 요소이다.이성만 외 2018, 158-160

동맹에 영향을 미치는 각 요소는 공공외교와 밀접하게 연계되고 다양한 공공외교의 수단을 통해 형성될 수 있다. 예를 들어 신뢰의 유지는 동맹국으로서 지원 역량이 충분하고 도움의 의지가 확실하다는 메시지를 외교채널을 포함한 다양한 대중 및 온라

인 매체를 통해 상대방에게 지속적으로 전달하고, 메시지 전달에서 제기되는 의구심과 부정적 의견에 피드백함으로써 형성되는 것이다. 신뢰와 관련한 메시지 전달은 상대국의 정부는 물론이고 상대국의 대중과 자국의 대중까지도 포함되어야 하는데, 신뢰에 대한 인식의 제고와 우호적 환경 속에서 안정적 정책형성이 가능해지기 때문이다.

공공외교는 국내정치에서 동맹 지지 세력 형성에도 기여한다. 동맹 지지 세력에는 정치인, 학자, 언론, 이익집단, 기업 등이 포함될 수 있으며, 이들은 정책형성에 직접적으로 영향을 미치거나 관련된 여론을 형성하게 된다. 동맹지지 세력 형성은 주로 정책공공외교로 연계된다. 정책공공외교는 "주요 외교 사안에 대한 자국의 입장을 주요국 여론 주도층에 지속적, 체계적으로 설명하고 이해시킴으로써 자국에게 유리한 국제적 환경을 조성하는 것"으로 주요 대상은 "의회, 학계, 싱크탱크, 언론계 인사 등 여론 주도층"이다. 한국은 2016년 공공외교법을 제정하면서 문화공공외교, 지식공공외교, 국민외교, 공공외교 인프라와 함께 공공외교의 6개 전략분야 중 하나로 정책공공외교를 꼽았다. 특히 미국을 대상으로 한 정책공공외교의 경우 한미동맹, 대북정책 공조 등 한국의 외교 및 안보정책에 대한 이해를 제고시키고 지지를 확보하는 데 중점을 둔다.^{박재적·이신화 2019, 8-9에서 재인용} 정책공공외교에는 정부를 포함하여, 정부산하 기관, 교육기관, 언론인, 학자, NGO 활동가 등 다양한 주체가 참여할 수 있으며, 다이얼로그, 학술회의, 포럼, 교육활동, 언론기고, TV 출연 등 다양한 수단이 활용될 수 있다.

2) 군사안보: 심리전

심리전psychological warfare 혹은 modern psychological operations은 군사안보 영역에서 공공외교와 연계가 가장 밀접한 분야 중 하나로 공공외교의 다양한 수단이 활용될 수 있다. 미국의 합동심리전 교리에 따르면 심리전은 "특정 정보와 지침을 외국 청중들에게 전달함으로써 그들의 감정, 동기, 논리적 사고에 영향을 미치고, 궁극적으로는 그들 정부, 조직, 집단과 개인들의 행동을 바꾸려고 하는 계획된 작전"으로 정의되고 있다. 넓은 의미에서 본다면 심리전은 평시에도 활용되며, 적대국 이외의 국가뿐만 아니라 자국까지도 심리전의 대상이 될 수 있다. 궁극적 목표에서는 차이를 보이나 공공외교나 심리전이 해당 대중에게 정보를 전달하여 영향을 미친다는 점에서 공통점이 있다.킬베인 2013, 411

심리전은 역사적으로 오래전부터 활용되어 왔으나, 현대 전쟁의 양상 변화로 그 중요성이 더욱 증가하고 있다. 전쟁 양상의 변화를 논의하는 개념 중 "4세대 전쟁"이 있다. 기존의 전쟁이 적의 군사력을 파괴하여 승리하는 것에 초점이 맞춰져 있다면, 4세대 전쟁은 상대 정책결정자들이 그들의 목표를 달성할 수 없거나 달성에 많은 희생이 따를 것을 확신하게 만들어 전쟁에의 정치적 의지를 좌절시키는 것에 초점이 맞춰져 있다. 4세대 전쟁의 주목할 만한 특징으로 전쟁의 적대 행위자가 주로 비국가 행위자라는 점과 군사적 수단과 함께 정치, 경제, 사회, 문화 등의 수단이 동원되어 상대방을 압박한다는 점이다. 이러한 특성은 자연스럽게 심리전의 필요성을 부각시키며, 공공외교의 다양한 수단과 매체가 사용될 가능성을 의미하기도 한다.

심리전은 목표 달성을 위해 정치, 군사뿐만 아니라 경제, 문화, 외교, 특수전, 사상전과 같은 다양한 분야를 포괄한다. 심리전의 대상은 개인, 조직, 집단, 정부 등이 망라된다. 심리전의 주된 방식은 설득이며, 효과적 설득을 위한 메시지 전달에는 목표 대상에 따라 전파 매체(라디오, 확성기, TV 등), 인쇄 매체(신문, 전단, 간행물 등), 대화 매체(서신, 협상, 대면 등), 문화예술 매체(영화, 연극, 음악 등) 등이 다양하게 사용된다.임현명 외 2018, 290-291 심리전의 다양한 매체 활용은 공공외교의 매체가 활용될 수 있음을 의미한다. 심리전의 성공은 효과적인 메시지 전달과 설득에 달려 있다는 점에서 (신)공공외교가 가지는 쌍방향적 소통과 관계구축이라는 특징은 심리전에 유용할 수 있다. 1998년 중남미의 지뢰 인식을 위해 미국이 주도했던 만화배포는 심리전에 공공외교의 다양한 주체와 매체가 활용된 예이다. 미국 제1심리전 대대가 진행한 연구에 국방부, Time Warner's DC Comics와 유니세프UNICEF가 협력했고, 책자와 스페인어로 된 17만 부의 포스터는 미군 특수부대, 미대사관, 외국 정부, 유니세프 관료들에 의해 배포되었다.킬베인 2013, 419

공공외교의 심리전에의 기여와 함께 양 분야의 협력적 상승작용도 가능하다. 공공외교의 대표적 단점 중 하나가 즉각적으로 효과가 나타나지 않는다는 것이다. 이는 상대적으로 빠른 효과를 보이는 심리전에 의해 보완될 수 있다. 심리전을 통해 새로운 지역에서 토대가 구성되면, 장기적으로는 다른 주체들과의 협력을 통해 공공외교가 그 지역에 영향을 미치게 되는 것이다.킬베인 2013, 419

3) 국제적 차원의 비전통안보: 문명과의 동맹

국가 그리고 국제기구와 지역기구를 포함한 다양한 비국가 행위자들은 협력을 통해 국제적 차원에서 안보를 증진하기 위해 노력하고 있다. 국제적 협력에 기반한 안보증진의 노력은 전통안보와도 연계되어 있으나, 상당 부분 비전통안보에서 두드러진다. 환경, 테러리즘, 보건, 빈곤퇴치와 같은 비전통안보 영역에서 제기되는 문제들은 한 국가만의 노력으로 해결되기 어려운 특징을 보이고, 보편적 관점에서 인류의 평화와 안전을 증진한다는 안보이익의 공동성을 내포하기 때문에 상대적으로 전통안보 영역보다 협력을 진행하기가 용이하다.

유엔이 주도한 "문명과의 동맹Alliance of Civilizations, AoC" 구상은 서로 다른 문화와 종교 사이 극단적 인식으로 인해 나타나는 갈등과 극단주의extremism에 대응하기 위한 국제적 협력이다. 근본주의 테러리즘과 폭력적 행동의 확대에 대한 예방과 대응의 긴급한 필요성에서 출발하였으나, 궁극적으로 상호 간의 이해와 소통을 확대하여 국제사회에 평화와 안정을 창출하고자 하는 목표를 가지고 있다.

2000년대 들어서면서 전쟁, 점령, 테러 등은 사회 간 그리고 사회 내에서 상호 간 의심과 우려를 증폭시켰고, 일부 정치인, 미디어, 근본주의 집단radical group은 상호 배타적인 문화, 종교, 문명이라는 이미지를 강조함으로써 갈등적 상황을 적극적으로 활용하였다.UN Alliance of Civilizations 2006, 3 9.11테러 이후에도 지속적으로 테러가 발생했으며 서구 세계와 이슬람 세계 간의 긴장과 갈등은 증폭되었다. 이러한 상황에서 스페인 및 터키 정부의 지원과 유엔 사무총장 아난Kofi Annan의 주도로 2005년 문명과의 동맹이 출범하게 되었다.

　　문명과의 동맹은 문화, 종교를 넘어서 국가와 사람들 사이에 이해와 협력적 관계를 증진하고, 그 과정에서 극단화polarization와 극단주의에 대한 대응에 기여하는 것이 목적이다. 주요 목표로는 크게 세 가지가 제시되어 있다. 첫째, 문명과의 동맹이 상정하는 목적을 공유하는 국가, 국제기구, 시민사회, 민간주체들과 파트너십 및 네트워크를 강화하여 유엔 시스템과의 상호작용과 조정을 강화하는 것이다. 둘째, 각 문화 간, 특히 서구 사회와 이슬람 사회 간 이해와 중재를 촉진할 수 있는 프로젝트를 발전, 지원, 강조하는 것이다. 셋째, 중재와 이해의 힘으로 작동할 수 있는 그룹 사이의 관계를 구축하고 대화를 촉진하는 것이다. 최초에 제시된 행동 중점 분야는 교육, 청소년, 이민, 미디어였으며, 뒤에 여성이 포함되어 현재 5개의 분야에 이르고 있다.UN Alliance of Civilizations 2007, 4; 2019, 4-8

　　문명과의 동맹 중점 분야 및 연관 프로젝트를 살펴보면 공공외교가 이해와 소통을 위한 주요 플랫폼으로 활용되고 있음을 확인할 수 있다. 시민대사citizen ambassador, 여름학교, 학술교류, 문화 간 혁신 어워드Intercultural Innovation Award, 영상 매체 경연대회Plural+ Video Contest 등은 공공외교가 중요시 하는 문화적 수단을 이용하여 교류를 증진하는 사업이다. 글로벌 포럼과 고위급 대표단high representative의 글로벌 청소년 운동Global Youth Movement은 공공외교의 핵심 요소인 청취listening, 대화, 관여 및 옹호advocacy와 연계된 사업이다.Goff 2015, 408-411 특히 포럼은 문명과의 동맹에서 주력flagship

이벤트로서 역할을 하고 있으며, 문제와 새로운 도전을 인식하고 정보를 교환하며 파트너십을 강화하고 프로젝트 및 행동을 모니터링하고 검토하는 역할을 수행한다.Goff 2015, 411; UN Alliance of Civilizations 2007, 5 포럼이 특정 이슈에 대한 옹호 및 청취, 네트워크 구축, 교류의 심화 및 확대 등의 기능을 수행한다는 점에서 공공외교의 수단이나 매체로 사용되며, 포럼외교는 공공외교의 하위 분야 중 하나가 된다.김태환 2011, 7-8

4) 인간안보 증진: 국제개발협력

인간안보와 관련하여 논의될 수 있는 대표적인 사례가 국제개발협력이다. 국제개발협력(또는 개발협력)은 인간안보를 증진시키는 데 기여하고 있으며, 공공외교 적용이 용이한 분야이기도 하다. 국제개발협력은 "개발도상국이나 저개발국가의 빈곤퇴치와 경제·사회 개발을 지원하는 공공·민간 부분의 모든 활동과 개발을 실현하기 위한 국제사회의 광범위한 협력"이다.외교부 개발협력 홈페이지 개발협력은 저개발국가 및 개발도상국에서 빈곤을 완화함으로써 빈곤으로부터 파생되는 다양한 분야에서의 불평등을 완화함으로써 인간으로서의 삶의 질을 증진시킨다. 빈곤은 인간의 기본적 욕구를 충족할 수 있는 수단의 부재를 의미하며, 이는 경제적인 영역뿐만 아니라 인권, 보건, 교육 등의 다양한 영역에 해당된다. 앞서 논의하였듯이 결핍으로부터의 자유는 인간안보를 구성하는 하나의 토대이며, 빈곤의 퇴치와 개발은 인간안보와 밀접히 연계된다. 더 나아가 저개발국가와 개발도상국에서의 빈곤퇴치와 개발은 국제적 수준에서의 불평등을 완화하여 국제사회에 평화와 안정에도

공공외교

기여할 수 있다.

개발협력의 수행 주체와 관련하여 개발협력을 위한 공공외교의 적용을 확인할 수 있다. 개발협력은 원조를 진행하는 공여국과 원조를 제공받는 수원국이라는 양자적 관계 중심으로 이루어졌으며, 이는 현재에도 개발협력의 근간을 이루고 있다. 2014년 기준으로 OECD 개발원조위원회Development Assistance Committee, DAC 회원국의 금융지원이 빈곤국 전체 금융지원의 2/3를 차지고하고 있다. 양자적 관계에서 개발협력의 전통적 목표는 해당 수원국 국민에게 공여국의 역할과 지원을 강조함으로써 공여국의 이미지를 제고하고 수원국의 공여국에 대한 인식을 높이는 것이다. 이는 공공외교 수행의 기본적 목적과 일맥상통하는 것이다. 최근에는 참여 주체가 다양화되고 있다.

중국, 인도, 브라질과 같은 신흥 공여국들이 등장했으며, 유엔과 같은 국제기구나 세계은행 그룹, 아시아개발은행, 아프리카 개발은행과 같은 국제 및 지역 금융기구 등도 개발협력의 주체로서 활동하고 있다. 또한 지방정부, NGO, 민간재단, 기업 등도 개발협력에 참여하고 있다. 이러한 추세에서 원조의 양적 및 질적 향상과 함께 개발협력의 협력적 어젠다를 제시한 유럽의 모범 공여국들(덴마크, 룩셈부르크, 네덜란드, 노르웨이 등)은 직접도움을 받는 수원국 국민과 함께 다른 공여국의 국민 그리고 해당 국가의 지원을 받지 않는 수원국의 국민 모두에게 영향을 미치게 되는데, 이 역시 공공외교의 기본적 역할에 해당한다.박종희 2019, 192-196 결과적으로 개발협력의 주체의 관점에서 공공외교는 개발협력의 효과성에 기여하고 있다.

개발협력 패러다임의 변화 역시 공공외교의 기여 가능성을 높이는 요인이다. 전통적으로 개발원조는 공여국이 지원의 범위, 분야, 항목 등을 설정하여 지원하는 방식으로 진행되었다. 그러나 근래에 들어서 수원국의 중장기 개발계획이 공여국의 원조 지원 과정에 반영되어야 하는 수원국 주인의식 개념이 강조되고 있다. 또한 "개발과 빈곤 퇴치를 위해 정의된 목적에 근거한 원조 성과의 최대화" 개념이 원조 효과성에서 "개발협력의 주요 주체가 행하는 수원국 국민을 위한 원조 및 원조 관련 개발협력 활동성과의 최대화"를 의미하는 "효과적 개발협력" 개념으로의 전환되고 있다.임소진 2016, 191-202 즉, 개발협력 패러다임의 주요한 추세 중 하나가 공여국은 수원국에 적합한 혹은 수원국이 필요로 하는 개발협력을 수행해야 하며, 수원국 역시 보다 적극적인 자세가 되어야 한다는 것이다. 공여국과 수원국은 과거에 비해 보다 유기적으로 소통해야 하고 긴밀한 관계를 구축해야만 한다. 결국 수평적이며 쌍방향적인 교류나 대화를 통해 각 이슈에 대한 협력이 요구되고 관계를 구축해야 하는 필요성이 높아졌고, 이는 개발협력에서 공공외교의 수단을 활용 가능성이 더욱 높아지는 것이다.

2. 군사적 수단의 공공외교에의 활용

군사력은 국가의 정치적 목적을 달성하기 위해 국가가 현재 보유하거나 동원할 수 있는 군사적 역량의 총합을 의미한다. 군사력은 국가의 대표적 하드파워이나 군사력을 구성하는 모든 요소가 하드파워의 성격을 띠는 것은 아니며, 또한 군사적 수단을 소프트파워의 성격으로 사용할 수도 있다.

군사력의 활용은 방어defense, 억제deterrence, 강제compellence, 과시posturing, 공격offense 등과 같이 그 본연의 목적으로 사용되기도 하지만, 치안, 인도주의적 지원, 재난대응, 의식ceremonial수행, 대(對)밀수작전counter-smuggling operations, 수비 주둔garrison 등의 목적으로도 활용된다.Lonsdale 2016, 62-66 최근에는 "전쟁 이외의 군사작전military operations other than war, MOOTW" 개념이 부각되면서 군사적 수단이 본래 목적 이외로 다양하게 활용되고 있다. 이렇듯 군사력은 민간과 연계된 분야에서 다양한 목적으로 활용될 수 있으며, 이는 군사적 수단의 활용이 공공외교에 기여할 수 있음을 의미한다. 더불어 군사조직을 하나의 단일체로 가정한다면 전형적인 하드파워의 구성 요소로 인식되나, 세부 조직 및 각각의 역할을 살펴보면 일정 분야는 소프트파워의 성격이나 하드파워와 소프트파워가 혼합된 성격을 보이기도 한다. 이러한 특징을 보이는 수단을 활용하여, "국가 간 협력을 통한 선제적 분쟁예방 및 세계적 평화구축 실현을 위해 타국의 대중과 국가안보를 책임지는 개인 및 집단의 마음을 사는 소통"을 군사공공외교로 인식하기도 한다.두진호 2014

하드파워와 소프트파워가 동시에 투사되고 하드파워가 강제나 강압이 아닌 소통과 협력을 위해 사용될 경우 공공외교의 영역과 관련이 있다. 평화, 국제 및 지역분쟁 예방, 재해 및 재난 대응 등을 위해 군사적 수단을 활용하는 것은 이러한 예에 해당된다. 여기에서는 평화유지활동, 재해 및 재난 대응, 군사력의 문화적 활용 등을 통해 군사력이 소프트파워적으로 사용되어 공공외교에 기여할 수 있음을 살펴보고자 한다.

1) 평화유지활동 및 재해·재난 대응

평화유지활동peacekeeping operations은 참여국의 군사력, 즉 하드파워가 근간을 이룬다. 물론 민간주체의 활동이 필요하고 갈수록 증가하는 추세이나, 군인이나 경찰의 보호를 받으면서 활동이 이루어지기 때문에 전통적으로 하드파워적 성격을 보인다.김순태 2010, 228 물론 이는 평화유지활동이 전적으로 군사력에만 의존한다는 것을 의미하지 않는다. 국제평화유지활동이 민간의 역할이나 현지인을 상대로 한 소프트파워 제고를 강조할 경우 효과적인 임무수행이 어렵지만, 그렇다고 하드파워 중심의 평화유지활동만으로도 목적을 달성하기 어렵다. 결국 하드파워와 소프트파워의 균형있는 활용이 중요하다.이신화 2019, 9-10 결국 평화유지활동은 군사력을 기본적 수단으로 삼지만, 대상국 국민과의 소통을 위해서는 다양한 공공외교 활동이 활용될 수밖에 없다.

평화유지활동은 유엔 주도와 유엔 이외의 주체, 즉 지역기구나 특정 국가들의 협력에 의해 이루어지는 것으로 나눠진다. 유엔의 평화유지활동은 기존의 평화협정 및 정전 이행감시, 무기감시와 같은 전통적 임무에서 점점 복잡화, 전문화, 대규모화됨에 따라 분쟁종식 후 평화정착이 더욱 중요하게 되었다.이신화·이성현 2015, 50 기본적으로 유엔은 예방외교, 평화조성, 평화유지, 평화강제, 평화구축이 포함된 광범위한 범위로 평화유지활동을 인식하고 있다. 또한 유엔의 평화구축peacebuilding은 분쟁의 종결 활동을 넘어서 분쟁의 구조적 원인을 해결하여 항구적 평화가 지속될 수 있도록 하는 것을 목표로 하고 있다. 평화구축에 대한 통합적, 전략적, 일관성 있는 접근을 위해 유엔은 안보, 개발, 인권은 상호 밀접하게 연계되어 있고 상호 촉진적이라 인식하고 있다. _{UN Peacebuilding} 홈페이지

유엔 이외의 평화유지활동의 주요 주체로 나토_{북대서양 조약기구,} North Atlantic Treaty Organization, NATO를 들 수 있다. 나토는 냉전 당시 소련을 위시한 동구권의 군사적 위협에 대응해 지역적 차원의 군사동맹으로 출발했다. 그러나 나토는 탈냉전기 국제 환경의 변화에 따라 새로운 안보 도전에 대응하고 지역적 및 국제적 차원에서 국제기구 및 지역기구와 연계하여 평화와 안정을 촉진하기 위해 기여하고 있다.[3]

평화유지활동과 더불어 재해 및 재난 대응 시 군사적 수단의 활용도 공공외교와 연계할 수 있을 것이다. 자연현상으로 발생하는 피해인 재난과 인위적 요인으로 발생하는 재해는 때에 따라 피해가 대규모일 뿐만 아니라 긴급 대응이나 구조에 많은 인적, 물적 노력이 소모된다. 대규모의 조직화된 수단과 인원을 보유하고 있는 군사조직은 재난 및 재해 대응에 즉각적으로 투입될 수 있다. 예를 들어 2005년 인도네시아 해양지진과 2013년 필리핀 태풍 피해 당시, 상당수의 국가들은 해당지역에 병력, 수송기, 수송함, 상륙함, 심지어 (미국의 경우) 항공모함까지 파견하여 즉각적인 구호 및 피해 복구에 참여하였다. 이는 해당 지역의 인간안보 증

---

3 나토의 평화유지활동은 크게 유럽 내와 유럽 이외의 지역으로 나눌 수 있다. 대표적인 사례로는 유럽 차원에서 1995년 보스니아 분쟁 및 1999년 코소보 분쟁에 평화유지군을 파병하였다. 유럽 이외의 첫 번째 평화유지 활동으로 아프가니스탄 및 이라크에 관여하였으며, 수단 다르푸르(Darfur) 분쟁에서는 2005년부터 2007년까지 아프리카연합(Africa Union)과 연계하여 5000여명의 병력을 수송하고 아프리카연합 평화유지군을 훈련시키는 등 간접적으로 기여하였다(Ko & Park 2014, 338-339).

평화유지활동은 군사적 임무와 함께 치안, 의료 및 보건, 교육, 건설 등 다양한 임무를 포함한다. 좌측 사진은 의료 활동 중인 방글라데시 유엔 평화유지군. 유엔 평화유지군은 파란색 헬멧이나 모자를 착용한다. 파란색은 유엔의 상징이자 평화, 안정, 침착함을 의미하는 색이다. 우측 사진은 아프리카연합(African Union) 평화유지군을 훈련하는 포르투갈 나토 교관. 나토는 수단 다르푸르(Darfur) 분쟁에서 아프라카연합의 평화유지활동을 지원하기 위하여 병력수송 및 군사훈련 등을 담당했다.

사진 출처: 유엔 평화유지활동 홈페이지, https://peacekeeping.un.org/en/bangladeshi-peacekeepers-offer-hope-to-villagers-northern-mali; 나토 홈페이지,https://www.nato.int/cps/uk/natohq/topics_49194.htm?selectedLocale=ru

진을 위해 군사적 수단이 활용된 것이다. 또한 피해 국가의 대중이 재난 및 재해 대응 기여국에 대한 호감을 높이고 기여국의 국제적 평판을 높인다는 점에서, 군사적 수단을 활용하여 공공외교의 기능을 수행한다고 볼 수 있다.

2) 군사 부문의 문화, 교육, 학술 공공외교

군사조직이 주체가 되어 수행하는 문화 행사는 공공외교의 수단으로 활용될 수 있다. 문화는 다른 국가의 대중과 소통할 수 있는 주요한 자산 중 하나로 공공외교에서의 그 역할은 매우 중요하다. 1995년부터 시작된 세계군인체육대회는 하계와 동계로 나누어져 개최되며 스포츠뿐만 아니라 다양한 문화교류행사도 진행된다.

2007년부터 개최되고 있는 계룡세계군문화엑스포는 국제적 수준의 군사 문화제로 전시 및 공연과 함께 문화체험행사, 국제학술대회 등을 포함하고 있어 다양한 문화교류가 이루어지고 있다.

군사 부문의 문화 공공외교와 관련하여 주목할 만한 것은 의장대와 군악대 등 군에서 문화와 연계된 조직으로, 이들은 소프트 파워 속성을 가진 군사적 수단이다. 예를 들어 의장대(儀仗隊, honor guard)는 국가 및 군의 경조행사, 외국사절의 환영 및 환송 등에서 의식 임무를 수행하기 위해 특별히 편성된 조직이다. 넓은 의미에서 군악대는 의장대에 포함되며, 근거리에서 국가수반이나 주요 인사를 호위하는 근위대도 예식(禮式)에 활용되는 만큼 의장대의 임무를 일정 부분 겸하고 있다.

의장대는 대규모 퍼레이드, 의장시범, 군악 등으로 국내외 문화행사에 참여하여 문화교류 주체로서 활동한다. 영국 에든버러 Edinburgh, 핀란드 하미나Hamina, 진해 국제 군악제 등 세계 수준의 행사에 참여하거나, 군사 사절단 혹은 군함의 해외 방문에 동행하여 해당 지역 및 세계 각국의 대중에 자국의 문화적 역량을 자랑하며 그들과 문화적으로 소통한다. 특히 의장대의 복장과 프로그램은 자국의 전통을 강하게 반영하는 경향이 있어 타국의 대중들에게 전통 문화에 대한 호기심을 자극하기도 한다. 한국의 경우 조선시대 전통 복장의 의장대와 취타대가 조직되어 있으며, 정례 행사 프로그램에는 검과 창을 이용한 전통 의장 시범 및 국악연주가 포함되어 있다. 영국은 스코틀랜드 전통 의상인 킬트를 착용하고 백파이프를 연주하는 군악대Socts Guards Pipers를 운영하고 있다. 의장 행사 그 자체가 하나의 문화상품으로 자리매김하기도 하여 관광에도 활용되고 있다. 영국의 버킹엄Buckingham 궁전 근위병 교대식은 런던의 필수 관광 코스이며, 대만 총통이었던 장제스(蔣介石)를 기리기 위해 건립된 국립중정기념당(國立中正紀念堂)에서 열

〈참고 3-3〉 에든버러 국제 군악제

◀ 2019 에든버러 국제 군악제 칼렌더
(사진 출처: https://www.amazon.com/201
9-Scotland-Calendar-Edinburgh-Militar
y/dp/1788180399)

◀ 2015년 에든버러 국제 군악제
에서 공연 중인 미공군 의장대
(사진 출처: https://www.jba.af.
mil/News/Article-Display/Artic
le/772497/usaf-honor-guard-
performs-on-worlds-stage)

1950년부터 시작된 에든버러 국제 군악제(공식명칭 The Royal Edinburgh Military Tattoo)는 세계에서 가장 잘 알려진 군악축제 중 하나이다. 스코틀랜드 에든버러에서는 매년 8월에 다양한 문화·예술 행사가 포함된 국제 페스티벌(Edinburgh International Festival)이 3주간 진행된다. 페스티벌의 백미인 군악제는 에든버러성에서 개최된다. 3주간의 군악제 공연기간 중 약 22만 명이 방문하며, TV 시청 인구만 1억 명에 육박한다. 매년 5~7개 국가의 의장대, 군악대, 공연팀이 초청된다. 한국의 최근 참여는 2013년이었으며, 한국전쟁 종전 60주년을 기념하여 취타대를 포함한 군악대가 공연하였다.

출처: The Royal Edinburgh Military Tattoo 홈페이지; 『서울신문』, 2013년
      7월 23일

리는 의장대 교대식 역시 타이베이 여행의 인기 관광아이템이다.

군사 및 안보 관련 국제학술회의나 교육 역시 군사적 수단을 활용한 공공외교 수행의 예이다. 의제를 결정하고 상호 간 이해를 넓히고 이를 기반으로 협력 분야를 넓혀갈 수 있다는 점에서 군사 및 안보 국제학술회의는 공공외교와 밀접하게 연계되어 있다.

특히 군사교육은 교육의 파급효과를 고려할 때 중요한 공공외교의 수단이 된다. 교육협력은 자국으로 외국의 인재를 초청하거나 자국의 인재를 외국으로 파견하여 교육기회를 제공함으로써, 상호소통을 통한 자국에 대한 인식 개선과 국가 이미지를 제고할 수 있는 공공외교의 수단이다. 공공외교와 연계할 수 있는 군사교육의 대표적인 예로 외국군 장교에 대한 수탁교육 프로그램을 들 수 있다. 미국은 국제 군사교육 프로그램International Military Education and Training Program, IMET을 수행하여 동맹 및 우방국으로부터 파견된 장교를 교육시켜 미국적 가치 확산에 기여했다.

1972년부터 2000년까지 미국의 165개 동맹 및 우방국 장교 수탁교육 사례를 분석한 결과, 선진화된 교육 시스템과 인프라, 민주주의 가치는 외국군 장교단 및 동반 가족들이 미국에 대한 긍정적 이미지를 형성하고 미국식 가치관이 신념화되는 데 영향을 미친 것으로 나타났다.두진호 2014, 51-52 미국에서 이들이 배우고 경험한 미국식 가치 및 이미지가 귀국을 통해 각국으로 전파되어 안보 관련 분야뿐만 아니라 일반적인 분야에서까지 미국의 국가 브랜드를 제고하는 효과를 누릴 수 있는 것이다. 한국 역시 이러한 형태의 수탁교육을 진행하고 있다. 1970년대 초 태국 등으로부터의 수탁교육을 시작으로, 2018년 기준 33개국 159명의 외국장

교가 한국에서 수탁교육을 받고 있다. 중앙일보 2018/2/26

VI. 맺음말

공공외교가 추구하는 기본적인 역할은 외국 국민과의 소통과 교류를 통해 국가의 이익을 확보하고 증진하는 것이고 이러한 역할은 궁극적으로 국가의 번영과 생존에 연계된다. 이러한 점에서 일차적으로 공공외교와 안보는 공통적 목적을 공유한다. 또한 공공외교의 진화와 안보 패러다임의 변화는 양 분야의 연계 및 연계 필요성을 촉진하고 있다. 행위주체의 다양화 측면에서 본다면, 국가에 중점을 둔 전통안보 개념이 다양한 행위자를 포함하는 안보 패러다임으로 변화했고 신공공외교 담론 또한 다양한 공공외교의 주체를 상정하고 있다. 양 영역에서 다양한 주체의 행위는 상호작용하면서 복합적 영향력을 발휘하고 있다. 여론의 영향력 확대 측면에서도 공공외교와 안보의 연계를 확인할 수 있다. 공공외교는 그 속성상 타국의 여론뿐만 아니라 지구적 차원의 여론 형성과도 관련이 있다. 안보 문제에서 세계 여론의 영향력이 증대되는 만큼 다양한 수단을 동원하여 여론에 영향을 미치는 공공외교의 필요성은 갈수록 높아지고 있다.

무엇보다도 공공외교와 안보의 영역 확대는 양 분야의 상호 간 연계를 뚜렷하게 만들고 있다. 포괄안보와 인간안보 개념의 등장으로 안보는 다양한 영역으로 확대되었고 대상 또한 확장되었다. 안보이슈에서 군사력이 점하는 지위는 여전히 중요하나 더 이상 군사적 맥락으로만 안보에 접근은 불가능하다. 공공외교는 기본적 속성상 다양한 하위분야를 포함하고 신공공외교 담론 확산에 따라 영역과 대상은 더욱 확대되고 있다. 이러한 추세에서 양 분야에서 중첩되는 영역이 나타나고 있다. 또한 영역 확대에 따른 다양한 수단의 필요는 양 분야의 연계를 촉진하게 된다.

실제로 공공외교에서 강조되는 수단과 공공외교의 수행은 다양한 영역과 수준에서 안보에 기여하고 있으며, 전통안보에서 중요시되는 군사적 수단은 공공외교를 수행하는 데 도움이 되고 있다. 더욱이 연계와 상호 간 활용을 넘어서 공공외교와 안보는 공진화하면서 군사공공외교나 평판안보와 같이 양 분야의 속성이 강하게 결합된 이슈들이 등장하여 논의되고 있다. 또한 안보 및 공공외교에서 기존의 논의를 진화시키는 새로운 담론의 형성은 양 분야의 연계적 진화를 확산시킬 요인으로 작용하고 있다. 최근 비전통안보 개념이 가진 소극적 한계를 극복하기 위해 다양한 이론적 배경을 토대로 한 신흥안보emerging security에 대한 담론이 논의되고 있다.

신흥안보 이슈는 일상 생활의 미시적 차원에서 발생하는 안전의 문제들이 특정한 계기를 통해 거시적 국가안보의 문제로 증폭되는 특징을 보이며, 다양한 행위자들이 관여되는 만큼 발생원인, 확산경로, 파급효과 예측이 쉽지 않다. 이러한 신흥안보 이슈에 대응하고 관리하기 위해 "거버넌스의 거버넌스the governance of governance"를 의미하는 메타 거버넌스에 주목하고 있다. 정책공동체 내 대화와 담론 형성, 시스템 통합과 사회적 응집을 목적으로 권력 격차의 심화 조정, 개인과 집단 행위자의 정체성·전략적 능력·

이해관계 조정 등은 메타 거버넌스의 역할이며,김상배 2016, 29-30, 49 이러한 역할의 증진은 특성상 공공외교와 결합하여 논의될 여지가 매우 크다.

다차원적이고 복잡성을 지닌 최근의 안보 도전에 대응하기 위해서는 다양한 행위자들의 조화로운 조정과 협력, 여러 영역을 포괄하는 노력, 하드파워와 소프트파워의 적절한 조합과 활용 등이 요구된다. 공공외교와 안보의 연계 및 상호 간 활용을 분석하고 양 분야의 융합과 공진화를 향한 담론을 활성화하는 것은 불확실성이 더욱 강화된 오늘날의 안보환경에서 적합한 대응을 모색하는 데 유용할 것이다.

1 전통안보의 개념만으로 진정한 의미의 안보를 달성하기 어렵다고 논의된다. 어떠한 측면에서 전통안보 개념이 한계를 지니고 있는가? 또한 전통안보의 기반없이 진정한 안보는 달성 가능한 것인가?

2 안보 패러다임은 국제환경의 변화에 따라 확장되고 심화되어오고 있다. 신 공공외교 개념의 등장에 따른 공공외교의 영역 역시 확장되고 있다. 그렇다면 공공외교 패러다임 변화와 안보 패러다임의 변화가 어떠한 분야에서 연계되어 논의될 수 있는가?

3 어떤 국가도 자국의 능력만으로 완벽하게 안전을 실현할 수 없다. 이러한 현실에서 다른 국가와의 동맹과 파트너십은 효과적인 안보정책이 될 수 있다. 동맹의 형성 및 지지에서 공공외교는 국내외적으로 어떻게 활용될 수 있는가?

4 국제개발협력은 개발도상국이나 저개발국가의 빈곤퇴치와 경제·사회 개발을 지원하는 국제사회의 모든 활동과 노력을 의미한다. 국제개발협력은 어떠한 방식으로 인간안보와 공공외교에 연계되는가?

5 군사력은 대표적인 하드파워의 구성 요소이다. 그러나 군사력이 소프트파워 증진에 기여할 수 있고 일부 군사력의 요소는 소프트파워적 특징을 지니고 있다. 이러한 특성이 공공외교 증진에 어떻게 활용될 수 있는가?

두진호(2014). "러시아 군사공공외교의 특징과 함의." 『국방정책연구』 30(2), pp.45-77.

민병원(2012). "안보담론과 국제정치: 안보개념의 역사적 변화를 중심으로." 『평화연구』 20(2), pp.203-240.

이신화(2019). "평화외교와 안보공공외교로서의 국제평화유지활동(PKO)에 관한 고찰." 『OUGHTOPIA』 34(1), pp.7-42.

Cull, Nicholas J.(2019). "The Tightrope to Tomorrow: Reputational Security, Collective Vision and the Future of Public Diplomacy." *The Hague Journal of Diplomacy*, 14, pp.21-35.

Goff, Patricia M.(2015). "Public Diplomacy at the Global Level: The Alliance of Civilizations as a Community of Practice." *Cooperation and Conflict*, 53(3), pp.402-417.

Hough, Peter, et al.(2015). *International Security Studies: Theory and Practice*. Abingdon: Routledge.

김상배(2009). "스마트 파워의 개념적 이해와 비판적 검토: 중견국 네트워크 권력론의 시각." 『국제정치논총』 49(4), pp.7-33.

_____(2013). "중견국 공공외교의 이론: 매력과 네트워크의 시각." 김상배 외 편저. 『중견국의 공공외교』. 서울: 사회평론, pp.11-46.

_____(2016). "신흥안보와 미래전략: 개념적·이론적 이해." 김상배 편저. 『신흥안보의 미래전략』. 서울: 사회평론, pp.26-70.

김순태(2010). "한국군의 군사외교 활동에 관한 연구: 공공외교의 관점을 중심으로." 『동서연구』 22(2), pp.223-250.

김태환(2011). "21세기 신공공외교와 포럼외교." 『JPI 정책포럼』 No.2011-3.

두진호(2014). "러시아 군사공공외교의 특징과 함의." 『국방정책연구』 30(2), pp.45-77.

민병원(2006). "탈냉전시대의 안보개념 확대: 코펜하겐 학파, 안보문제화, 그리고 국제정치이론." 『세계정치』 5, pp.13-62.

_____(2012). "안보담론과 국제정치: 안보개념의 역사적 변화를 중심으로." 『평화연구』 20(2), pp.203-240.

박재적·이신화(2019). "한국의 대미(對美) 정책공공외교: 목표, 주체, 대상 및 추진 방향." 『한국동북아논총』 24(2), pp.5-29.

박종희(2019). "개발협력과 경제공공외교." 김상배 외 저, 『지구화 시대의 공공외교』. 서울: 사회평론아카데미, pp.185-209.

베일리스, 존(2009). "국제안보와 지구안보." 존 베일리스 외 저, 하영선 외 옮김. 『세계정치론』. 서울: 을유문화사, pp.270-287.

송태은(2017). "미국 공공외교의 변화와 국제평판: 미국의 세계적 어젠더와 세계여론에 대한 인식." 『국제정치논총』 57(4), pp.163-198.

안문석(2014). 『글로벌 정치의 이해』. 파주: 한울.

온만금(2004). "공동안보, 협력안보, 평화유지군." 육군사관학교 편저. 『국가안보론』. 서울: 박영사, pp.231-263.

유현석(2017). 『국제정세의 이해』 5개정판. 파주: 한울.

이성만 외(2018). 『국가안보의 이론과 실제』 개정판. 서울: 도서출판 오름.

이신화(2019). "평화외교와 안보공공외교로서의 국제평화유지활동(PKO)에 관한 고찰." 『OUGHTOPIA』 34(1), pp.7-42.

이신화·이성현(2015). "내전의 재발방지와 유엔의 안보역할: 아프리카 전후 평화구축활동의 성과격차 연구." 『대한정치학회보』 23(3), pp.49-75.

이원우(2011). "안보협력 개념들의 의미 분화와 적용: 안보연구와 정책에 주는 함의." 『국제정치논총』 51(1), pp.33-62.

임소진(2016). "국제개발협력 최근 동향과 이슈." KOICA ODA 교육원 편저. 『국제개발협력: 입문편』. 성남: 시공미디어, pp.151-227.

임현명(2018). "현대 심리전 양상과 미래 심리전 발전방안." 『군사연구』 146집, pp.285-310.

조남진(2010). 『국가안보의 이해』. 서울: 노드미디어.

킬베인, 마크(2013). "공공외교로서의 군사심리전." 낸시 스노우 외 편저, 이병철 외 옮김. 『21세기 공공외교 핸드북』. 고양: 인간사랑, pp.410-421.

Booth, Ken(2007). *Theory of Security*. Cambridge: Cambridge University Press.

Cull, Nicholas J.(2009). *Public Diplomacy: Lessons from the Past*. Los Angels: Figueroa Press.

_____(2019). "The Tightrope to Tomorrow: Reputational Security, Collective Vision and the Future of Public Diplomacy." *The Hague Journal of Diplomacy*, 14, pp.21-35.

Goff, Patricia M.(2015). "Public Diplomacy at the Global Level: The Alliance of Civilizations as a Community of Practice." *Cooperation and Conflict*, 53(3), pp.402-417.

Gray, Colin S.(2016). *Strategy and Politics*. Abingdon: Routledge.

Ko, Sangtu & Park, Seong-yong(2014). "The Added Value of Partnership with NATO for South Korean Security." *Pacific Focus*, 29(3), pp.329-359.

Lonsdale, David J.(2016). "Strategy." In David Jordan et al. Understanding Modern Warfare, 2nd edition. Cambridge: Cambridge University Press, pp.21-79.

Malik Shahin(2015b). "Framing a Discipline." In Peter Hough et al.

International Security Studies: Theory and Practice. Abingdon: Routledge, pp.3–11.

_____(2015a). "Challenging Orthodoxy: Critical Security Studies." In Peter Hough et al. _International Security Studies: Theory and Practice_. Abingdon: Routledge, pp.31–43.

Melissen, Jan(2005). "The New Public Diplomacy between Theory and Practice." In Jan Melissen(ed.). _The New Public Diplomacy: Soft Power in International Relations_. New York: Palgrave Macmillan, pp.3–27.

Morgan, Patrick(1992). "Safeguarding Security Studies." _Arms Control_, 13(3), pp.464–479.

Snyder, Craig A.(2012). "Contemporary Security and Strategy." In Craig A. Snyder(ed.). _Contemporary Security and Strategy_, 3rd Edition. New York: Palgrave Macmillan, pp.1–16.

UN Alliance of Civilizations(2006). _Report of the High-level Group_. New York: UN, November 13, https://www.unaoc.org/docs/AoC_HLG_REPORT_EN.pdf(검색일: 2020.2.25).

_____(2007). _Implementation Plan 2007-2009_. New York: UN, July 27, https://www.unaoc.org/wp-content/uploads/071010-Implementation-Plan-1_2007-2009.pdf(검색일: 2020.2.25).

_____(2019). _Action Plan 2019-2023_. New York: UN, October 29, https://www.unaoc.org/wp-content/uploads/ UNAOC-Action-Plan-2019-2023-final-191122.pdf(검색일: 2020.2.25).

United Nations Development Program(1994). _Human Development Report 1994_. New York: Oxford University Press.

Walt, Stephen M.(1997). "Why Alliances Endure or Collapse." _Survival_, 39(1), pp.156–179.

"세계를 깨울 우리 군악대 '봄의 소리'."『서울신문』, 2013.7.23.

"국방부, 33개국 159명 외국장교 수탁교육 … 중국·아프리카 참가."『중앙일보』, 2018.2.26.

외교부 개발협력 홈페이지. http://www.mofa.go.kr/www/wpge/m_3816/contents.do(검색일: 2020.2.22).

외교부 공공외교 홈페이지. http://www.publicdiplomacy.go.kr(검색일: 2020.
　　2.12).

The Royal Edinburgh Military Tattoo 홈페이지. https://www.edintattoo.
　　co.uk(검색일: 2020.2.20).

UN Peacebuilding 홈페이지. https://www.un.org/peacebuilding/commi
　　ssion/mandate(검색일: 2020.2.19).

제4장
국가 브랜딩과 공공외교

강정석 ● 전북대학교

[핵심어] ————————————————————————

국가 브랜드 정체성   국가 브랜드 포지셔닝

국가 브랜드 인지도   국가 브랜드 이미지

국가 브랜드 자산

국가 브랜딩은 공공외교와 서로 다른 기원에서 출발한 후 발전해 왔다. 최근 경제적 세계화가 급속히 진행되면서, 세계 각국은 공공외교에 있어서 자국의 경제적 이익 추구를 지향하고 자국의 경제적 이익 추구 달성을 위해서 국가 브랜딩에 많은 관심을 가지게 되었다. 그런데 국가 브랜딩은 매우 흥미로우면서도 매우 복잡하고 그 정의, 세부 실행 방법, 공공외교와의 관계 등에 있어서 이견이 많은 분야이다. 따라서 국가 브랜딩의 효과적이고 효율적인 기획과 실행을 위해서 다음과 같은 사항에 대한 올바른 이해가 필요하다.

먼저 국가 브랜딩은 기업의 브랜딩 기법을 차용하고 있지만 많은 측면에서 기업의 브랜딩과 다르다. 국가 브랜딩과 기업의 브랜딩 간 유사점과 차이점을 이해하기 위해서, 국가 브랜드의 정의와 특징, 국가 브랜드 정체성의 정의, 국가 브랜딩의 출현과 발전

배경 등에 대한 이해가 선행되어야 한다. 이를 바탕으로 국가 브랜딩을 명확하게 정의할 필요가 있다. 이때 기업의 브랜딩과 관련된 주요 개념에 대한 이해가 요구된다. 둘째, 국가 브랜딩과 공공외교 간의 관계를 다양한 관점으로 접근할 수 있다. 이와 같은 다양한 관점의 특징과 한계점을 이해하면 공공외교에 있어서 국가 브랜딩이 어떤 역할과 기능을 할 수 있는지를 파악하는 데 도움이 될 것이다. 마지막으로 국가 브랜딩의 실행 절차와 효과 발생 과정에 있어서 주요한 개념이 무엇이며 그 특징이 무엇인지를 이해할 필요가 있다. 또한, 국가 브랜딩의 성공을 위해서 주의할 사항이 무엇인지에 대한 이해도 요구된다.

I. 국가 브랜딩의 이해

우리는 일상생활에서 여러 기업이 제공하는 다양한 유형goods 또는 무형services의 제품products에 접하고 이를 소비한다. 이들 기업 또는 기업이 제공하는 제품에 붙인 이름을 브랜드brand라고 부른다. 부모가 자녀의 이름을 짓는 이유와 같이, 기업도 시장에서 다른 기업들 또는 다른 기업들이 제공하는 경쟁 제품들과의 차별화를 위해서 자사나 자사 제품에 브랜드를 붙인다. 우리가 살면서 흔히 접하거나 소비하는 브랜드는 삼성(기업 브랜드), 소나타(승용차 제품 브랜드), 카카오뱅크(금융 제품 브랜드), 서울우유(음료 제품 브랜드) 등으로 그 수를 헤아리기 어렵다. 많은 기업은 자사 매출 향상을 위해서 광고, 슬로건(예. 나이키 — just do it), 제품

용기 디자인(예. 코카콜라—호블 스커트 형태의 병 디자인) 등을 포함한 다양한 마케팅 활동을 활용해서 사람들이 자사 또는 자사 제품의 브랜드를 알게 만들고 사람들의 마음속에 자사 또는 자사 제품의 브랜드만의 독특한 이미지(브랜드 이미지)[1]를 심어주고자 노력한다.

한 기업이 자사 또는 자사 제품에 브랜드를 붙이는 작명 활동 또는 과정과 자사 또는 자사 제품의 브랜드 인지도[2]를 제고하고

---

1 마케팅 분야에서, 브랜드 이미지란 사람들이 특정 브랜드를 보거나 듣거나 생각하면 떠오르는 여러 연상 내용들을 기반으로 형성된 해당 브랜드에 대해 사람들이 현재 지각하고 있는 전체적 인상을 말한다(Keller 1993; Aaker 1996). 예를 들어서, 신한은행, KB 국민은행 등과 같은 금융 기업의 브랜드 이미지는 안전함, 공손함, 역동적임 등의 문항을 이용해서 측정한다(Bravo, Montaner & Pina 2010). 사람들은 기업이 광고 등을 통해 제시하는 기업 또는 제품의 브랜드와 관련된 다양한 연상 내용을 수동적으로 학습하기도 하지만 본인이 직접 제품을 사용하거나 다른 사람들의 사용 경험을 들어서 기업 또는 제품의 브랜드 이미지를 가지게 된다(성영신·박은아·김유나 2003; 박찬수 2014). 기업이나 제품에 대한 직·간접 경험이 브랜드 이미지 형성에 영향을 미치기 때문에, 기업은 자사가 기획하고 집행하는 광고 등을 통해서 자사 또는 자사가 제공하는 제품의 브랜드 이미지를 자사가 원하는 방향으로 완벽하게 관리하거나 통제할 수 없다. 따라서 기업이 자사나 자사가 제공하는 제품에 대해서 사람들이 떠올리기를 바라는 긍정적인 연상 내용들이 사람들이 실제로 가지고 있는 브랜드 이미지에 포함될 수도 있고 그렇지 않을 수도 있다. 그 결과, 사람들이 가지고 있는 특정 기업 또는 제품의 브랜드 이미지는 기업의 의도와 무관하게 부정적일 수도 있다.

2 마케팅 분야에서, 브랜드 인지도는 사람들이 특정 브랜드를 기억하는 정도이다(박찬수 2014). 예를 들어서, 신한은행에 대한 브랜드 인지도는 '은행 브랜드 중에서 가장 먼저 기억나는 것을 말해주세요(최초 상기도, top of mind awareness)', '은행 브랜드 중에서 기억나는 것들을 모두 말해주세요(비보조 인지도, unaided awareness)' 그리고 '신한은행이라는 브랜드를 알고 계십니까?(보조 인지도, aided awareness)'라는 질문으로 알아볼 수 있다. 이때 신한은행이라는 특정 브랜드를 단서로 제공하면 보조 인지도를 알아보는 방법이고 특정 브랜드를 제시하지 않고 제품 종류인 은행이라는 단서만 제공하면 비보조 인지도를 알아보는 방법이다. 최초 상기도는 비보조 인지도에 포함된 브랜드들 중 가장 먼저 떠오르는 브랜드의 인지도를 말

자사 또는 자사 제품의 브랜드만의 독특한 이미지 형성을 위해서 실행하는 여러 종류의 마케팅 활동 또는 과정을 통칭하는 용어가 브랜딩branding이다. 치열한 시장 경쟁 상황에서 기업은 브랜딩을 통해서 소비자 관점의 브랜드 자산brand equity 3을 구축하고 이를 기반으로 자사 매출의 지속적 증대를 달성하고자 노력한다. 이때 브랜드 자산이란 사람들이 특정 브랜드를 알고 있고(브랜드 인지도) 긍정적인 연상 이미지를 가지고 있기(브랜드 이미지) 때문에 해당 브랜드의 다양한 마케팅 활동을 긍정적으로 평가하고 수용하며 해당 브랜드를 구입하게 만드는 힘이라고 정의할 수 있다.Keller 1993 즉, 기업은 브랜딩을 통해서 갈수록 치열해지는 시장 경쟁에서 사람들의 인식상의 자사 우위를 점유해서(브랜드 자산 구축) 자사 이윤을 지속적으로 극대화하고자 노력하고 있다.

최근 많은 국가가 기업의 브랜딩 기법을 자국의 외교 활동에 적용하기 시작했다. 이런 현상이 발생한 주요한 이유는 국제 정세의 변화이다. 한 국가의 외교 목적은 크게 자국의 안보적·정치적 이익을 추구하는 것과 경제적 이익을 추구하는 것으로 구분할 수 있다. 과거 냉전기에 국가 간의 갈등과 긴장이 고조되면서 국가 간 전쟁의 발발 가능성이 컸다. 이런 국제 정세에서 세계 각국은 자

한다. 브랜드 이미지가 형성되기 위해서는 브랜드 인지도 형성이 전제되어야 하기 때문에, 기업의 입장에서 브랜드 인지도 형성과 제고는 매우 중요한 브랜딩 목표이다.
3 특정 기업 또는 제품의 브랜드 자산이 구축되기 위해서 우선적으로 사람들이 해당 기업 또는 제품의 브랜드를 알고 있어야 한다. 이와 같은 브랜드 인지도를 기반으로 사람들은 해당 기업 또는 제품의 브랜드에 대해서 다른 브랜드들과 차별화되는 독특하며 긍정적이고 바로 떠올릴 수 있는 강력한 연상 내용을 가질 수 있다. 따라서 브랜드 자산은 '브랜드 인지도 형성→독특하고 긍정적이며 강력한 브랜드 이미지 형성→브랜드 자산 구축'의 단계를 거쳐서 만들어진다(박찬수 2014).

공공외교

국의 안보적·정치적 이익을 추구하는 외교 활동에 집중했다. 그러나 탈냉전기 이후, 자국의 안보를 위협하는 요인이 감소된 많은 국가들의 외교 목적은 자국의 경제적 이익을 추구하는 것으로 확장되었다. 그 결과, 경제에 있어서 세계화(예. 우루과이 라운드)가 급속히 진행되었고 각국의 국내 시장과 해외 시장에서 자국의 1·2·3차 산업주체(예. 농업 종사자, 제조 기업, 금융 기업)와 외국의 1·2·3차 산업주체 간의 경쟁이 갈수록 치열해지고 있다. 이와 같은 상황에서 각 국가는 다른 여러 국가들과의 치열한 1·2·3차 산업 시장 경쟁에서 보다 많은 경제적 이익을 얻고자 노력하고 있다.

장기간에 걸쳐서 이론적으로 그리고 실무적으로 발전한 기업의 브랜딩 기법은 특정 기업이 수많은 경쟁 기업들과의 치열한 경쟁에서 자사의 이윤을 효과적이며 효율적으로 극대화하는 방법이다.Moore & Reid 2008 따라서 갈수록 치열해지는 국제적인 경제 경쟁에 효과적이며 효율적으로 대응하기 위해서, 다수의 국가들은 기업의 브랜딩 기법을 자국의 외교 활동에 적용했거나 적용 중이다. 이처럼 한 국가가 기업의 브랜딩 기법을 자국의 외교 영역에 적용하는 활동과 과정을 국가 브랜딩nation branding이라고 부를 수 있다. 국가 브랜딩과 관련된 주요 내용을 구체적으로 소개하면 다음과 같다.

<참고 4-1> 브랜드의 어원과 정의

국가 브랜딩이 무엇인지를 이해하기 위해서 먼저 국가 브랜드가 무엇인지를 알아야 한다. 국가 브랜딩에 차용된 기업의 브랜딩에서 통용되는 브랜드의 정의를 명확하게 아는 것은 독자들이 국가 브랜드가 무엇인지를 이해할 때 도움이 될 것이다.

고대 스칸디나비아 말인 brandr에 어원을 두고 있는 브랜드(brand)라는 영어 단어의 원래 의미는 가축의 주인을 나타내는 낙인이다(Khan & Mufti 2007). 예를 들어서, 특정 소의 주인이 해당 소가 타인이 아닌 자신의 소유물임을 식별하고 타인이 소유한 소들과 차별화시키기 위해서 해당 소에 인두로 찍은 표시가 브랜드인 것이다.

브랜드에 대한 마케팅 분야의 정의는 다양하다. 그럼에도 불구하고 여러 정의가 공통적으로 내포하는 브랜드의 기능은 동물에게 찍은 낙인의 기능과 동일하다. 즉, 브랜드의 기능은 해당 브랜드의 식별과 타 브랜드들과의 차별화이다. 마케팅 분야에서 제안한 브랜드의 다양한 정의 중 가장 많이 활용되는 정의는 미국마케팅학회(American Marketing Association)의 정의이다(Fan 2010). 미국마케팅학회에 따르면, 브랜드는 단일 판매자 또는 판매자 집단의 제품임을 식별하고 경쟁 제품들과 차별화하기 위한 이름, 의미(term), 표시(sign), 상징(symbol) 및 디자인 또는 이들의 조합이다. 맥도날드의 경우, '맥도날드'라는 이름, '세계적 햄버거 체인점'이라는 의미, 독특한 글자체로 구성된 워드마크인 'McDonald's®'라는 시각적 표시, '영어 M자를 형상화한 골든 아치'라는 시각적 상징, 맥도날드의 대표 색상인 황금색과 적색의 디자인 요소 등이 모두 브랜드이다. 따라서 브랜드는 단순히 특정 기업이나 제품에 붙인 이름에만 국한된 것이 아니라 다양한 요소를 포괄하고 있다.

<참고 4-2> 브랜드 이미지의 특징

브랜드 이미지는 사람들이 특정 브랜드를 보거나 듣거나 생각하면 떠오르는 다양한 연상 내용을 기반으로 형성된다. 브랜드 이미지의 특징을 이해하기 위해서, 독자들이 기업 브랜딩에서의 브랜드 이미지가 사람들의 머릿속에 어떻게 표상(representation)되는지를 아는 것이 도움이 될 것이다.

한 연구(Schnittka, Sattler & Zenker 2012)에서 총 111명의 사람들을 대상으로 폭스바겐 골프라는 자동차 제품 브랜드에 대한 브랜드 이미지를 알아보았

공공외교

다. 그 결과, 사람들의 머릿속에 표상된 폭스바겐 골프의 브랜드 이미지는 아래의 그림과 같다. 아래 그림에서 실선의 타원형은 폭스바겐 골프에 대한 핵심 연상 내용(예. 명성, 내구성)에 해당된다. 반면 점선의 타원형은 폭스바겐 골프에 대한 비핵심 연상 내용(예. 가격)이다. 타원형의 크기가 클수록 사람들은 폭스바겐 골프를 구입할 때 해당 연상 내용을 더 중요하게 고려한다. 즉, 사람들은 폭스바겐 골프를 구입하고자 할 때 폭스바겐 골프의 '명성'이라는 연상 내용보다는 '안전'이라는 연상 내용을 더 중요하게 고려한다. 타원형의 색상이 진할수록 사람들은 해당 연상 내용에 대해서 더 긍정적으로 평가한다. 따라서 사람들은 폭스바겐 골프의 '가격'이라는 연상 내용보다 '유용성'이라는 연상 내용에 대해서 더 긍정적으로 평가한다. 한편, 두 개의 타원형들을 연결하는 실선의 개수가 많을수록 연상 강도가 더 강함을 의미한다. 예를 들어서, 사람들이 폭스바겐 골프를 듣거나 보거나 생각할 때 '명성'이라는 연상 내용이 '안전'이라는 연상 내용보다 먼저 떠오른다.

브랜드 이미지는 연상 내용, 연상 내용에 대한 구입 시 고려 중요도, 연상 내용에 대한 긍정 또는 부정적 평가 및 연상 내용들 간 연결 강도로 구성된다. 브랜드 이미지가 기업에게 도움이 되려면 브랜드 이미지는 독특하고 긍정적이며 강력해야 한다(박찬수 2014). 브랜드 이미지의 구성 요소 중 연상 내용은 브랜드 이미지의 독특성 그리고 연상 내용에 대한 구입 시 고려 중요도와, 연상 내용에 대한 긍정 또는 부정적 평가는 브랜드 이미지의 긍정성과, 그리고 연상 내용들 간 연결 강도는 브랜드 이미지의 강력성과 관련된다.

〈폭스바겐 골프의 브랜드 이미지〉

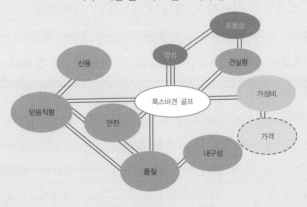

출처: Schnittka, Sattler & Zenker(2012), p.270

1. 국가 브랜드의 정의와 특징

기업의 브랜딩은 한 기업 또는 한 제품을 하나의 브랜드로 간주해서 해당 기업 브랜드corporate brand 또는 해당 제품 브랜드product brand를 대상으로 전개하는 브랜드 관리 활동이나 과정을 말한다. 반면 국가 브랜딩은 한 국가를 하나의 브랜드로 간주해서 해당 국가 브랜드nation brand를 대상으로 실행하는 브랜드 관리 활동이나 과정이다. 이때 특정 국가의 국가 브랜드란 해당 국가의 국내·외 이해당사자들이 지각하는 해당 국가만의 독특한 다차원적인 요소들의 조합으로 정의할 수 있다.Dinnie 2008; Fan 2010 이 정의에서 국내·외 이해당사자들은 해당 국가의 정부부처(예. 대한민국 외교통상부), 국민, 외국인(예. 외국 여행객, 외국 소비자, 이민자, 외국인 투자자) 등이다. 또한, 다차원적인 요소들이란 해당 국가의 국민, 장소, 문화, 언어, 역사, 의식주, 유명인(예. 배우, 가수, 운동선수, 기업인), 기업(예. 삼성)이나 제품(예. 갤럭시)의 브랜드 등을 의미한다.

국가 브랜드, 기업 브랜드 및 제품 브랜드의 기능은 사람들이 해당 브랜드를 식별하고 다른 브랜드들과 차별화해서 인식하게 만든다는 점에서 동일하지만, 다음과 같은 측면에서 차이가 있다.

먼저 브랜드는 사람들에게 기능적, 사회적 및 정서적 가치를 제공한다. 이때 기능적 가치란 특정 브랜드가 제공할 것으로 기대되는 실용적 또는 물리적 품질과 성능이며, 사회적 가치는 특정 브랜드와 연합된 특정 사회 집단(동일한 인구통계적 집단, 사회경제적 집단 및 문화 집단)에 대한 소속감이고, 정서적 가치는 특정 브랜드가 유발하는 다양한 종류의 기분이나 감정 상태(예. 즐거움, 흥미)를 말한다.Sheth, Newman & Gross 1991; Wang, Lo, Chi & Yang 2004

국가 브랜드와 기업 브랜드는 사람들에게 사회적 가치와 정서적 가치를 주로 제공한다. 반면 제품 브랜드는 사람들에게 기능적, 사회적 및 정서적 가치를 모두 제공한다.

둘째, 국가 브랜드를 구성하는 요소들은 매우 복잡하고 어떤 요소까지 국가 브랜드의 구성 요소로 포함시킬지를 결정하기가 어렵다.Fan 2010 이에 비해서, 기업 브랜드와 제품 브랜드는 브랜드의 구성 요소들이 단순하며(예. 기업 브랜드－특정 기업의 상징인 유명 CEO; 제품 브랜드－제품의 독특한 디자인) 이들 중 어떤 요소를 브랜드의 구성 요소로 간주할 것인지를 결정하기가 국가 브랜드에 비해서 상대적으로 쉽다.

셋째, 국가 브랜드의 이미지는 복잡하고 이질적이며 모호한 반면, 기업 브랜드와 제품 브랜드의 이미지는 상대적으로 단순하고 명확하다.Fan 2010 예를 들어서, 대한민국이라는 국가 브랜드는 '조용함'과 '역동적임'이라는 상반된 이미지를 동시에 가질 수 있다. 그러나 기업 브랜드인 애플은 '혁신성'이라는 단순하고 명확한 이미지를 가진다.

넷째, 누가 기업 브랜드와 제품 브랜드를 소유하고 있는지가 명확하다. 기업 총수, 주주 등이 기업 브랜드를 소유하고 있고, 특정 제품을 생산한 기업이 해당 제품의 브랜드를 소유하고 있다. 특정 기업과 특정 제품과 달리, 국민, 영토 및 주권으로 구성된 국가는 모든 국민이 공동으로 이용할 수 있는 공공재와 공공서비스에 해당된다. 따라서 국가 브랜드의 경우, 누가 국가 브랜드를 소유하고 있는지를 명확하게 결정하기 어렵다.Fan 2010 예를 들어서, 대한민국 정부, 국민 개개인, 기업, 비정부조직(예. Voluntary

Agency Network of Korea, VANK) 등의 불특정 다수가 대한민국이라는 국가 브랜드를 소유한 것으로 볼 수 있다.

마지막으로 기업 브랜드나 제품 브랜드보다 국가 브랜드에는 해당 브랜드에 대한 사람들의 고정관념이 더 강하게 반영된다. Dinnie 2008 사람들은 특정 기업(예. 삼성)이나 특정 제품(예. 아이폰)에 대해서 고정관념을 가지고 있다. 그런데 특정 기업이나 특정 제품에 대한 사람들의 고정관념은 특정 사례(예. 유명 CEO의 비도덕적 행동, 제품 리콜)에 의해서 변할 수 있다. 반면 특정 국가에 대한 사람들의 고정관념은 쉽게 변하지 않는다.

국가 브랜드, 기업 브랜드 및 제품 브랜드의 공통점과 차이점을 요약하면 〈표 4-1〉과 같다.

〈표 4-1〉 국가 브랜드, 기업 브랜드 및 제품 브랜드의 특징 비교

	국가 브랜드	기업 브랜드	제품 브랜드
목적	해당 브랜드의 식별과 경쟁 브랜드들과의 차별화		
제공 가치	사회적 가치, 정서적 가치	사회적 가치, 정서적 가치	기능적 가치, 사회적 가치, 정서적 가치
구성 요소	복잡하고 정의가 어려움	단순하고 정의가 쉬움	단순하고 정의가 쉬움
이미지	복잡하고 이질적이며 모호함	단순하고 명확함	단순하고 명확함
소유자	다수의 이해당사자들이며 명확하지 않음	소수이며 명확함	소수이며 명확함
고정관념	강함	약함	약함

출처: Fan(2010), p.99의 〈표 1〉을 수정·보완하였음

2. 국가 브랜딩의 정의와 특징

국가 브랜딩이라는 개념을 이해하는 방법은 크게 경제적 접근법과 정치적 접근법으로 구분할 수 있다.Fan 2008; Kaneva 2011 먼저 경제적 접근법에 따르면, 국가 브랜딩은 한 국가가 세계 시장에서 자국의 차별적 우위를 점유하기 위해서 기업이 사용하는 브랜딩 기법을 전략적으로 활용하는 것이라고 정의할 수 있다. 한편, 정치적 접근법에서의 국가 브랜딩은 한 국가가 자국의 국제관계, 공중관계 및 국제 커뮤니케이션을 통해서 자국의 이미지를 관리하는 것이다. 이와 같은 두 종류의 접근법을 통합 및 확장해서, 본장의 저자는 국가 브랜딩을 한 국가의 정부 또는 정부부처, 국민 개개인, 기업, 비정부조직 등이 자국의 경제적 이익과 안보적·정치적 이익을 목적으로 자국의 인지도(국가 브랜드 인지도)와 긍정적 이미지(국가 브랜드 이미지) 제고를 위해서 자국 또는 해외의 목표 청중target audience에게 자국을 전략적으로 소통하는 활동 또는 과정이라고 정의하고자 한다.Keller 1993; Szondi 2008; Fan 2010

앞서 내린 국가 브랜딩의 정의와 관련해서 다음과 같은 국가 브랜딩의 특징에 대한 이해가 필요하다.Dinnie 2008; Szondi 2008 먼저 한 국가의 국가 브랜딩은 자국의 경제적 이익 제고(예. 관광객 유치, 외국인 투자 활성화, 수출 증대)를 위해서 주로 실행되지만, 자국의 안보적·정치적 이익 제고를 위해서도 실행된다. 둘째, 한 국가의 정부 또는 정부부처는 자국의 국가 브랜딩을 시작하는 역할을 담당할 수 있지만, 이를 전적으로 통제하거나 관리하는 것은 어렵다. 즉, 국가 브랜딩을 기획하고 실행하는 주체는 한 국가의 정부나 정부부처뿐만 아니라 국민 개개인, 기업, 비정부조직 등으로 다양하다. 따라서 국민 개개인, 기업, 비정부조직 등과 같은 국가 브랜딩의 여러 실행 주체들에 의해서 의도치 않게 국가 브랜드의 이미지가 훼손되어 국가 이미지가 실추될 수 있다. 셋째, 한 국가의 국가 브랜딩의 목표 청중은 국내 청중(예. 자국 국민)과 해외 청중을 모두 포괄한다. 예를 들어서, 자국 국민, 외국인, 자국 기업, 해외 기업, 해외 투자자, 국제적 미디어(예. CNN) 등이 국가 브랜딩의 목표 청중에 해당된다. 넷째, 한 국가의 국가 브랜딩 실행 방법은 자국의 인지도와 긍정적 이미지를 제고할 수 있는 TV 광고 집행, 웹 사이트 운영, SNS 활동, 이벤트(예. 월드 엑스포) 실시 등으로 매우 다양하다. 다섯째, 특정 국가의 국가 브랜드에는 해당 국가에 대한 자국내·외 목표 청중의 강한 고정관념이 반영되었기 때문에 국가 브랜딩의 궁극적인 목적(경제적 이익 제고와 안보적·정치적 이익 제고)을 달성하는 것은 기업의 브랜딩보다 더 어려울 수 있다. 마지막으로, 최근 기업의 브랜딩에 있어서 특정 브랜드를 문화적 상징 브랜드iconic brand로 만드는 목표가 중시되고 있다. 문화적 상징 브랜드는 사람들이 해당 브랜드를 접하면 특정 문화를 즉각적으로 떠올려서 그들의 생각과 행동에 강력한 영향을 미친다.Chiu & Cheng 2007 예를 들어서, 코카콜라는 미국의 대중 음식 문화를 떠올리게 하는 문화적 상징 브랜드이다. 한편 국가 브랜딩의 목표인 국가 브랜드 이미지 제고를 위해서 무엇보다 먼저 적합한 국가 정체성national identity을 도출할 필요가 있다. 그런데 국가 정체성을 구성하는 핵심 요인 중 하나가 문화이다. 이처럼 최근 기업의 브랜딩에서 문화적 상징 브랜드 개발의 중요성이 강조되며 국가 정체성을 구성하는 중요 요인이 문화이다. 따라서 효과적이며 효율적인 국가 브랜딩을 실행하기 위해서 국가 브랜딩의 실행 주체는 자국의 문화를 심층적으로 이해할 필요가 있다.

국가 브랜딩을 요약하면, 특정 국가의 국가 브랜딩의 실행 주체인 해당 국가의 정부, 정부부처, 국민 개개인, 기업, 비정부조직 등이 해당 국가의 국가 정체성을 기반으로 해서 다양한 자국내·외 목표 청중을 대상으로 TV광고 집행, 웹 사이트 운영, SNS 활동, PR, 이벤트 실시 등을 통해 자국의 국가 브랜드 관리 활동을 실시한다. 이때 해당 국가의 국가 브랜딩의 목표는 자국의 국가 브랜드 인지도와 국가 브랜드 이미지를 제고하는 것이며 궁극적으로 자국의 경제적 이익과 안보적·정치적 이익을 추구하는 것이다. 이상의 내용을 도식적으로 제시하면 〈그림 4-1〉과 같다.

〈그림 4-1〉 국가 브랜딩의 개념적 제시

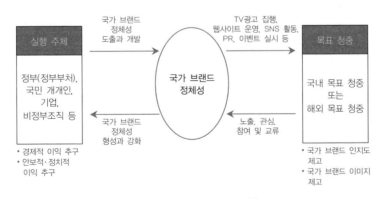

출처: 본 장의 저자가 다양한 참고 자료를 기반으로 작성하였음

3. 국가 브랜딩의 출현 및 발전 배경

탈냉전기 이후 경제에 있어서 세계화가 급속히 진행되면서 국내·외 시장의 구분이 모호해지고 각국의 국내 시장과 해외 시장에서 여러 국가들 간 제품 판매 경쟁이 치열해졌다. 이와 같은 상황에서 각 국가는 다른 국가들과 차별화된 자국의 국가 정체성이 국가 간 치열한 경제적 경쟁에서 승리할 수 있는 수단임을 인식하게 되었다.Dinnie 2008 그 결과, 사이먼 앤홀트Simon Anholt가 1996년 국가 정체성의 육성과 활용을 강조한 국가 브랜딩이라는 신조어를 만들었고 이후 국가 브랜딩은 이론적으로 그리고 실무적으로 발전하게 된다. 국가 정체성뿐만 아니라 원산국 효과country of origin effect, 여행목적지 브랜딩destination branding 4 및 공공외교public diplomacy에

---

4 다양한 물리적 공간을 대상으로 실시하는 브랜딩을 통칭해서 장소 브랜딩(place branding)이라고 한다. 장소 브랜딩은 특정 장소의 정체성을 기반으로 개발한 다양한 브랜딩 전략을 장소 브랜드의 소비자인 장소 내 이해당사자들(예. 거주민, 지역자치단체장), 방문객들 및 잠재 이해당사자들(예. 이주 예정자들)을 대상으로 쌍방소통적이고 체계적으로 실행해서 다른 장소들과 차별화된 해당 장소의 독특한 이미지를 구축하고 강화하는 과정 및 활동을 말한다(이정훈 2008; Kavaratzis & Ashworkth 2008). 물리적 공간의 규모 또는 특징에 따라서 장소 브랜딩은 농촌 브랜딩(rural branding), 도시 브랜딩(city branding, urban branding), 지역 브랜딩(region branding), 여행목적지 브랜딩(destination branding), 국가 브랜딩(nation branding, country branding) 등으로 세분화해서 부른다(이정훈 2008; Kaneva 2011). 어떤 공간에 대한 브랜딩이든 이들 브랜딩은 공간을 하나의 브랜드라고 전제하고 소비자 관점의 시장원리를 적용한다는 점에서 동일하다(이정훈 2008). 많은 학자들이나 실무자들은 국가 브랜딩에 영향을 미친 원천을 장소 브랜딩 또는 여행목적지 브랜딩으로 혼용해서 사용한다(예. Fan 2010). 그런데 국가 브랜딩의 중요 목적 중 하나가 해외 관광객 유치이다(Kotler & Gertner 2002). 이와 같은 목적 달성에 직접적으로 기여하는 장소 브랜딩을 구체적으로 지칭하면 여행목적지 브랜딩이다(Zenker, Braun & Petersen 2017). 따라서 국가 브랜딩의 출현과 발전의 원천과 관련해서, 본 장의 저자는 포괄적인 용어인 장소 브랜딩 대신 여행목적지 브랜딩이라는 용어를 사용하고자 한다.

대한 이론적 그리고 실무적 이해가 국가 브랜딩의 출현 및 발전 과정에 독립적으로 또는 복합적으로 영향을 미쳤다.[Fan 2010] 특히, 국가 정체성과 원산국 효과는 국가 브랜딩의 출현에 중대한 영향을 미친 것으로 볼 수 있다.[Dinnie 2008] 각 영향 원천과 국가 브랜딩의 관계를 소개하면 다음과 같다.

먼저, 국가 간 이념적 또는 경제적 경쟁이 치열해질수록 각국은 국수주의적인 경향이 강해지고 자국의 이익에 대한 관심이 높아진다. 그 결과, 각국의 정부는 국가 정체성 확립과 자국민 대상의 국가 정체성 전파에 큰 관심을 가지게 된다.[Bond, McCrone & Brown 2003] 제2차 세계대전 이후 미국과 소련을 중심으로 국가 간 이념적 경쟁이 치열한 국제 정세에서 각국의 정부는 안보적·정치적 측면에서 자국의 국가 정체성(예. 자유민주주의 vs. 사회주의)을 확립하고 이를 자국의 국민들에게 전파했다. 이때 각국의 국민들은 안보적·정치적 측면에서 자국의 국가 정체성을 강하게 인식하게 된다. 그러나 탈냉전기 이후 신자유주의가 부상하면서, 각국의 정부와 국민들은 자국의 경제적 이익을 극대화시키는 데 기여하는 경제적 측면에서의 국가 정체성에 관심을 가지게 되었다. 안보적·정치적 측면이든 경제적 측면이든 특정 국가의 국가 정체성은 해당 국가의 정부와 국민들을 단합시키는 역할을 한다. 특정 국가의 국가 정체성은 해당 국가의 국민들과 다른 국가들의 국민들이 해당 국가와 다른 국가들을 구별해서 인식하도록 만든다. 국가 간 경제적 경쟁이 치열해지는 상황에서 국가 브랜딩은 국가 정체성을 구축하고 강화하는 기능을 한다. 또한 국가 브랜딩은 자국내·외 목표 청중을 대상으로 국가 정체성을 전달하는 수단으로 활용된다.

Szondi 2008 따라서 국가 정체성의 육성과 활용에 대한 각국의 필요성 인식 증가가 국가 브랜딩의 출현에 기여했다.

둘째, 원산국 효과란 특정 제품의 원산국(예. Made in Korea)이 해당 제품에 대한 품질(예. 내구성) 평가와 감정적 경험 내용(예. 국민적 자부심) 그리고 해당 제품 구입의 정당성 판단에 영향을 미치는 현상을 말한다.Verlegh & Steenkamp 1991 예를 들어서, 2019년 국내에서 발생한 일본산 제품에 대한 불매 운동은 특정 제품의 원산국(일본)이 한국인들이 해당 제품 구입의 정당성을 판단하는 데 영향을 미친 사례이다. 특정 제품에 대한 품질 평가와 감정적 경험 내용 및 해당 제품 구입의 정당성 판단을 통칭하면 해당 제품에 대한 이미지이다. 따라서 특정 제품의 원산국은 해당 제품 이미지에 영향을 미칠 수 있다.Kotler & Gertner 2002 원산국 효과에 의하면, 특정 국가가 자국의 이미지를 잘 관리해야 자국이 생산한 제품의 이미지를 제고할 수 있고 궁극적으로 자국 생산 제품의 판매를 촉진할 수 있다. 이 효과를 국가 브랜딩에 적용하면, 특정 국가의 성공적인 국가 브랜딩은 목표 청중에게 자국의 국가 브랜드에 대한 긍정적인 이미지를 심어서 자국의 경제적 이익 추구(예. 수출 증대)의 목적을 달성할 수 있다. 따라서 원산국 효과는 경제적 세계화 추세에서 각 국가에게 국가 브랜딩이 왜 필요한지에 대한 이론적 그리고 실무적 근거를 제공한다.

셋째, 여행목적지 브랜딩은 특정 국가, 특정 도시 및 특정 지역의 관광산업 활성화를 위해서 외지인들을 대상으로 해당 국가, 해당 도시 및 해당 지역에 대한 긍정적인 이미지를 관리하는 활동 또는 과정이다.Anholt 2005; Kavaratzis & Ashworth 2005 여행목적지 브랜딩은 여행목적지의 관광 제품(예. 숙박 시설, 지역 특산품)을 판매하는 활동이나 과정이지만 국가 브랜딩은 국가를 판매하는 활동이나 과정이 아니다. 그러나 여행목적지 브랜딩과 국가 브랜딩 모두 각각의 대상 지역인 여행목적지와 국가의 이미지를 긍정적으로 관리하고자 한다는 측면에서 유사하다. 또한 국가 브랜딩보다 이전에 출현한 여행목적지 브랜딩의 경우, 여행목적지의 효과적인 이미지 관리 절차가 장기간의 이론적 또는 실무적 검증을 거쳐서 구축되었다.Blain, Levy & Ritchie 2005; Jansen 2008 이처럼 이미 축적된 여행목적지 브랜딩과 관련된 지식과 노하우가 국가 브랜딩의 발전에 도움이 되었다.

마지막으로, 탈냉전기 이후 많은 국가는 공공외교에 있어서 자국의 소프트파워(예. 문화력)를 적극적으로 육성하고 활용하는 추세이다. 특정 국가의 국민, 장소, 문화, 언어, 역사, 음식, 패션, 유명인, 세계적 기업 또는 제품의 브랜드 등은 소프트파워의 잠재적 자원이며 동시에 국가 브랜드의 구성 요소이다. 따라서 효과적인 국가 브랜딩은 특정 국가의 이미지 제고를 통해서 궁극적으로 해당 국가의 소프트파워를 강화하는 데 기여할 수 있다.Fan 2008 1963년 영국으로부터 갓 독립한 싱가포르는 적은 인구, 약한 군사력, 부족한 천연자원 등으로 인해 하드파워가 약했음에도 불구하고 이후 특정 정부부처(싱가포르 관광진흥청 또는 싱가포르 관광청) 주도의 성공적인 국가 브랜딩을 통해 자국의 소프트파워를 강화한 대표적인 사례이다(〈참고 4-4〉 참조). 최근 각국의 소프트파워 육성과 활용이 중시되면서, 1960년대부터 발전하기 시작한 공공외교에 관한 이론과 실무적 노하우는 국가 브랜딩의 이론적 그

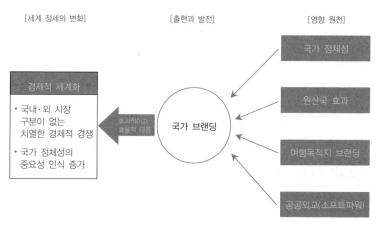

〈그림 4-2〉 국가 브랜딩의 출현과 발전 배경

[세계 정세의 변화]　　　　[출현과 발전]　　　　[영향 원천]

경제적 세계화

• 국내·외 시장 구분이 없는 치열한 경제적 경쟁
• 국가 정체성의 중요성 인식 증가

효과적이고 효율적 대응

국가 브랜딩

국가 정체성

원산국 효과

여행목적지 브랜딩

공공외교(소프트파워)

출처: Fan(2010), p.99의 〈그림 1〉과 Dinnie(2008), p.21의 〈그림 1.1〉을 통합·수정·보완하였음

리고 실무적 발전에 기여했다.

　이상의 논의를 종합해서 국가 브랜딩의 출현과 발전 배경을 도식적으로 정리하면 〈그림 4-2〉와 같다.

II. 공공외교와 국가 브랜딩의 관계

공공외교는 한 국가의 국익을 위해서 외국 국민과 공개적으로 소통해서 생각을 공유하는 활동이라고 포괄적으로 정의할 수 있다. 김상배 2019a 공공외교의 이론과 실행 방법은 1960년대부터 미국 학자들과 실무자들을 중심으로 개발되어 발전했다. 공공외교는 국제관계 분야와 국제 커뮤니케이션 분야에 기반을 두고 있다. 반면 유럽에서는 특히 사이먼 앤홀트Simon Anholt, 월리 올린즈Wally Olins,

케이트 디니Keith Dinnie 등의 영국 학자들과 실무자들이 국가 브랜딩의 이론과 실행 방법을 개발하고 발전시켰다. 국가 브랜딩은 마케팅 분야에 기반을 두고 있다. 기오르기 손디Gyorgy Szondi는 서로 다른 기원을 가지며 서로 다른 발전 과정을 거친 공공외교와 국가 브랜딩의 관계를 5종류의 관점으로 제안했다. 그의 주장 내용Szondi 2008을 중심으로 5종류의 관점을 소개하면 다음과 같다. 각 관점에 따라서 공공외교와 국가 브랜딩의 목적, 정의 및 범위가 달라진다는 점을 유의할 필요가 있다.

첫째, 공공외교와 국가 브랜딩은 서로 관련이 없다는 관점이다. 즉, 공공외교와 국가 브랜딩은 서로 다른 실행 주체가 서로 다른 목적을 가지고 서로 다른 수단을 활용하기 때문에 상호 독립된 분야로 간주한다. 공공외교의 경우, 한 국가의 정부부처(예. 대한민국 외교통상부, 대사관)가 주도적으로 다른 국가의 외교 정책을 자국에게 유리하도록 유도해서 자국의 안보적·정치적 이익을 얻고자 한다. 이때 공공외교의 커뮤니케이션 활동은 국가 간 경쟁이 아닌 상호 이해와 협력을 이끌기 위해서 자국과 다른 국가들이 얼마나 같은지를 강조한다. 반면 한 국가의 정부부처뿐만 아니라 영리를 추구하는 자국 기업도 국가 브랜딩의 실행 주체로 참여할 수 있다. 국가 브랜딩의 실행 주체들은 자국과 다른 국가들이 얼마나 다른지를 강조하는 다양한 가시적 수단(예. 슬로건: 호주 관광청－'호주만큼 멋진 곳은 어디에도 없습니다.')을 활용해서 다른 국가들과 차별화된 자국 이미지를 구축하고자 노력한다. 국가 브랜딩의 실행 주체는 외국 관광객 유치, 외국 투자 유치, 수출 증대 등의 경제적 이익을 얻고자 노력한다. 그런데 이와 같은 관점은 다음과 같은 한계점을 가진다. 최근 다수의 국가들이 자국의 외교 활동을 통해 자국의 안보적·정치적 이익과 경제적 이익을 동시에 추구하고 있다. 한 국가의 공공외교는 해당 국가의 외교 활동 중 하나이기 때문에 공공외교의 목적에는 자국의 안보적·정치적 이익 추구뿐만 아니라 자국의 경제적 이익 추구도 포함된다. 따라서 특정 국가의 공공외교가 자국의 경제적 이익을 추구하는 해당 국가의 국가 브랜딩과 상호 관련성을 가질 수밖에 없다. 그러나 공공외교와 국가 브랜딩이 상호 관련성이 없다는 관점은 이에 대한 충분할 설명을 제공하지 못한다.

둘째, 공공외교를 국가 브랜딩의 하위분야로 보는 관점이다. 이 관점에 따르면, 국가 브랜딩은 공공외교보다 더 큰 분야이다. 이 관점을 취하는 대표적 인물이 사이몬 앤홀트이다. 그의 주장에 따르면, 국가 브랜딩의 목적은 특정 국가의 정부 정책, 국민, 스포츠, 문화, 제품, 관광, 무역과 외국 투자 유치 촉진, 외국의 우수 인재 유치 등의 다양한 영역에서 해당 국가를 다른 국가들에게 알리는 것이다.Anholt 2006 반면 공공외교는 국가 브랜딩의 다양한 영역 중 특정 국가의 정부 정책만을 다양한 대중들에게 전달한다. 따라서 공공외교는 국가 브랜딩의 하위분야에 해당된다. 그런데 이처럼 국가 브랜딩의 영역을 포괄적으로 접근하면, 공공외교의 범위를 특정 국가의 외교 정책을 자국내·외 대중들에게 전달하는 영역만으로 지나치게 축소시키는 문제점이 발생할 수 있다.

셋째, 국가 브랜딩을 우호적인 국제관계 형성을 목적으로 하는 공공외교의 하위 영역 또는 도구로 보는 관점이다. 가이 골란 Guy Golan은 공공외교를 매개된 공공외교mediated public diplomacy, 국가 브랜딩 및 관계적 공공외교relational public diplomacy라는 3개의 하위 영역으로 구성된 분야라고 주장한다. 이때 매개된 공공외교는 특정 국가의 정부가 제3의 매체인 SNS 등을 이용해서 자국외 대중과 관계를 맺는 영역이다. 또한 관계적 공공외교란 특정 국가의 정부가 자국외 대중 중 정치적 엘리트 집단과 긴밀한 관계를 맺는 영역에 해당된다.Golan 2013 이 영역의 한 사례로 일본 문부과학성에서 정치적 엘리트 집단으로 성장 가능한 자국외 우수 인재를 선발해서 일본에서의 유학 자금을 지원하는 문부과학성 국비 유학생 프로그램이 있다. 그런데 이와 같은 가이 골란의 주장은 국가 브랜딩의 범위를 대중 매체를 이용한 커뮤니케이션 활동(예. 광고)만으로 축소시킬 우려가 있다. 그 결과, 특정 국가의 국가 브랜딩과 국제관계 활동 간의 구분이 모호해질 수 있다.

국가 브랜딩을 공공외교의 수단으로 보는 관점에 관한 논의는 다음과 같다. 특정 국가의 공공외교는 자국의 소프트파워를 육성하고 행사하는 활동이라고 볼 수 있다. 특정 국가는 자국의 국가 브랜딩을 통해서 자국의 군사력, 경제력 등과 같은 하드파워를 육성하거나 행사할 수 없다. 그러나 해당 국가는 자국의 국가 브랜딩을 통해서 자국의 소프트파워를 개발하고 행사할 수 있다. 즉, 국가 브랜딩은 목표 청중을 대상으로 특정 국가의 소프트파워를 일깨워주고 강화하며 행사하는 수단이라고 볼 수 있다.Pamment 2014 이 관점에 따르면, 특정 국가의 정부는 자국의 안보적·정치적 이익을 위해서 자국 공공외교의 도구인 국가 브랜딩을 관리하고 통제해야 한다. 그런데 국가 브랜딩의 긍정적 효과 산출 여부(국가 브랜드 이미지 제고)는 다른 나라들의 정부, 언론, 국민 등이 얼마나 특정 국가의 국가 브랜딩 의도를 순수한 것으로 이해하는 가에 달려 있다. 목표 청중이 특정 국가의 정부가 국가 브랜딩을 관리하고 통제한다고 인식하면, 이들은 해당 국가의 국가 브랜딩 의도를 정치적인 것으로 해석할 가능성이 높다. 그 결과, 해당 국가가 국가 브랜딩을 전개할수록 오히려 해당 국가의 국가 브랜드 이미지가 나빠지는 역효과가 발생할 수 있다.

넷째, 공공외교와 국가 브랜딩은 서로 다른 분야이지만 상호 공유하는 부분이 있다고 보는 관점이다. 다양한 목적을 통합적으로 달성하고자 하는 국가 브랜딩은 특정 외교적 목적(예. 안보 확립)을 달성하고자 하는 공공외교보다 실행 주체의 더 많은 노력이 요구되며 규모가 더 크고 통합적으로 접근해야 한다는 점에서 차이가 있다. 그러나 공공외교와 국가 브랜딩 간 다음과 같은 유사성이 있다. 먼저 공공외교와 국가 브랜딩 모두 국가 정체성을 구축하고 옹호하는 활동이다. 최근 강조되는 문화외교를 공공외교의 한 형태로 보면, 문화가 공공외교와 국가 브랜딩의 공통 요소에 해당된다. 따라서 공공외교와 국가 브랜딩 모두 한 국가의 문화력을 중시한다. 게다가, 공공외교와 국가 브랜딩 모두 쌍방향 커뮤니케이션 매체를 주요 수단으로 활용하며 우호적인 국제관계의 구축과 강화를 목적으로 한다는 점에서 유사하다. 그러나 이 관점은 실무적 측면에서 공공외교와 국가 브랜딩 간 차이점(예. 실행 규모)을 제안하지만 개념적인 측면에서는 공공외교와 국가 브랜딩 간의 차이점을 명확하게 제시하지 못한다는 한계를 가진다.

마지막으로 공공외교와 국가 브랜딩을 같은 분야로 보는 관점이 있다. 이 관점에 의하면, 공공외교와 국가 브랜딩의 궁극적인 목적은 긍정적인 국가 이미지를 만드는 것으로 동일하다. 이때 공공외교를 특정 국가의 정부 또는 국민 개개인이 자국 정부의 견해, 이상, 문화, 정책 등에 대한 해당 국가의 국민들이나 다른 국가들의 국민들의 생각에 긍정적인 영향을 미칠 목적으로 실행하는 직접 또는 간접적인 소통 활동 또는 과정이라고 포괄적으로 정의할 수 있다.Gilboa 2008; Szondi 2008 이처럼 공공외교를 포괄적으로 정의할수록 그리고 공공외교 분야에서 자국내·외 대중에게 미치는 자국의 문화력을 강조할수록, 공공외교와 국가 브랜딩의 개념적 또는 실무적 차이는 좁혀지게 된다. 실제로 많은 학자들과 실무자들이 공공외교와 국가 브랜딩을 동의어로 사용하고 있다. 그러나 공공외교와 국가 브랜딩은 그 기원과 지금까지의 발전 과정이 다르다는 점을 고려하면, 공공외교와 국가 브랜딩이 전적으로 동일한 분야라고 단정하기 어렵다.

이상의 논의를 요약하면 〈표 4-2〉와 같다. 그러나 지금까지 많은 학자들이나 실무자들은 공공외교와 국가 브랜딩 간의 관계 정립에 대해서 큰 주의를 기울이지 않았다.Pamment 2014; Surowiec 2017 본 장의 저자가 실시한 제한된 문헌고찰 결과에 의하면, 어떤 활동 분야에 기반을 둔 학자 또는 실무자인가에 따라서 공공외교와 국가 브랜딩 간의 관계를 다르게 가정한다. 예를 들어서, 국제관계 분야의 학자들이나 실무자들은 국가 브랜딩을 소프트파워를 개발하고 행사하는 공공외교의 수단 중 하나로 보는 경향이 강하다. 반면 마케팅 분야의 학자들이나 실무자들은 공공외교와 국가 브랜딩을 독립적인 관계로 접근하고 있다. 향후 많은 학자들과 실무자들의 노력에 의해서 공공외교와 국가 브랜딩 간의 관계가 명확하

	관점 1. 공공외교 ≠ 국가 브랜딩	관점 2. 공공외교 ⊂ 국가 브랜딩	관점 3. 공공외교 ⊃ 국가 브랜딩	관점 4. 공공외교 ∩ 국가 브랜딩	관점 5. 공공외교 = 국가 브랜딩
특징	공공외교와 국가 브랜딩은 상호 독립적임.	공공외교는 국가 브랜딩의 여러 하위 영역 중 한 영역(자국 정부의 정책 전달)임.	국가 브랜딩은 공공외교의 하위 영역 또는 도구임.	공공외교와 국가 브랜딩은 국가 정체성의 구축과 옹호, 문화력 중시, 쌍방향 커뮤니케이션 수단 활용 등의 측면에서 유사함.	공공외교와 국가 브랜딩의 궁극적인 목적이 특정 국가의 이미지 제고라는 점에서 동일함.
한계점	공공외교의 목적은 안보적·정치적 이익 추구이며 국가 브랜딩의 목적은 경제적 이익 추구라고 단순화시키는 경우, 공공외교의 목적이 경제적 이익 추구까지 확장된 최근 국제 정세를 반영하지 못함.	공공외교의 범위를 자국내·외 대중들을 대상으로 외교 정책을 전달하는 영역만으로 지나치게 축소시킬 수 있음.	국가 브랜딩의 범위를 단순한 커뮤니케이션 활동만으로 제한할 수 있음. 그 결과, 국가 브랜딩과 국제 관계 활동 간의 구분이 모호해질 우려가 있음. 국가 브랜딩의 목표 청중이 특정 국가의 국가 브랜딩의 의도를 정치적으로 해석해서, 국가 브랜딩이 오히려 국가 이미지를 훼손시킬 수 있음.	공공외교와 국가 브랜딩 간 차이점을 실무적 측면에서는 제안할 수 있으나. 개념적 측면에서 명확하게 제안하지 못 함.	공공외교와 국가 브랜딩은 서로 다른 기원을 가지며 다른 발전 과정을 거쳤음. 따라서 공공외교와 국가 브랜딩 간의 차이가 존재할 수 있으나 이에 대한 설명이 부족함.

출처: 본 장의 저자가 다양한 참고 자료를 기반으로 작성하였음

게 확립될 것으로 기대한다.

III. 국가 브랜딩의 실행

1. 국가 브랜딩의 실행 절차

기업의 브랜딩 실행 절차는 크게 브랜드 정체성[5]의 도출 단계, 브랜드 포지셔닝brand positioning 단계, 브랜드 인지도와 브랜드 이미지 제고 단계 및 브랜드 이미지 점검 단계로 구성된다.Aaker 1996 국가 브랜딩에도 이와 동일한 실행 절차를 다음과 같이 적용할 수 있다. 이정훈 2008; Dinnie 2008

국가 브랜딩의 실행 절차의 첫 번째 단계는 국가 브랜드 정체성의 도출이다. 이때 국가 브랜드 정체성이란 국가 브랜딩의 실행 주체가 희망하는 자국의 국가 브랜드에 대한 목표 청중의 인식 내용이다.Aaker 1996; Dinnie 2008 국가 브랜드 정체성은 해당 국가의 고유 가치이며 목표 청중에 대한 약속이다. 국가 브랜드 정체성은 한 국가의 정치적, 문화적, 사회적, 자연적 및 역사적 유산과 특성에 기반을 두고 있다. 정부 또는 정부부처, 국민, 기업, 비정부조직 등이 함께 참여해서 국가의 역사, 언어, 영토, 정치체계, 건축, 스포츠, 문학, 음악, 종교, 교육체계, 자연경관, 식음료 등에 대한 분석과 통찰을 토대로 적절한 국가 브랜드 정체성을 도출해야 한다. 예를 들어서, 비교적 산업화 수준이 낮은 폴란드의 경우, 자연을

---

5 마케팅 분야에서, 브랜드 정체성은 소비자에 대한 브랜드의 약속을 암시하는 브랜드 속성, 브랜드 성능, 브랜드의 사용자 프로필, 브랜드 성격 등과 같은 브랜드 연상들로 구성된 차별화된 집합을 말한다(Ghodeswar 2008). 먹는 샘물 브랜드인 에비앙의 경우, 브랜드 정체성은 '건강'이다. 이와 같은 '건강'이라는 브랜드 정체성에 맞추어서 에비앙은 '아기를 위한 미네랄 워터', '청정한 알프스의 미네랄 워터,' 그리고 '신체 균형 강화를 위한 미네랄 워터'라는 브랜드 캠페인을 전개했다.

폴란드의 국가 브랜드 정체성으로 도출할 수 있다. 국가 브랜딩의 핵심 실행 주체 집단6은 이미 형성되어 있는 국가 브랜드 정체성을 찾거나 새로운 국가 브랜드 정체성을 창출하기도 한다. 그런데 국가 브랜드 정체성의 도출 과정에서 국가 브랜딩의 다양한 실행 주체들(예. 핵심 실행 주체 집단에 포함되지 않은 국민)의 참여와 협의가 반드시 필요하다. 이때 한 국가의 모든 유산과 특성을 모두 포괄하는 국가 브랜드 정체성의 도출은 불가능하다는 점을 유의해야 한다.

월리 올린즈가 제안한 국가 브랜딩 단계Surowiec 2017를 국가 브랜드 정체성 도출의 세부 절차에 적용하면 다음과 같다. 가장 먼저 특정 국가의 국가 브랜딩 시작을 위해서 해당 국가의 정부 또는 정부부처, 기업, 문화, 교육, 언론 등의 분야를 대표하는 사람들로 핵심 실행 주체 집단을 구성한다. 둘째, 핵심 실행 주체 집단은 해당 국가가 자국내·외에서 어떻게 인식되고 있는지를 파악하는 정량 자료(예. 설문조사 결과)와 정성 자료(예. 국내·외 언론사

---

6 국가 브랜딩의 실행 주체는 국가 브랜딩을 착수하고 주도적으로 추진하며 관리하는 소수 인원으로 구성된 핵심 실행 주체 집단과 국가 브랜딩 실행과 의도적 또는 비의도적으로 관련된 불특정 다수 그리고 핵심 실행 주체 집단을 모두 포함하는 포괄적 의미의 실행 주체로 구분할 수 있다. 예를 들어서, 영국의 국가 브랜딩을 착수하고 주도적으로 추진하며 관리를 했던 공공외교위원회(Public Diplomacy Board)는 핵심 실행 주체 집단에 해당되며, 영국의 정부부처인 외무부, 영국문화원, BBC World Service 등의 대표자들과 국가 브랜딩 전문가인 사이먼 앤홀트 등의 소수 인원들이 이 위원회에 참여하였다. 반면 모든 영국 국민들도 본인의 외국인 친구들과 SNS를 이용해서 국가 브랜딩을 실행할 수 있다. 따라서 이들도 국가 브랜딩의 실행 주체에 해당된다. 본 장의 내용 중 포괄적인 의미의 실행 주체와 구체적인 의미의 핵심 실행 주체 집단을 명확히 구분할 필요가 있는 경우, 본 장의 저자는 해당 내용에 핵심 실행 주체 집단이라고 명기했다.

의 각종 신문 기사)를 분석한다. 셋째, 핵심 실행 주체 집단은 자국내·외의 여론 주도층(예. 유명 언론인)을 만나서 자국의 장·단점이 무엇인지에 대한 자문을 받고 핵심 실행 주체 집단이 자료 분석을 통해 내부적으로 파악한 자국의 장·단점과 비교한다. 그 결과, 핵심 실행 주체 집단은 자국의 국가 브랜드 정체성을 도출한다.

국가 브랜딩의 두 번째 실행 절차는 국가 브랜드 포지셔닝 단계이다. 국가 브랜드 포지셔닝은 국가 브랜딩의 실행 주체가 자국의 국가 브랜드 정체성을 목표 청중에게 전달해서 목표 청중이 자국의 국가 브랜드를 다른 국가들의 국가 브랜드들과 차별적으로 인식하도록 만드는 활동을 말한다.박찬수 2014; Dinnie 2008 국가 브랜드 포지셔닝의 핵심은 특정 국가의 국가 브랜딩의 목표 청중이 다른 국가들 대비 해당 국가의 국가 브랜드 정체성을 차별적이며 매력적으로 인식하도록 만드는 것이다. 국가 브랜드 포지셔닝 과정에서 국가 브랜드 정체성은 로고, 슬로건 등으로 표현해서 다양한 광고, 홍보 활동 등을 통해 목표 청중에게 일관되게 전달되어야 한다. 우리나라의 'Dynamic Korea' 브랜드 캠페인이 국가 브랜드 포지셔닝의 한 사례이다. 국가 브랜딩의 핵심 실행 주체 집단이 주도하는 광고, 홍보 활동 등 이외에 해당 국가의 주요 수출품, 스포츠 활동(예. 올림픽이나 월드컵 개최 여부와 순위), 문화유산, 문화 활동(예. 봉준호 감독의 기생충 영화가 2020년 아카데미 시상식에서 4관왕을 차지함), 유명인(예. BTS), 정치적 사건, 전염병 등에 대한 언론 보도 노출, 해당 국가 관광 경험 등과 같은 목표 청중의 직·간접 경험에 의해서 국가 브랜드 포지셔닝이 진행되기도 한다.

월리 올린즈가 제안한 국가 브랜딩 단계Surowiec 2017를 적용하면 국가 브랜드 포지셔닝 단계의 구체적인 절차는 다음과 같다. 첫째, 특정 국가의 국가 브랜딩의 핵심 실행 주체 집단은 이전 단계에서 도출한 자국의 국가 브랜드 정체성을 기반으로 자국의 국가 브랜딩의 핵심 전략을 수립하고 해당 전략의 중심 아이디어를 도출한다. 이때 중심 아이디어를 해당 국가의 국가 브랜딩의 슬로건(예. 영국—'Cool Britannia')으로 표현할 수 있다. 둘째, 핵심 실행 주체 집단은 국가 브랜딩의 시각적 상징물(예. 로고)을 개발하고 국가 브랜딩의 모든 활동에 이를 활용한다. 셋째, 핵심 실행 주체 집단은 다양한 유형의 목표 청중(예. 해외 관광객, 해외 투자자)에 적합한 자국의 국가 브랜딩 메시지를 개발한다. 넷째, 핵심 실행 주체 집단은 자국의 국가 브랜딩의 개별 활동(예. 광고)을 추진할 해당 국가의 정부부처, 기업, 문화, 교육, 언론 등에 종사하는 인적 집단들과 네트워크를 구축한다. 마지막으로 이들 인적 집단들이 국가 브랜딩의 다양한 개별 활동을 진행한다.

마케팅 활동 중 국가 브랜딩에서 활용 가능한 개별 활동은 광고, PRpublic relations, 구전, 판매 촉진sales promotion 등이다. 각 활동에 대한 구체적인 설명은 다음과 같다. 먼저 광고는 핵심 실행 주체 집단이 비용을 지불하고 온·오프라인 대중매체(예. TV, 신문, SNS)를 이용해서 목표 청중을 대상으로 국가 브랜드를 널리 알리고 국가 브랜드 이미지를 긍정적으로 만드는 활동을 말한다. 인쇄 광고(예. 잡지 광고, 신문 광고), 온라인 광고, 옥외 광고(예. 공항 터미널의 벽면에 게재된 광고) 등이 이에 해당된다. 둘째, PR은 국가 브랜딩의 목표 청중 또는 목표 청중과 직·간접적으로 관련된 여러 종류의 집단들(예. 해외 신문사 기자)과 좋은 관계를 유지하기 위한 활동이다. 대표적인 PR 수단은 핵심 실행 주체 집단이 국가 브랜딩과 관련된 뉴스 소재를 발굴해서 국내·외 언론 매체에 해당 소재가 보도되도록 만드는 홍보, 국가 브랜딩을 소개하는 브로슈어나 연례 보고서와 같은 출판물, 행사(예. 월드 엑스포) 개최나 후원과 같은 이벤트 등이다. 셋째, 구전은 국가 브랜딩의 목표 청중 간 또는 실행 주체와 목표 청중 간 국가 브랜딩과 관련된 직·간접 경험을 온·오프라인(예. SNS)에서 공유하는 활동이다. 마지막으로 판매 촉진은 국가 브랜딩의 성공을 위해서 실행 주체가 목표 청중에게 단기적으로 인센티브를 제공하는 활동을 말한다. 예를 들어서, 국가 브랜딩의 일종이라고 볼 수 있는 우리나라의 '코리아 그랜드 세일' 캠페인 기간 중 보다 많은 수의 해외 관광객 유치를 위해서 제품 가격을 할인해주거나 추첨을 통해 경품을 제공하는 것이 판매 촉진에 해당된다.

국가 브랜딩의 실행 절차에 있어서 세 번째 단계는 국가 브랜드 인지도와 국가 브랜드 이미지 제고이다. 국가 브랜드 포지셔닝의 결과, 해당 국가 브랜드 인지도가 제고된다(예. 더 많은 목표 청중이 해당 국가의 존재를 알게 됨). 한편 국가 브랜드 이미지란 국가 브랜딩을 실시한 특정 국가의 국가 브랜드에 대한 목표 청중의 인식 내용을 말한다. 특정 국가의 국가 브랜드에 대한 목표 청중의 인식은 해당 국가에 대한 목표 청중의 생각, 느낌, 기대 등을 포괄한다. 국가 브랜드 포지셔닝이 성공적이면, 국가 브랜드 정체성과 국가 브랜드 이미지는 동일할 것이다. 그런데 국가 브랜딩의 핵심 실행 주체 집단이 모든 국가 브랜드 포지셔닝을 통제하고 관리할 수 없다. 예를 들어서, 특정 국가의 수출품에 문제가 발생하거나 불미스러운 정치적 사건 또는 전염병 확산이 자국내·외 언론을 통해서 보도될 수 있다. 이와 같은 경우, 국가 브랜딩의 핵심 실행 주체 집단이 도출해서 포지셔닝을 실시한 국가 브랜드 정체성(예. 긍정적 내용)과 목표 청중이 가진 국가 브랜드 이미지(예. 부정적 내용)는 다를 수밖에 없다.

국가 브랜딩의 마지막 실행 절차는 국가 브랜드 인지도와 국가 브랜드 이미지 점검 단계이다. 국가 브랜드 포지셔닝을 위한 실행 주체의 노력과 달리 국가 브랜드 인지도가 낮을 수 있다. 특정 국가의 국가 브랜드 인지도가 낮은 경우, 목표 청중의 소수만이 해당 국가의 국가 브랜드 이미지를 좋게 평가하는 비효율적인 결과가 발생할 수 있다. 따라서 국가 브랜드 인지도에 대한 주기적이고 지속적인 점검이 반드시 이뤄져야 한다. 또한, 목표 청중의 국가 브랜드 인지도가 높고 국가 브랜딩의 핵심 실행 주체 집단이 차별적이며 매력적인 국가 브랜드 정체성을 전략적으로 도출하더라도, 국가 브랜드 포지셔닝 과정에서 예기치 못한 사건들 때문에 목표 청중의 머릿속에 국가 브랜드 정체성과 다른 부정적인 국가 브랜드 이미지가 형성될 수 있다. 따라서 국가 브랜딩의 효과성과 효율성을 확인하기 위해서, 국가 브랜딩을 실시한 특정 국가에 대한 목표 청중의 국가 브랜드 이미지에 대한 지속적이며 주기적인 점검(예. 목표 청중을 대상으로 설문조사를 실시함)이 필요하다. 목표 청중의 국가 브랜드 이미지 점검 후 부정적인 결과를 확인하는 경우, 국가 브랜딩의 핵심 실행 주체 집단은 국가 브랜드 포지셔닝을 개선하거나 국가 브랜드 정체성을 수정하게 된다. 특히 목표 청중의 국가 브랜드 이미지 점검 과정을 통해서 국가 브랜딩의 핵심 실행 주체 집단이 이전에 도출한 국가 브랜드 정체성보다 더 좋은 국가 브랜드 정체성을 발굴할 수 있다. 경우에 따라서 특정 국가의 국가 브랜딩의 핵심 실행 주체 집단이 적절한 국가 브랜드 정체성을 도출하기 위해서 목표 청중의 해당 국가의 국가 브랜드 이미지를 가장 먼저 점검할 수도 있다.

지금까지 설명한 국가 브랜딩의 실행 절차를 도식적으로 제시하면 〈그림 4-3〉과 같다.

〈그림 4-3〉 국가 브랜딩의 실행 절차

피드백

| 국가 브랜드 정체성 도출 | → | 국가 브랜드 포지셔닝 | → | 국가 브랜드 인지도와 국가 브랜드 이미지 제고 | → | 국가 브랜드 인지도와 국가 브랜드 이미지 점검 |

[실행 주체]　　　　[실행 주체]　　　　[목표 청중]　　　　[실행 주체]

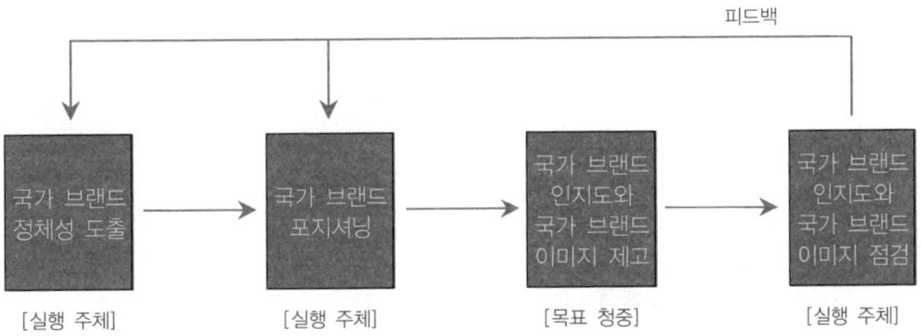

그림 설명: 사각형은 국가 브랜딩의 실행 단계를 제시함. 각 사각형 아래의 대괄호는 해당 단계를 주도하는 주체가 실행 주체 또는 해당 단계가 발생하는 대상이 목표 청중이라는 점을 표기함
출처: 본 장의 저자가 다양한 참고 자료를 기반으로 작성하였음

<참고 4-3> 브랜딩의 파워

국가 브랜딩에 대해 친숙하지 않은 독자들은 국가 브랜딩이 얼마나 강력한 파워를 가지고 있는지를 이해하기 어려울 수 있다. 이에 본 장의 저자는 독자들이 일상에서 쉽게 접할 수 있는 2개의 제품 브랜드를 이용해서 브랜딩의 차이가 어떤 결과의 차이를 만들 수 있는지를 소개하고자 한다.

코카콜라와 펩시콜라는 국내·외 탄산음료 시장의 대표 브랜드들이다. 코카콜라는 99%의 설탕물과 1%의 비밀 성분으로 구성되었다. 펩시콜라는 코카콜라의 1%의 비밀 성분을 제외하면 코카콜라와 거의 비슷한 성분으로 구성되었다. 즉, 제품 차원에서 코카콜라와 펩시콜라는 성분의 차이가 거의 없다. 그럼에도 불구하고 코카콜라는 매출, 브랜드 가치 및 시가총액 모두에서 펩시콜라를 앞서고 있다(강서구 2019.5.28). 유사한 제품 성분을 가진 두 브랜드 간 매출, 브랜드 가치 및 시가총액에서 차이가 발생한 이유는 무엇인가?

사무엘 맥클루어(Samuel M. McClure) 등(2004)은 코카콜라와 펩시콜라의 브랜드를 보여주거나 보여주지 않을 때 해당 콜라를 마시는 사람들의 뇌에서 활성화되는 부위를 기능성 자기공명영상(fMRI) 장치로 촬영했다. 그 결과, 사람들이 콜라 브랜드를 모르는 상황에서 코카콜라와 펩시콜라를 마실 때, 그들이 마신 콜라 브랜드가 무엇이든 뇌의 복내측전전두피질 부위가 동일한 강도로 활성화되었다. 이 부위는 사람들이 좋아하는 맛을 경험할 때 활성화된다. 따라서 사람들은 코카콜라와 펩시콜라를 마실 때 똑같이 맛이 좋다고 느꼈다는 것을 알 수 있다. 반면 사람들이 콜라 브랜드를 알고 콜라를 마시는 상황에서, 사람들이 코카콜라를 마실 때가 펩시콜라를 마실 때보다 뇌의 배외측전전두피질과 해마 부위가 더 강하게 활성화되었다. 이 부위들은 각각 긍정적 정서 경험 그리고 학습된 내용의 기억 활성화와 관련된다. 이 결과는 사람들이 코카콜라인 것을 알고 마실 때 펩시콜라인 것을 알고 마실 때보다 과거 자신이 경험했던 코카콜라 브랜드와 관련된 긍정적인 브랜딩 활동 내용(긍정적 정서 경험의 학습)을 더 많이 떠올린 것(기억)으로 해석할 수 있다.

결론적으로 사람들은 제품 측면에서 코카콜라와 펩시콜라를 동일하게 좋아하지만 브랜드 측면에서 사람들을 대상으로 코카콜라가 펩시콜라보다 더 효과적인 브랜딩을 한 것으로 이해할 수 있다. 그 결과, 유사한 제품 특징을 가진 코카콜라와 펩시콜라지만 코카콜라가 펩시콜라보다 매출, 브랜드 가치 및 시가총액에서 우위를 점유할 수 있었던 것으로 볼 수 있다.

2. 국가 브랜딩의 효과 모형 제안

케이트 디니(2008)는 국가 브랜딩 이전의 상황, 국가 브랜딩의 특성 및 국가 브랜딩의 결과를 개념화한 범주 흐름 모형Category Flow Model을 제안하였다. 본 장의 저자는 케이트 디니의 주장 내용과 여러 추가 자료를 근거로 국가 브랜딩의 작동 기제에 관한 국가 브랜딩의 효과 모형을 다음과 같이 제안한다.

먼저 국가 브랜딩에 영향을 미치는 요인들은 다음과 같다. 첫 번째 요인은 특정 국가의 유산과 특성이다. 한 국가는 정치적(예. 정치체계), 문화적(예. 문학, 음악, 건축), 사회적(예. 종교), 자연적(예. 자연경관) 및 역사적(예. 역사, 언어) 유산과 특성을 가지고 있다. 이와 같은 한 국가의 유산과 특성은 국가 정체성 도출 과정을 통해 국가 브랜딩에 영향을 미친다. 두 번째 요인은 특정 국가에 대한 목표 청중의 인식이다. 특정 국가에 대한 목표 청중의 인식은 해당 국가에 대한 목표 청중의 고정관념과 각 개인의 직·간접 경험에 의해서 형성된다. 구체적으로 사람들은 특정 국가의 이름만 들어도 해당 국가의 지리적 위치, 역사, 음악, 미술, 유명인 등을 거의 자동적으로 떠올린다. 이와 같은 연상 내용은 해당 국가의 브랜드 이미지이자 해당 국가의 실제 특성을 단순화시킨 해당 국가에 대한 고정관념에 해당된다.Kotler & Gertner 2002 따라서 해당 국가에 대한 목표 청중의 고정관념은 해당 국가에 대한 목표 청중의 인식을 형성한다. 또한 국가 브랜딩의 목표 청중은 특정 국가 방문, 특정 국가의 커뮤니케이션 활동(예. 온라인 동영상 광고)에 노출 등과 같은 해당 국가와 관련된 직·간접 경험을 통해 해당 국가에 대한 인식을 형성하기도 한다.이정훈 2008 마지막 요인은 한

국가의 국내·외 역동적 상황이다. 한 국가의 유산과 특성은 장기간에 걸쳐서 축적된 요인인 반면 자국내·외의 역동적 상황은 비교적 최근 발생한 요인이다.Groen & Lee 2013 특정 국가의 자국내·외의 역동적 상황은 자국내·외에서 발생한 정치적 사건, 테러, 전쟁, 전염병 그리고 자국 출신의 세계적 운동선수나 대중가수의 출현 등이다. 예를 들어서, COVIDCorona Virus Disease 19가 세계적으로 확산되기 시작하면서, COVID 19가 처음 발생한 지역으로 알려진 중국을 의미하는 시노Sino와 공포를 의미하는 포비아phobia를 합성한 시노 포비아라는 말이 세계적으로 유행했다. 그 결과, 중국의 국가 브랜드 이미지가 나빠졌다. 이를 해결하기 위해서 중국이 향후 국가 브랜딩을 추진한다면 이와 같은 부정적 국가 브랜드 이미지를 고려해야 한다. 결론적으로, 특정 국가의 유산과 특성, 해당 국가에 대한 국가 브랜딩의 목표 청중의 인식 및 해당 국가의 국내·외 역동적 상황은 서로 영향을 주고 받으며 국가 브랜딩에 영향을 미친다.

앞서 소개한 바와 같이 국가 브랜딩은 크게 국가 브랜드 정체성 도출과 국가 브랜드 포지셔닝으로 진행된다. 만약 국가 브랜딩이 효과적이고 효율적으로 추진되었다면, 목표 청중의 머릿속에서 국가 브랜드 인지도와 국가 브랜드 이미지는 제고될 것이다. 이와 같은 국가 브랜드 인지도와 이미지의 제고는 국가 브랜드 자산을 구축하는 데 기여한다.이정훈 2008; 박찬수 2014 국가 브랜드 자산은 국가 브랜딩의 목표 청중이 특정 국가 브랜드를 알고 있고 긍정적인 연상 이미지를 가지고 있기 때문에 해당 국가 브랜드 포지셔닝을 긍정적으로 수용하고 평가하며 해당 국가에 우호적인 행동을 하게 만드는 힘이라고 정의할 수 있다.Keller 1993 국가 브랜딩의 목표 청중의 머릿속에 국가 브랜드 자산이 제대로 구축되면, 목표 청중은 해당 국가에 대한 사회적 가치와 정서적 가치를 체험한다.Kotler & Gertner 2002; Fan 2010 특정 국가에 대한 국가 브랜딩의 목표 청중의 사회적 그리고 정서적 가치 체험은 목표 청중과 해당 국가 간의 긴밀하고 결속력이 강한 연대감을 형성한다. 목표 청중과 해당 국가 간의 강한 연대감이 형성되면, 목표 청중은 해당 국가에 대해서 우호적인 태도를 가지고 해당 국가의 이익에 도움을 주는 행동(예. SNS를 통해 해당 국가 관광을 추천함)을 하게 된다.

〈그림 4-4〉 국가 브랜딩의 효과 모형

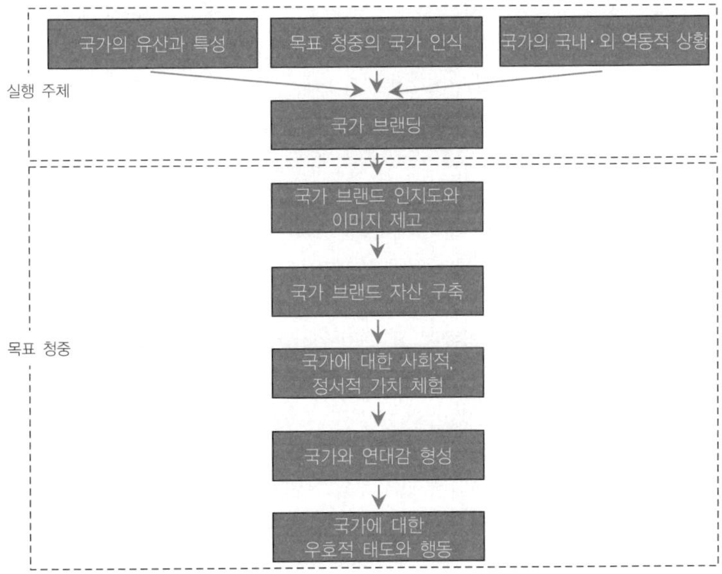

그림 설명: 점선으로 구성된 사각형은 실행 주체 입장에서 고려하거나 실행해야 하는 내용인지 아니면 목표 청중의 입장에서 발생하는 내용인지를 표시함
출처: 본 장의 저자가 다양한 참고 자료를 기반으로 작성하였음

이상의 내용을 도식적으로 정리하면 〈그림 4-4〉와 같다. 〈그림 4-4〉에서 제시한 국가 브랜딩의 효과 모형은 실증적으로 검증된 것이 아니라 본 장의 저자가 개념적으로 제안한 것임에 주의할 필요가 있다.

〈참고 4-4〉 국가 브랜딩의 성공 사례: 싱가포르

2019년 비쥬얼 캐피탈리스트라는 기업은 싱가포르를 세계 각국의 국가 브랜드 중 정부 주도의 관리가 가장 잘된 국가 브랜드로 평가했다(Routley 2019.12. 27). 한때 우리나라와 함께 아시아의 네 마리 용으로 불렸던 싱가포르가 어떤 방식으로 정부 주도의 국가 브랜딩을 성공적으로 수행해서 이와 같은 평가를 받았는지를 간략히 살펴보면 다음과 같다.

싱가포르는 1963년 말레시아 연방의 일원으로 영국으로부터 독립한 이듬해 싱가포르 관광진흥청(Singapore Tourism Promotion Board)을 설립했다. 1997년 싱가포르 관광진흥청은 싱가포르 관광청(Singapore Tourism Board)으로 개칭해서 이후 국가 브랜딩을 주도하고 있다. 싱가포르 관광진흥청 또는 싱가포르 관광청이 주도한 세부 국가 브랜딩 내용은 다음과 같다. 1970년대 실시한 'Instant Asia' 브랜드 캠페인을 통해서 싱가포르 안에 아시아 문화, 사람, 축제, 음식 등이 망라되어 있음을 강조했다. 1985년 'Surprising Singapore' 브랜드 캠페인은 근대성과 동양적 이국풍 이미지를 대조시키며 싱가포르 안에 동·서양, 옛것과 새것의 공존을 부각시켰다. 1990년대 초반 동남아시아 국가들 간의 관광객 유치 경쟁 심화로 인해 발생한 싱가포르 관광객 감소에 대응하기 위해서 국가관광계획위원회(National Tourism Plan Committees)는 싱가포르 예술관, 아시아 문명박물관, 싱가포르 역사박물관, 해변극장 등의 설립을 추진했다. 싱가포르 관광진흥청은 1996년부터 시작된 'New Asia' 브랜드 캠페인을 통해 동양적 이국풍 이미지를 유지하면서 싱가포르만의 새로운 이미지를 구축하고자 노력했다. 이때 'So Easy to Enjoy, So Hard to Forget' 슬로건, 21세기 전환기에 'Millennia Mania' 슬로건, 미국 9.11테러 이후 세계관광 침체기에 'Live It Up!' 슬로건 등이 사용되었다. 2003년 1월 사스 발생 후 세계보건기구(WHO)의 블랙리스트에 포함된 싱가포르는 싱가포르 관광청 홈페이지에 자국의 사스 확산 정보를 정기적으로 알리고 사스와 관련된 싱가포르 관광의 안전성을 강조하였다. 이후 자국민들을 대상으로 관광산업의 중요성을 강조하는 'Step Out' 브랜드 캠페인과 해외에 싱가포르의 관광 안전성을 알리는 'Singapore Roar' 브랜드 캠페인을 실시했다. 2004년에 시작한 'Uniquely Singapore' 브랜드 캠페인은 싱가포르의 명소를 중심으로 관광객의 특별한 관광 경험을 강조했다. 이 캠페인의 특징은 싱가포르 국무총리실 내 기획실이 다양한 정부 부처의 기관장들과 함께 비전을 설정한 후, 무역산업부, 재무부 등의 각 정부부처가 서로 다른 전략적 세분 시장을 대상으로 브랜딩 활동을 실시했다는 점이다. 2007년에는 싱가포르가 가지고 있는 다양성을 기반으로 관광객의 개인적 취향에 맞춘 서비스 제공을 강조한 'Your Singapore' 브랜드 캠페인을 실시했다. 2017년 8월 이후 싱가포르 관광청과 경제개발청이 함께 'Passion Made Possible' 브랜드 캠페인을 실시하고 있다. 이 캠페인은 싱가포르 외 10개국의 관광객들을 대상으로 실시한 싱가포르의 대표 이미지 설문조사를 통해 선별된 '열정(passion)'과 '가능성(possibility)'이라는 키워드를 기반으로 기획되었다. 이 브랜드 캠페인 론칭 행사에서 '열정'과 '가능성'을 가진 100명의 싱가포르 유명인들과 일반인들이 싱가포르의 모든 길목에서 관광객들을 맞이한다는 의미의 동영상을 상영했다. 이와 같은 브랜드 캠페인은 싱가포르가 단순한 관광지에서 벗어나 더욱 풍부한 스토리를 전달하는 공간임을 강조한다. 유튜브에서 'Passion Made Possible'을 검색하면 싱가포르가 2020년 추진 중인 'Passion Made Possible' 브랜드 캠페인을 소개하는 다수의 동영상들을 확인할 수 있다. 독자들이 이 동영상들을 보면 싱가포르가 현재 어떤 방식으로 브랜드 캠페인을 전개하는지를 쉽게 이해할 수 있을 것이다.

이상의 내용을 종합하면, 싱가포르의 국가 브랜딩은 인구가 적고 자원이 부족한 신생국(하드파워가 약함)이라는 한계점을 해결하기 위해서 소수의 특정 정부부처(예. 싱가포르 관광진흥청 또는 싱가포르 관광청)가 주도했으며 외부 환경 변화에 능동적으로 대응하면서 끊임없이 변화를 추구했다는 특징을 가진다.

출처: 본 내용은 다양한 자료(김기남 2017.9.4; 외교부 2019; Morgan, Pritchard & Pride 2004; Henderson 2007; Ooi 2008; Yee 2009)를 기반으로 작성되었음

열정과 가능성이 만나는 곳

싱가포르는 무궁무진한 볼거리를 넘어 감동을 선사합니다. 싱가포르는 새로운 가능성을 열어나가는 일에 열정을 가진 사람들과 함께 진화와 혁신, 새로운 상상을 거듭해 왔습니다.

이곳에서 미식가, 탐험가, 컬렉터, 활동가, 문화 향유자 및 소셜라이저들이 한데 모여 매일매일 새로운 경험을 만들어냅니다.

싱가포르의 즐길거리를 빠짐없이 누려보세요. 싱가포르에 있는 동안 할 수 있는 일을 Passion Ambassadors가 알려드립니다. 단순한 관광지 이상의 경험을 할 수 있습니다. 우리는 열정을 가능성으로 만드는 곳입니다.

사진 설명: 싱가포르 관광청의 공식 한국어 홈페이지에 소개된 'Passion Made Possible' 브랜드 캠페인 내용임. 미식가, 탐험가, 컬렉터, 소셜라이저, 활동가 및 문화 향유자에 해당되는 메뉴를 클릭하면 해당 활동을 지향하는 관광객들을 위한 싱가포르의 관광 장소를 소개함

출처: 싱가포르 관광청의 공식 한국어 홈페이지(www.visitsingapore.com/ko_kr)

3. 성공적 국가 브랜딩의 기획과 실행을 위해서 주의할 사항

성공적인 국가 브랜딩의 기획과 실행을 위해서 다음과 같은 사항에 주의를 기울여야 한다.

첫째, 한 국가의 정부 또는 정부부처가 중심이 되면서도 국민, 기업인 등의 다양한 이해당사자들이 국가 브랜드 관리 및 운영 기구에 참여해서 핵심 실행 주체로서 국가 브랜딩을 추진해야 한다. 특정 국가의 세계적 브랜드의 CEO, 지역자치단체장, 마케팅이나 브랜딩 전문가 등이 국가 브랜드 관리 및 운영 기구에 참여할 수 있다. 예를 들어서, 2006년 영국은 자국의 국가 브랜드 관리 및 운영 기구로 공공외교위원회Public Diplomacy Board를 구성했다. 외무부, 영국문화원, BBC World Service 등의 대표자들과 국가 브랜딩 전문가인 사이먼 앤홀트 등이 이 위원회에 참여했다. 둘째, 국가 브랜딩의 핵심 실행 주체가 소속되어 활동하는 국가 브랜드 관리 및 운영 기구를 법제화하고 이 기구를 전문적으로 지원하는 민간 기구를 육성할 필요가 있다. 핵심 실행 주체의 집단인 국가 브랜드 관리 및 운영 기구는 국가 브랜딩의 컨트롤 타워 역할을 수행해야 한다. 전문 민간 기구로는 현재 국내에서 운영 중인 국가 브랜드 진흥원과 공공브랜드 연구센터를 예로 들 수 있다. 셋째, 정부부처 이외의 다양한 핵심 실행 주체들인 국민, 기업가, 비정부조직 구성원 등이 자국의 정부나 정당들과 정치적으로 독립성을 유지하도록 제도를 구축해야 한다.

넷째, 국가 브랜딩의 성공은 기업의 브랜딩보다 더 긴 기간에 걸쳐서 정부가 지속적이며 안정적으로 재정을 지원해야 가능하다. 단기간의 결과만을 보고 국가 브랜딩의 성공과 실패를 결론짓는 것은 부적절하기 때문에 핵심 실행 주체들은 인내심을 가지고 일관성을 유지하면서 체계적으로 국가 브랜딩을 추진할 필요가 있다. 다섯째, 브랜딩의 핵심 실행 주체는 제품의 품질이 나쁘면 제품 브랜딩이 오히려 제품 브랜드의 가치를 떨어뜨릴 수 있다는 점을 기억할 필요가 있다. 보다 구체적으로 핵심 실행 주체 집단이 국가 브랜딩을 위해서 도출한 특정 국가의 국가 브랜드 정체성이 다른 국가들의 국가 브랜드 정체성들과 차별되지 않거나, 해당 국가의 정치적, 문화적, 사회적 및 역사적 실제 특성과 지나치게 다르거나, 해당 국가의 실제 특성을 과장하는 경우, 해당 국가의 국가 브랜딩은 해당 국가의 이미지에 치명적인 부정적 영향을 미치게 된다. 또한, 핵심 실행 주체 집단이 도출한 특정 국가의 국가 브랜드 정체성이 다른 국가들의 국가 브랜드 정체성들과 차별될 뿐만 아니라 해당 국가 브랜드 정체성이 국가 브랜딩의 목표 청중에게 매력적으로 인식되어야 한다는 점도 기억해야 한다.

앞서 언급한 네 번째와 다섯 번째의 주의 사항과 관련된 실패 사례로 영국에서 실시한 'Cool Britannia' 브랜드 캠페인을 들 수 있다. 다른 국가들의 국민들이 가진 영국에 대한 기술력 부족, 보수적이고 낡은 국가 이미지를 개선하기 위해서, 1997년 토니 블레어Tony Blair가 영국 총리로 취임한 이후 'Cool Britannia' 브랜드 캠페인을 실시했다. 그러나 이 브랜드 캠페인은 얼마 가지 않아 자국 내에서 영국의 브랜드 이미지를 개선하는 데 큰 기여를 하지 못했다는 비판을 받기 시작했다. 최창원(2008)은 이와 같은 비판이 발생한 이유를 다음과 같이 제시했다. 먼저 'Cool Britannia' 브랜드 캠페인이 표방하는 영국의 국가 브랜드 정체성이 다른 나라들의 국민들이 알고 있는 영국의 실제 특성과 지나치게 일치하지 않았다. 게다가 정부의 재정적 지원 역시 부족했다. 그 결과, 'Cool Britannia' 브랜드 캠페인은 4년 만에 중단되었다.

여섯 번째, 핵심 실행 주체 집단이 국가 브랜드 정체성을 도출하는 과정에서 해당 국가 브랜드 정체성에 대해 다양한 종류의 이해당사자들(예. 비정부조직)과 합의할 필요가 있다. 또한 향후 진행할 국가 브랜딩이 표방하는 국가 브랜드 정체성에 부합하는 실체를 구축해야 한다. 싱가포르의 경우, 'Surprising Singapore' 브랜드 캠페인에 부합하는 실체를 구축하기 위해서 싱가포르 예술관, 아시아 문명박물관, 싱가포르 역사박물관, 해변극장 등의 설립을 추진했다. 일곱 번째, 국가 브랜딩이 성공하기 위해서는 잠재 실행 주체인 자국의 모든 구성원들(예. 국민들) 사이에 국가 브랜드 정체성에 대한 합의와 공유가 이루어져야 한다. 따라서 다른 나라들의 국민들을 대상으로 추진하는 외적 국가 브랜딩의 시작 이전에 자국민들을 대상으로 내적 국가 브랜딩을 먼저 실시할 필요가 있다. 내적 국가 브랜딩을 통해 자국의 구성원들 간 동의가 이루어지면, 이들 구성원들 모두가 국가 브랜딩의 실행 주체로 활동하면서 외적 국가 브랜딩이 보다 효과적이고 효율적으로 추진될 것이다.

여덟 번째, 목표 청중이 국가 브랜딩에 대해서 신뢰를 가져야 국가 브랜딩이 성공할 수 있다. 따라서 실행 주체는 진정성이 있는 내적 또는 외적 국가 브랜딩을 추진해야 한다. 마지막으로 국가 브랜딩의 실행은 핵심 실행 주체 집단의 직·간접 경험을 기반으로 할 때 실패 가능성을 낮출 수 있다. 이에 국가 브랜딩의 효과적이며 효율적인 기획과 실행을 위한 간접 경험의 축적을 위해서, 핵심 실행 주체 집단은 성공하거나 실패한 세계 각국의 국가 브랜딩 사례를 반드시 벤치마킹할 필요가 있다.

IV. 맺음말

비쥬얼 캐피탈리스트에서 제공한 자료에 의하면, 우리나라의 국가 브랜드 가치는 여러 국가 브랜드들 중 2016년 16위, 2018년 10위 (Desjardins 2018.10.12) 그리고 2019년 9위(Routley 2019.12.27) 로 상승 중이다. 우리나라의 국가 브랜드 가치의 지속적인 제고를 위해서, 많은 마케터들, 브랜드 매니저들 및 광고인들이 국가 브랜딩에 관심을 가지고 적극적으로 국가 브랜딩의 기획과 실행 과정에 참여할 필요가 있다. 단, 국가 브랜딩의 기획과 실행 과정에 참여하는 마케팅, 브랜딩 및 광고 분야의 실무자들은 국가 브랜딩이 기업의 브랜딩과 어떤 차이가 있는지를 정확하게 이해할 필요가 있다. 또한 공공외교와 관련된 전공 학생들 또는 유관 직종 실무자들이 국가 브랜딩의 기획과 실행 과정에 참여하는 것은 우리나라의 국가 브랜드 가치를 제고하는 데 큰 기여를 할 것으로 기대된다. 이들의 경우, 효과적이며 효율적인 국가 브랜딩을 기획하고 실행하기 위해서 기업의 브랜딩에 대한 심도 깊은 이해가 요구된다. 이에 본 장의 저자는 기업의 마케팅 분야와 관련된 주요 개념들(예. 브랜드의 정의)을 각주, 참고 등을 이용해서 최대한 상세히 설명하고자 했다.

과거 전통적 공공외교는 한 국가의 정부와 다른 국가의 정부 간 쌍방향 커뮤니케이션 활동 또는 한 국가의 정부가 다른 국가의 국민을 대상으로 실시하는 일방향 커뮤니케이션 활동이 주를 이루었다. 그러나 최근에 등장한 신공공외교는 한 국가의 정부 또는 국민이 자국의 문화를 기반으로 자국내·외 대중과 쌍방향으로 커뮤니케이션하는 소통외교, 국민외교, 문화외교의 특징을 가진다. 김상배 2019b 이와 같은 특징을 가진 신공공외교는 국가 브랜딩과 매우 밀접하게 관련되기 때문에 신공공외교의 효과적이며 효율적인 목적 달성을 위해서 국가 브랜딩은 반드시 병행되어야 한다. 그런데 국가 브랜딩은 매우 흥미로우면서도 매우 복잡하고 그 정의, 세부 실행 방법 등에 있어서 이견이 많은 분야이다. 학자들이나 실무자들에 따라서 국가 브랜딩과 관련된 주요 개념들(예. 국가 브랜드 정체성) 또는 유관 개념들 간의 관계(예. 공공외교와 국가 브랜딩의 관계) 역시 다양하게 정의될 수 있다.

　　이에 본 장의 저자는 다양한 관점을 최대한 포괄해서 국가 브랜딩과 유관 개념들을 정의하고 국가 브랜딩의 실행 방법, 작동 기제 등을 제안하고자 노력했다. 그럼에도 불구하고 본 장의 제한된 지면으로 인해서 국가 브랜딩 자체나 각 유관 개념과 관련된 자세한 설명이 부족할 수 있다. 각 개념, 국가 브랜딩의 세부 실행 방법 등에 대한 보다 명확하고 깊이 있는 지식을 쌓고자 하는 독자들은 본 장의 추천 문헌과 참고 문헌을 읽어볼 것을 추천한다.

1 다양한 관점에서 공공외교와 국가 브랜딩의 관계를 규정할 수 있다. 국제 정세의 최근 변화 양상을 고려하면 공공외교와 국가 브랜딩의 관계를 어떻게 바라보는 것이 적합하다고 생각하는가?

2 국가 브랜딩은 기업의 브랜딩 기법을 국가 브랜드 관리에 적용한 것으로 이해할 수 있다. 그렇다면 국가 브랜딩과 기업의 브랜딩 간 유사점과 차이점은 무엇인가?

3 싱가포르의 경우, 특정 정부부처(싱가포르 관광진흥청 또는 싱가포르 관광청)가 국가 브랜딩을 주도하였다. 이 사례를 참고해서 누가 대한민국의 국가 브랜딩을 기획하고 실행하는 것이 효과적이며 효율적이라고 생각하는가?

4 국가 브랜딩은 국가 브랜드 정체성 도출, 국가 브랜드 포지셔닝 및 국가 브랜드 인지도와 이미지 점검의 단계로 진행될 수 있다. 이때 국가 브랜드 정체성과 국가 브랜드 이미지의 차이점은 무엇인가?

5 최근 세계적으로 K-Pop을 포함한 한류가 유행하고 있다. 이와 같은 한국 문화의 세계적 유행이 대한민국의 국가 브랜딩에 어떤 영향을 미치고 있다고 생각하는가? 또한 대한민국의 국가 브랜딩에 이와 같은 한류를 어떤 방법으로 활용할 수 있다고 생각하는가?

추천 문헌

사이먼 안홀트, 김유경 역(2003). 『국가 브랜드 국가 이미지: 글로벌 브랜드를 만들기 위한 기업과 정부가 할 일』. 커뮤니케이션북스.

알 리스·로라 리스, 배현 역(2008). 『브랜딩 불변의 법칙』. 비즈니스맵.

잭 트라우트·알 리스, 안진환 역(2006). 『포지셔닝』. 을유문화사.

키스 디니, 김유경·이희복 역(2018). 『글로벌 시대의 국가 브랜드 전략』. 한국 외국어대학교 지식출판콘텐츠원.

Szondi, Gyorgy(2008), "Public Diplomacy and Nation Branding: Conceptual Similarities and Differences." *Discussion Papers in Diplomacy*. Hague, Netherlands: Netherlands Institute of International Relations.

참고 문헌

강서구(2019.5.28). "또 너냐 … 콜라전쟁 부글부글." http://www.thescoop. co.kr(검색일: 2020.1.2).

김기남(2017.9.4). "싱가포르의 새 국가 브랜드. 이야기가 있는 영상으로 '열정 과 가능성' 전달." http://www.traveltimes.co.kr(검색일: 2020.1.3).

김상배(2019a). "쉽게 말해서 공공외교가 무엇일까?" 김상배·홍석인·애런 타 버·이병종·이찬재·안경자·강명석 편. 『그래서 공공외교가 뭔가요?』. 한국국제교류재단.

_____(2019b). "공공외교의 이론적 이해." 김상배·박종희·배영자·송태은· 신범식·이승주·이신화·조동준 저. 『지구화 시대의 공공외교』. 사회 평론아카데미.

박찬수(2014). 『마케팅원리』. 법문사.

성영신·박은아·김유나(2003). "국내 및 해외브랜드의 브랜드성격이 구매행동 에 미치는 영향: 제품관여도와 자기존중감의 조절효과를 중심으로." 『광 고학연구』 14(4), pp.257–280.

외교부(2019). 『싱가포르 개황』. 외교부.

이정훈(2008). "연성 지역개발의 주요 수단으로서 장소브랜딩에 관한 이론적 고찰과 과제." 『대한지리학회지』 43(6), pp.873–893.

최창원(2008). "영국의 국가 브랜드 전략 사례연구: 對 중국 Think UK 캠페인 을 중심으로." 『동서언로』 23, pp.81–112.

Aaker, David A.(1996). *Building Strong Brands*. New York: Free Press.

Anholt, Simon(2005). "Some Important Distinctions in Place Branding." *Place Branding* 1(2), pp.116–121.

_____(2006). "Public Diplomacy and Place Branding: Where's the Link?" *Place Branding* 2(4), pp.271–275.

Blain, Carmen, Stuart E. Levy, and J. R. Brent Ritchie(2005). "Desti-nation Branding: Insights and Practices from Destination Management Organizations." *Journal of Travel Research* 43(4), pp.328–338.

Bond, Ross, David McCrone, and Alice Brown(2003). "National Identity and Economic Development: Reiteration, Recapture, Reinterpretation and Repudiation." *Nations and Nationalism* 9(3), pp. 371–391.

Bravo, Rafael, Teresa Montaner, and Jose M. Pina(2010). "Corporate Brand Image in Retailing Banking: Development and Validation of a Scale." *Service Industries Journal* 30(8), pp.1199–1218.

Chiu, Chi-Yue, and Shirley Y. Y. Cheng(2007). "Toward a Social Psychology of Culture and Globalization: Some Social Cognitive Consequences of Activating Two Cultures Simultaneously." *Social and Personality Psychology Compass* 1(1), pp.84–100.

Desjardins, Jeff(2018.10.12). "Ranking the World's Most Valuable Nation Brands." https://www.visualcapitalist.com(검색일: 2010.1.10).

Dinnie, Keith(2008). *Nation Branding: Concepts, Issues, Practice.* Oxford, UK: Butterworth-Heinemann.

Fan, Ying(2008). "Soft Power: Power of Attraction or Confusion?" *Place Branding and Public Diplomacy* 4(2), pp.147–158.

_____(2010). "Branding the Nation: Towards a Better Understanding." *Place Branding and Public Diplomacy* 6(2), pp.97–103.

Ghodeswar, Bhimrao M.(2008). "Branding Brand Identity in Competitive Markets: A Conceptual Model." *Journal of Product & Brand Management* 17(1), pp.4–12.

Gilboa, Eytan(2008). "Searching for a Theory of Public Diplomacy." *Annals of the American Academy of Political and Social Science* 616(1), pp.55–77.

Golan, Guy J.(2013). "An Integrated Approach to Public Diplomacy." *American Behavioral Scientist* 57(9), pp.1251–1255.

Groen, Aard J., and Lemma K. M. Lee(2013). "Nation Brand Management: Towards a Convergent Theory for Nation Branding." *Archives of Design Research* 26(2), pp.55–69.

Henderson, Joan C.(2007). "Uniquely Singapore? A Case Study in Destination Branding." *Journal of Vacation Marketing* 13(3), pp.

261-272.

Jansen, Sue Curry(2008). "Designer Nations: Neo-Liberal Nation Branding—Brand Estonia." *Social Identities* 14(1), pp.121-142.

Kaneva, Nadia(2011). "Nation Branding: Toward an Agenda for Critical Research." *International Journal of Communication* 5, pp.117-141.

Kavaratzis, Mihalis, and G. J. Ashworth(2005). "City Branding: An Effective Assertion of Identity or a Transitory Marketing Trick." *Tijdschrift voor Economische en Sociale Geografie* 96(5), pp.506-514.

Kavaratzis, Mihalis, and Gregory Ashworth(2008). "Place Marketing: How Did We Get Here and Where Are We Going?" *Journal of Place Management and Development* 1(2), pp.150-165.

Keller, Kevin L.(1993). "Conceptualizing, Measuring, and Managing Customer-Based Brand Equity." *Journal of Marketing* 57(1), pp.1-22.

Khan, Saif Ullah, and Owais Mufti(2007). "The Hot History & Cold Future of Brands." *Journal of Managerial Sciences* 1(1), pp.75-87.

Kotler, Philip, and David Gertner(2002). "Country as Brand, Product, and Beyond: A Place Marketing and Brand Management Perspective." *Brand Management* 9(4-5), pp.249-261.

McClure, Samuel. M., Jian Li, Damon Tomlin, Kim S. Cypert, Latane M. Montague, and P. Read Montague(2004). "Neural Correlates of Behavioral Preference for Culturally Familiar Drinks." *Neuron* 44(2), pp.379-387.

Moore, Karl, and Susan Reid(2008). "The Birth of Brand: 4000 Years of Branding History." *Business History* 50(4), pp.419-432.

Morgan, Nigel, Annette Pritchard, and Roger Pride(2004). *Destination Branding: Creating the Unique Destination Proposition.* Burlington, MA: Elsevier Butterworth-Heinemann.

Ooi, Can-Seng(2008). "Reimaging Singapore as a Creative Nation:

The Politics of Place Branding." *Place Branding and Public Diplomacy* 4(4), 287–302.

Pamment, James(2014). "Articulating Influence: Toward a Research Agenda for Interpreting the Evaluation of Soft Power, Public Diplomacy and Nation Brands." *Public Relations Review* 40(1), pp.50–59.

Routley, Nick(2019.12.27). "Ranked: The Most Valuable Nation Brands." https://www.visualcapitalist.com(검색일: 2020.1.10).

Schnittka, Oliver, Henrik Sattler, and Sebastian Zenker(2012). "Advanced Brand Concept Maps: A New Approach for Evaluating the Favorability of Brand Association Networks." *International Journal of Research in Marketing* 29(3), 265–274.

Sheth, Jagdish N., Bruce I. Newman, and Barbara L. Gross(1991). "Why We Buy What We Buy: A Theory of Consumption Values." *Journal of Business Research* 22(2), pp.159–170.

Surowiec, Pawel(2017). *Nation Branding, Public Relations and Soft Power: Corporatising Poland*. New York: Routledge.

Szondi, Gyorgy(2008). "Public Diplomacy and Nation Branding: Conceptual Similarities and Differences." *Discussion Papers in Diplomacy*. Hague, Netherlands: Netherlands Institute of International Relations.

Verlegh, Peeter. W. J., and Jan-Benedict E. M. Steenkamp(1991). "A Review and Meta-Analysis of Country-of-Origin Research." *Journal of Economic Psychology* 20(5), pp.521–546.

Wang, Yonggui, Hing Po Lo, Renyong Chi, and Yongheng Yang(2004). "An Integrated Framework for Customer Value and Customer-Relationship-Management Performance: A Customer-Based Perspective from China." *Managing Service Quality* 14(2/3), pp. 169–182.

Yee, F. Woo(2009). *Nation Branding: A Case Study of Singapore* (Master's Thesis, University of Nevada). https://digitalscholarship.unlv.edu(검색일: 2010.2.10).

Zenker, Sebastian, Erik Braun, and Sibylle Petersen(2017). "Branding the Destination versus the Place: The Effects of Brand Complexity and Identification for Residents and Visitors." *Tourism Management* 58, pp.15-27.

제2부 국가별 공공외교 정책과 특성

제5장

프랑스 공공외교 정책과
문화외교 집행기관의 역할 및 특성

조화림 • 전북대학교

[핵심어] ─────────

프랑스 공공외교   문화외교   프랑수아 1세
루이 14세   프랑코포니   인스티튜트 프랑세
골리즘

I. 들어가며

오늘날 세계는 인터넷의 발달과 국제화 및 정보화의 영향으로 국가 간의 교역과 교류가 활발한 시대에 살고 있다. 특히 다양한 문화와의 접근이 용이하고 빅데이터, 인공지능과 로봇, VR 등 4차 산업혁명이 야기한 격렬한 변화의 소용돌이 속에서 지구촌 사람들의 세계관은 물론 일상적 삶도 새롭게 창출되는 문화양식과 밀접한 관계를 맺고 펼쳐지고 있다.

따라서 21세기 국가 간의 외교정책은 문화 상호주의에 입각하여 상대방 국가의 다양한 문화와 종교를 포용하고 그 구성원들의 정서와 철학을 이해하는 데에서부터 출발해야 한다. 냉전시대와 극단적인 자본주의 시대의 필연적 산물인 기존 외교정책의 양대 축을 이루었던 정무외교와 통상외교를 지양하고 이제는 새로

운 발상 전환이 필요하다. 이와 같은 맥락에서 볼 때 상대를 존중하고 배려하면서 세계평화를 추구한다는 공동의 목표를 지닌 지구촌은 그 어느 때보다도 적극적으로 '공공외교'의 방향과 정책을 수립해야 한다.

'공공외교'는 1960년대 중반에 국제사회에 처음으로 등장한 용어인데 1995년 오스트리아의 Signitzer 교수는 공공외교를 전통적 의미의 외교와 대비되는 개념으로 규정하고 두 개의 영역으로 구분하여 설명했다.Benno H. Signitzer 1992, 137-147 그에 따르면 첫 번째 형태의 공공외교는 원론적이면서 제한된 의미로서 한 국가가 상대방 국가와 그 구성원들에게 자국의 어떠한 특수상황 때문에 그러한 조치를 취할 수밖에 없었다고 상세히 설명하면서 설득과 이해를 구하는 일련의 행위를 의미한다.

두 번째 형태는 장기적인 안목에서 서두르지 않고 자국의 문화를 소통의 도구로 활용하면서 상대 국가와 국민들에게 다가가 감동을 주어 그들의 마음을 얻음으로써 상호이해를 바탕으로 우호적인 관계를 구축하는 방식이다.

오늘날 전 세계는 외국 국민들과의 직접적인 스킨십을 통해 자국의 역사, 전통, 문화, 예술, 스포츠, 가치관, 정책, 비전 등에 대한 공감대를 형성하고 신뢰를 확보함으로써 외교관계를 증진시키고 국가 이미지와 브랜드를 높이는 소프트파워1를 중심으로 국

---

1 소프트파워(Soft Power)는 군사적 개입, 강압적 외교, 경제 제재 조치 등의 물리적 힘으로 표현되는 하드파워(Hard Power)에 반대되는 개념으로, 강제력보다는 매력을 통해, 명령이 아니라 상대방이 자발적으로 이끌리게 함으로써 스스로가 바라는 것을 획득하게 하는 힘을 나타내는 용어이다. 21세기는 하드파워에 소프트파워가 결합된 스마트파워(Smart Power)가 중요하게 대두되고 있다(대한민국 외교부 공공

제사회에서 영향력을 증대하는 모든 외교활동을 넓은 의미에서 '공공외교'라고 규정한다. 즉, 공공외교는 상대 국가 국민의 이해와 공감을 획득하기 위해 장기적인 관점에서 국가가 펼치는 체계적이고 효율적인 전략인데 가장 중요한 비중을 견인하는 분야가 문화외교이다. 문화외교란 정부기구나 그 기구로부터 위임받은 기관이 다른 나라 정부와 국민을 대상으로 다양한 분야의 예술, 전통, 지식, 언어를 도구로 상호이해를 증진하고 자국의 이미지와 브랜드를 높이는 행위다. 문화가 외교의 핵심으로 부상하게 된 배경은 21세기에 들어와 '소프트파워'의 중요성이 부각된 상황과 관련이 있다. 문화외교는 집행 주체가 누구인지에 따라서 정부기구와 비정부기구(민간인이나 기업, NGO 등을 포함한 각종 단체), 혼합형기구 문화외교로 구분할 수 있다.

프랑스는 세계에서 가장 먼저 문화외교[2]에 관심을 갖고 또한 가장 많은 투자를 한 국가로 알려져 있다. 자타가 인정하는 문화 일등국가로서 프랑스는 세계화의 일환으로 일찍부터 문화를 적극적으로 활용하였다. 루이 14세는 강력한 중앙집권체제를 확립하고 그의 군대가 승리의 깃발을 꽂는 곳마다 프랑스의 다양한 문화를 함께 정착시켰다. 그 이유는 인간에 대한 예의와 보편적인 아름다움을 추구한 자국의 문화를 패전국의 국민들에게 홍보하고

외교 홈페이지, 검색일: 2020.2.29).

2 문화외교를 공공외교와 구분하여 규명하려는 시도들이 있으나 니콜라스 컬(Nicholas Cull 2008)은 문화외교를 공공외교의 한 부분으로 볼 것을 제안한다. 문화외교는 문화적 자원이나 업적을 활용하여 자국 문화를 홍보하고, 확산시키기 위한 노력을 통해 결국 국제사회에서 자국의 입지를 공고히 하는 데 기여함으로써 공공외교가 지향하는 목표와 동일하다고 볼 수 있다.

공유함으로써 잔인한 정복자 프랑스인이라는 부정적 인식을 희석하는 데 문화보다 더 큰 파급력을 지닌 것은 없다고 판단했기 때문이다. 그 덕택에 프랑스는 오늘날에도 여전히 세계 문화의 중심지로 명성을 떨치고 있다.

이 글은 문화를 외교의 최전방에 내세운 프랑스 공공외교의 방향과 정책을 다양한 문화외교 집행기관의 차별화된 역할과 특성을 통해 살펴보고 우리나라의 공공외교가 나아가야 할 방향에 대한 하나의 제언이다. 이를 위해 II절에서는 프랑스 공공외교의 핵심축인 문화외교의 역사를 살펴볼 것이다. III절에서는 문화외교 차원에서 프랑스어와 그 밖의 다양한 프랑스 문화를 세계에 전파하는 기관들의 역할과 특징에 대해 소개할 것이다. IV절에서는 21세기 프랑스가 수행하는 문화외교 정책의 방향과 성과에 대해 알아보고 마지막 결론에서는 공공외교라는 무대에 비교적 늦게 합류했지만 문화 강국으로 부상한 한국이 어떻게 하면 문화외교를 통해 국제사회에 '선한 영향력'을 확산하고 지속 가능한 차원에서 한국의 이미지와 국가 브랜드를 높일 수 있는지에 대해 살펴볼 것이다.

II. 프랑스에서의 공공외교 개념과 문화외교의 역사

일반적으로 공공외교는 무엇을 목표로 하는지 그리고 어떤 도구를 활용하는가에 따라서 문화외교, 지식외교, 정책외교, 미디어외교, 기업외교, 스포츠 및 관광외교로 분류한다. 미국과 캐나다를 비롯하여 유럽연합에서도 '문화외교'가 '공공외교'의 한 축을 이루는 요소라는 데에 동의한다. 하지만 프랑스는 전통적으로 '공공외교'라는 용어를 기피하는 경향이 있다. 프랑스에서는 '문화외교'라는 용어가 곧 '공공외교'를 의미한다. 그러므로 프랑스 공공외교의 특징은 차별화된 다양한 방식의 외교 분야에 문화가 중심요소를 이루는 '문화외교'가 중심축으로 작동한다는 점이다. 이는 바로 프랑스 문화외교의 역사와 밀접한 관련이 있다.

프랑스는 중앙정부를 중심으로 문화를 핵심적인 도구로 활용하는 공공외교를 강력히 추진하는데 이는 프랑스 관료제의 중앙집권화라는 역사적인 전통에 기인한다. 사실 프랑스는 오래전부터 문화와 예술에 대한 담론을 주도한 오피니언 리더였다. 15세기 말부터 이탈리아로부터 르네상스 문화를 수용한 프랑스는 16세기 루아르 강을 중심으로 르네상스 전성기를 맞이한 후, 17세기 후반에 라틴문화와 이탈리아 르네상스 영향에서 벗어나 독자적인 프랑스 고전주의 문화를 꽃피웠다. 이는 문화란 끊임없이 다른 문화의 영향을 받고 발전하면서 새롭게 재탄생 되는 것이므로 상호이해를 바탕으로 다름을 인정하고 수용하는 것이 중요하다고 역설한 프랑수아 1세(1494~1547)의 혜안 덕택이었음을 부인할 수 없다.

그는 유럽의 남동부와 중부를 장악한 합스부르크 왕가의 위세를 저지하기 위해 오스만투르크와 동맹을 체결했다. 이교도와의 연합을 이유로 당시 유럽 국가들은 프랑스를 비난했지만 오스만의 정치, 경제, 문화, 기술의 수준에 탄복한 프랑스는 그들의 문화를 적극적으로 도입했다. 심지어 음식, 의상, 예술 분야까지 오스만 스타일이 프랑스인들의 일상에 영향을 미치게 되었다. 프랑수아 1세는 이탈리아의 르네상스 문물을 본격적으로 도입하고 말년에 왕실 재정 상황이 어려워지자 레오나르도 다 빈치를 비롯한 많은 이탈리아 예술가들이 프랑스에서 작업을 지속하도록 자신의 급여를 지출하면서까지 프랑스 문화 발전을 위해 매진했다. 그 덕택에 프랑스는 이탈리아 르네상스 예술에 프랑스 고유의 색채를 접목한 프랑스식 '예외적 매력'을 확보하게 되었다. 프랑수와 1세는 예술작품이 지닌 가치가 프랑스의 문화적 품격을 높이는 데 있어서 돈으로는 환산할 수 없는 강력한 기폭제가 될 것이라 확신한 프랑스 최초의 르네상스형 군주였다.

그는 또한 1530년대에 이르러 프랑스에서 라틴어를 밀어내고 프랑스어를 공용어로 선포하기도 했다. 17세기 루이 14세는 프랑수아 1세의 문화 정책을 한 단계 더 발전시킨 정책으로 파리와 프랑스를 예술과 문화의 성지로 만들었다. 리슐리외 추기경과 마자랭은 탁월한 협상 능력을 지닌 인문주의자들을 대사로 파견하여 프랑스의 위엄을 대변하게 함으로써 본격적으로 외교 분야에 프랑스 문화를 활용하기 시작했다. 그 결과 프랑스어는 유럽 왕실의 사교 언어로 부상하게 되고 소위 '아이디어 정책'이 프랑스 대외정책의 핵심축으로 굳어지면서 프랑스는 세계의 '보편성'이 되고자 하는 야망을 품게 된 것이다.[3] 또한, 루이 14세는 단순한 기술 전수라는 도제식 예술교육을 폐지하고 기하학, 철학, 수학적 개념을 도입한 다양한 아카데미를 개설하고 문화와 예술 분야에 국가의

---

3 18세기 계몽주의 철학자 볼테르는 러시아 황제들과 프랑스어로 서신을 교환, 프랑스어를 모르면 유럽 사교계의 엘리트로 인정받지 못하는 풍토 조성에 영향을 끼침.

지원을 제도화함으로써 세계사에 최초로 국가가 문화 사업에 적극적으로 개입한 한 예를 남겼다.

1789년 프랑스 대혁명 전에 앙시앵 레짐 체제 하에서는 문화와 관련한 두 개의 중요한 흔적을 남겼는데 메세나 원칙[4]과 문화 중앙집권화가 그것이다. 뒤이어 프랑스 혁명기에는 '국가 유산'이라는 개념이 생겨나고 문화와 예술을 보호하고 반달리즘에 대비하기 위해 국립기록보관소, 국립도서관, 중앙박물관이라는 세 개의 중요한 기구가 설립되었다.[5] 7월 왕정[6]은 '역사적 기념물들'을 보호하는 행정 기관을 설립한 바 이는 국가가 문화 행정에 깊게 관여하여 엄격하게 통제하는 시스템을 구축하는 계기가 되었다.

왕정복고 시대에는 내무부에 예술 전반에 걸친 효율적인 서비스 체제를 갖추고, 제2제정시대에는 '황제의 집Maison de l'Empereur'과 국무부라는 두 개의 부서가 서로 다른 서비스 업무를 제공함으로써 행정 업무를 구분짓는 계기를 만들었다. 그리고 1870년대부터 프랑스의 공교육 안에 문화예술교육이 포함되고 제3공화국 시대에 접어들면서 문화예술 정책에 새로운 방향이 제시되었다. 국가가 나서서 모든 예술가를 지원하기로 함에 따라 1875년에는 '예술상임위원회Conseil supérieur des Beaux-arts'를 발족하여 전문가들로 구성된 체계적인 행정지원 시스템을 구축하였다. 이러한 과정을

---

4 개인이나 기업, 또는 국가가 직접 주문 및 재정 지원을 통해 다양한 예술작품을 홍보한다는 원칙.
5 오늘날 프랑스가 시행하는 문화예술 생산과 문화유산보존 원칙 및 시민교육, 무료로 진행하는 일반인 대상 예술교육에 관한 원칙과 관례들은 모두 여기에서 비롯됨.
6 1830년 7월 29일 발발한 7월 혁명 이후 오를레앙의 루이 필립을 국왕으로 하는 입헌군주제의 왕정.

거치면서 오늘날에도 프랑스는 변함없이 프랑스어와 프랑스 문화를 중심으로 한 소프트파워를 통해 국가 이미지와 브랜드의 위상을 최대한 높이기 위해 문화 정책을 추진하고 국가가 직접 개입하여 대대적인 지원을 한다. 1959년에 자국의 문화적 위상을 높이기 위해 세계 최초로 문화부를 창설한 사실이 이를 입증한다.

20세기 프랑스 문화 정책은 두 명의 문화부 장관으로 요약되는데 초대 문화부 장관으로 임명된 앙드레 말로André Malraux는 강력한 '문화국가'를 표방하였다. 그는 드골의 국가 재건정책에 부응하여 프랑스 민족의 우수성을 드러내는 효과적인 수단으로 10년 동안 '행동하는 문화 정책'을 수립, 대내외적으로 프랑스 문화의 위상을 격상시켰다. 미테랑 대통령의 강력한 신뢰로 문화부 장관을 지낸 자크 랑Jack Lang은 대중예술과 고급예술의 경계를 허물고 프랑스 문화 정책의 새로운 장을 열었다. 그는 당시까지 예술로 인정받지 못한 대중음악, 광고, 거리 예술, 만화, 사진, 디자인 등을 문화부의 재정 지원 영역에 포함 시키고 문화의 저변을 확대했다.

랑은 1982년 멕시코에서 열린 유네스코 회의에서 "경제와 문화는 동일한 전쟁이다"라고 천명하며 그동안 경제를 문화를 오염시키는 장애물로 인식한 프랑스의 전통적 사고에 반기를 들면서 '프랑스식 문화와 정치' 일변도의 정책을 '프랑스식 문화와 경제'라는 모델로 확장하여 오늘날 프랑스 문화 정책의 근간을 만들었다.[7]

---

7 대표적인 예는 아부다비 루브르 프로젝트로 아랍 에미리트와 2007년 문화협정을 체결하고 2017년 11월 8일 아부다비에 루브르 박물관 분점을 개관함. 루브르라는 명칭 사용 및 소장품과 전문인력 파견에 따른 대가로 프랑스 측은 향후 30년간 9억 7,400백만 유로(대략 1조 3천억 원)을 받기로 함. 이 프로젝트는 이중의 이미를 시사함. 프랑스 입장에서는 자국의 문화산업 수출을 통해 경제적 이익은 물론 문화

2004년 1월, 르노 돈디외 드 바브르Renaud Donnedieu de Vabres 문화부 장관은 "문화는 폭력을 치유하는 해독제이자 약이다. 왜냐하면 문화는 타자에 대한 이해와 톨레랑스의 확대를 강조하기 때문이다. 또한 우리를 다른 문화나 다른 상상체계로의 여행에 초대한다."라고 선언하였다. 그는 문화가 지닌 현대적 측면을 객관적으로 규명하고 21세기에는 문화를 통한 국가 간의 새로운 접촉 방식이 필요함을 역설했다. 프랑스 정부는 위에서 언급한 말로와 랑, 드 바브르 등 역대 문화부 장관들의 철학과 논리를 자국의 문화외교 정책과 방향을 설정하는 데 적극적으로 반영하였다. 이는 다음 절에서 우리가 살펴보게 될 프랑스 문화외교를 수행하는 다양한 기구들의 역할을 이해하는 데 중요한 단초를 제공할 것이다.

III. 프랑스 문화외교 집행기관의 역할 및 특성

21세기에 들어서 각 나라들은 미래지향적인 혁신적이고 창의성에 기반한 공공외교 정책을 펼치는 데 총력을 기울이고 있다. 그 가운데에서도 문화외교 정책 분야에서의 변화가 가장 두드러진다.

삼백여 년 전 사냥과 만찬의 시대에 외교관의 가장 중요한 조력자는 그의 요리사였다. 그 당시 각 나라의 외교관들은 산해진미

대국이라는 이미지 강화. 반면에 오일머니로 무장한 아랍 에미리트는 과거 경제력, 군사력에 기반한 '하드파워'에서 진보하여 예술교육과 문화라는 '소프트파워'에 적극적으로 대응하려는 의지를 보여줌. 이는 다른 중동 국가들에게도 문화를 활용한 공공외교의 중요성을 인식시킨 한 사례로 평가받음.

로 가득 차려진 화려한 식사 테이블에서 프랑스어로 소통하며 군주가 명한 자국의 이익을 대변하였다. 반면, 오늘날 문화외교는 과거와는 달리 정부 주도가 아닌 학계, 언론계, 민간인, NGO 등 비정부기구가 주체가 되어 상호존중과 신뢰를 근간으로 한 수평적인 쌍방향 교류가 주를 이룬다. 하지만 프랑스의 경우는 예외적이다. 프랑스 문화외교의 주체는 여전히 국가다. 그 이유는 무엇일까? 양차 세계 대전 후 미국이 주도권을 장악한 국제사회에서 입지가 좁아진 프랑스는 찬란했던 자국의 옛 영광과 위엄을 되찾는 방법으로 고심 끝에 문화외교를 하나의 돌파구로 선택하였다. 즉, 국제무대에서 자국의 영향력이 약화 되는 현실을 극복하기 위한 전략으로 문화외교에 집중하기로 한 것이다. 바로 이 점이 프랑스가 국가 차원에서 문화외교 정책에 관한 모든 분야를 직접 관리하겠다는 결단을 내리게 된 배경이다.

프랑스의 문화부는 설립 당시부터 국내의 문화 관련 업무를 관장하고 외국 국가들을 겨냥한 문화외교는 외교부가 총괄하였다. 다시 말해, 프랑스의 문화외교는 정부가 주도하고 관리하는 시스템 하에서 작동하는데 국제 문화교류 관련한 정책의 궁극적인 목적은 프랑스 문화를 해외에 전파하는 것이다. 또한 프랑스 문화콘텐츠를 개발하여 외국에서 다양한 사업들을 직접 수행하기 위한 기관을 정부산하에 두고 있다. 이러한 특성에 따라 프랑스의 공공외교를 수행하는 대표적인 기관들을 도표로 정리하면 다음과 같다.

외교국제발전부(공공외교의 컨트롤타워)와 문화소통부의 지원을 받아 프랑스의 문화를 세계에 널리 알리고 다른 국가들의

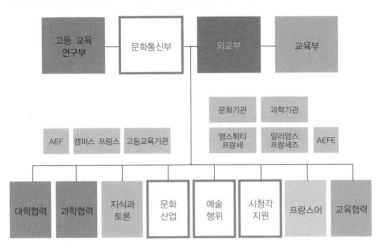

〈그림 5-1〉 프랑스 국제문화교류 관련 조직체계

자료: graphique réalisé d'après les données du document de poltique transversale (DPT)
《Action extérieure de l'État》, annexéau projet de loi de finances pour 2013, et
le rapport de la Cour des comptes
문화체육관광부, 『국제문화교류정책 중장기계획 연구』
출처: 예술경영지원센터(2017, 411)

수준 높은 다양한 문화를 프랑스에 소개하는 주요 기관들은 다음
과 같다.

1. 세계 문화의 집(Maison des Cultures du Monde)

세계 무형문화유산을 보존하고 문화 다양성 교류를 위해 프랑스
문화부와 외무부, 파리시와 알리앙스 프랑세즈의 공동 후원으로
1982년 파리의 6구에 설립된 기관이다. 국경을 초월하여 문학을
포함한 상업 및 비상업적 분야의 고전 예술과 현대 예술 작품을
선정하여 프랑스를 비롯하여 유럽과 세계에 전파하는 거점이라고
할 수 있다. 공연 형태의 세계 무형문화유산을 발굴하는 프로그램

을 제작하여 매년 문화부와 함께 상상축제Festival de l'Imaginaire를 개최한다. 우리나라는 판소리, 가야금 병창, 진도 씻김굿과 정악 등이 상상축제에 초대를 받아서 프랑스인들뿐만 아니라 그 기간에 파리를 찾은 전 세계인들로부터 호평을 받기도 했다. 세계 문화의 집이 시행하는 교육 프로그램 가운데 특별히 우리의 관심을 끄는 분야가 있다. 바로 상상축제와 연계하여 어린이들과 청소년을 대상으로 하는 다양한 체험을 겸비한 교육 프로그램이 그것이다. 파리 세계 문화의 집은 이를 통해 그들에게 문화란 경제 논리에 따라 어느 특정 국가의 문화가 일방적으로 상대적 우월성을 대상국에 심어주는 것이 아니라는 점을 명확히 가르친다. 그렇게 함으로써 그들이 미래의 지구촌 문화외교의 진정한 주체가 될 수 있도록 길잡이 역할을 수행한다.

또한 유네스코와 공동으로 민족공연학 이라는 분야를 신설하여 사라져가는 세계의 전통음악들을 공연하고 그에 따른 의상과 악기, 소품 등을 전시하기도 한다. 음반 제작 및 아카이빙을 위해 자체 음반레이블인 INÉDIT를 운영하고 세계 각국의 문화예술계에서 활동하는 사람들을 초청하여 네트워크를 구축하는 데 선구적인 역할을 한다. 또한 프로그램 쿠랑Programme Courant을 신설하여 그들에게 전문적인 교육을 실시하는데 이는 세계 문화의 집이 지향하는 철학을 한눈에 확인할 수 있는 지표다.

프랑스 무형문화유산원을 겸하고 있는 파리 세계 문화의 집은 위에서 살펴본 바와 같이 '문화 다양성' 증진이라는 기치를 내걸고 다양한 국가들의 문화와 예술을 촉매제로 활용하면서 국가 간 상호존중과 소통에 중요한 역할을 수행하는 기관이다. 그러나 한 가지 아쉬운 점은 프로그램 구성과 정책적인 부분에서 프랑스 전문가들이 거의 모든 것을 결정한다는 것이다. 그 결과 아시아를 비롯하여 중남미, 라틴 아메리카와 아프리카, 중동 국가 전문가들의 창의적인 아이디어가 사전에 반영될 기회가 거의 없다. 따라서 파리 세계 문화의 집은 그들이 기획하는 일련의 문화예술 행사들의 준비단계부터 공여와 수혜의 개념이 아닌 진정한 의미에서의 수평적 협업 정신에서 출발해야 할 것이다. 그렇게 할 때 비로소 세계문화유산 보존 및 계승 발전을 통해 지구촌 평화에 기여라는 프랑스의 문화외교 정책이 국제사회의 신뢰와 믿음을 얻게 되고 진정한 파트너십 구축에도 도움이 될 것이다.

2. 인스티튜트 프랑세(Institut français)

프랑스 문화외교의 일대 혁신을 견인한 기관이자 프랑스 문화외교의 컨트롤타워라고 할 수 있다. 프랑스를 대표하여 해외에서의 공공외교 활동과 프랑스 문화 교류 증진을 위한 활동을 병행한다.

프랑스는 공공외교의 중요성이 부상하는 상황에서 자국의 영향력과 국가 브랜드 강화를 위해 문화외교 분야의 전문성과 업무의 효율성을 증대시키기 위해 2010년 7월 27일 '국가의 대외활동에 관한 법'을 제정하였다. 외교부 장관이 위원장을 맡고 문화부 장관이 부위원장을 맡아서 프랑스어와 프랑스 문화 보급 정책을 논의하고 수립하는 기관인 '전략방향위원회'도 같은 시기에 출범하였다. 위의 법에 근거하여 2010년 12월에 외교유럽부 산하의 통합적 공공외교 수행 기관인 인스티튜트 프랑세Institut français를 출범시켜 2011년부터 본격적인 활동을 시작했다. 센터Centre, 인스티튜트Institut, 집Maison 등 다양한 이름으로 전 세계 150여 개국 165곳에서 활약하던 프랑스문화원을 인스티튜트 프랑세라는 명칭으로 통일한 것이다. 현재 전 세계 215곳에서 운영되는데 840여 개의 알리앙스 프랑세즈와 긴밀히 협조하면서 프랑스 문화 대외 홍보, 언어교육, 개발도상국에 대한 문화예술 보급 지원, 영화 및 영상매체 해외보급 등의 사업을 통합, 수행하는 외교유럽부 산하의 비영리 특수법인이다. 프랑스 정부는 프랑스어 보급을 위해 외교국제발전부문 장관 밑에 네 명의 차관(유럽문제 담당, 개발담당, 해외거주 프랑스 국민 담당) 중 한 명을 프랑스어권을 담당하도록 하였다.[8]

인스티튜트 프랑세의 업무를 조금 더 상세히 설명하자면 국제예술교류를 증진하고 프랑스적인 지적 창조물을 다른 국가들과 공유하며 프랑스 영화와 동영상 분야의 유산을 확산시키고 개발도상국의 문화 발전을 응원하고 지지한다. 또한 프랑스어를 교육

---

8 프랑스 외교국제발전부 홈페이지를 보면 '프랑스어를 확산시키는 일이 프랑스 외교의 최우선 임무이다'라고 천명한다. 1714년 최초로 프랑스어로 작성된 외교문서 '리슈타트'조약이 체결된 이래 프랑스어는 명실공히 세계 공인어로 승인된 언어로 32개 국가/정부, UN을 비롯한 다수 주요 국제기구의 공용어이자 제3의 비즈니스 언어이다. 프랑스어는 현재 90여 개 국가에서 3억여 명이 사용하는 세계 제2의 의사소통 언어이다. 2050년경에는 전 세계 프랑스어 사용자가 8억 명에 이를 것이라고 한다. 최근 한국에서는 프랑스와 프랑스어권 아프리카 국가들과의 교류가 활발해지면서 프랑스어와 프랑스에 대한 관심이 높아지고 있다. 문학을 비롯한 예술 분야에만 그치지 않고 다양한 학문 분야는 물론 프랑스인의 사고의 방법과 생활양식에까지 확대되고 있는 상황이다. 2016년 11월에 우리나라가 프랑코포니, 즉 프랑스어를 사용하는 공동체를 지칭하는 OIF(프랑스어권 국제기구)에 참관국으로 가입한 사실이 그러한 변화를 입증한다. 주한 프랑스 대사관의 공식적인 통계에 따르면 현재 한국에는 35만 명의 프랑스어 사용자가 있으며 매년 5만여 명이 고등학교와 대학교, 알리앙스 프랑세즈 등에서 프랑스어를 배우고 있다고 한다.

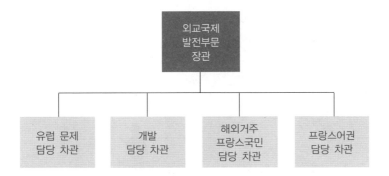

외교국제
발전부문
장관

| 유럽 문제 담당 차관 | 개발 담당 차관 | 해외거주 프랑스국민 담당 차관 | 프랑스어권 담당 차관 |

하고 프랑스와 해외에서 각종 문화행사와 축제를 주최하며 문화적 소통을 활성화하고 레지던스 프로그램을 운영하여 국경을 초월하여 예술가들의 국제교류를 지원하기도 한다. 국제사회에서 프랑스 문화단체의 활동을 지원하고 조정, 유럽 국가들과의 다양한 협력을 통해 유럽대륙의 문화적 다양성 증진에 주력한다. 프랑스 외교부가 인스티튜트 프랑세에 지원하는 예산은 정말 큰 규모인데 2019년에는 6퍼센트 예산을 증액하여 3,400만 유로를 지원하였다. 이는 해외에 프랑스의 문화 창의성과 사상, 노하우를 적극 소개하고 홍보함으로써 프랑스에 대한 매력을 증대시키고 프랑스의 진정한 파트너를 추구하고자 하는 노력의 일환이라 할 수 있다.

3. 알리앙스 프랑세즈(Alliance française)

프랑스어를 전파하기 위해 전 세계인을 대상으로 지속적인 교육 프로그램을 제공하는 교육기관이다. 프랑스의 지식인들이 프랑스어를 전 세계에 보급하고 사랑받는 언어로 만들기 위한 목적으로

파리 6구에 위치한 알리앙스 프랑세즈에서는 매년 160여 개국에서 온 일만 명 이상의 외국인 학생들이 프랑스어를 배운다. 도서관과 메디아테크 시설을 갖추고 있으며 정기적으로 수강생들의 국적별로 다양한 문화행사를 기획, 또한 파리는 물론 프랑스의 다른 도시들을 대상으로 문화탐방 프로그램도 운영한다.

출처: 시앙스포 써머스쿨 홈페이지(검색일: 2020.2.29)

1883년 7월에 설립한 비영리 민간단체가 그 기원이다.

1982년 프랑스 교육부와 교원 합병 정책을 통해 교사 부족 문제를 해결함은 물론 인스티튜트 프랑세의 감독 하에 프랑스어 자격시험을 주관한다.

〈그림 5-4〉에 나타난 바와 같이 100년이 훨씬 넘는 기간 동안 프랑스 이외의 지역에 프랑스어와 프랑스 문화를 전파해온 알리앙스 프랑세즈는 현재 136개국에 968개의 교육원이 있으며 매년 전 세계의 50만 명이 넘는 학생들이 이곳에서 프랑스어를 배운다고 한다.

각 문화에는 저마다의 가치체계와 전통 그리고 그 구성원들

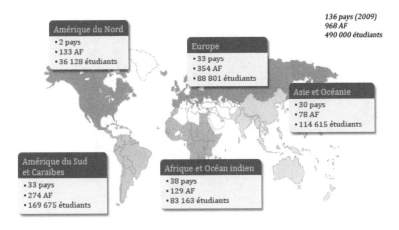

출처: 서울 알리앙스 프랑세즈 홈페이지(2020.2.29)

의 정신적, 물질적, 지적, 정서적 정체성이 함축되어 있다는 메시지를 전달하는 인스티튜트 프랑세와 알리앙스 프랑세즈의 다양한 문화교류 정책을 통해 사람들은 이제 문화에는 계급이 있을 수 없다는 사실과 문화를 더 이상 특정 국가의 경제력과 결부시켜 고급문화와 하위문화로 구분하려는 태도를 지양해야 한다는 데 뜻을 같이 하게 되었다.

4. 프랑코포니(Francophonie)

프랑코포니라는 용어는 1880년대에 처음으로 등장했는데 프랑스어를 모국어나 행정 언어로 사용하는 국가와 사람들 전체를 지칭한다. 국제 프랑스어권 사용국가들로 구성된 기구 OIF[9]는 1970년 3월 20일 니제르의 수도 니아메에서 세네갈의 초대 대통령 상고르

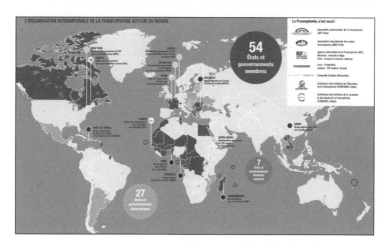

출처: OIF홈페이지(검색일: 2020.2.29)

의 제안으로 발족하였다. 원래는 프랑스를 중심으로 하여 프랑스로
부터 독립한 나라들을 결집하고자 하는 목적으로 설립되었다. 하
지만 오늘날에는 국제무대에서 프랑스어의 위상을 지키고 보급을
효율적으로 확대하기 위해 이집트 등 일부 아랍 국가들과 루마니

---

9 프랑스와 벨기에의 지배를 받은 아프리카 대륙의 옛 식민 국가들은 계속 프랑스어
를 공용어로 사용하며 이들 중 대부분의 국가들이 프랑스어권 국제기구인 OIF에
가입하였다. 다만 알제리는 여전히 프랑스어가 많이 사용되고 있음에도 불구하고
정치적인 이유로 가입하지 않은 반면에 현재 프랑스어를 사용하는 인구가 지극히
제한적인 베트남과 태국, 라오스와 캄보디아는 OIF에 가입하여 아시아권 국가들 가
운데 가장 활발한 활동을 펼치고 있다. 아시아태평양 프랑코포니의 사무국이 하노
이에 주재하고 있는 사실이 이를 뒷받침한다. 프랑코포니라는 용어는 오네짐 르클
뤼(Onésime Reclus, 1837~1916)라는 프랑스의 지리학자가 1870년 보불전쟁에 참
전했으나, 프랑스가 패하자 조국의 위대함과 옛 영광을 되찾고 프랑스어의 우수성
을 전파하기 위해 지리학적 개념을 연계하여 처음으로 사용.

공공외교

아, 불가리아, 라트비아, 아르메니아 등 프랑스어를 이제부터라도 사용하겠다는 의사를 표명한 나라들도 가입할 수 있도록 하였다.

이는 물론 외교 언어로서 프랑스어의 위상을 공고히 하려는 프랑스의 의도가 깔려 있다고 볼 수 있다. 〈그림 5-5〉에서 보는 바와 같이 현재 OIF에 참여한 국가는 총 88개국인데 54개국은 회원국으로, 7개국은 준회원국으로, 27개국은 참관국으로 활동한다. OIF가 실행한 프로젝트 가운데 국제사회로부터 긍정적인 평가를 이끌어낸 대표적인 사업은 '청년 및 여성 사업자 지원 프로그램'과 '프랑코포니 경제지역 추구프로그램'이 있는데 이는 프랑코포니 역내 개발도상국, 주로 아프리카 국가들에 대한 교육지원과 무역 활성화 지원 등 개발협력에 해당하는 정책이다. 또한 OIF 산하에 프랑코포니 대학기구(AUF-현재 90여 개국 1,000여 개의 대학 및 연구소 가입10)와 아시아태평양 프랑코포니Francophonie Asie-Pacifique 를 설립, 지원을 하는 바 이는 공공외교의 한 형태인 지식외교를 문화외교와 접목한 경우라고 볼 수 있다.

프랑코포니 대학기구는 아시아에서 영어와 중국어에 밀려 점차적으로 쇠퇴해가는 프랑스어를 부흥시키고자 필사의 노력을 기울이고 있다. 먼저 각 나라의 많은 대학들이 AUF에 가입하도록 현지에 있는 프랑스 대사관과 인스티튜트 프랑세가 나서서 회원

---

10 현재 AUF에서는 코로나19 위기 극복을 위해 감염 확산을 방지하고 보건위생분야의 개발협력을 위해 총 50만 유로 규모의 연구 프로젝트를 진행하고 있다. 전염병과 관련된 이니셔티브에서의 젊은 연구자 지원이라는 주제 하에 전 세계 AUF 회원교에 한하여 즉각적인 효과를 창출하는 기술·경제·사회적 프로젝트와 지역 또는 국제적으로 큰 영향을 미치거나 특별히 혁신적인 프로젝트로 나누어 지원할 예정이다.

대학으로 등록되면 누리게 될 많은 혜택에 대해 적극적으로 홍보하고 필요한 절차를 안내해준다. 매년 파리에서 정기 총회와 컨퍼런스를 개최하고 그 밖의 외국 회원국 대학들을 선정하여 디지털 등 최첨단 분야와 프랑스어 교육을 연계한 세미나를 개최한다. 아시아태평양 프랑코포니 사무국은 공모를 통해 선발된 대학이 여름과 겨울 방학을 이용하여 그 나라의 문화체험을 주제로 한 특별 프로그램을 성공적으로 운영할 수 있도록 회원 대학들과의 네트워크를 기반으로 하여 참여를 희망하는 학생들을 모집하는 단계부터 긴밀한 협력관계를 구축한다. 또한 국경을 초월하여 프랑코포니 교수와 연구자들의 공동 프로젝트를 지원하고 교환학생 프로그램 및 기업이나 연구소에서 마련한 인턴십을 통해 프랑스어를 전공한 학생들에게 폭넓은 취업의 기회를 제공하기도 한다. 현재 한국은 숙명여대와 아주대 그리고 전북대학교가 소정의 심사과정을 통해 프랑코포니 대학기구AUF의 회원으로 활동하고 있으며 몇몇 대학들도 회원등록을 위한 준비를 하는 중이다.

문화 다양성 담론의 확산이라는 측면에서 볼 때 프랑코포니는 기존의 정치, 안보, 경제 중심의 협약과는 다르게 문화와 언어를 축으로 한 새로운 국제 질서를 형성하는 데 기여한 매우 중요한 사례이다. 비록 세계를 대상으로 프랑스 문화를 홍보하고 국제적 여론에서 우위를 점유함으로써 과거 프랑스가 누린 영향력을 재건하고자 하는 정치적 계산에서 비롯되었다 할지라도 이 프랑코포니 기구는 다양한 국제기구들과 협력하는 형태를 취한다는 점에서 의미가 각별하다고 볼 수 있다. 하지만 프랑코포니가 신식민주의 연장이라는 비판도 있다. 그 이유는 프랑코포니가 다자주의를 강조하면서도 프랑스가 차지하는 비중이 너무 높고 프랑코 포니에 가입한 국가들이 중심국인 프랑스의 주변부로 인식되어 결국 국가 간 서열화를 조장한다는 것이다. 동시에 프랑코포니가 영어와 중국어에 맞서 프랑스어를 비롯한 언어 다양성 및 문화다양성을 수호한다는 목적을 가지고 세계 외교 분야에 새로운 지평을 개척했음에도 불구하고 대륙별 각 국가들의 특수성을 고려하지 않고 프랑스 중심적인 시각에서 벗어나지 못한다는 것이다. 따라서 프랑스는 프랑코포니가 신생약소국의 대안적 전략으로 탄생한 유니크한 국제기구라는 역사적 사실을 상기하고 평화와 평등의 원칙에 입각하여 외교적 노력을 기울여야 할 것이다. 그렇게 할 때 비로소 프랑코포니의 설립 취지도 훼손되지 않고 프랑스는 더욱더 국제사회의 신뢰와 믿음을 확보하게 될 것이다.

5. 에라스무스 플러스(Erasmus+)

프랑스 정부와 에라스무스 플러스는 프랑스와 유럽에서 학업을 희망하는 외국학생들을 위한 다양한 장학금 제도를 운영한다.

에라스무스 플러스 프로그램은 2014년부터 2020년까지 유럽연합이 운영하는 장학 프로그램이다. 유럽연합의 예산 일부와 기업들의 후원금으로 수백만 명의 유럽인에게 해외에서 유학 및 어학연수를 비롯한 다양한 형태의 파견 프로그램, 청소년과 스포츠 활동을 지원한다. 사실 이 제도는 유럽지역의 대학생 이동을 위한 행동 계획을 위해 1987년에 제정된 에라스무스 프로그램이 원조이다. 독단주의를 배격하고 새로운 지식과 견문을 넓히기 위해 유럽의 여러 나라에서 거주한 네덜란드 철학자이자 신학자인 에라

출처: 에라스무스 플러스 홈페이지(검색일: 2020.2.29)

스무스의 이름을 그대로 이 프로그램에 접목한 것이다. 프랑스는
초창기에 이 프로그램을 반대했지만 곧바로 유럽의 사회적인 현
상으로 떠오른 이 제도를 통해 프랑스에 유학을 희망하는 학생들
을 적극 수용하고 프랑스식 문화외교의 장으로 활용한다. 지원 유
형은 총 다섯 개의 분야로 나뉘어진다. 개인의 해외 유학, 어학연
수 및 파견, 혁신과 우수사례를 위한 협력 지원, 정책 개선 지원,
장 모네(스포츠) 분야가 그것이다. 유럽 집행위원회는 2019년 에
라스무스 플러스 프로그램에 전체 30억 유로 예산 중 3천만 유로

를 유럽 대학을 위해 배정했다. 이는 2025년까지 약 20개의 유럽 대학교를 설립하여 유럽 교육지역European Education Area을 공고히 하기 위해서이다.외교부 주 독일연방공화국 대한민국 대사관 본분관 2019 유럽 이외 지역의 학생들은 에라스무스 문두스Erasmus Mundus Joint Master 제도를 활용할 수 있다.

6. 프랑스 국립영화센터(Centre Nationale du Cinéma et de l'image animée)

문화적 다양성을 중시하는 프랑스에서 세계화 시대의 공동언어로 부상한 영화가 차지하는 비중은 매우 크다. 단순히 예술적 차원에서뿐 아니라 산업적 측면과 문화적 측면을 고려할 때 영화보다 더 강력한 장르의 예술은 아마도 없을 것이기 때문이다.

프랑스 국립영화센터는 1946년에 문화부 산하에 설립된 공공 기관으로 프랑스 영화와 방송 관련 콘텐츠 산업의 진흥, 프랑스 영화의 해외 진출을 위한 다각적인 지원과 업무를 지휘하는 프랑스 영화 산업 전체를 아우르는 핵심 기관이다. 1969년부터 세계 여러 나라와 영화 산업에 대한 협정을 맺고 영화 유산을 보호하고 관리하는 정책을 수행하는 데 70여 년이 넘는 역사에 걸맞은 다양하고 세분화된 정책 덕택에 전 세계의 롤 모델로서 프랑스 문화외교의 한 축을 굳건히 떠받치고 있다. 그런데 2000년대 들어서 프랑스 영화 제작의 가장 중요한 투자자이자 프랑스 최대 미디어 기업인 비방디 유니버설Vivendi SA사11가 프랑스의 '문화적 예외주의'의 종

---

11 1853년 나폴레옹 3세의 제국령에 의해 리옹에 물을 공급하기 위해 수자원회사 (Compagnie Générale des Eaux)를 설립한 것이 기원임. 그 후 다양한 분야로 사

언을 선언하고 세계화를 표방하는 정책으로 선회함으로써 프랑스
의 중소예산 작가영화들이 몰락하는 위기상황에 직면하게 되었
다. 이에 프랑스 국립영화센터는 문화부 및 외교부와의 소통을 강
화하고 저예산 예술영화 감독들을 위한 다양한 지원 방안을 마련
했다. 특히 아프리카 국가들의 유망한 신예 감독들과 프랑스 감독
들의 공동 제작 프로그램에도 각별한 관심을 갖고 지원을 확대하
고 있다. 이는 개인 투자자나 기업의 입장에서 볼 때 매력적이지
않아서 지원을 포기하는 분야에 국가가 개입하여 영화의 다양성
을 지키고자 하는 프랑스 문화외교 정책의 한 예를 보여준다. 최
근에 프랑스 역시 '수익성'과 '고생산력'이라는 경제 논리를 문화
영역에 도입했으나 위의 예를 통해 우리는 프랑스 정부와 국민에
게 문화가 항상 특별한 '예외적' 자리를 차지하고 있음을 알 수
있다.

IV. 21세기 프랑스의 문화외교 정책 방향과 성과

일찍이 영국의 인류학자 테일러Sir Edward Burnett Tylor는 "문화란 지
식, 신념체계, 예술, 도덕, 법 그리고 관습을 비롯해 사람들이 사회
의 구성원으로 살아가면서 획득하는 능력 및 습속을 포함하는 복

업을 확장, 1984년에 방송통신 사업 부문으로 진출함. 1998년 프랑스 최대 광고
대행기업 아바스를 인수, 1999년에 프랑스의 영화회사 파테(Pathé)를 인수함. 2000
년에 유니버설 픽처스와 유니버설 뮤직 그룹을 인수해 기업명을 '비방디 유니버설'
로 바꿈.

합적 총체다"라고 설파했다.[12] 이러한 그의 주장은 문화가 지닌 사회성을 적절하게 설명한 것으로 어떤 한 사회의 환경이나 트렌드, 사고방식이나 행동양식, 취향과 집단의식을 반영하는 총체로서 문화를 이해할 수 있는 한 지표를 제공한다. 2001년 유네스코가 발표한 "문화 다양성 선언"에 따르면 문화는 사회와 사회 구성원들의 정신적, 물질적, 지적, 정서적 특징의 총체로서 예술뿐만 아니라 생활양식, 함께 사는 방식, 가치체계 전통과 신념을 포함한다.유네스코 2011, 75

21세기에 들어 '소프트파워'의 중요성이 새롭게 부각되면서 문화는 국제사회에서 외교의 핵심적인 축으로 부상하였다. 따라서 잘 기획된 문화 콘텐츠는 상대방을 감동시켜 나의 지지자로 만들 수 있는 가장 효과적인 공공외교의 한 방법이 되었다. 문화외교 강국으로 인정받는 프랑스는 국가가 조종사의 역할을 맡아 언어와 문화 등 소프트웨어를 중심으로 국가 브랜드의 위상을 높이는데 많은 정성을 쏟는다.

루이 14세 절대 왕정부터 드골 정부[13]가 문화부를 창설한 1959

---

12 문화란 무엇인가에 대해 최초로 학술적 정의를 내린 학자이다(Britannica 홈페이지, 검색일: 2020.2.29).

13 드골 대통령이 제2차 세계대전 이전까지 프랑스가 누려온 강국으로서의 영광과 자존심을 회복하고자 하는 골리즘(Gaulisme)을 통치이념으로 내세워 그것을 실현하는 방법 중의 하나로 강력한 문화 정책을 펴고자 1959년 7월에 문화부를 창설하고 앙드레 말로(André Malraux)를 초대 문화부 장관으로 임명하였다. 드골은 과거 프랑스가 누렸던 세계 제일의 국가로서 위대성을 복원하지 못하면 더 이상 프랑스가 아니라는 확고한 신념을 가지고 있었다. 그는 프랑스의 운명은 20세기와 함께 새로운 방식으로 진화할 거라며 프랑스의 위대성과 자주성 회복을 추구한 바 그 노선을 일컬어 골리즘이라고 한다(Petitfils 1994).

년 이래, 프랑스의 문화 정책은 미국이나 다른 유럽 국가들과는 다르게 절대군주제의 연속성 속에서 국가가 예술 지원과 보호 정책을 실시하고 필요한 경우 통제의 역할까지 맡아왔다. 그러나 초대 문화부 장관으로 임명된 앙드레 말로는 프랑스 문화의 민주화와 정체성을 확립하고 문화 정책의 비전을 수립하는 데 역점을 두었다. 그는 문화가 국민들로 하여금 국가에 대한 소속감의 초석을 형성하고 동일한 신념과 가치를 공유하게 하는 동력이라고 확신했다. 따라서 그는 보다 많은 프랑스 국민들이 문화를 가까이서 향유할 수 있도록 문화 불평등을 줄이고 문화의 '행정분권' 또는 '지방분산' 정책을 추진했다. 말로가 '모두를 위한 문화'란 슬로건 하에 각 지방에 설립한 '문화의 집'은 프랑스 정부가 예술과 사회 간의 징검다리 역할을 함으로써 국민 모두가 문화예술을 누릴 수 있는 기회를 법적으로 보장한 제도의 소산이다. 국민교육과 문화를 연계하여 국가가 문화 영역에 대한 다수의 제도와 조직을 정비한 프랑스의 문화 정책은 전통적으로 문화재의 보존은 물론 예술적 창조와 보급의 문제를 다루는 국가의 역할을 강조했다.배준구 2010, 176

이와 같이 프랑스는 내부적으로는 '문화 민주화'를 실현하기 위해 중앙 정부가 지방 분산 및 지방 분권 정책을 실시한 반면, 문화외교는 여전히 정부가 주도하면서 문화부와의 협업을 바탕으로 외교부가 총괄한다는 사실을 앞에서 살펴보았다. 프랑스 정부는 외교부 고유의 외교 업무 외에 시대 상황에 따라 다른 영역의 업무를 추가 또는 배제하면서 외교 역량의 효율성을 극대화하고자 한다.14

그 대표적인 사례가 바로 글로벌 외교프로젝트 'MAEDI 21

Une diplomatie globale pour le XXIème siècle'이다. 2015년 1월 7일 출범한 이 프로젝트는 변화를 거듭하는 글로벌 환경에서 프랑스 외교국제발전부가 수행해야 할 혁신적인 내용을 담고 있는 맞춤형 개혁안으로 프랑스의 국제적 위상을 새로운 지정학적 이해관계에 맞춰 조정할 필요성을 제기하며 '의사 소통능력 향상'의 중요성을 제시하였다. 다시 말해, 프랑스의 전반적인 대외 행동을 조정하고 전체 외교국제발전부 직원에 대한 체계적인 관리는 물론 양질의 공공서비스 제공에 필요한 정책의 단순화가 주요 내용을 이룬다. 프랑스어 교육 증진차원에서 '인터넷 프랑스어 학교'를 설립하고 프랑스어권 국제기구OIF와 공동으로 디지털 학습 자원을 개발하여 전 세계의 프랑스어 사용자가 인터넷을 이용할 수 있도록 프랑스어 포털 시스템 오픈 추진 등 본격적인 디지털 시대에 필요한 디지털 모델 외교의 한 방향을 제공한다.

아울러, 미디어외교의 한 예로써 해외 언론과의 소통을 강화하기 위한 전략으로 프랑스에서 제작하는 국제방송 프로그램을

---

14 프랑스 외교 담당 부처의 명칭이 수세기에 걸쳐 현재에 이르기까지 여러 차례 바뀐 과정을 살펴보면 이러한 사실을 잘 알 수 있다(박경덕 2016, 10).
1. 앙시엥 레짐(절대왕정체제 1547년~) 이후 : 외무부 Ministère des Affaires étrangères.
2. 1941년~ : 외교해양부 Ministère d'Etat aux Affaires et à la Marine.
3. 1942년~ : 외교식민부 Ministère aux Affaires étrangères et aux Colonies.
4. 2002년~ : 외교 및 프랑스어권 협력부 Ministère des Affaires étrangères, de la Coopération et de la Francophonie.
5. 2003년~ : 외무부 Ministère des Affaires étrangères.
6. 2007년~ : 외교유럽부 Ministère des Affaires étrangères et européennes.
7. 2012년~ : 외무부 Ministère des Affaires étrangères.
8. 2014년~ : 외교국제발전부 Ministère des Affaires et du Développement international.

2017년까지 10개의 외국어로 확대하고 현재 'France 24'[15]와 RFI Radio France Internationale [16] 방송을 운영하고 있다. 프랑스 문화부는 이 두 방송 기관에 매년 1억 5천만 유로를 지원한다.

1960년대를 전후하여 프랑스로부터 독립한 많은 아프리카 국가들에 대한 프랑스의 문화외교 정책은 MAEDI 21 프로젝트[17]의 특징을 가장 잘 나타낸다. 급변하는 국제정세 속에서 프랑스는 제5공화국이 들어선 드골 정권 시절부터 미국과 구소련을 견제하기 위한 수단으로 과거 자국이 지배한 아프리카 식민국가들을 중심으로 영향력을 형성하면서 정치, 군사, 경제 및 외교 역량을 강화하였다. 차세대 세계무대의 주역으로 떠오른 아프리카대륙을 향해 전 세계가 경쟁적으로 투자와 지원을 쏟아붓는 상황에서 프랑스는 아프리카 사람들의 마음을 얻기 위해 그 어느 때보다도 문화외교에 많은 지원을 아끼지 않으며 그 성과 또한 만족스럽다고 자부하면서 점차적으로 그 지평을 확대해 나가고 있다.[18]

현재 55개 국가가 있는 아프리카 대륙에 프랑스어권 국제기

---

15 프랑스의 국제보도 전문채널로 1987년 자크 시락이 총리 시절부터 구상했으나 2003년 2월에 본격적으로 추진, CNN과 BBC로 대변되는 미국과 영국의 시각에 맞서 프랑스의 시각을 전하는 방송. 2006년 12월 6일에 방송 시작, 개국 당시에는 프랑스어와 영어로만 방송, 2007년부터 아랍어로 방송 시작. 인터넷 웹사이트를 통해 무료 시청 가능. 스페인어로도 제작함.

16 1975년에 개국한 채널로 프랑스어 외에 19개의 언어로 방송하고 프랑스어 학습자를 위한 학습란에 음성과 대본을 제공하며 아프리카에서 사용하는 대표적인 현지어로 내보내는 사업을 추진함.

17 이 프로젝트는 유럽연합과 아프리카 국가들과 프랑스와의 동맹의 중요성 및 프랑코포니의 연대를 강조한다.

18 프랑스는 2100년 지구촌 인구가 110억 명을 상회하고 그중 3분의 1이 아프리카 대륙에 거주하게 될 것이라 예측한다. 아울러 인터넷 사용자 증가에 따른 대 아프리카 문화외교 전략의 일환으로 디지털 콘텐츠를 개발하여 사용할 필요성을 제기함.

구의 회원국은 모두 29개 나라로 전체의 54퍼센트를 차지한다. 가나는 준회원국으로, 모잠비크는 참관국으로 활동 중이다. 이에 프랑스는 프랑스어 사용 인구가 가장 많은 아프리카 대륙에 프랑스어 보급과 사용을 장려함으로써 아프리카 대륙에 자국 문화를 확산시키기 위해 최선을 다하고 있다. 현재 아프리카에는 61개의 인스티튜트 프랑세가 맹활약을 펼치고 있다. 2050년이 도래하면 전 세계 프랑스어 사용자의 90퍼센트가 거주하게 될 아프리카 대륙 내에서 프랑스어의 사투리화를 막기 위해 '아프리카에 10만 명의 프랑스어 교사를'이라는 프로젝트를 점진적으로 시행하고 있다. 프랑스 각 지역에 있는 거점 대학들의 어학연수센터에 해마다 특정 아프리카 국가를 선정하여 프랑스어를 가르치는 현지 교사들을 초청하여 업그레이드된 프랑스어 교수법을 전수하는 프로그램도 진행한다. 이와 같이 프랑스 정부는 외교국제발전부를 통해 인스티튜트 프랑세와의 긴밀한 협조체계를 구축하여 아프리카 내 프랑스 문화 네트워크를 총 동원하여 프랑스어 교육 프로그램을 가동하고 있다.

그 밖에도 성공적인 프랑스의 대아프리카 문화외교 정책 사례들이 많이 있지만 일일이 열거할 수 없는 관계로 여기서는 비교적 최근의 몇몇 성공한 예들을 언급할 것이다.

첫째, 아프리카 사람들이 좋아하는 영화와 공연예술 분야의 이벤트를 개최하여 참여를 최대화하고 쌍방향의 소통을 지향한다.

둘째, 춤과 밀접한 관계를 맺고 있는 아프리카 사람들을 위해 댄스 교육 전문화를 표방하면서 젊은 예술인들과 여러 관련 단체들과 함께 글로벌 행사로 '아프리카 댄스' 행사를 개최한다. 2016

년 11월 부르키나파소에서 개최한 '몸의 대화'와 '와가두구' 국제 댄스 축제가 그 대표적인 경우다.

셋째, 미래 아프리카를 이끌어 나갈 청소년 및 대학생을 겨냥하여 작가를 포함한 예술가 등 영향력이 큰 인물들을 중심으로 한 만남의 장을 마련한다.

넷째, 공연예술과 모든 음악 장르에 종사하는 아프리카 예술가들을 위한 예술 활동 공간을 마련해준다.

다섯째, 아프리카 대륙의 젊은 예술가들을 친프랑스 인사로 만들기 위해 레지던스 프로그램을 운영한다.

여섯째, 아프리카 국가들의 대학 내 프랑스어 교육을 지원하기 위해 다양한 평가 대회를 개최한다.

일곱째, 인스티튜트 프랑세의 전신인 프랑스 문화원이 아프리카 영화의 유산 보존과 확산을 위해 1960년대 이후에 제작된 주요 아프리카 영화들을 수집, 보관하고 있는 자료들을 1961년에 설립한 아프리카영화보관소를 통해 전 세계와 공유할 수 있도록 도움을 준다.

이상에서 살펴본 바와 같이 프랑스의 대 아프리카 문화외교 정책과 방향 은 두 가지 목표를 지향한다. 첫째, 아프리카 국가들과의 과거 불편한 관계를 회복하고 협력을 증진하기 위해 문화와 예술을 활용하기, 둘째, 아프리카 각 국가가 지닌 차별화된 능력과 가능성을 파악하여 문화예술 맞춤형 이벤트를 기획하기가 그것이다. 여기에는 프랑스가 진정성을 담보로 평등의 원칙에 입각한 양방향의 교류를 통해 해당 국가의 신뢰와 믿음을 회복하고자 하는 의지가 반영되어 있다. 물론 아직은 진정한 의미에서 주고받는 관계가 아닌 프랑스가 일방적으로 지원하는 성격이 강한 것이 사실이다. 하지만 시간이 지나면서 아프리카 국가들이 경제적으로 여유를 갖게 되면 프랑스의 대 아프리카 문화외교 정책이 신식민적 유착 관계가 아닌가 하는 국제사회의 불신도 점차 가라앉게 될 것이다. 이를 위해서는 프랑스가 대 아프리카 문화외교 정책을 실행함에 있어 아프리카 국가들의 경제에 직접적이고 구체적인 도움이 될 수 있도록 시도해야 한다.

예를 들면, 프랑코포니와 인스티튜트 프랑세에서 주관하는 다양한 행사에 참여하는 아프리카 현지인들을 대상으로 그들에게 문화 수출 및 서비스 관련 전문 교육을 실시하고 문화산업 분야 일자리를 창출해야 한다. 그래서 그들 스스로가 자국 문화에 대한 자부심을 가지고 문화산업을 디자인하여 수출을 통해 국격을 높이고 경제적 이익을 창출할 수 있도록 해야 할 것이다. 이러한 업적들이 쌓이게 되면 아프리카 프랑코포니 회원국들의 경제적 자립이 앞당겨지고 프랑코포니 내부의 연대감 또한 강화되어 문화를 통한 진정한 관계회복을 이룰 수 있을 것이라 사료 된다. 참고로 문화산업에 종사하는 프랑스인은 현재 130만 명으로 그들이 해외 문화예술 시장에서 수출로 벌어들이는 외화는 매년 3조에 육박한다.

한편 프랑스는 윤리적 행위의 주체자로서 인권과 민주주의 문제에 각별한 관심을 지니고 있다. 그리고 친환경 정책을 추진하는 국가라는 이미지를 세계에 알리기 위해서도 남다른 노력을 기울인다. 국제사회가 상호협조 하에 해결해야 할 여러 가지 문제, 즉 미세먼지와 에볼라 바이러스, 코로나 바이러스, 핵 문제 및 환경오염 방지대책19 등에도 프랑스가 적극 동참하며 지구촌 사람들의 안위와 행복하게 살 권리를 위해 최선을 다하고 있음을 홍보한다. 이러한 과정을 통해 프랑스는 전 세계인들을 자국의 친구로 만들어 국제무대에서의 입지를 공고히 다져나가고 있다.

21세기의 인류는 세계화의 물결 속에서 문화 다원주의에 입각하여 각 문화권의 차이와 다양성을 인정하고 모두가 공생할 수 있는 상호존중과 수평적 관계를 보다 적극적으로 모색해야 한다. 디지털 문화가 급속도로 확산 하면서 전 세계는 그 어느 때보다도 문화산업에 대한 중요성이 대두되고 있다. 이에 각 나라마다 자국에 합당한 문화 정책을 수립하고 글로벌 시장에서 자국의 문화와 문화상품이 세계와 적극적으로 소통할 수 있도록 다양한 전략을 시도한다. 이러한 변화 속에서 각 나라의 문화외교의 미래 또한 그 어느 때보다도 역동적일 것이다. 한 국가의 국제적 지위가 상승되고 국제사회에서의 역할이 증대될수록 그 국가의 문화에 대한 외국인들의 관심과 기대치도 비례하여 높아질 것이다. 세계화 시대의 문화외교 정책은 다양한 민족, 다양한 대륙과 다양한 종교를 포용하는 평화적 가치를 지녀야 한다. 이런 맥락에서 프랑스의 문화외교 정책이 시사하는 바가 매우 크다고 볼 수 있다.

---

19 한 예로 파리 시청 교통정책 담당관에 따르면 프랑스는 2040년에 화석 연료 자동차에서 완전히 탈피할 것이며 우선 2024년 개최하는 파리 하계올림픽에 맞춰 디젤 자동차를 불법으로 규정할 계획이라고 한다. 또한 2020년 4월 12일 아프리카 투데이 74호에 실린 보도에 따르면 마크롱 대통령이 아프리카 대륙에 코로나 19 대유행으로 인해 발생한 재난 극복을 위해 12억 유로(13억 5백만 달러)에 달하는 아프리카 개발 원조 자금을 지원할 것을 약속했다.

V. 맺음말

지금까지 우리는 문화 다원주의에 입각하여 각 문화권의 차이와 다양성을 인정한다는 기치 아래 문화를 앞세워 아프리카 사람들의 신뢰와 지지를 얻어 내는 데 성공한 프랑스의 문화외교 정책의 한 예를 살펴보았다. 오늘날 한국의 국제적 지위가 상승되고 국제 사회에서의 역할이 커지면서 한국 문화에 대한 외국인들의 관심과 기대치가 높아지고 있다. 이에 필자는 세계를 매료시키고 있는 다양한 분야의 한류를 중심으로 한국 문화의 현 주소를 점검하고 자국의 문화적 역량을 대 아프리카 외교에 적극적으로 활용한 프랑스의 전략을 참고하면서 한국의 실정에 맞는 공공외교의 방향을 모색해 보고자 한다.

사실 한국은 지정학적인 이유로 일찍부터 다양한 문화를 수용하고 그것을 응용하여 새로운 문화를 창조하고 발전시킨 '문화강국'이다. 그러나 일제강점기와 6.25를 겪으면서 과거 최빈국으로서 많은 좌절과 시련을 겪어야 했다. 그럼에도 불구하고, 한국은 지난 반세기 동안에 눈부신 경제 성장과 민주화를 이뤄내고 2000년대 후반 이후에는 한류 열풍에 힘입어 문화 수출이 문화 수입을 넘어서는 최초의 문화 서비스의 흑자를 달성하게 되었다. 서민수 2013

한국의 문화외교 정책 중 다른 국가들과 차별화 되는 정책은 전통문화의 가치에 주목하고 '한스타일' 즉 한식, 한복, 한옥, 한지 등 고부가가치인 전통 문화 상품의 현대화와 홍보에 앞장서고 있다는 점이다. 대표적인 사례를 들어 보면 한지의 고급화(보존용

성 프란체스코의 카르톨라

하단 훼손 부분 보강

로사노 복음서

한지/면포 조합한 막을 분권마다 보강

사르데냐 가문들의 문장집

책표지와 페이지 연결부분 보강

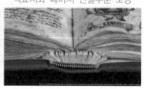

출처: 박정환(2018)

지, 수록지, 고급 포장지 등)와 대중화(기계한지, 실생활에 접목한 응용상품 등) 전략이다. 전주시는 2015년 이탈리아와 프랑스의 관계자들에게 한지가 고문서와 회화작품 복원에 적합한 종이라는 사실을 적극 홍보, 마침내 세계 4대 박물관 중 하나로 인정받는 바티칸 박물관의 소장 문화재 여섯 작품을 한지로 복원하는 데 성공했다.

루브르 박물관에서도 2017년 전주 한지를 활용해 18세기 고가구인 바이에른 왕국 막시밀리안 2세의 책상을 복원하였다. 당시 복원 작업에 참여했던 프랑스 전문가는 한지가 접착력과 강도 치수가 안정적이고 투명도가 우수해 섬세한 복원 작업에 적합하다며 한지의 우수성을 세계에 확인해 주었다. 이런 결과를 얻기 위해 전주시는 그동안 수많은 노력을 기울였다. 이탈리아와 프랑스의 종이로 된 예술작품 복원 전문가들을 초청하여 한지의 우수성을 홍보하고 루브르 박물관과 전주에서 한지 관련 전문가 세미나도 개최했다. 또한 한지를 전통 방식으로 생산하는 현장 방문을 통해 상세한 제조 방식을 보여줌으로써 그간 일본의 화지만을 고집하던 푸른 눈의 유럽 고미술과 고서적 복원 전문가들이 한지의 성능을 신뢰할 수 있게 하는 데 성공한 것이다.

디지털 문화의 확산으로 2000년대에 들어서서 K드라마, K-pop의 열풍이 불기 시작한 한류는 한국 대중음악의 위상을 드높인 〈강남 스타일〉과 빅뱅, 엑소, 소녀시대의 활동을 기점으로 아시아는 물론 유럽, 아프리카, 중동, 중남미와 미주 등 전 세계에 한류 콘텐츠에 대한 폭발적인 반응을 얻게 되었다.[20] 그 결과 한

20 최근 아시아를 넘어 미국, 프랑스, 영국, 브라질과 동유럽까지 진출한 BTS는 K-pop의 가치를 한 단계 업그레이드시켰다. 전 세계 청소년의 감수성을 자극하는 멜로디와 가사, 완성도 높은 퍼포먼스로 BTS는 글로벌 음악시장에 새로운 트렌드를 창출하고 있다. 한국영화 또한 유럽과 북미에서 새로운 감수성을 표방하며 '뉴 코리안 시네마'로 세계 영화 팬들의 사랑을 받고 있다. (봉준호의 '기생충' 2019년 칸 영화제 황금종려상 수상과 2020년 아카데미 4관왕 수상으로 한국영화는 최고의 전성기를 맞이함) 세계화 시대의 공동 언어라는 명칭에 걸맞게 한국 영화는 이제 아프리카 사람들에게도 다가가고 있다. 케냐와 탄자니아에서 열린 한국 영화제가 대표적이다.

국 문화 전반으로 세계의 이목이 집중되고 이는 2012년 10월 한국어와 한국문화를 전문적으로 교육하는 세종학당 설립으로 이어졌다. 대한민국 문화체육관광부 산하 법정 공공기관인 세종학당은 현재 57개국 174개소가 운영되고 있다. 이와 같이 세계 속에 확산되는 다양한 분야의 한국 문화는 관광 효과로 파급되어 한국의 국가 브랜드를 높이고 경제에도 큰 공헌을 하고 있다. 그러므로 이제는 문화강국으로서 입지를 굳건히 다지게 된 한국이 어떻게 하면 문화외교를 통해 지구촌 사람들과 지속적으로 소통하면서 관계의 새로운 모델을 제시하면서 세상을 좀 더 가치 있게 변화시킬 수 있을 것인가에 대한 성찰이 필요한 때이다.

프랑스가 인스티튜트 프랑세를 통해 성공적으로 수행한 문화외교 정책을 참고하여 한국 정부도 세종학당을 중심으로 혁신과 창의성에 기반한 한국 문화의 세계화를 위한 치밀한 전략 수립이 중요하다. '위대한 문화의 열쇠'인 한국어를 세계에 보급하고 한국 문화를 거부감 없이 전파하기 위해서는 무엇보다 먼저 각 문화권의 언어 특성을 바탕으로 한국어 교육 콘텐츠를 다양화하고 한국 문화 맞춤형 프로그램을 개발하여 그 소통 경로를 다양화해야 한다. 특히 세계 곳곳에 현지 문화에 밝은 지역 문화 전문가를 파견하여 현지인과의 스킨십을 확대해야 한다. 이를 위해서는 학문적 차원에서 각 분야에 균형 감각을 지닌 내외국인 연구자를 양성하는 계획도 수립해야 한다. 이런 접근 방식은 한국 문화에 호의적이며 한류에 환호하는 지구촌 사람들에게 한국 문화는 상대방의 문화를 존중하며 그들의 진정한 동반자로서 함께 나아간다는 메시지를 전달하는 데 효과적일 것이다. 한국을 좋아하고 이해하는 외국인이 많을수록 정치와 안보, 경제 등 모든 분야에 한국에 이익이 될 것이라는 사실은 자명하다.

결론적으로 한국 정부는 전문가들과 함께 한국 문화의 보급을 위한 다양한 프로그램을 지속적으로 개발해야 한다. 그리고 그 곁에 민간 부문의 외교 역할을 하는 국민들이 적극적으로 동참할 수 있도록 제도적 장치를 마련하고 한국에서 살고 있는 외국인들은 물론 세계 곳곳에 흩어져 있는 730여만 명의 디아스포라 동포들과의 네트워크를 구축하여 한국식 공공외교를 활성화하는 제도를 수립해야 한다. 결국 핵심은 균형감각이다. 정부 차원의 노력과 민간 외교의 균형 잡힌 협조가 멋진 결실을 만들어 낼 수 있기 때문이다.

1 공공외교와 문화외교의 개념에 대해 설명하고 4차 산업혁명 시대에 이 둘의 관계는 어떤 방향으로 새롭게 디자인되어야 할지 의견을 말하시오.

2 프랑스가 문화를 핵심 축으로 하여 전 세계를 대상으로 펼치는 공공외교를 수행하는 데 있어서 문화부와 외교부가 협업하는 시스템에 대해 어떻게 생각하는가?

3 문화 다원주의에 입각한 프랑스의 대 아프리카 정책의 핵심은 무엇인가?

4 프랑스의 대표적인 공공외교 집행기관인 '인스티튜트 프랑세'와 한국의 세종학당의 업무와 역할을 비교해보고 세종학당의 업무와 전문성을 강화시키기 위해서 보완해야 할 내용은 무엇이라고 생각하는가?

5 한류를 중심으로 세계 속의 한국 문화의 현황을 점검하고 공공외교를 통해 한국 문화가 타문화와 조화롭게 교류하면서 세계평화에 기여할 수 있는 구체적인 방안은 무엇인가?

김상배(2009). 『소프트 파워와 21세기 권력: 네트워크 권력론의 모색』. 한울.

박경덕(2016). "프랑스의 대아프리카 문화외교 전략과 시사점." 『외교통상부 연구용역보고서』.

윤광일 외(2017). "문화선진국 참여 국제포럼 세미나 및 문화홍보 사례를 활용한 문화외교 전략적 방향 연구." 『외교통상부 연구용역보고서』.

대한민국 외교부 공공외교 홈페이지. www.publicdiplomacy.go.kr

세종학당재단 홈페이지. https://www.ksif.or.kr/intro.do

인스티튜트 프랑세 홈페이지. https://www.institutfrancais.com/fr

참고 문헌

김명섭(2003). "프랑스의 문화외교: 미테랑대통령 집권기(1981년~1995년)를 중심으로."『한국정치학회회보』37권 2호, pp.343-364.

김상배(2009).『소프트 파워와 21세기 권력: 네트워크 권력론의 모색』. 한울.

_____(2013). "중견국의 공공외교 이론: 매력과 네트워크의 시각." 김상배·이승주·배영자 편.『중견국의 공공외교』. 사회평론.

박경덕(2016). "프랑스의 대아프리카 문화외교 전략과 시사."『외교통상부 연구용역보고서』.

박정환(2018). "한국 '한지·천연염색' 伊·바티칸 훼손 문화재 복원한다." 뉴스1 코리아, 2018년 9월 26일.

배준구(2010). "프랑스 지방분권 이후 문화정책."『프랑스문화연구』20권 20호, pp.175-201.

변 웅(2018). "정치적 프랑코포니의 미시적 분석과 실천적 함의에 대한 연구." 『국제지역연구』27권 4호, pp.131-178.

예술경영지원센터(2017).『2015~2016 한불 상호교류의 해 문화예술분야 백서』.

유네스코(2011). "문화적 다양성에 대한 유네스코의 보편적 선언." 파리.

윤광일 외(2017). "문화선진국 참여 국제포럼 세미나 및 문화홍보 사례를 활용한 문화외교 전략적 방향 연구."『외교통상부 연구용역보고서』.

전동진(2012). "프랑스 공공문화외교의 구조와 독일통일 과정에서 나타난 프랑스 공공문화외교의 방향."『사회과학연구』28권 4호, pp.459-482.

Barluet, Alain(2006). "La France renforce la diplomatie Culturelle." *Le Figaro*, 15, Mai.

De Raymond, Jean-François(2000). *L'action Culturelle extérieure de la France*. Paris, les études de la documentation Française-institutions.

Petitfils, Jean-Christian(1994). *Le Gaullisme*. Presse Universitaire de France.

Poirrier, Philippe(2000). *L'État et la Culture en France au XXeme siècle*. Paris, Librairie Générale Française.

Signitzer, Benno H.(1992). "Public relations and public diplomacy: Conceptual covergences." *Public Relations Review*, Vol.18, Issue 2, Summer, pp.137-147.

인터넷 사이트

대한민국 외교부 공공외교 홈페이지. http://www.publicdiplomacy.go.kr(검색일: 2020.2.29).

서울 알리앙스 프랑세즈 홈페이지. http://www.afseoul.or.kr/(검색일: 2020.2.29).

시앙스포 써머스쿨 홈페이지. http://www.sciencespo.fr/summer/content/partnership-alliance-francaise-paris-ile-de-france.html(검색일: 2020.2.29).

외교부 주 독일 연방공화국 대한민국 대사관 본 분관 홈페이지(2019). http://overseas.mofa.go.kr/de-bonn-ko/index.do(검색일: 2020.2.29).

AUF 홈페이지. http://www.auf.org(검색일: 2020.2.29).

Britannica홈페이지. https://www.britannica.com(검색일: 2020.2.29).

Erasmus plus 홈페이지. http://www.agence-erasmus.fr/en/page/erasmus-plus(검색일: 2020.2.29).

OIF 홈페이지. http://www.francophonie.org(검색일: 2020.2.29).

제6장

호주의 중견국 공공외교와 ODA 고등교육 장학협력사업*

문경희 • 창원대학교

* 이 글은 2014년 『21세기정치학회보』(24집 3호)에 게재(저작권은 21세기정치학회에 있음)되었던 내용을 일부 수정·보완하였다.

[핵심어]

호주   소프트파워   중견국 공공외교
교육 ODA   고등교육 장학협력사업   원조효과성

I. 들어가며

'콜롬보 플랜Colombo Plan'으로부터 시작된 호주의 고등교육 장학협력사업은 약 60여 년이라는 시간을 거치며 호주 정부의 중요한 공공외교의 자원으로 자리매김해왔다. 1980년대 중반부터 약 10여년 동안 일시적인 중단 기간이 있었지만, 고등교육 장학협력사업은 서구 국가의 정체성을 가진 호주가 지리적으로 인접한 아시아와 태평양 지역 국가들과 외교적 관계를 맺는 데 길을 터준 일종의 통로 역할을 해 왔다. 원조로서 고등교육 장학협력사업의 일차적 목표는 파트너국 국민의 발전역량 강화 지원을 통해 국가 발전에 기여토록 하는 것이다. 하지만 대다수의 다른 공여국들과 마찬가지로, 호주 정부 또한 장학지원을 통해 양성된 인재들이 이른바 '친 호주 인사'가 되어 자국과 파트너국 간의 외교적, 경제적 이해

관계를 강화시키는 데 중요한 역할을 해주길 기대한다. 특히 강대국에 비해 군사력과 경제력이 약해 소프트파워를 통해 국력 증강을 도모하는 중견국의 입장을 가진 호주에는 파트너국의 발전뿐 아니라 쌍방 간 외교·경제·문화적인 연계를 강화시키는 측면이 있는 고등교육 장학협력사업을 공공외교의 중요한 수단으로 보는 시각이 지배적이다.

호주의 고등교육 장학협력사업이 전체 ODA 예산에서 차지하는 비중은 연간 약 6%이다. 이는 3% 미만인 OECD DAC 국가의 전체 평균에 비하면 두 배 이상이나 높은 수준이다.^{Neign 2014} 2012년 기준으로 334.2만 달러가 지원되었으면, 이는 145개 국가의 총 4,900명에게 장학금으로 배분되었다. 그중 가장 많은 예산이 호주의 지리상 전략적 요충지인 아시아태평양 국가에 집중되었다. 한편, 최근 호주 정부는 공공외교 대상국을 늘린다는 차원에서 전세계 거의 모든 원조 파트너국에 장학생 한두 명 규모에 불과하더라도 예산을 지원하고 있다. 이는 호주 정부의 중견국 외교 스타일의 변화와 무관하지 않다. 즉, 과거 호주의 중견국 외교는 아시아·태평양 지역 국가에 집중된 측면이 강했다. 반면, 최근에는 지역을 넘어 유엔이나 G20과 같은 글로벌 단위의 다자기구 활동에 역점을 두면서 가능한 많은 수의 약소국들도 공공외교의 대상으로 삼고 있다. 이런 측면에서, 호주 정부는 중견국에게 유리한 틈새 대외정책으로 꼽히는 ODA 정책, 그중에서도 국가발전을 위한 인재양성을 목표로 하는 고등교육 장학협력사업을 통해 국가 간의 우호적인 관계를 맺고자 노력한다고 해석할 수 있다.

한편, 전 세계적으로 ODA 예산 규모가 확대됨에 따라 고등교육 장학협력사업의 규모 또한 확대되고 있다. 이에 따라, ODA 교육사업의 일환이자 공여국의 공공외교 정책의 일환으로 시행되고 있는 고등교육 장학협력사업이 목표 달성을 위해 적절히 시행되고 있는가에 대한 논의가 필요한 시점이다. 이는 호주뿐 아니라 우리나라의 고등교육 장학협력사업의 발전을 위해서도 필요하다고 할 수 있다. 이 장은 우리나라의 동류like-minded 중견국으로 꼽히는 호주가 시행하고 있는 고등교육 장학협력사업의 전개와 특성, 그리고 평가 내용에 대해 파악하는 것을 목적으로 한다. 주요 논의는 세 가지 초점으로 구성된다. 첫째, 중견국의 소프트 자원을 활용한 공공외교의 필요성과 공공외교 자원으로서의 ODA 고등교육 장학협력사업에 대해 논의한다. 다음으로, 호주의 중견국 외교의 특징과 공공외교 자원으로서의 고등교육 장학협력사업에 대한 소개가 이어진다. 이와 함께, 호주정부감사원 및 원조청, 외무부 등의 여러 정부 기관의 장학협력사업 평가 보고서와 그에 대한 학계의 비판적 논의를 종합적으로 검토한다. 이러한 논의는 사업의 타당성, 운영의 효율성, 결과적인 효과성을 중심으로 진행될 것이다. 마지막으로, 호주 사례에서 제기된 장단점을 중심으로 우리나라 고등교육 장학협력사업의 발전을 위해 유용한 시사점을 제안하고자 한다.

II. 소프트파워와 중견국의 공공외교 자원으로서 ODA 고등교육 장학협력사업

조지프 나이Joseph Nye에 의해 소개된 '소프트파워'라는 용어는 한 국가가 완력이 아니라 국가의 문화, 정치적 이상 및 정책이 갖는 매력을 통해 원하는 바를 얻을 수 있는 능력을 의미한다.2004, 37 이는 곧 상대의 마음과 정신hearts and mind을 움직여서 원하는 바를 얻을 수 있는 능력을 의미하기 때문에 군사력과 경제력에 근거한 하드파워가 수반하는 강제나 값비싼 비용을 회피할 수 있다. 소프트파워의 중요한 자원인 문화는 한 사회의 의미를 창출해내는 일련의 가치와 실천을 의미한다. 나이는 한 국가의 문화가 보편적 가치를 내재하고 있고, 문화 정책이 타국가가 공유할 수 있는 가치와 이해를 증진시킨다면, 그 문화와 정책은 타국에게 매력적으로 수용되어 양국 간의 호의적인 관계 형성에 기여한다고 주장한다.앞저자, 41

또한 나이는 문화가 주로 개인적인 접촉이나 방문, 교환 등에 의해 전이된다는 점에서, 대학을 중심으로 한 고등교육의 국제화가 소프트파워 증진에 매우 중요한 역할을 한다고 지적한다.앞저자, 43 이는 한 국가가 가진 문화와 정치적 이상, 가치 등이 해외 유학생에게 학습과 생활 속에서 습득되고 전이되어, 결국에는 그들이 자국에 귀환한 이후에도 유학 국가에 대한 긍정적인 인식과 태도를 유지한다는 경험적 판단에 근거한 것이다. 미국과 일본 등에서 활발히 전개한 해외유학생 지원 프로그램이 각 국가의 공공외교에 긍정적인 기여를 하고 있다는 점을 언급하며, 나이는 국가 간 문화와 학술적 교류를 통한 소프트파워 증진이 곧 국력의 증진이라는 점을 강조한다.

ODA 고등교육 장학협력사업은 비용과 실패의 위험이 적은 반면 외교적·경제적 성과가 크다는 점에서 강대국뿐 아니라 중견국에서도 사업의 비중을 확대하고 있는 추세이다. 전 세계 공여국들이 제공하는 전체 ODA 교육 예산 중에 고등교육에 투자된 예산이 약 40%에 이르며, 또한 고등교육 전체 예산 중 40% 이상이 공여국의 고등교육 장학협력사업에 집중되고 있다. 최근에는 중국과 우리나라를 포함한 신흥 ODA 공여국에서도 고등교육 장학협력사업의 비중을 점차 확대하고 있다. 호주의 경우, 중견국 외교에 대한 논의에서 소프트파워 향상을 위한 공공외교 자원으로서 고등교육 국제화의 중요성이 지적되고 있으며, 그 일환으로서 ODA 장학협력사업의 확대 필요성 또한 강조되고 있다.Byrne and Hall 2011, 4-5 이러한 논의는 최근 호주 정부의 ODA 예산 확대와 그에 따른 고등교육 장학생 수의 증가로 이어지고 있다.

하지만 고등교육 장학협력사업이 공여국의 외교적·경제적 이익 추구의 일환으로 강조되고 시행되고 있지만 실제 그 분야에 대해 초점을 맞춘 연구는 그리 많지 않다. 그 이유에 대해 Cuthbert와 그의 동료들은 원조로서의 장학사업의 성과 (또는 효과성)이 무엇인지 이론적으로 밝히기 어렵다는 점과, 또한 유학생 개개인의 귀국 후 삶의 변화를 추적해서 자료를 구하는 데에는 시간과 비용이 너무 많이 든다는 방법론적 문제를 지적한다.2008, 261 실제 원조로서의 장학사업의 목표가 파트너국의 발전을 통한 빈곤 감소에 있다는 점에서 유학생 수와 경제성장률 간의 상관관계가 곧 그 사업의 효과성 정도를 보여준다고 할 수 있겠다. 하지만 인적자원

개발이 국가의 경제성장에 긍정적인 영향을 준다는 인적자본론의 설명이 옳다고 하더라도, 실제 일국의 경제성장에 미치는 요인들은 너무나도 다양하다. 또한 시간의 흐름에 따라 교육이 경제성장에 미치는 영향력이 감소한다는 점 때문에 그 어떠한 시계열적 연구나 국제비교 연구도 그 둘 사이의 직접적인 상관관계를 명확히 밝혀내고 있지는 못하다.앞저자, 262 위의 방법론적 문제를 해결하기 위해 최근 호주 정부는 파트너국의 사업운영에 대한 현지조사 및 동문 추적조사를 국가별로 확산해나가고 있는 추세이며, 그 결과 보고서 또한 호주 외교부 홈페이지를 통해 공개하고 있다.

한편, Boeren과 그의 동료들은 유럽 공여국들의 사례 분석을 통해 파트너국의 빈곤 감소와 발전역량 강화라는 장학협력사업의 목표 달성을 위해서는 아래와 같은 단계별 조치가 적절히 취해져야 한다고 제안한다.2008, 14 장학프로그램 기획 및 인재 선발 단계에서부터 졸업 후 동문 지원 단계까지 전 과정에 걸쳐 공여국 정부가 파트너국 정부와의 세심한 논의를 통해 정책적인 조치를 취해야 한다는 점을 강조하고 있다.

위 논의들을 종합해봤을 때, 파트너국과의 신뢰 형성을 통한 국력 증진이 중요한 중견국에게 장학협력사업이 '좋은' 원조가 되기 위해서는 가장 먼저 양자 간에 세부적인 발전 목표와 계획이 수립되어야 한다. 그리고 그것에 따라 해당 기관이나 분야에 필요한 인재 양성 장학프로그램을 기획하는 것이 중요하다. 이는 곧 장학사업의 타당성Relevance에 대한 질문으로 볼 수 있다. 이후 공여국은 발전 목표와 계획에 부합하는 장학프로그램을 제공하고, 파트너국과의 협력을 통해 적절한 후보자를 선발해서 준비 과정

〈표 6-1〉 장학사업에 단계별로 적용되어야 할 조치들

장학금과 발전원조 목표와 연계

- 장학금은 기관 또는 조직의 역량강화 프로그램에 통합되어 있어야 하며, 그러한 프로젝트에 참여하고 있는 사람이 장학생으로 선발되어야 함
- 장학금은 기관의 파트너십 프로그램과 연계되어 있어야 함
- 장학금과 교육프로그램은 양자 프로그램 및 사업과 연계되어 있어야 함

선발 관련 조치

- 파트너국에서 발전 프로젝트와 연계된 분야에 참여하는 학생을 선발해야 함
- 장학생들을 위한 맞춤식 강좌 개설이 되어야 함
- 강좌는 학생들이 가장 원하는 것이어야 함
- 호스트 프로그램은 일반 학생들과는 다른 인적 조건을 가진 파트너국의 유학생들을 지원할 의지와 사명감이 있어야 함
- 파트너국의 고용주들은 유학 보내는 직원에 대한 지원 의사를 밝혀야 함
- 유학 희망자들은 희망 학업이 자신들의 업무와 연관성이 있음을 서면으로 밝혀야 함
- 훈련/교육 기회는 또 다른 원조 활동을 위한 기회를 창출하는 데 기여해야 함

준비 기간에 적용되는 조치

- 동료의식 형성하기와 리더십 훈련이 제공되어야 함
- 사회적 약자 그룹 출신의 학생을 위한 교육 기회를 높이겠다는 프로그램의 목표와 의무를 공유하고 함께 수행할 대학과 전략적 파트너십을 형성해야 함

훈련 관련 조치

- 파트너국 또는 지역 내에서 석사학위나 훈련이 제공되어야 함
- 연구자들은 학생들의 귀국 후 배운 지식을 어떻게 활용할 것인지, 즉 그들의 귀국 후 활동계획에 대해 사전에 준비해둬야 함

졸업과 귀국 후 적용되는 조치

- 졸업생이 향후 연구를 지속할 수 있도록 지원하는 펀드가 제공되어야 함
- 연구결과가 널리 알려질 수 있도록 재정적 지원을 해야 함
- 학생들이 귀국 후 자신들의 전문 분야에서 열심히 활동할 수 있도록 전문성 향상을 위한 펀드가 지원되어야 함
- 동문회 조직과 네트워킹이 지원되어야 함

부터 유학, 나아가서 졸업과 귀국 후 시기까지 각 시기에 따라 요구되는 다양한 지원을 체계적으로 제공할 필요가 있다. 이는 장학사업의 운영 및 서비스 전달의 효율성Efficiency에 대한 질문으로서,

장학 개발협력사업의 시작부터 끝, 그리고 끝난 이후 단계까지에
도 적절한 조치가 취해지고 있는가에 대한 세심한 검토를 요구한
다. 마지막으로, 장학사업의 효과성Effectiveness은 장학 지원을 받은
졸업생들이 귀국 후에 어떤 변화를 경험하는지, 즉 그들의 유학
경험이 국가 발전에 기여할만한 변화를 일으키고 있는지 여부에
따라 결정된다. 이런 점에서, 귀국 후 모국사회에 복귀한 졸업생
들의 달라진 점을 살펴봄으로써 장학사업의 효과성에 대해 검토
해볼 수 있다.

이런 점을 토대로, 다음 절에서부터 호주의 중견국 외교의 특
징과 소프트파워 자원으로서 고등교육 장학생 지원의 전통과 함
께, 현재 호주 정부가 진행하고 있는 고등교육 장학협력사업의 타
당성과 운영 및 전달의 효율성, 그리고 효과성에 대해 논의한다.

III. 호주의 중견국 외교와 고등교육 장학협력사업의 전개

호주는 자타가 공인하는 중견국으로 알려져 있지만, 실제 호주 내
정치공동체에게 중견국이라는 대외적 정체성은 여전히 논쟁적인
사안이다. 자유당보다는 주로 노동당에 의해 강조되고 있는 중견
국 외교의 특징은 호주가 가장 중요한 우방국인 미국과 지리적으
로 근접한 아시아태평양 국가들 간에 가교 및 촉매자 역할을 해야
한다는 데에 있다. 대표적인 중견국 외교 사례는 냉전시기 서구의
강대국과 아시아를 포함한 약소국 사이의 가교외교를 통한 비무

장 평화체제 구축, 반인종차별주의의 확산, 자유무역 확산 등을 들 수 있다. 이후 탈냉전 시기에는 한편에서는 미국과 아시아를 연계하며 자국이 포함된 아시아·태평양경제협력기구APEC를 구축하는 데 기여한 것과, 다른 한편에서는, 동류 국가 간 연합체 형성을 통해 자유무역확산, 화학생물수출통제, 아시아 국가 내 갈등 종식 및 평화체제 구축에 기여한 사례를 들 수 있다. 이러한 호주 노동당 정부의 중견국 외교는 국제체제 및 지역 내 힘의 구도 변화에 창의적이고 신속하게 대응했다는 긍정적인 평가를 받고 있다. 특히 국제사회 구성원들이 도덕적이고 윤리적인 차원에서 중점을 두고 있는 평화체제 구축, 지속가능한 발전, 환경, 인권 등의 가치에 중점을 둔 외교를 구사했다는 점에서 다른 국가 구성원들의 신뢰를 얻기도 했다는 점에서, 궁극적으로 호주의 국익에 도움이 됐다는 평가를 받기도 했다.[1]

문경희·이희진(2012) 연구에 따르면, 호주의 중견국 외교가 가장 빛을 발했던 시기는 1980~1990년대로 평가받고 있으며, 당시 그것을 가능케 했던 주요 성공 요인 중에는 호주의 우수한 외교적 역량이 손꼽힌다. 이에는 국내외에서 활동하는 분석적인 외교 전문가 및 해외 '친 호주' 인사를 중심으로 한 외교정보 네트워크, 대사관과 영사관 등의 양질의 외교서비스 시설이 포함된다. 호주 정부의 외교적 역량 갖추기 작업은 2차 세계대전 이후에 그동안 소외시키다시피 했던 아시아 국가들과의 관계개선 및 교류·협력 증진

---

1 호주의 중견국 외교의 특성과 성과 및 한계에 관한 자세한 내용은 문경희·이희진 (2012) 참조.

의 필요성이 증대하면서부터 시작되었다. 아시아 국가와 호주와의 관계가 정상화되면서 호주 정부는 자국 출신의 아시아 전문가 양성과 함께, 아시아 주요 국가에 친 호주 인재 발굴과 양성이 시급하다는 점을 인식하기 시작했다. 이에 호주 정부가 지리적 근접성으로 인해 군사적, 경제적 전략 요충국인 인도네시아 및 말레이시아를 포함한 동남아시아 국가를 중심으로 상호 인재 교환 및 문화적 자원 교류 정책을 펴기 시작했다. 그중에서 대표적인 국제 인재양성 프로그램이 바로 앞서 언급한 바 있는 콜롬보 플랜이다.

콜롬보 플랜 아래 1951년부터 1985년까지 약 2만 명의 아시아 학생들이 호주에서 고등교육을 받았으며, 이들은 실제 호주와 아시아 국가 간 관계 증진에 상당한 기여를 한 것으로 평가된다. 당시 식민지에서 벗어난 아시아 국가들의 공산화와 경제적 몰락을 두려워했던 호주 정부는 호주의 문화 및 정치적 가치, 학술 자원을 학습하고 경험한 해외 장학생의 존재를 매우 중요한 민간 외교 자원으로 인식하기 시작했다. 특히 인도네시아의 경우에는 외교, 경제뿐 아니라 의료 등 다양한 분야에서 유학한 '친 호주 인사'들이 각 분야에서 두각을 드러냈으며, 호주와의 관계 구축 및 증진에 긍정적으로 기여한 것으로 전해진다. 뿐만 아니라, 백인우월주의가 팽배했던 당시 호주사회에서 교육받은 젊은 아시아인들이 등장하면서 젊은 호주인들이 가진 백호주의 인식을 약화시키는 데 기여한 것으로 평가받고 있다. 이와 함께, 콜롬보 플랜은 아시아 지역 내에 확산되어 있던 호주의 백호주의에 대한 적대감 또한 일정 부분 해소시키는데도 기여한 것으로 알려진다.

한편, 콜롬보 플랜의 성과는 호주의 고등교육 국제화에서도 찾을 수 있다. 즉, 콜롬보 플랜으로 인해 시작된 호주 대학의 유학생 교육이 경쟁력을 갖추기 시작하며, 아시아 지역의 자비 유학생을 대거 유치하는 결과로 이어졌다. 하지만 자비 유학생의 증가로 인한 수익이 증가하자, 신자유주의식 시장경제로의 전환이 활발했던 1980년대 중반 이후부터 호주 정부는 유학생 교육이 정부의 지원 대상이기보다는 국제적인 시장 거래가 가능한 수출 상품이라는 인식을 본격적으로 하기 시작했다. 이러한 인식은 이후 콜롬보 플랜의 중단을 야기했고, 나아가서 호주의 유학생 교육을 수출산업으로 전환하기 위한 정책 도입으로 이어졌다.

그러나 호주 정부가 ODA 사업의 확대를 꾀했던 1990년대 중반부터 콜롬보 플랜에 대한 논의가 다시 공공연히 시작되었다. 그 결과 호주 정부는 AusAID의 주도 하에 호주발전장학금을 제공하며 원조 파트너국을 대상으로 한 고등교육 장학협력사업에 재원을 다시 확대하기 시작했다. 이는 그동안 콜롬보 플랜의 중단으로 인해 약화된 아시아 내 인적 네트워크를 다시 강화하고자 하는 호주 정부의 의지가 반영된 것으로 볼 수 있다.

IV. 호주 정부의 ODA 고등교육 장학협력사업의 개요

호주의 고등교육 장학협력 프로그램은 크게 두 유형으로 나눌 수 있다. '호주어워드장학금Australia Awards Scholarship, AWS'과 '호주어워드펠로십Australia Awards Fellowship'이 그것이다. 이 두 프로그램은 2013년 전까지 '호주발전장학금Australian Development Scholarship, ADS'과 '호주리더십어워드펠로십Australian Leadership Awards Fellowships, ALAF'으로 불렸었다. 2013년에 호주 정부의 조직 개편으로 인해 그동안 독자적으로 장학협력사업을 전개했던 AusAID가 외교부DEFAT 2 산하로 편입되면서 프로그램의 이름 또한 변경되었다. 한편, 호주의 산업·혁신·과학·연구·고등교육부DIISRTE 3 또한 전 세계에서 우수 학생을 선발해서 장학금을 제공하는데, 이를 우수성적 장학금Endeavour Awards, EA이라 부른다. 4

호주 정부가 제공하는 장학금의 기본 원칙은 형평성 있는 장학금 분배이다. 즉, 젠더뿐 아니라 소수자 및 농촌지역, 장애여부를 고려해서 사회적 약자들에게도 장학금이 최대한 형평성 있게 제공되어야 한다는 것이다. 이와 함께 호주 정부는 장학협력사업의 목표를 다음과 같이 설정하고 있다. 5 첫째, 파트너 국가의 국민들이 역량과 리더십 개발을 통해 국가 발전에 기여토록 한다. 둘째, 개인과 조직, 국가 차원에서 사람과 사람 간의 연계를 구축한다. 위 두 가지 목표는 호주 정부가 장학협력사업을 통해 한편에서는

---

2 호주 외교부의 영문 공식명칭은 2020년 현재 The Department of Foreign Affairs and Trade이다.

3 산업·혁신·과학·연구·고등교육부(DIISRTE)의 공식 영어 명칭은 The Department of Industry, Innovation, Science, Research and Tertiary Education이며, 이 부처의 전신은 교육·고용·작업장관계부처인(DEEWR)이다.

4 호주의 산업·혁신·과학·연구·고등교육부의 영문 공식명칭은 2020년 현재 The Department of Education and Training's이다. 그리고 우수성적 장학금의 공식명칭도 Endeavour Leadership Prpgram(ELP)로 변경되었으나, 호주 교육부는 2019년을 마지막으로 더 이상 ELP를 제공하지 않는다.

5 호주의 고등교육 장학협력사업은 ODA 다섯 가지 목표전략 영역 중 모두를 위한 기회 증진에 포함된다. 이외에 네 가지 목표전략 영역에는 삶의 보호, 지속가능한 경제발전, 효과적인 거버넌스, 인도주의 및 재난에 대한 대응이 포함된다.

ODA의 근본 목표를 달성하고, 다른 한편에서는 호주와 지속적으로 연계 가능한 인적 네트워크를 구성하고자 한다는 점을 알 수 있다. 하지만 오랜 기간 지속되어온 위 두 가지 목표는 너무 광범위하게 설정되어 있어 구체적인 세부 프로그램 구축과 목표 달성 여부를 파악하기 어렵다는 비판을 받기도 했었지만,Gosling 2008b, 6 현재까지도 수정 없이 지속적으로 사용하고 있다.

한편, 호주 정부는 매해 원조예산을 확대하는 만큼 장학금의 예산 또한 증가시키고 있는데, 〈표 6-2〉는 2007~2011년 동안 지원된 전체 장학금 규모를 보여준다.[6]

〈표 6-2〉 호주장학금 지원자 수 변화, 2007~2011

연도	발전장학금			우수장학금(EA)					전체
	유입 (incoming)		전체	유입 (incoming)		유출 (outcoming)		전체	
	장기	단기		장기	단기	장기	단기		
2011	2,036	1,691	3,727	322	231	40	93	686	4,413
2010	1,638	714	2,352	185	243	40	133	601	2,953
2009	1,671	598	2,269	161	239	0	93	493	2,762
2008	1,443	695	2,138	170	250	0	63	483	2,621
2007	1,472	370	1,842	162	169	0	55	386	2,228
			12,328					2,649	14,977

출처: Australia Awards, 2011, "Annual Progress Report"

---

6 2008년에 호주 정부는 당시 2007~2008년 국가순소득(GNI)의 약 0.3%였던 원조예산을 2015~2016년 회계연도까지 0.5%로 확대하겠다는 계획을 밝힌 바 있다. 2011~2012년의 경우 호주 정부의 총 ODA 예산은 48억 252백만 호주달러에 이르며, 이는 GNI의 0.34% 규모이자, 전년 대비 약 12%가 증가한 것이다.

〈표 6-2〉에서 나타나듯이, AusAID 발전장학금 수혜 학생의 수는 2007년 1,842명에서 2011년 3,727명으로 약 두 배가량 증가했다. 주로 단기 장학금 수혜자의 비중이 더 큰 폭으로 증가했고, 5년 전체 장학금 수혜 학생 수는 총 12,328명에 이른다. 우수장학금의 경우에는 AusAID 발전장학금에 비해 그 규모가 작은 편이지만 해마다 그 수가 증가하고 있음을 알 수 있다. 한편, 호주어워드 장학금으로 이름이 변경된 2014년에 그 수혜자 수는 총 4,367명으로 최다 기록을 세웠다.

2011년 기준 호주 정부의 장학금 수혜 학생들을 출신 지역별로 나눠보면, 아시아가 가장 많았고, 그 뒤를 태평양연안 지역이 18%로 따르고 있다. 호주의 ODA 총예산의 지역별 지출 분포와 일치한다.[7] 이는 〈표 6-3〉에서 나타난다.

같은 해 기준 국가별 장학금 수혜자 수를 살펴봤을 때, 장학

〈표 6-3〉 지역별 장학금 분포, 2011

지역	AusAID	우수장학금(유입)	우수장학금(유출)	전체
아프리카	467	0	0	467
북·중앙·남아메리카	59	30	21	110
아시아	2,307	401	76	2,784
카리비안	35	1	0	36
유럽	0	82	25	107
중동	114	20	4	138
태평양 섬 국가	745	19	7	771
총액	3,727	553	133	4,413

출처: Australia Awards, 2011, "Annual Progress Report"

금이 수여된 총 70여 개국 중 인도네시아 출신이 가장 많았다. 다음으로 베트남, PNG파푸아뉴기니, 중국, 필리핀, 방글라데시, 캄보디아, 파키스탄, 부탄, 라오스순으로 이어지는데, 이는 현재 호주가 ODA를 통해 아시아 약소국에 외교적 자원을 집중하고 있음을 보여준다. 하지만 2012년에는 예산 증액과 함께 지원 국가의 수를 140개국으로 확대했으며, 지원 장학생 수도 4,900명에 달한다. 〈표 6-4〉는 국적별 장학금 수혜자 수를 보여준다.

다음으로, 2010, 2011년에 AusAID 장학생들이 가장 많이 전공하는 분야는 경제, 법, 정책, 정치학, 발전학, 국제관계학으로 전체의 24.4%를 차지하며, 다름으로 보건(22.0%), 관리, 통상(16.1%), 교육(10.7%)순으로 나타난다.AEI 2013 8 한편, AusAID 발전장학금

〈표 6-4〉 국적별 장학금(AusAID+EA) 수혜자 수, 2011

	국가명	AusAID	EA	전체		국가명	AusAID	EA	전체
1	인도네시아	628	19	647	6	방글라데시	142	31	173
2	베트남	354	67	421	7	캄보디아	153	7	160
3	PNG	322	10	332	8	파키스탄	64	46	110
4	중국	267	24	291	9	부탄	61	39	100
5	필리핀	170	18	188	10	라오스	96	3	99

출처: Australia Awards, 2011, "Annual Progress Report"

---

7 지역별 호주 ODA 규모를 살펴보면, 단일 지역별로 가장 많은 예산이 지원되는 지역은 동아시아(38%)와 파푸아뉴기니(이후 PNG) 및 태평양 섬국가(36%), 서남아시아(14%), 아프리카와 중동(11%)순으로 나타난다. 단일 파트너 국가의 원조 예산 비중을 살펴보면, 인도네시아, PNG, 솔로몬아일랜드가 가장 큰 규모의 예산 사용 국가이다.

은 학업 시작 전 예비과정에 대한 비용과 함께 개인이 해당 학위 프로그램을 마칠 수 있는 최소한의 기간을 기준으로 제공되는데, 수혜기간은 최대 4년이다. 지급 금액은 학위에 따라 달라지는데, 학사는 연간 4만 달러, 석사는 4만 8천5백 달러, 박사는 4만 9천7백 달러에 이른다. 아래 비용 이외에도 왕복 항공료 및 초기 정착금 등이 제공된다. 마지막으로, 유학생들은 학업 종료 후 빠른 시일 내에 본국으로 돌아가야 하며, 호주 정부는 '두뇌유출'을 막기 위해 졸업생이 최소 2년 내에 호주로 유입되는 것을 법으로 금지하고 있다.

V. AusAID 고등교육 장학협력사업에 대한 평가

2008년에 호주 정부는 OECD DAC의 "동료국 리뷰 보고서Peer Review of Australia"에서 장학협력사업에 대한 평가 부족 문제와 자료취합의 부실 문제를 지적받은 바 있다(70쪽). 이러한 지적이 계기가 되어 호주 정부는 정부 기관 및 외부 전문가들로 구성된 모니터링 및 평가단을 구성했고, 고등교육 장학 개발협력사업의 운영 현황 및 성과와 한계 등에 관해 본격적으로 살펴보기 시작했다. 2011년 호주감사원Australian National Audit Office, 이후 ANAO에 의해 발표된 "AusAID

---

8 같은 해 AusAID 장학생을 가장 많이 수용한 10개 교육기관에는 멜번대학교, 퀸스랜드대학교, 호주국립대학교, 시드니대학교, 핀들러대학교, 뉴사우스웨일즈대학교, 모나쉬대학교, 커틴대학교, 제임스쿡대학교, 퀸스랜드공과대학교가 포함된다. 이들 10개 대학교가 장학생 대다수를 매해 수용하고 있다고 볼 수 있다.

의 고등교육 지원 관리"를 대표적인 평가 보고서로 꼽을 수 있다. ANAO는 보고서에서 파트너 국가들이 처한 상황이 다르기 때문에 호주의 원조 장학사업의 성과를 일반화하기는 어렵다고 언급했다 (55쪽). 이를 달리 표현하자면, 다른 ODA 영역과 같이, 고등교육 원조사업도 사업 외부적 요인인 파트너국의 부정부패나 정치적 갈등, 제도 부실, 펀드 부족 등으로 인해 사업의 효과성이 감소되기도 한다는 것이다. 그러나 이러한 한계에도 불구하고, ANAO는 AusAID의 고등교육 지원 사업의 운영 현황 및 그 효과성을 따져 보기 위해 가장 큰 규모로 운영되고 있는 20개 장학사업의 선발 계획안과 모니터링 보고서를 검토했다. ANAO의 평가 결과는 이후 고등교육 장학협력사업을 위한 정책 논의에 상당한 영향을 미쳤다는 점에서 주목할 필요가 있다.

한편, ANAO의 평가와는 별개로 그동안 AusAID는 자체적인 평가를 시행해왔다. 최근에는 호주 외무부에서 졸업 후 모국에 귀환해서 근무 중인 졸업생 추적 조사를 통해 고등교육 장학사업의 효과성을 검토하고 있다. 설문과 면담 조사를 중심으로 한 추적조사는 졸업생들의 경험에 기초했다는 점에서 현장의 목소리를 반영한 것이다. 또한 최근 몇 년 사이에 호주 정부는 민간 연구자들을 통해 베트남 및 캄보디아, 아프리카의 케냐 및 모잠비크에 대해 평가한 바도 있다.DEFAT 2012a; 2012b

지금부터는 위에서 소개된 ANAO 보고서 및 다른 선행연구와 일부 국가를 대상으로 한 추적조사 보고서 등의 내용을 토대로 호주의 고등교육 장학협력사업 전반에 관해 검토한다. 이와 함께, 그동안 호주 학계와 민간단체가 주목해 온 고등교육 장학협력사업에 대한 문제점들을 정부의 평가 내용과 연계해서 검토할 것이다. 그리고 이러한 내용은 아래의 세 가지 범주로 나누어 설명할 것이다.

① 타당성: 장학 프로그램이 호주의 발전협력 목표와 전략, 파트너국 발전 우선순위와 호주의 국익에 부합했는가 여부
② 효율성: 장학 프로그램이 효율적인 관리와 전달 체계를 갖추고 있는가 여부
③ 효과성 또는 영향(Impact): 파트너국의 발전에 영향을 준 장학 프로그램으로 인해 생긴 변화, 이를 통해 장학 프로그램이 의도한 목적과 결과가 달성된 정도

1. 고등교육 장학협력사업의 타당성

타당성 여부는 장학 프로그램이 호주의 국제발전협력 목표와 전략과 일치했는가, 즉 파트너국의 발전 우선순위와 호주의 국익에 부합하는 영역에 장학금이 적절히 지급되었는가, 또한 장학금이 적절한 후보에게 지급되었는가 여부와 관련 있다. ANAO의 2011년 보고서에 따르면, AusAID는 국가 프로그램의 세부목표에 따라 장학금 지급 대상 분야도 해당 분야에 종사하고 있는 인력을 적절하게 선발하고 있는 것으로 평가된다(58쪽). 이를 최근에 발표된 캄보디아나 케냐, 모잠비크 등 국가별 검토 보고서를 통해 살펴보면, 먼저 캄보디아의 경우에는 국가 전략(2010~2015)에 농촌지역 빈곤 감소, 의료서비스 증진, 사회간접자본시설의 양질 개선과 접근성 향상, 정의사회 구현 등의 분야가 우선순위로 지정되어 있다.

DEFAT 2012a 때문에 AusAID의 장학생 선발도 이들 분야를 중심으로 이뤄졌다. 다른 공여국들과는 달리 AusAID는 공공영역의 지원 대상 분야를 직접 선정하고 있다. 또한 AusAID는 2009년 '개방형 범주 open category' 신설을 통해 장학프로그램에 기업이나 시민사회 구성원 및 일반인도 참여할 수 있도록 함으로써 과거 공무원에게만 집중되었던 자원을 일반인에게도 확대시키는 계기를 만들었다.[9] 일반적으로, 영어실력이나 다른 조건들을 고려했을 때 공무원보다는 민간영역 출신의 지원자들이 경쟁력이 높다는 점에서, '개방형 범주'를 통해 다양한 분야에서 활동하고 있는 우수 인재를 선발하는 AusAID의 방식은 긍정적으로 평가되었다.

하지만 AusAID의 장학협력사업이 파트너국 인재의 역량개발을 통한 경제발전, 빈곤감소라는 원래의 목적과 무관하게 비효율적으로 운영되고 있다는 문제가 호주사회에서 제기된 바 있다. 대표적으로, 2011년 4월 캔버라타임스Canberra Times의 한 기사는 호주의 원조 장학금 일부가 파트너국 정치인의 자녀에게 지급되기도 했고, 더욱이 일부는 개발협력 전공과 무관한 사진이나 디자인, 부동산 등을 전공하는 유학생에게 지급되었다고 전했다.Mannheim, 2011.4.27 이러한 지적은 2008~2010년 사이에 외부 전문가에 의해 세 차례에 걸쳐 시행된 AusAID 장학금프로그램에 대한 평가 결과와 문제인식을 공유하고 있다.Gosling 2008a; 2008b 당시 AusAID 내부에만 공개되었던 평가보고서에는 호주의 고등교육 장학금프로그

---

9 예를 들어, 2008년에 장학금 수혜자 20명이 모두 공공범주에서 선발되었지만, 2011년에는 전체 수혜자 50명 중 20명은 공공범주에서, 다른 30명은 '개방형 범주'에서 선발되었다.

램이 파트너국 인재의 역량개발이라는 원조 목표에 따라 운영되고 있지 않는다는 점, 특히 다른 원조프로그램과 유사하게 장학금프로그램도 주로 정치와 외교 논리에 따라 좌지우지되고 있다는 내용이 포함되어 있다. 때문에 일부에서는 호주의 장학생프로그램이 궁극적으로 파트너국가의 빈곤 감소에 기여하지 않는다면, 공적 원조로 인정하지 말아야 한다는 주장도 제기되었다.Morrism 2011 이와 함께, 유학을 마친 아프리카의 호주 동문들을 대상으로 실시된 한 경험적 연구는 각국의 정치 및 행정 엘리트들에게 제공되는 장학지원을 과연 원조라고 볼 수 있는가에 대한 의문 또한 제기한다.Negin 2014 이로 인해 2010년대 후반부터 호주 정부는 고등교육 장학협력사업의 예산 감액과 함께 대상 파트너국 또한 대외관계의 비중에 따라 선택과 집중적으로 축소 선정하고 있다.

AusAID 고등교육 장학협력사업의 수혜자 선발의 적정성과 관련해서 제기된 또 다른 문제는 수혜자 선발에 따라 파트너국이 지불해야 하는 기회비용에 관한 것이다. 2011년 ANAO 평가 당시 호주의 국가별 전체 원조 예산 중에 AusAID 고등교육 장학금이 차지하는 비중이 30% 이상인 국가는 세 군데가 있었는데, 부탄, 몽골, 몰디브가 그에 해당된다(55-56쪽). 부탄의 경우에는 2008~2009년 예산에서 고등교육 유학 장학금이 차지한 비중이 약 80%를 상회했다. 그 이외에도 전체 예산의 10%를 상회하는 국가가 약 열 군데 정도 존재한다. 이와 관련해서 ANAO는 기회비용 문제 이외에도 실제 파트너국 내 발전 시스템이나 환경이 부재한 상황 속에서 제공되는 호주의 장학 지원은 오히려 파트너국의 인력난을 가중시키고, '두뇌 유출'과 같은 부정적 효과를 초래한다고 지적했다(67-68쪽). 태평양 섬 국가인 솔로몬 아일랜드나 키리바티의 경우에도 호주의 장기 고등교육 유학 장학사업으로 인해 한참 일을 해야 할 인재들이 빠져나가는 상황에 처해 있는 것으로 밝혀졌다.

2. 프로그램 단계별 운영 및 전달의 효율성

장학금 수혜자 선발 단계부터 살펴본다면, AusAID는 장학금 수혜 자격사항으로 나이, 국적, 필수 영어능력 등의 기준을 정한다. 하지만 장학금 배분은 대체로 파트너 국가의 개별적 특성이 반영된 선발 계획안에 따른다. 선발 계획안에는 주로 파트너국 정부의 장학선발 개입 수준 및 역할을 포함해서 제공될 훈련의 유형과 수준, 또한 장학금이 어떤 비율로 공공영역 인재나 비정부 영역, 농촌 또는 지방 출신 신청자에게 배당될 것인가 등의 내용이 담겨 있다. 최근 국제사회는 원조금 배분에 있어서 형평성 원칙을 중요하게 고려하고 있으며, 특히 여성과 장애인이 원조금 배분 과정에서 소외되지 않아야 한다는 점을 강조하고 있다. 이러한 국제사회의 요구에 따라, AusAID는 2010년 고등교육 장학금 중 절반 이상을 여성에게 제공하고, 장애인뿐 아니라 지방, 농촌 출신의 인재 선발에 할당을 두는 정책을 도입했다. 2011년 AusAID의 장학금 분배를 젠더 기준으로 살펴봤을 때 52%의 예산이 여성에게 배분된 것으로 나타났다.ANAO 2011, 62 특히 장애를 가진 학자들이나 장애인 지원 단체 종사자들에게 더 좋은 기회가 제공될 것을 내부 규정으로 정해놓고 있다. AusAID는 또한 장학금 최대 5대 수혜국의 소수자 그룹 또는 지방, 농촌 출신 후보자들에게 장학금을 제공하

기 위한 적극적 조치를 마련해 놓고 있다.[10]

한편 다른 발전협력 분야와 마찬가지로, AusAID는 파트너국의 수요를 반영한 장학사업을 운영하기 위해 프로그램 기획과 운영, 장학생 선발과 관련된 총괄적인 책임을 파트너국에 설치된 AusAID 사무실에 일임하고 있다. 하지만 호주 정부의 장학금 규모 확대와 함께 장학생 선발 분야와 자격 요건이 다양해지고 있지만, 실제 AusAID의 행정 인력과 전문성 부족으로 인해 그러한 수요 변화에 적절히 대처하지 못하고 있다는 점이 문제시 되고 있다. 이러한 행정적 문제뿐 아니라, 장학사업의 확대로 인해 파트너 지역이나 국가의 장학금 수혜 분야가 많아지고(약 25개 유형의 하부 프로그램이 운영되고 있음), 그에 따른 후보자의 자격 평가 또한 예전에 비해 덜 엄격하게 진행되는 측면이 있다는 점도 문제로 지적되었다. 위 지적에 대한 구체적인 사례는 캄보디아 검토보고서를 통해 찾아볼 수 있다.DEFAT 2012a, 9

다른 한편, 장학금 수혜자들의 호주 유학 프로그램과 생활에 대한 만족 여부는 그들의 귀국 후 삶의 변화를 가능하게 할 뿐 아니라, 그들의 호주에 대한 인식 형성에 매우 중요하다고 할 수 있다. 유학생들의 교육과 생활 전반에 걸친 만족도에 영향을 주는 요인은 다양하지만, AusAID의 2012년 발표 보고서는 장학협력사업과 관련된 요인을 설명하고 있다. 이 보고서는 2008~2012년 동안에 호주 전역에서 유학 중인 장학금 수혜자 16,688명을 대상으

---

10 예를 들어, 필리핀의 경우 2004년에서 2010년 사이에 AusAID 장학금을 받은 수혜자의 68%가 지방 출신이었다. 또한 PNG와 파키스탄의 경우에는 지방 출신 여성 학자들의 대표성을 증대하기 위해 기초 교육을 제공하고 있다.

로 실시한 AusAID 고등교육 유학 장학사업에 대한 만족도를 조사한 것으로 총 13,158명이 조사에 응답했다. 이 보고서에 따르면, 응답자 중 대다수가 AusAID의 고등교육 장학협력사업에 대해 전반적으로 만족하고 있는 것으로 나타났는데, 특히 초기 유학 단계에 있는 학생들의 만족도가 높은 것으로 나타났다.AusAID 2012, 3-4 구체적으로 학생들은 학교가 제공하는 전공 프로그램과 교수진, 학사지원 서비스에 만족해 했다. 또한 학위 정규과정 시작 전에 해당 교육기관이 약 5주 기간 동안 제공하는 신입생 오리엔테이션 및 예비과정이 학교생활 적응 및 학습능력 향상에 절대적으로 도움이 된다고 응답하였다.앞저자, 7-9 하지만 유학 준비 및 과정 중에 느낀 어려움에 대해서는 금전적인 문제와 함께 적절한 숙소 찾기의 어려움, 호주 입국 준비 및 초기정착의 어려움, 영어능력 부족, 학업 부담, 의료비 부담이 있는 것으로 나타났다.

반면, 장학금 수혜자들의 귀국 후 지원 및 관리 단계에 관해 살펴보면, 졸업 동문에 대한 지원 부재 문제는 AusAID 장학제도의 주요한 문제점으로 지적되어 왔다.Cuthbert 2008, 263-264 ANAO 보고서도 AusAID 내부에서 장학생들이 귀국하면 장학사업 업무가 끝이라는 잘못된 인식이 확산되어 있는 점에 대해 비판하며, 실제 장학사업의 성과는 학생들이 귀국한 시점부터 만들어질 수 있다는 지적을 하고 있다(61쪽). 이러한 비판에 대한 대응책으로, AusAID는 귀국한 학생들을 위한 지원 전략을 수립했는데, 대표적으로 호주 유학생 동문회 조직화를 지원하는 것이다. 이에 따라, 2011년까지 약 20개 파트너국에 AusAID 동문회가 만들어졌으며, 2009~2010년에는 국가 예산 중 약 2십만 호주달러를 동창회 활성화를 위해 배정했다.

3. 장학 개발협력사업의 효과성 또는 영향

귀국 후 졸업생의 삶에 어떤 변화가 있었는가에 대한 질문은 실제 장학 개발협력사업의 효과성과 영향력에 대한 의문으로서 매우 중요하고도 답하기 어려운 질문이다. 특히 직장 조직의 경우에는 다양한 변수에 의해 변화가 초래되기 때문에 객관적인 자료를 통해 변화 요인을 측정하기는 더욱 어렵다. 때문에 장학사업의 효과성과 영향력에 대한 평가는 주로 졸업생 추적조사를 통해 설문과 면담 조사를 중심으로 이뤄졌다. 조사 내용에는 주로 업무를 대하는 태도에 변화가 있는지 여부, 의사소통 및 계획 등의 기술적 업무 능력에 변화가 있는지 여부, 직장 복귀 후 재통합이 효과적으로 이뤄졌는지 여부, 그리고 마지막으로 경력(승진, 임금 등)의 변화나 향후 경력 변화의 가능성에 대한 응답자의 인지 여부가 포함되었다.

한편, AusAID의 20개 프로그램의 평가 자료를 분석한 ANAO의 2010년 보고서에서도 변화를 위한 장학사업의 역할을 비중 있게 다루고 있다. 보고서 내용에 따르면, AusAID 장학생들은 학업을 마친 후 모국에 귀환하고, 그들 중 상당수는 중견 관리인으로 승진을 하면서 증진된 역량으로 전문적인 분야의 업무 개선에 기여하고 있다. 특히 AusAID는 호주에서 수학한 장학생들이 자신들이 종사하는 특정 전문분야에서 변화와 개혁을 일으킬 수 있다는 인식 하에, 양자 국가전략을 수행하고 있는 기관에 고용된 사람들에게 일정분의 장학금을 배당하고 있다.

인도네시아의 경우에는 2000년대 중반기 5년 동안 6개 특정 기관에 2천만 호주달러 이상을 투자했고, 결과적으로 그 기관 내에 호주 유학 출신의 인재들이 집중되는 결과를 낳았다.IDP 2007 구체적인 사례로, 인도네시아의 'Bapepam-LK(호주의 신용규제기관과 유사함)'에는 800명의 종사자 중 약 10% 이상이 호주에서 유학한 동창생들로 구성되어 있다. 라오스와 사모아의 경우에는 AusAID 장학생들의 국가 발전에 대한 기여도는 훨씬 더 큰 것으로 조사되었다. 특히, 사모아에서는 '제도강화 프로젝트'를 수행하는 조직 내에서 실질적인 변화를 주도하고 미래를 이끌어가는 중간 관리직에 호주 유학 출신 인재들이 집중되어 집단적으로 의사결정에 영향을 미칠 수 있는 정도의 다수critical mass를 구성하고 있으며, 실제 사업 발전에 큰 기여를 하고 있다는 점이 보고되기도 했었다. 아프리카의 국가의 경우에는 파트너국에서 개발협력사업에 종사하던 인재가 해당 분야의 학문을 수학하고 업무에 복귀했을 때 업무 수행에 상당한 능력을 발휘한다는 점에서 현장업무 경력이 많은 사람들에게 장학지원 선발과정에서 가산점을 부여해야 한다는 의견이 제시되기도 했다.DEFAT 2012b, 12

하지만 이러한 성과에도 불구하고, ANAO는 AusAID 유학 장학사업을 통한 유학생 역량강화가 파트너국의 변화를 위한 촉매재 역할을 하는 데 한계를 가진다는 점 또한 지적하고 있다.ANAO 2010, 58-59 이는 유학생들이 호주에서 새롭게 습득한 기술과 전문성을 가지고도, 귀국 후 그들의 역량에 적합한 일을 찾을 수 없는 경우가 종종 발생하기 때문이다. 또한 파트너국 내 인재관리가 부실하게 작동하기 때문에 잦은 인사이동 및 구조조정과 그것으로 인한 부실한 업무 승계 등으로 인해 호주 유학 출신 인재들이 그들의 역량을 마음껏 발현하지 못하는 사례를 어렵지 않게 찾아볼 수 있었다고 전했다. 때문에 AusAID는 특정 기간 내에 호주유학 출신 인재들이 집중되어 있는 것만으로는 조직의 변화를 이끌어내는 데에 한계가 있다고 지적한다.

VI. 맺음말: 호주의 고등교육 장학협력사업의 개선 방향과 우리나라에 주는 시사점

전반적으로, 호주의 고등교육 장학협력사업에 대한 정부의 평가보고서는 사업의 타당성이나 효율성, 효과성 면에서 긍정적인 점수를 주고 있다. 하지만 세부적인 이슈 논의에서 다양한 문제점이 지적되었다는 점에서 정책적 노력을 통한 개선이 필요하다는 점을 알 수 있다. 아래는 앞서 논의한 내용을 바탕으로 문제점과 개선 방향을 요약 정리한 것이다.

첫째, 사업의 타당성 확보를 위해 장학 프로그램이 공여국과 파트너국 간 발전협력 우선순위 분야와 일치해야 하며, 인재 또한 그러한 분야를 고려해서 적절히 선발해야 한다. 앞서 호주의 장학협력사업이 본연의 목표 달성과는 무관하게 진행되는 측면이 있고, 나아가서 그것이 원조 사업으로 타당한가에 대한 의문이 제기된 점을 고려한다면, 호주 정부가 인재 선발과정에서 좀 더 객관적이고 신중하게 관여할 필요가 있겠다. 또한 파트너국의 인력유출이라는 기회비용 발생을 최소화하기 위해 호주 정부는 파트너국의 요구에 더욱 집중해야 하며, 또한 파트너국의 인재 역량강화가 긍정적인 발전협력으로 이어질 수 있도록 다른 분야의 ODA 협력도 연계되어야 할 것이다.

둘째, 사업의 효율적인 운영과 전달을 위해 인재 선발 단계부터 학업을 마친 이후까지 전 단계에 걸쳐 세심한 행정적 관리 및 재정적 지원을 제공하는 하는 것은 중요하다. 선발 단계에서부터 형평성의 원칙을 토대로 인재를 선발하기 위해 현지에 전문성과 객관성을 갖춘 인재선발 위원들의 인재풀을 충분히 확보할 필요가 있다. 학생들의 귀국 후 재정착 및 인적자원 활용의 극대화, 나아가서 학업을 마치고 귀국한 동문들을 대상으로 한 네트워킹 강화를 위한 노력이 강조되었다.

셋째, 장학협력사업이 파트너국 발전에 미치는 긍정적 영향을 확대하기 위한 호주 정부의 지속적인 노력이 요구된다. 호주의 발전협력사업은 파트너국의 개인뿐 아니라 조직의 역량강화 및 평가에 더 많은 지원을 제공할 필요가 있다. 오랜 기간에 걸쳐 파트너국의 발전 우선 분야의 인력에게 집중적으로 장학지원을 한 결과 공여국 유학 출신자들이 조직 내 의사결정에 영향을 미칠 정도의 다수를 형성하는 사례가 증가하고 있다. 이런 경우 그들이 속한 조직의 변화를 유도해낼 수 있다는 점에서 장학협력사업의 효과성을 보여주는 사례라고 할 수 있다. 이는 더욱이 호주가 추구하는 인적 네트워킹을 통한 소프트파워 향상이라는 점에서 중요하다.

위에서 지적한 세 가지 내용은 비단 호주 정부뿐 아니라 우리나라를 포함한 다른 공여국들에게도 적용되는 내용이다. 특히 호주를 선례 삼아 중견국 외교를 전개하고자 하는 우리나라의 입장에서 위에서 소개된 다양한 문제점과 개선 사항 중에 호주의 외교적 실리 추구와 파트너국의 중단기적 발전 목표 중에 일치하는 내용도 있지만, 충돌하는 사안들도 있다는 점을 주목해야 한다. 고등교육 장학협력사업이 공여국의 이익 증진을 위해 일방적으로 진행되거나, 자국민의 신뢰와 지원 없이 위선적으로 이루어진다면 해외 '친 호주 인사'를 양성하기보다는 호주에 '독을 품은 인재'를 양성하는 결과로 이어질 수 있다는 점은 명심해야 할 것이다.

　마지막으로, 국제사회는 최근 ODA를 통한 공여국의 국익 추구는 일방적이기보다는 파트너국과의 상호협력 관계에 바탕을 둔 호혜적 국익 추구여야 한다는 점을 강조하고 있다. 이런 점에서, 고등교육 장학금 원조의 효과성은 공여국의 실리 추구에 앞서 파트너국의 발전에 실질적인 도움이 될 때 긍정적으로 평가될 수 있을 것이다. 앞서 논의된 고등교육 장학협력사업의 원조 효과성을 높이기 위한 단계별 조치사항과 호주의 사례를 상기해본다면, 우리나라도 장학금 계획 수립 단계에서부터 졸업과 귀국 후 단계에까지 효과성을 높이기 위한 다양한 조치들을 더욱더 체계적으로 채택해서 이행할 필요가 있다. 이를 위해, 우리나라의 고등교육 장학협력사업에 대한 정부의 정기적인 평가와 함께 학계의 독자적인 검토와 평가 결과에 대한 분석이 향후 지속적으로 전개될 필요가 있다. 우리나라의 ODA 목표에 부합하는 타당성을 전제로 한 사업이 이뤄져야 하며, 또한 그 운영은 효율적으로 이뤄져야 할 것이다. 이러한 고등교육 장학협력사업의 타당성과 효율적 운영을 위한 정책 지원과 노력이 갖춰졌을 때 사업의 효과성 또한

향상될 것이며, 이를 통해 고등교육 장학협력사업이 우리나라의
중견국 공공외교의 귀중한 자산으로 자리매김할 수 있을 것이다.

생각해볼 문제

1 국제정치에서 중견국(Middle Power State)의 정의는 무엇인가?

2 공적개발원조(ODA)의 공공외교적 특성은 무엇인가?

3 ODA 사업에서 고등교육 장학협력사업은 왜 중요한가?

4 '두뇌 유출'은 ODA 고등교육 장학협력사업의 부정적 효과 중 하나로 꼽힌다. 파트너국 인재의 유학을 계기로 한 '두뇌 유출' 문제를 어떻게 해결할 수 있을까?

5 공여국의 유학 지원을 받은 파트너국의 인재가 유학 과정에서 '독을 품은 인재'가 아니라 '친 공여국 인사'가 될 수 있는 사회·문화적 조건은 무엇이겠는가?

추천 문헌

김치욱(2009). "국제정치의 분석단위로서 중견국가(Middle Power): 그 개념화와 시사점."『국제정치논총』제49집 1호.

문경희·이희진(2012). "호주 노동당 정부의 중견국 외교에 대한 고찰: 배경 및 시기별 특성과 성과에 영향을 미치는 요인을 중심으로."『21세기정치학회』제22권 2호.

Cooper, Andrew, Richard A. Higgott, Kim Richarld Nossal(1997). *Relocating Middle Powers: Australia and Canada in a Changing World Order*. Vancouver: UBC Press.

Gareth, Evans, & Grant Bruce(2013). *Australia's Foreign Relations*. Australia: Melbourne University Press.

Ravenhill, John(1998). "Cycles of Middle Power Activism: Constraint and Choice in Australian and Canadian Foreign Policies." *Australian Journal of International Affair*, Vol.52, No.3.

참고 문헌

문경희·이희진(2012). "호주 노동당 정부의 중견국 외교에 대한 고찰: 배경 및 시기별 특성과 성과에 영향을 미치는 요인을 중심으로." 『21세기정치학회』 제22권 2호, pp.195-224.

AusAID(2003). "Review of Institutional Strengthening Projects in Samoa."

_____(2012). "AusAID's Australia Awards, Scholarships Annual Surveys: Executive Summary of Trends Report(2008-2012)."

Australia Awards(2011). "Annual Progress Report." http://www.austra liaawards.gov.au/docs/Australia-Awards-Annual-Progress-Report-2011.pdf(검색일: 2013.11.17).

Australian Education International(AEI)(2013). "International Student Numbers 2012." https://aei.gov.au/research/Research-Snaps hots/Documents/International%20Student%20Numbers%20201 2.pdf(검색일: 2013.11.25).

Australian Government, Department of Foreign Affairs and Trade (DEFAT)(2012a). "Cambodia: Review of the Australia Awards Program." http://aid.dfat.gov.au/countries/eastasia/cambodia/ Documents/cambodia-aus-awards-review.pdf(검색일: 2014.4.20).

_____(2012b). "Outcome Evaluation: In-Africa Australian Development Scholarship Management Program." Final Report, http://aid.d fat.gov.au/Publications/Documents/outcomes-evaluation-ad s-africa.pdf(검색일: 2014.4.20).

Australian National Audit Office(ANAO)(2010). 'AusAID's Management of the Expanding Australian Aid Program.' The Audit-General Audit Report No.15 2009-10 Performance Audit, http://www.an ao.gov.au/uploads/documents/2009-10_Audit_Report_15.pdf (검색일: 2014.4.15).

_____(2011). "AusAID's Management of Tertiary Training Assistance." The Auditor-General Audit Report No.44 2010-11, Performance

Audit.

Boeren, Ad. et al.(2008). "Donor policies and implementation mo-
　　　dalities with regard to international postgraduate programmes
　　　targeting scholars from developing countries." Belgium: NUFFIC.

Byrne, Caitlin, and Rebecca Hall(2011). "Australia's International Edu-
　　　cation as Public Diplomacy: Soft Power Potential." Discussion
　　　Papers in Diplomacy, Netherlands Institute of International
　　　Relations 'Clingendael,' No 121: 1-25.

Cuthbert, D., W. Smith, and J. Boey(2008). "What Do We Really Know
　　　About the Outcomes of Australian International Education? A
　　　Critical Review and Prospectus for Future Research." *Journal
　　　of Studies in International Education* 12(3): 255-275.

Gosling, Margaret(2008a). "Scholarship Effectiveness Review 2." Other
　　　Donors' Scholarship Programs, AusAID Scholarships Section.

_____(2008b). "Scholarship Effectiveness Review 3." Other Donors'
　　　Scholarship Programs, AusAID Scholarships Section.

IDP Education Pty. Ltd.(2007). "ADS Indonesia, Program Impact: Post
　　　Award Follow-up & Target Organisation."

Mannheim, Markus(2011). "Doubts raised over aid scholarships."
　　　Canberra Times. http://www.canberratimes.com.au/news/nati
　　　onal/national/general/overseas-aid-spent-on-elite/2145078.
　　　aspx?storypage=0(검색일: 2014.2.5).

Morrism, Matthew(2011). "Are Scholarships Good Aid?" Development
　　　Policy Centre. http://devpolicy.org/are-scholarships-aid2011
　　　0427/(검색일: 2014.3.10).

Nye, Joseph S., Jr.(2004). "Soft Power and Higher Educatio." In Devlin
　　　Maureen, Larson Richard, Meyerson Joel(eds.). The Internet
　　　and the University: Forum 2004, Educause. http://www.eai.or.
　　　kr/data/bbs/kor_report/20090608121259.pdf

OECD DAC(2008). "Peer Review of Australia." http://www.oecd.org/d
　　　ac/peer-reviews/42019772.pdf(검색일: 2014.7.10).

제7장

아프리카 공공외교의 안팎과 미래

임기대 ● 부산외국어대학교

[핵심어]

아프리카   아프리카의 정체성   공공문화유산

식민문화   자연문화   무형문화

공공외교 전략

I. 들어가며

아프리카에 공공외교는 있는가? 아프리카의 공공외교를 어떻게 보아야 하는가? 거꾸로 한국의 1950년과 1960년에 공공외교를 생각한다는 것은 상상도 할 수 없는 일이었다. 주요 선진국을 비롯한 아시아 국가들, 최근 들어 한국까지 아프리카에 대한 공공외교 활성화와 공공외교를 통한 아프리카 내 각국의 이미지 제고를 위한 정책은 들어봤지만 아프리카 내의 공공외교 정책이나 공공외교에 포함할 만한 내용을 다룬 것은 보질 못했다. 그만큼 아프리카 국가들이 아직 공공외교를 논하기에는 여전히 (정치적, 경제적) 한계가 있음을 고려하지 않을 수 없다. 그럼에도 불구하고 아프리카 국가들이 공공외교를 마냥 간과하고 있는가? 이 문제는 아프리카 국가를 가까이서 들여다보면 의외의 수준 높은 그들만의 문화 의

식, 역사 의식, 아프리카인으로서의 자부심 등을 엿볼 수 있다는 것으로 답하고자 한다. 국가적 단위에서도 여전히 미약하지만 자신들의 정치, 사회, 문화 등을 적극적으로 내보이기 시작한 점도 주목할 특이점이다.

본고에서 다루는 아프리카의 공공외교는 현재 각국의 공공외교정책이 아닌, 미래의 아프리카 공공외교의 전망을 그려보고자 한다. 이를 위해 아프리카에 대한 우리의 아프리카에 대한 인식 정도, 아프리카인 스스로가 자신들의 정체성을 찾기 위한 운동, 아프리카에서 공공문화 요소가 될 만한 것 등을 살펴볼 것이다. 이는 한국이 향후 아프리카에서 공공외교 정책을 펴나가는 데 있어서도 간과할 수 없는 중요한 부분이다. 마지막으로 아프리카 공공외교와 미래의 아프리카를 다루며, 지역별 핵심 국가(탄자니아, 나이지리아, 알제리)의 공공외교 정책의 전망에 대해서도 살펴보고자 한다.

II. 아프리카와 아프리카에 대한 인식

역사에서 가장 큰 능욕과 멸시를 받은 대륙, 누구나 서슴없이 '아프리카'를 꼽는 데 주저하지 않을 것이다. 이런 능욕과 멸시의 역사에는 아프리카는 '식민지', '노예', '야만'이라는 용어가 그 중심에 있다. 사람들은 미국을 가며 미국에 간다고, 프랑스에 가면 프랑스에 간다고들 한다. 그런데 아프리카에 가면서는 어떤가? 보통 '나 아프리카 가게 됐어! 혹은 아프리카 가세요?'라고 답하거나 묻는다. 아프리카가 어떤 땅인가? 아프리카는 미국, 중국, 인도, 서유럽 국가 전체를 아프리카 안에 배치한다 해도 결코 작지 않은 대륙이다. 전 세계 육지 면적의 20.3%를 차지하고, 세계 인구의 7분의 1이 거주하는 땅, 아프리카에는 전 세계 55개국이 있다.

아프리카는 그 영토와 국가 수만큼이나 기후나 종족 또한 다양하다. 이렇게 다양한 지역에서 '아프리카는 덥다', '아프리카는 검정색의 피부를 갖고 있다'라고 하는 정의된 개념으로 아프리카를 본다면 아프리카를 제대로 이해하지 못할 것이다. 동부, 서부, 남부, 북부의 아프리카는 유구한 역사만큼이나 사회 문화적 구조도 복합적이다. 아프리카 원주민은 크게 4개 종족으로 구분된다.[1] 서부 수단과 남아프리카에 산재한 아프리카 니그로(흑인), 아프리카 니그로와 코카서스 백인종의 혼혈인 네로익 니그로, 니그리토Negrito와 피그미Pigmy같은 키가 작은 종족, 키 큰 혼혈 종족인 호텐토트Hottentot 등의 4개 부류 종족으로 크게 구분할 수 있다. 이외에도 백인, 아랍인, 인도인 등이 다양하게 혼재해 있는 곳이 아프리카이다. 언어 또한 이미 2천여 개의 언어가 존재한다는 것은 잘 알려진 사실이다. 이렇게 다양한 종족과 언어는 달리 말해 문화적 다양성이 그만큼 다양하다는 것을 말해준다.

이와 같은 거대한 대륙 아프리카에 대해 우리는 문명도 역사도 존재하지 않은 국가로 치부하곤 했다. 사하라 횡단 무역로를 중심으로 전개된 가나, 말리, 송가이Songhai왕국의 고대 문명, 아프리카와 인도양 무역로를 중심으로 태동한 동아프리카의 스와힐리

---

1 정수일, 『문명의 요람 아프리카를 가다 I』(서울: 창비, 2018), pp.17-19.

문명, 남부 아프리카의 그레이트 짐바브웨 문명, 북아프리카 지역에 존재했던 모레타니아 문명 등은 세계사에서 거의 언급되지 않는다. 이는 서구의 영향이 크다. 서구인의 아프리카에 대한 인종차별은 오랫동안 당연시되었고, 당연히 문명적으로 우월적 위치에 있게 된다. 서구 근대 철학의 중심에 있는 헤겔Hegel, 1770~1831은 세계사에서 흑인의 이미지를 제외시킴으로써 아프리카의 부정적 이미지를 정형화하는 데 일조했다.[2] 이와 같은 이미지는 아프리카를 타자화하는 데 좋은 계기로 작동했으며, 이후 식민화, 노예, 부족, 종족, 원시, 미개, 야만, 발견과 탐험 등의 용어가 아프리카를 상기할 때 등장하는 용어가 되게 하였다.

　　오늘날 벌어지는 대부분의 아프리카 문제의 기원에는 유럽의 식민통치가 자리한다. 식민지배는 아프리카의 역사와 문명을 부정당하게 했으며, 이후 쿠데타를 비롯한 내전 등 아프리카에서 벌어지는 문제의 근간을 이루었다. 하지만 지구촌 시대가 도래하면서 인류사는 수세기 동안 아프리카에 강요된 능욕의 멍에를 더 이상 허용하지 않는다. 아프리카인 스스로도 이 도도한 역사의 흐름을 자각하고 있다. 그것은 우리가 아프리카, 아프리카에 대한 인식 변화의 기로에 있음을 의미한다. 아프리카는 이제 야만과 열등으로만 점철된 역사를 더 이상 따르지 않고 그들만의 새로운 세상을 열 준비를 하고 있다.

---

2 윤상욱, 『아프리카에는 아프리카가 없다』(서울: 시공사, 2012), p.47.

III. 아프리카 국가들의 공공외교에 대한 노력

아프리카에 공공외교가 있을까? 아프리카의 공공외교를 논하기 전에 자국의 외교 강화를 위해 아프리카인 스스로는 어떤 일을 하고 있을까? 서구로부터 독립 이후에도 아프리카 국가들은 서구의 구속에서 자유롭지 못하였다. 그 결과 대부분 택할 수 있는 외교 노선은 '제3세계'라는 것이었다. 서구 열강의 이해관계에 따라 해방된 국가들이 선택할 수 있는 최선의 방책이었다. 다른 하나는 주어진 문화 자산이 아프리카 국가를 홍보해주는 주요 자산이 되었다. 자연과 고대 문화유산, 종교 유산 등은 아프리카 국가가 갖고 있는 훌륭한 공공외교 수단이자 자산이 되고 있다.

아프리카 국가들은 공공외교적 측면에서 선진국과 확연히 비견된다. 한국과 같은 경제 발전과 민주주의 역량을 쌓은 국가마저 공공외교가 우리 외교의 주요 축으로 들어온 것은 그리 오래되지 않았는데, 하물며 민주주의와 경제 발전에 있어 세계 최하위권을 형성하는 아프리카 국가들이야 오죽하겠는가. 그만큼 아프리카 국가들은 미국이나 영국, 프랑스, 독일 등과는 확연히 구분될 수밖에 없다.

미국과 같이 공공외교 및 공보담당Public Diplomacy and Public Affairs 부서를 둔다거나 이웃 일본처럼 경제 발전에서 발생한 부정적 이미지를 탈피하여 문화적 위용을 드러내기 위해 해외공보문화원과 일본국제교류기금을 둘 수가 없다. 가장 많은 식민 지배를 한 영국과 프랑스처럼 외교부 산하 기관 Wilton Park나 British Council, 앵스티튀 프랑세Institut Français를 각각 별도로 두어 운영할 수 있는 체계가 아니다. 강대국들 이외에도 캐나다와 노르웨이 등과 같이 환경이나 평화 등의 키워드를 가지고 자국의 외교 수단에 적극 활용하는 국가도 있지만, 아프리카 국가들은 과거 식민지배로부터 빠져나오기도 힘든 상황에서 선진국과 같은 공공외교 정책을 하기란 불가능하다.

아프리카는 영국, 프랑스, 포르투갈, 벨기에 등으로부터 오랜 기간의 식민 지배를 받으면서 독립 과정에서도 각기 다른 유산을 물려받았다. 이를 치유하는 과정은 생각보다 오랜 시간이 필요했고, 아프리카 국가들은 국가 재건을 제대로 할 수가 없었다. 아프리카 국가들은 자신들의 정체성을 어떻게 형성하고 해가야 하는지를 자신을 지배한 식민 당국을 체험하면서 암묵적으로 알게 됐고, 이는 오늘날 아프리카 개별 국가들이 진행하고 있는 민족적 정체성의 근간이 되고 있다. 아프리카인 스스로가 아프리카를 되돌아보기 시작한 것이다.

우리는 아프리카인의 정체성에 바람이 불기 시작한 상황을 시대별로 구분해보면서 이들이 오늘날 자신들의 존재감을 어떻게 심어가는지를 살펴보고자 한다. 아프리카만의 특수성이 존재하겠지만 이는 '정체성identity' 찾기 운동을 통해 서서히 자리하게 되며, 이는 아프리카인의 공공외교의 미래를 열 초석을 마련하게 된다.

1. 1960년대 전후

아프리카 국가들의 정체성 찾기 운동은 식민지배 기간을 통해 형성되지만 본격적인 시기는 전쟁이 발발하면서이다. 특히 제1, 2차 세계대전을 계기로 아프리카인은 유럽인과 동거 동락하면서 유럽인의 세계관을 체험했고 자신들의 종속적 위치에 대한 의문을 갖기 시작했다. 자유, 평등, 박애라는 유럽인의 인류애적 가치가 무엇인지를 의문 갖기 시작한 것이다. 다음으로는 식민지 우수 인력으로 차출되어 유럽에서 받은 교육은 아프리카인으로서의 정체성을 찾는 발판을 마련해주었다. 사실 아프리카의 문화, 아프리카인의 존재에 대한 궁극의 문제는 이때부터 본격적으로 시작된 것이라 해도 과언이 아니다. 그들은 교육을 받으면서 자신들이 처한 현실을 변화시키겠다는 생각을 하게 된 것이다. 일반적으로 탈식민화, 네그리튀드négritude와 같은 개념은 오늘날 아프리카인의 정체성 찾기에서 중요한 개념이다. 이런 용어들이 1930년대부터 본격적으로 등장하며 2차 세계대전을 전후한 시점에 독립운동을 전개하게 된다.

식민지배 당시 아프리카인에 대한 교육은 아프리카인의 교육을 반영하기보다 식민지배 당사자들이 현지인 관리 방식의 일환으로 실시하였다. 마치 우리의 친일파와도 같은 인재를 양성하여 이들로 하여금 아프리카인의 문화재 등을 관리하도록 했다. 식민지배 당사자국은 아프리카의 문화를 착취해가기 좋은 구조를 만들었고, 오늘날 유럽의 여러 장소에서 그 흔적을 볼 수 있다. 프랑스 파리에 있는 케 브랑리Quai Branly 박물관은 유럽에서 가장 많은 아프리카 문화재를 보유하고 있는 곳이다. 오랜 역사를 갖고 있는 아프리카 미술이 많은 유럽의 예술가에게 영감을 불어넣어주기도 했다. 피카소는 물론 디자이너 입생 로랑과 같은 예술가가 아프리카를 사랑한 대표적 인물이다. 아프리카인 스스로가 여러 아프리카 역사 기록물을 제대로 보관할 수 없게 되면서 문화재 발굴 또한 유럽인에게 맡길 수밖에 없게 되었다. 아프리카인에 의한 아프리카 문화재 발굴은 현재에 이르러서야 어느 정도 아프리카인 스스로 혹은 비유럽인에게 맡기면서 조금씩 자신들의 문화재를 보존하고 가꾸어 나가려 하고 있지만,[3] 여전히 험난해 보인다.

민족주의 운동과 정체성 찾기 운동은 식민지배 당시 유학 세대를 통해서 이루어진다. 1945년부터 1960년까지 여러 아프리카 지도자들이 정당을 결성하여 독립을 이끌었다. 1945년 영국 맨체스터에서 개최된 아프리카 지식인 모임인 제5차 범아프리카회의 Pan-African Congress에서 미국의 뒤부와W. E. Du Bois, 1868~1963는 식민주의를 비판하며 식민주의의 사회 경제적 개혁을 요구하며 완전 독립을 해줄 것을 주장했다. 이에 따라 프랑스 식민지에서는 지식인들이 후원 정당을 조직하여 사무소를 운영하였고, 영국령 식민지에서는 지도력을 갖춘 인물이 대중정당을 이끌며 독립운동을 주도했다. 이들 1세대 아프리카 독립운동 세대는 독립운동을 이끌었지만 식민정부의 체제를 완전히 바꿀 수가 없었다. 어쨌든 이들에 의해 주도된 독립 과정은 탈식민화, '범아프리카주의'라는 이름으로 오늘날 아프리카 정체성을 형성하는 자산이 되었다.

---

3 아프리카에 건립 중인 DR콩고 국립박물관은 식민 지배를 가한 국가(벨기에, 프랑스)에 위탁하지 않고 대한민국 정부에 맡김으로 해서 자신들의 문화유산을 보존하고 보호할 수 있도록 건립하였다. 한국의 입장에서 공적개발원조(ODA)를 수행함으로써 한국의 위상을 강화하고 문화 선진국의 이미지를 줄 수 있는 효과를 거두었고, DR콩고의 입장에서는 분열된 국가의 통합 이미지 제고에 기여했다는 평가를 받고 있다.

2. 2000년대 이전의 '정체성' 찾기 운동

아프리카 국가 중 전 국토가 식민 지배를 당하지 않은 유일한 국가를 꼽는다면 에티오피아를 꼽을 수 있다. 에티오피아는 1936년부터 1941년까지 이탈리아에게 수도 아디스아바바가 일시 점령당했을 뿐, 아프리카에서 독자적으로 생존한 국가이다. 아프리카 국가들의 독립은 아프리카인의 정체성 찾기와도 직결되는 부분이지만 동시에 독립과 동시에 서구의 개입과 탈식민화로 인한 구소련 체계와의 동맹으로 내전과 쿠데타가 반복되는 악순환을 맞았다. 또한 아프리카 내 부족 간의 갈등은 내전으로 비화하여 아프리카 전체를 혼동 속으로 몰아갔다. 2000년대를 전후하여 아프리카의 민족 분규는 세계화에 대한 불만과 저항으로 나타났으며 르완다와 부룬디에서 벌어진 후투족과 투치족 간의 분쟁이 대표적이다.

역사적으로 인류에게 심오한 영향을 미친 것은 흑인과 백인의 정체성 대결이었던 남아프리카의 인종차별정책, 즉 '아파르트헤이트(Apartheid, '격리'라는 뜻)'이다. 1994년 넬슨 만델라[Nelson Mandela, 1918~2013] 정부의 출현으로 '아파르트헤이트'가 종식되었다고는 하지만 남아프리카 내의 인종차별은 보이지 않게 남아 있고, 그로 인한 후유증 또한 남아 있다.

아프리카인의 정체성과 맞물린 비극적인 사건은 르완다 내전이다.[4] 르완다 내전은 후투족과 투치족 간의 대결로 약 200만 명

---

4 1994년 르완다에서 르완다 내전 중에 벌어진 후투족에 의한 투치족과 후투족 중도파들의 집단 학살을 일컬으며, 흔히 '르완다 제노사이드(Genocide in Rwanda)'라고 일컫는다. 1994년 4월부터 7월까지에 걸쳐 약 100만 명이 살해된 사건이다. 서구식민주의, 특히 르완다를 지배한 벨기에의 통치 방식의 유산 중 하나로 일컬어진다(임기대 2019).

의 후투족 난민을 양산하였으며, 이는 주변 지역으로까지 확장되었다. 물론 100일간 자행된 학살로 100만 명 가까운 목숨을 서로 죽인 이 사건을 쉽게 상처를 아물게 할 수 없었다. 하지만 르완다 내전 이후 르완다 정부는 국가 정비와, 부족 간 화합을 통해 르완다 국민 스스로도 화합과 아프리카인의 단결력을 보일 수 있는 성과로 꼽고 있다. 그만큼 르완다 국민의 의미있는 화합 과정을 볼 수 있는 사례이다.

또 다른 사례를 들자면 아프리카 내 대표적인 이슬람 국가 튀니지이다. 튀니지는 2010년 한 젊은 노점상의 분신자살로 인해 급격한 혼란을 겪고 급기야 2011년 '아랍의 봄'이라는 전대미문의 사건을 남겼다. 이후 '아랍의 봄'은 이집트, 리비아, 예멘 등을 강타했고 이들 국가의 장기 독재자를 정권에서 몰아내는 데 성공했다. 튀니지 또한 벤 알리Ben Ali, 1936~2019 당시 대통령을 축출하는 데 성공했고, 이에 따른 여권 신장, 이슬람의 세속화, 노조 활성화 등의 정치 사회적 의미를 거두기도 했다. 경제 침체가 '아랍의 봄'의 의미를 다소 퇴색시키고는 있지만 2015년 노벨평화상을 튀니지에서 수상할 정도로 전 세계에 큰 의미를 남겼다. 노벨평화상을 수상한 2019년 튀니지 국민 4자 대화 기구Tunisian National Dialogue Quartet, TNDQ 5 는 튀니지 민주화를 시민사회 차원에서 이끌어내 아랍 국가에서도 서구의 민주화의 모델을 이룰 수 있다는 의미를

---

5 4개의 기구가 국민을 하나로 묶어 민간이 주도하는 정국을 형성했다는 공로로 노벨평화상을 수여받았다. 4개의 기구는 튀니지 노동조합 총연맹(UGTT), 튀니지 산업·무역·수공업 협회(UTICA), 튀니지 인권 연맹(LTDH), 튀니지 변호사회(Ordre National des Avocats de Tunisie)이다. 이에 대한 내용은 임기대(2017)를 참고할 수 있음.

부여했다.

　이렇듯 아프리카인은 과거에는 볼 수 없는 위대한 사건을 만들며 자신들의 정체성을 형성하고 그것은 국가의 이미지 제고를 위한 방안으로 활용될 수 있는 중요한 자원이 되고 있다.

3. 아프리카의 정체성 찾기 위한 최근의 노력들

아프리카인의 정체성 찾기를 위한 노력은 다른 국가를 통해 아프리카인에게 주목을 받게 했다. 특히 중국의 대아프리카 공공외교 정책은 '소프트파워Soft power'의 영향력을 비중 있게 다루었지만 생각보다 긍정적인 효과를 거두지는 못하고 있다.[6] 소프트파워의 효과를 극대화하려 한 〈공자아카데미〉 또한 큰 성과를 거두지 못하였다. 영국과 프랑스 등의 서방 국가들이 오랜 식민지 경험의 역사를 토대로 소프트파워를 구축한 것과 달리 중국의 경우 여러 분야에서 따라가지 못하는 것이 있었다. 특히 안보와 환경, 인권 문제에 있어 자국의 문제도 정확하게 해결하지 못하는 중국이 아프리카의 인권과 환경, 교육 문제에 어떻게 영향을 줄 수 있는지 따가운 시선이 자리하고 있었다. 이는 역설적으로 아프리카인의 의식 수준이 서구인의 눈높이에 달해 있어 중국의 아프리카 내 공공외교 정책이 영향을 주는 데 한계가 있음을 말해준다. 그럼에도 불구하고 서구 이외의 아시아 국가들, 특히 한국을 보며 아프리카 국가들이 어떤 방향으로 가야 할지를 알아가고 있다는 차원

---

6 권영승, "중국의 대 아프리카 공공외교 강화: 대외적 요인 분석," 『2019 한국아프리카학회 하반기 발표자료집』(2019), p.113.

에서 아시아 국가들의 아프리카 정체성 찾기에 대한 기여도는 마냥 무시할 수만은 없어 보인다.

프랑스의 아프리카 식민지배는 여러 면에서 아프리카인의 정체성 찾기에 시사하는 바가 크다. 프랑스는 그 어떤 국가보다 잔혹하게 아프리카를 지배한 국가이다. 식민 시대의 흔적은 지금까지 여러 아프리카 국가에 내재해 있다. 특히 서아프리카와 중앙아프리카 일대, 과거 르완다와 같은 일부 동아프리카 국가에서 프랑스의 영향력은 절대적이었다. 이슬람 문화가 팽배한 북부 아프리카에서도 여전한 영향력이 있다. 아프리카인은 프랑스로부터 100년을 전후한 식민 지배를 받으면서 오늘날까지 행정, 교육, 미디어 등의 분야에서 프랑스어를 사용하고 있다. 이 현상을 어떻게 볼 것인가?

첫째, 프랑스어는 아프리카 국가들이 국제사회로 진입해가거나 경제적 실리를 추구하는 데 있어 긍정적이라는 평가가 있다. 둘째, 프랑스어권 국가 간의 연대를 통해 아직은 열악한 자국의 문화를 세계에 적극적으로 알릴 수 있는 기제로 작동한다. 프랑스어 사용은 아프리카 문화에 대한 적극적인 홍보를 해갈 수 있게 한다. 여기에는 분명 프랑스가 가한 피해가 상존하지만, 단기간에 아프리카 문화를 전 세계적으로 알릴 수 있는 도구로 사용될 수 있다.[7] 프랑스어를 단지 식민도구의 언어로서만이 아닌 오히려 국가와 문화를 홍보할 수 있는 도구로 승화시킨 것이다.

---

7 박경덕, "프랑스의 대아프리카 문화외교 전략과 시사점: 프랑스어 보급과 사용 활성화를 중심으로," 『외교통상부 연구용역보고서』(2016).

아프리카 문화로서 아프리카인의 정체성 찾기 운동을 가장 잘 보여주는 것은 '아파르트헤이트'일 것이다. 아파르트헤이트는 백인 정권에 대한 인종 분리 정책이다. 이 문제는 아프리카인의 인권에 대한 감수성을 일깨웠으며, 넬슨 만델라는 아프리카 민족회의 대표로 정부와의 협상을 주도했고, 이후 1994년 민주적 선거로 자신이 대통령에 당선되면서 아파르트헤이트는 공식적으로 폐지된 상태이다. 아파르트헤이트의 잔재는 여전히 남아 있음에도 불구하고 아프리카 전체의 훌륭한 문화유산으로 자리하게 되었다. 그들의 비폭력으로 맞서온 인종차별 정책은 이후 전 세계에 주는 메시지가 확연하다. 아프리카인은 과거의 노예가 아닌 전 지구적 공동체의 일원으로 모든 인간은 자유와 평등에의 권리가 있음을 일깨워주면서 소중한 자원으로 남게 될 것이다.

IV. 아프리카의 공공문화유산

아프리카의 공공외교는 식민시대라는 긴 터널을 거치면서 정체성 찾기 운동을 시작한 시점부터 부각되었다. 여전히 정쟁과 내전으로 점철되는 지역이 많은 아프리카 국가들이 공공외교를 선진국 수준에서 하기는 어렵지만 그들이 지닌 유무형의 문화적 자산을 보면 향후 공공외교 자산으로서의 가치가 풍부함을 엿볼 수가 있다. 이런 의미에서 아프리카가 갖고 있는 유무형의 문화 자산을 주목해보는 것은 그들의 소프트파워 잠재성과 공공외교의 미래를 생각할 수 있다는 점에서 매우 유의미해 보인다.

아프리카의 공공문화유산에는 여러 종류가 있고, 55개국을 상징하는 공공문화유산을 일일이 열거할 수는 없다. 본고에서는 아프리카 국가의 소프트파워 가치가 있는 문화유산 몇 가지 사례만을 소개하고자 한다.

1. 고대문화유산

아프리카 대륙은 잘 알려져 있듯이 태초의 인류가 서식한 지역이다. 적어도 문자를 사용하기 시작한 시점부터 사하라 사막의 인류는 많은 문자와 그림 등을 남겨 놓았다. 대표적인 곳이 사하라 사막의 타실리Tassili 벽화이다. 알제리와 니제르에 걸쳐 있는 이곳은 사암으로 이루어진 곳이다. 그 자체로 사하라의 척박한 곳이지만 선사시대 바위 그림군이나 다른 고고학적 경관으로 지역을 알려주고 있다.[8] 바위에는 여러 종류의 동물, 수렵 활동을 하고 있는 사람들의 모습이 생생하게 묘사되고 있다. 하지만 이런 문화유산에 대한 체계적인 보관이나 관리가 잘 이루어지지 않아 안타까움을 준다.

고대문화유산은 이미 이집트왕조의 피라미드를 통해 잘 알려졌다. 오늘날 이집트가 정치 경제적으로 매우 낙후된 지역임에도 많은 국가들이 이집트문명에 대해 경외의 시선을 보이는 것은 세계 7대 불가사의에 속하는 피라미드와 같은 문화유산을 적극 홍보하고 알렸기 때문이다.

피라미드와 관련하여 잘 알려져 있지 않은 아프리카의 문화

---

8 유네스코와 유산: 타실리 니제르, https://heritage.unesco.or.kr/

사하라 타실리 암각화

수단의 피라미드

알제리 로마유적

유산은 수단의 피라미드이다(위 사진). 아프리카 흑인 쿠시 왕국이 약 3,000년 전 아프리카 전체 대륙의 4분의 1을 장악한 흔적을 보여준다. 이집트보다 4배 정도 많은 약 300여 개의 피라미드가 있지만 오랜 내전과 가난 탓에 국가적 외교 자원으로 전혀 활용하지 못한 것은 물론 이집트 문명과의 관련성조차 제대로 규명하지 못하고 있다. 이렇듯 국가의 경제 정도를 떠나 외부와의 관계, 혹은 외부자의 관심도에 따라 아프리카 문화유산에 대한 평가가 이루어지고 있다.

　아프리카의 고대 문화유산을 말할 때 적지 않은 수를 자랑하

---

9 본 사진은 연구자가 직접 찍은 것으로 저작권, 출처와는 무관함.

는 것이 종교 유적이다. 특히 북아프리카의 로마와 이슬람문화 유산은 그 수가 엄청나다. 로마문화는 과거 로마의 속국인 누미디아 Numidia 10왕국이 존재하였을 정도로 로마와 밀접한 관련을 맺고 있다.

2. 이슬람문화유산

아프리카 국가의 절반 이상이 이슬람 국가의 정체성을 적극적으로 내보이려 한다. 대개의 이슬람 국가처럼 이슬람은 국가적 자부심이자 상징이다. 정무와 경제외교가 아무리 중요해도 이슬람적 가치와 관습이 매우 중요하기 때문에 국가 외교 정책의 중요한 부분이 이슬람과 관련된다. 대개의 국가가 말리키 율법을 따르는 수니파 이슬람을 믿는다. 이슬람 극단주의는 테러집단과 연계되어 있어 금기시 된다. 기독교는 소수 종교로 차별 대상이며, 자국민을 대상으로 한 선교 활동은 대개 금지하고 있다. 이슬람과 관련한 유적은 비교적 보존이 잘 되어 있어 국가의 주요 홍보수단으로도 활용된다.

아프리카 이슬람 국가를 찾을 때 가장 많이 찾는 곳은 이슬람 사원과 수크(Souk, 시장), 메디나(Medina, 구시가)이다. 국가의 주 수입원이자 자국을 찾게 하는 메디나에는 그 자체로도 도시를 홍보하는 곳이면서 염색공장, 묘지, 영묘, 수공예품점 등이 즐비하다. 이슬람 국가가 대부분을 차지하는 북부와 서부, 일부 동부 아프리카를 가다 보면 이슬람이야말로 가장 중요한 국가적 가치이자

---

10 기원전 202~기원전 40년경에 존재한 북아프리카의 로마 속국이다. 오늘날 알제리, 튀니지를 중심으로 모로코와 리비아 일부를 포함한 지역이다.

자산임을 알 수 있다. 국가적 정책도 그렇지만 국민의 삶의 모습
은 그 자체로 이슬람 안에 있다. 이슬람은 가장 숭고한 가치이면
서 국가의 내·외부를 잘 보여준다. 아프리카 이슬람은 중동과 달
리 조금 덜 개방되어 있는 모습을 보이지만 여타 이슬람 지역과
마찬가지로 극단 세력이 내재하여 위험이 도처에 있기도 하다. 그
럼에도 이들의 이슬람적 가치와 문화를 이해하고 배우는 일은 아
프리카를 이해하는 데 있어 매우 중요해 보인다.

　　아프리카 이슬람문화유산을 말할 때 빼놓을 수 없는 국가는
말리이다. 튀니지의 케이루안Keiruan과 같은 이슬람사원이 북아프
리카 무슬림의 성지를 이루기도 하지만, 아프리카적 특성과 이슬
람적 특성이 어우러져 세계 최악의 빈민 국가 말리를 알리는 대표

〈사진 7-2〉 아프리카의 이슬람문화유산

튀니지 카이루안 대모스크　　　　　　사하라의 이슬람사원

니제르의 무슬림

적 이슬람사원이다. 특히 젠네Dienné, Jenne와 팀북투Timbuktu는 과거 서아프리카를 지배한 말리 제국(1235~1670)과 송가이 제국(1464~1592)이 있던 곳이다. 당시 세워진 젠네 모스크는 세계에서 가장 큰 진흙벽돌 건물로 이슬람 문화의 영향을 받은 수단-사하라 양식의 대표 건축물이다. 말리는 물론 아프리카 이슬람의 랜드마크 중 하나로 중요한 문화유산이지만 내전으로 인해 일반인의 접근이 어렵다. 팀북투의 장가레이버 이슬람사원 또한 중요한 문화 유적지로 평가받고 있지만 잦은 내전으로 파괴의 위험에 직면해 있다.

이외에도 아프리카의 이슬람 국가에는 지역마다 특징을 담고 있는 귀중한 문화유산이 있어 지역과 국가를 알리는 데 크게 기여하고 있다.

3. 자연문화유산

기후변화에 따른 위기의식이 팽배하지만 아프리카의 자연유산만큼 풍부한 대륙은 없을 것이다. 자연유산은 동식물, 폭포, 협곡 등과 관련한 것이 대부분을 차지하고 있으며, 이들 문화유산을 국가의 이미지로 격상시켜 홍보하는 곳이 있다. 가장 잘 알려진 곳이 탄자니아, 짐바브웨, 르완다 등이 있는 동부 아프리카 국가이다. 한국에는 잘 알려진 모리셔스나 세이셸, 서아프리카 일부에도 자연문화유산이 있지만 여기에서는 생략하겠다.

최근 한국과 교류 관계가 급증하는 탄자니아에는 세계적으로 유명한 킬리만자로 국립공원이 있다. 이곳의 킬리만자로 산은 해발 5,895m로 아프리카에서 가장 높은 산이다. 정상은 눈으로 덮여 있으며 높이에 따라 사막, 고산 습지대, 고지 초원, 초원, 열대 우림

이 나타난다. 킬리만자로는 20세기 초에 독일의 보호령이었다. 탄자니아가 독립한 이후 킬리만자로는 국립공원으로 지정되었으며 1987년 UNESCO 세계유산에 등록되어 자연보호가 활발하게 진행되고 있다. 아프리카를 떠올릴 때 킬리만자로 산을 떠올리는 것은 이 자체가 갖고 있는 엄청난 매력 때문일 것이다. 킬리만자로 산은 알아도 탄자니아를 모르는 사람이 많았지만 지금은 탄자니아 정부의 주요 외교 홍보 수단으로 활용되고 있다.

또 다른 아프리카의 자연유산은 폭포이다. 폭포하면 단연 빅토리아Victoria 폭포를 연상한다. 하지만 이곳이 있는 국가를 묻는다면 대개 고개를 갸우뚱하곤 한다. 바로 짐바브웨이지만, 엄밀히 말해 아프리카의 잠비아와 짐바브웨 사이에 위치해 있다. 빅토리아 폭포는 스코틀랜드인 탐험가 데이비드 리빙스턴David Livingstone, 1813~1873이 영국의 빅토리아 여왕의 이름을 따서 지었다.11 전 세계의 관광객들이 찾는 폭포 그 자체뿐만 아니라 빅토리아 폭포 국립공원(짐바브웨), 리빙스턴 동물보호구역(잠비아)에는 크고 작은 사냥용 짐승들이 많으며 위락시설도 갖추고 있다. 이 두 국가는 사하라이남 아프리카 국가 중 관광청이 비교적 순기능을 하고 있어 국가의 위상을 높여주고 있다.

최근 우리에게 가장 알려진 아프리카 국가는 르완다이다. 아프리카의 아주 작은 소국인 르완다가 우리와 긴밀한 관계를 갖게 된 것은 오랜 내전, 작은 국가, 경제민주화 등의 과정이 한국과

---

11 토착 이름으로 Mosi-Oa-Tunya라는 용어도 있는데, 이는 잠비아에서 공식적으로 사용 중이다.

킬리만자로

빅토리아호수

AKAGERA공원

흡사하기 때문일 것이다. 비단 한국과의 관계만 증대되고 있는 것이 아닌 과거 외교 단절까지 했던 프랑스와의 관계도 강화하며 국제적 인지도를 높이고 있다. 오랜 내전을 극복하고 경제 살리기에 매진하는 르완다는 국가 홍보에도 열을 올리고 있다. 이 국가를 홍보하는 것은 관광이다. AKAGERA국립공원과 같이 탄자니아와 국경을 맞대고 있는 공원은 물론 멸종 위기에 있는 고릴라 보호구역인 VIRUNGA국립공원도 있다. 르완다는 작은 나라에서 관광하며 볼 수 있는 자연 생태 관광을 자국의 경제 발전의 중요한 도구로 사용하고 있는 국가로 평가받는다. 불행한 과거사를 갖고 있지만 멋진 자연경관과 더불어 르완다 제노사이드Rwanda Genocid, 1994.4~1994.7조차 전 세계에 평화의 메시지를 전하는 역할을 하고 있다.

4. 식민문화유산

오랜 기간 유럽인의 지배를 받은 것에서 알 수 있듯이 아프리카의
식민유산은 곳곳에 넘쳐난다. 아프리카 도시를 걷다 보면 거리 모습
이나 카페 등에서 유럽의 흔적이 넘쳐 남을 볼 수 있다. 특히 북부
아프리카의 경우 지중해성 기후로 인해 식민지배 동안 유럽인의
휴양지로 활용되었다. 완전한 프랑스식 건물과 도심 풍경을 곳곳
에서 볼 수가 있다.12 하지만 아프리카 식민유산에서 단연 빼놓을
수 없는 것은 노예무역일 것이다. 노예무역은 과거 아프리카인의

〈사진 7-4〉 아프리카 식민유산

고레섬 노예 거주지

프랑스식 알제 도심

튀니스 도심 노천 카페

---

12 모로코의 경우 탕헤르, 나도르, 테투안 등의 도시에서는 스페인 도시 문화의 풍경
을 곳곳에서 볼 수가 있다.

상처를 고스란히 담고 있다. 특히 세네갈의 고레Gorée섬은 아프리카 노예무역의 아픔을 갖고 있는 유서가 깊은 장소이다. 고레섬은 수도 다카르 동쪽 3km, 배로 약 20분 정도 타고 들어가면 있는 길이 900m, 너비 300m 정도 규모의 작은 섬이다. 1978년 UNESCO 세계문화유산으로 등록된 이 섬은 현재 언제 그랬냐는 듯 아름다운 모습을 보이고 있다.

아프리카 흑인의 노예무역은 1400년대부터 시작하여 이후 400여 년을 지속했다. 1,300만 명 이상의 아프리카인이 대서양 건너편의 아메리카와 유럽에 팔려갔다. 그 아픔의 시작이 바로 이 고레섬에서 시작된다. 열강들은 이 고레섬을 차지하기 위해 다툼을 벌였다. 남자 노예, 여자 노예, 처녀와 아기로 구분지어 각 방마다 가두었던 모습, 가족과는 대면조차 할 수 없게 꾸며진 공간은 잔인한 인간이 자행한 역사의 현장이자 교육 현장이 되었다.

노예무역은 공공외교를 거론할 수조차 없이 부끄러운 국가의 단면일 수 있지만, 과거에 대한 반성, 미래로 가기 위한 성찰의 장소로 꾸며지고 있다. 아프리카인의 한 맺힘, 식민 열강으로부터 벗어나려는 아프리카인의 역사의식의 한 단면을 확인할 수 있다. 아프리카인의 한이 맺힌 공간은 이제 영원한 자유의 정신이 서린 공간으로 탈바꿈해가고 있다. 지금은 한적한 유럽의 시골 마을을 연상할 정도의 이곳에서 세네갈인은 인류애와 평화를 주창하는 아프리카 중심국가의 위상을 만들어가고 있으며, 이는 국가 외교의 중요한 자산이 되고 있다.

5. 무형문화유산

UNESCO 무형문화유산위원회는 무형문화유산을 다음과 같이 정의하고 있다.

"관습, 대표, 표현, 지식, 기술(또한 기구, 도구, 공예품, 그 밖에 관련된 문화적 공간) 이것들은 커뮤니티, 그룹, 개인들에게 그들의 문화적 유산의 일부로 세대 간에 전승되고 끊임없이 환경에 적응하며 지역민과 공동체에 의해 재생산되며 인정받은 것들이다. 자연과 역사에 대한 그들의 소통은 연속성과 정체성을 제공하는 방식이며 그러므로 증진하는 것은 문화적 다양성과 인간의 창의력을 존경하는 것이다"(무형문화유산위원회 2.2조).

아프리카인의 무형문화유산은 아프리카인의 정체성을 형성하는 중요한 요소이자, 미래 아프리카 문화 자원의 중요한 요소이다. 아프리카인의 무형문화유산은 아프리카인의 일상의 삶 속에서 가장 잘 나타나고 있다. 흔히 무형문화유산을 연극이나 춤, 음악, 공예 기술과 같은 무형의 문화적 소산 가운데 역사적 혹은 예술적 가치가 높은 문화유산을 지칭하는 것이라면 아프리카에는 이와 같은 요소들이 상당히 많다. 특히 아프리카인의 춤과 음악은 아프리카에서 행사를 하는 어느 곳이든 빠질 수 없는 중요한 요소이다.

아프리카인의 춤은 아프리카인의 자유의 정신을 담는다. 역설적이게도 아프리카의 노예무역이 성행했던 시기에 아프리카인의, 춤이 발전하기 시작했다고 한다. 쿠바의 산테리아Santeria 춤, 사랑의 춤이라 할 수 있는 룸바Rumba도 아프리카에서 시작했다. 오늘날 남미의 춤 대부분이 아프리카에서 나온 것이라면 그들의 몸 동작과 영혼은 많은 사람에게 영감을 주는 게 당연해 보인다. 슬픈 역사의 감정을 몸으로 표현하며 마음의 평화를 찾은 아프리카인, 그들의 자유를 향한 갈망은 어느 장소에서든 구현되고 있다. 전문 무용수가 아닌 그저 리듬에 몸을 맡기고 일상의 생활이자 흥인 것이다. 그것은 치욕의 시기를 견디고 아프리카 땅을 지켜낼 수 있는 아프리카인의 힘이 되었다.

아프리카 음악, 그중에서도 아프리카의 음악은 서구에 많은 영향을 주었다. 그 유명한 마이클 잭슨에게 영향을 준 카메룬의 음악가 마누 디방고Manu Dibango, 1933~를 필두로 카메룬의 음악은 서구에서도 꽤 인정받는 음악이다. 마누 디방고는 1970년대 뉴욕 골든 디스크를 수상하였었고, 1980년대 다시 서구 평론가들에게 발굴되어서 1990년대에는 전 세계를 대상으로 한 앨범을 내는 등 서구 팝 음악에 한 획을 그었다. 이외에도 유럽에서 아프리카 음악이 잘 알려져 있지만 아프리카 국가들이 외교적 수단의 하나로 끌어올리기에는 아직 무리가 있어 보인다. 춤도 마찬가지지만 음악은 아프리카인의 디아스포라가 각 나라를 떠나 파리나 뉴욕에서 활동하고 교육받은 음악가들이다. 자체적으로 이들 음악과 춤 전문가를 내부에서 교육시킬 수 있는 교육적 장치를 해야 개별 국가의 중요한 외교 소재로 사용할 수 있을 것이다.

이외에도 아프리카를 내보이는 중요한 문화는 의상을 빼놓을 수 없을 것이다. 의상 형태는 기후와 관습, 그리고 지역에 따라 매우 다양하다. 의상에 딸린 다채로운 목걸이, 팔찌, 발목에 차는 장식 고리, 귀걸이 같은 여러 장신구를 달고 다니며, 그 자체로 화려

함을 보인다. 의상과 장신구에서 선보이는 색은 그 누구도 흉내낼 수 없는 '색의 마법사'와도 같은 아프리카인을 발견할 수 있다.

V. 아프리카에서 한국의 공공외교 전략

20세기 전례 없는 정치, 경제적 성과를 달성한 한국은 국제사회의 이목을 끌기에 충분했다. 특히 아프리카 국가들은 같은 식민 지배를 경험한 한국의 경제 성장과 민주화의 성과에 경외감을 표했다. 그런 대한민국도 이제 또 다른 장벽에 맞닿게 되었다. 바로 문화를 통한 소프트파워soft power의 중요성이 강조되고 있기 때문이다. 경제 성장에 매진한 우리 정부에게도 소프트파워는 매우 중요한 부분으로 급부상하고 있다. 다른 선진국에 비해 다소 늦은 감은 있지만 2010년 '공공외교 원년,' 2016년 '공공외교법 제정(2월)' 및 시행(6월), 공공대사 임명 등은 이제 한국 외교가 정치, 경제에 이어 문화를 중요하게 인지하기 시작했음을 알려준다.13

　　아프리카 국가들은 오랜 기간 식민 지배를 받아왔고, 독립 이후에도 서구의 잔재로 인해 여전히 서구로부터 자유롭지 못하다. 그렇다고 이들이 정체성이 없는 것은 아니다. 아프리카인은 스스로를 통해 새롭게 21세기를 맞이할 준비를 하고 있다. 한국은 이런 점을 인식하여 20세기가 해왔던 정치, 경제, 군사적인 외교에서

---

13 권영승, "중국의 대 아프리카 공공외교 강화: 대외적 요인 분석,"『2019 한국아프리카학회 하반기 발표자료집』(2019), p.114.

다변화를 모색할 시점에 와 있다. 게다가 한국 경제의 가장 큰 시장이었던 중국이 더 이상 한국에 호락하지 않고, 미중 간의 무역 마찰, 코로나바이러스로 인해 수출 다변화 등을 모색할 필요성이 대두되었다. 아프리카 시장이 중요해진 이유이고, 아프리카 외교는 단순히 시장 개척을 넘어 국제사회에서 한국의 위상 강화와 공공외교의 면에서도 더욱 중요성을 부여받고 있다. 따라서 아프리카 외교에서 소프트파워의 중요성은 선택이 아닌 필수가 되었다.

아프리카를 무조건 우리의 수출 판매 지역, 자원 확보 지역으로 인식하여 파트너십 관계를 맺는다면 그 관계는 오래 지속되지 못할 것이다. 이미 아프리카의 여러 나라에서 판매 전략만으로는 한계가 있음을 보아왔다. 예를 들어 알제리와 모로코 등의 북아프리카는 정치, 경제 수준은 떨어지지만 지정학적 위치로 인해 문화 향유 수준은 유럽인에 버금간다. 이곳에서 한동안 한국 제품은 상당한 판매 실적을 올렸지만 오래 지속하질 못했다.14 조지프 나이 Joseph Nye 2009는 소프트파워의 여러 요소들이 효율성을 가지려면 흡수력co-optive power 15이 있어야 한다고 강조했다. '흡수력'이란 자신이 원하는 것을 상대도 원하도록 하는 힘으로 아이디어의 매력이나 과제 설정 능력 등에서 나타난다. '흡수력'은 보편적인 문화 등의 무형의 자원에 의한 것으로 소프트파워의 핵심으로 상대가 선호하는 것이 무엇인지를 구체적으로 드러내야 한다. 예를 들어

---

14 임기대, "한국의 대 마그레브 시장 진출에 있어서 '소프트파워(Soft Power)'의 필요성에 관한 연구," 『한국프랑스학논집』 제98권(2017), p.201.

15 혹자는 이 용어를 '3차원 권력' 혹은 '포섭적 권력'이란 용어로 사용하기도 한다. 여기에서는 '흡수력'이란 용어로 사용할 것이다.

아프리카의 경우 아프리카인이 한국에 대해 호감을 느끼게 하려면 한국 또한 아프리카 문화에 대한 호감을 느껴야 한국의 매력 attraction을 극대화할 수 있을 것이다. 쌍방 간의 이해가 서로 간의 소통의 전제 조건이 된다는 것이다. 아프리카에 대한 지식이 편협하고 단편적인 우리의 상황에서 다양하고 이질적인 아프리카에 대한 한국의 공공외교는 그래서 한국의 일방적 가치, 시장주의적 원리로서만이 아닌 인류의 보편적 가치를 추구하는 방향으로 설정하여 추진할 때 아프리카인의 마음을 얻을 수 있다.

아프리카인이 문화를 소홀히 하거나 문화적 수준이 낮다고 생각하면 커다란 오산이다. 단지 그들이 현재의 정치, 경제 수준이 일정 수준에 이르지 못하다 보니 공공외교에 대한 구체적인 정책까지를 고려하지 못할 뿐이다. 그들이 갖고 있는 다양한 문화유산과 확고한 정체성은 미래의 아프리카인이 추구할 공공외교의 소중한 자산이 될 것이다. 이런 아프리카인에게 문화를 통한 공공외교는 향후 더 중요해질 수밖에 없다. 최근 들어 아프리카인의 주요 생활은 전 세계인과 마찬가지로 인터넷에 기반하고 있다. 인터넷을 사용하다 보니 당연히 아프리카인의 무선전화 사용이나 SNS 사용도 급증하고 있다. 이런 상황에서 이들은 한국의 한류문화를 비롯한 전 세계 문화를 매우 포괄적이고 수월하게 접하고 있다. 그 어느 때보다 한국의 강점인 IT산업은 아프리카에서 공공외교의 첨병으로의 역할을 할 수 있는 기반이 되어 있어 이를 잘 활용할 필요가 있다.

아프리카에서 인터넷 사용 인구는 갈수록 급증하는 추세이다. 2000년 약 451만 명의 사용자가 2019년 6월 기준 5억 명 이상으로 추산하고 있다. 모바일 인터넷 체제로 넘어가며 '퀀텀점프(비약적 성장)'를 할 것이라는 전망이다.[16] 페이스북이나 인스타그램 등을 사용하는 인구는 인터넷 사용 인구와 거의 비슷할 정도로 사용 인구가 폭발적이다. 아프리카 인구 또한 향후 20~30년 후면 지구에서 가장 많은 인구와, 젊고 소비시장도 활발해지는 곳이 될 것이다.

그럼에도 우리의 대아프리카 공공외교는 여전히 ODA사업 수준 이상의 것이 되지 못하고 있다. 특히 ODA사업을 한국 청년의 일자리 창출과 연계짓고, 마치 국제개발협력 사업이 한국의 대아프리카 외교 정책의 대명사가 된 모양새다. 그러므로 좀 더 다양한 아프리카에 대한 내용 공유와 이를 바탕으로 한 아프리카 공공외교 정책을 구현할 필요가 있다. 특히 아프리카 공관 중심의 외교에서 이제는 민간 외교를 확대할 수 있는 주체를 발굴하여 공공외교를 추진할 필요성이 대두되고 있다. 이를 위해서는 아프리카 대륙에 대한 일반적인 외교가 아닌 지역별, 언어권, 국가별 별로 세부적이며 전략적인 공공외교 정책을 마련하고, 관련 전문가를 양성해야 할 것이다. 아프리카는 55개국에 엄청난 대륙에서 다양한 문화를 갖고 있는 대륙으로 지역에 맞게 특성화시켜 외교 정책을 펼칠 필요가 있다.

---

16 경향신문, [김향미의 '찬찬히 본 세계'] 아프리카 여성·청년들은 인터넷으로 더 나은 삶을 꿈꾼다, 2019.12.17.

VI. 아프리카 공공외교의 전망과 미래의 아프리카

흔히 아프리카를 지구상의 마지막 성장 엔진이라고 한다. 그동안 원조 대상국에서 이제는 당당히 경제협력 파트너로 부각하고 있는 곳이 아프리카이며, 그만큼 시장으로서의 가치가 주목받고 있다. 막대한 천연자원(석유, 천연가스, 광물 등)에 따른 자원개발 시장의 다변화 차세대 BRICs시장 선점이라는 효과를 넘어 이동통신의 붐이 불고 있는 아프리카 대륙이다. 앞서도 언급했듯이 아프리카인의 인터넷 사용은 크게 증가하고 있어 시장으로서의 가치가 매우 높아지고 있다. 특히 한국의 강점인 IT는 이 지역에서 상당한 파급 효과를 가질 수 있다. 나아가 농수산, 보건 위생, 유통 물류, 외식산업까지 한국의 영향력을 확대해가고 있다.

이와 같이 한국의 공공외교가 발전해가는 아프리카에서 한국의 한류를 눈여겨보지 않을 수 없다. 특히 다양한 제2외국어(프랑스어, 아랍어, 스와힐리어 등)가 사용되며 한국 젊은이의 아프리카에 대한 관심도 높아지고 있다. 한국 외교는 2006년 한-아프리카 이니셔티브를 발족한 이래 한-아프리카 포럼을 개최해오고 있다. 대통령, 국무총리, 국회의장 등의 내빈이 아프리카 순방을 하며 관계를 돈독히 하고 있으며, 국제사회에서 한국외교의 역량을 강화하고 있다. 이에 따라 아프리카에 대한 관심이 다양하게 시도되고 있지만 여전히 원조사업의 틀 안에 국한된 측면이 있다.

아프리카는 2019년 '아프리카대륙 자유무역지대AfCFTA'를 발족하였다. 54개 회원국, 12억 인구를 아우르는 세계 최대 자유무역지대가 탄생하면서 여전히 많은 난관이 있지만, 아프리카 시장이 새롭게 주목받고 있다. 지역 내 교역 확대를 통해 유럽연합EU 과 같은 '단일 시장' 창설을 목표로 탄생한 AfCFTA는 아프리카를 새 성장의 시대로 안내할 것으로 보고 있다. 이에 따라 한국도 아프리카를 바라보는 시선 변화를 요구받고 있다. 한국은 〈제1차 대한민국 공공외교 기본계획: 2017~2021〉을 발표한 바가 있다. 국제교류재단Korea Foundation은 공공외교 추진 기관으로 지정되었고, 이에 따라 한국의 공공외교 또한 다변화될 수 있는 기반을 마련하였다. 한국 문화에 대한 홍보 방안, 한-아프리카재단 설립 및 운영, 원조사업 등이 활발하게 논의되고 있지만, 여전히 부족한 부분이 많다. 특히 아프리카 대륙이 워낙 방대하다 보니 아프리카 국가의 지역별 발전 수준과 정치사회적 요인, 부족과 부족 간의 이해 부족 등의 여러 변수를 고려해야 할 필요가 있다. 이에 따라 아프리카 공공외교를 위한 전략적 국가를 선택하여, 향후 지역에 대한 전문가 양성 및 로드맵을 구상할 필요가 있어 보인다.

동부, 서부, 북부 아프리카의 대표적 사례(탄자니아, 나이지리아, 알제리)를 들어 한국이 대아프리카 외교의 국가별 전략을 간단하게 살펴보겠다.

1. 탄자니아

탄자니아는 한국과 수교한 지 얼마 되지 않는 국가이지만 단기간에 한국과 가까워진 국가이다. 게다가 동아프리카의 지정학적 위치로 한국과 2020년까지 ODA 우선 파트너십을 맺은 국가이다. 탄자니아는 아프리카를 상징하는 스와힐리어를 사용한다. 스와힐리어를 공용어로 사용하는 국가는 4~5개 국가 정도이며, 대표적인 국가가 탄자니아이다. 즉 스와힐리Swahili 문화권을 대표할 수 있다는 면에서 탄자니아는 매우 중요하고 게다가 경제 성장률 또한 가파르게 상승 중이다. 2015년 이후 7%대 경제성장률을 보이고 있다.[17] 특히 동아프리카 철도 건설 등의 대형 프로젝트가 성장의 동인이 되고 있다.

탄자니아는 인도양에 인접해 있어 아시아 국가들과 접촉이 자유롭고 내륙국가인 우간다, 르완다, 부룬디 등에 진출할 수 있는 전략적 이점이 많은 국가이다. 다른 아프리카 국가와는 달리 독립 이후 소요 없이 정치적 안정을 구가하며 농지, 광물, 관광자원 등 활용한 가능한 프로젝트 자원이 풍부하다.[18] 또한 인적자원(영어, 스와힐리어 공용어)의 교육열이 높고 젊은 노동력이 풍부하다. 물적자원은 천연 가스 및 광물 등이 풍부하여 여러 인프라 사업 등이 줄을 잇고 있다. 아프리카 경제공동체 중 가장 중요한 동아프리카경제공동체EAC의 거점 국가로 손색이 없다.

탄자니아는 부족과 종교의 다양성이 존중받고 국가적으로 통합이 잘 이루어져 에티오피아, 르완다, 우간다 등과 더불어 한국 공공외교의 파급효과가 매우 높은 국가로 평가받는다. 킬리만자로, 세렝게티 등 문화관광 자원이 풍부하여 향후 한국의 경험 노하우 전수가 필요한 국가이기도 하다.

---

17 출처: World Bank, IMF, National Bureau of Statics(TZ), AfDB.
18 출처: Kotra 다레살람 무역관 자료(2019.7.12).

2. 나이지리아

나이지리아는 영토, 인구, 경제 규모 등에서 서아프리카는 물론 아프리카의 맹주 역할을 한다. 2018년 GDP는 인구(약 2억 명, 2018)와 더불어 아프리카 1위(세계 32, 3,973억 달러, 2018)이다. 국토 면적 또한 아프리카 6위에 해당한다. 1인당 GDP는 워낙 빈부 격차가 심해 아프리카 17위(2,396달러)에 해당한다.[19] 보코하람Boko Haram과 같은 테러집단이 여전히 활동하고 있지만, 막대한 석유(세계 11위)와 천연 가스(세계 10위)를 보유하고 있다. 여전히 경제 성장의 불균형이 심하지만 부를 소유한 계층의 소비시장이 매우 크게 형성되어 있다. 과거에는 남아프리카공화국이 아프리카에서 무조건 투자해야 하는 국가로 인식됐지만, 나이지리아가 어느새 아프리카의 맹주 자리를 탈환하고 세계인의 주목을 끌고 있다. 갈수록 경제 성장이 높아지면서 중산층이 인구 전체의 20~30%를 차지하고 있다. 경제 규모가 크고 성장세와 내수시장이 크다 보니 경제 관련 기구가 수도 라고스Lagos에 있다. 서아프리카경제공동체ECOWAS가 대표적인 경제 기구이다.

나이지리아는 많은 한국 기업이 진출해 있고, 한국제품에 대한 선호도가 급증하고 있는 국가이다. 2010년 한-나이지리아 수교 30주년을 맞이하여 아프리카 최초로 〈한국문화원〉이 개원하여 문화 교류의 장에 박차를 가하고 있다. 2008년 한국 드라마 '대장금'을 최초로 방영한 이후 현재는 k-pop, 영화, 음식 등의 문화 교류는 물론 태권도, 한국의 전통악기 장구대회 개최 등이 활발히

---

19 https://architecture-info.tistory.com/84

진행되고 있다. 2020년은 수교 40주년을 맞이하여 한국문화 확산을 위한 기회를 또다시 맞이하고 있다.

3. 알제리

2020년은 한-알제리 수교 30주년을 맞이하는 뜻 깊은 해이다. 짧은 기간 동안 양국의 외교 관계는 급속도로 성장하여 이제는 아프리카 내 최대 한국 기업 상주, 한국에게 가장 많은 경제적 이익을 주는 국가가 되었다. 불과 10~15년 사이 달성한 쾌거이다. 알제리는 한국에게는 조금은 독특해 보일 정도의 국가이다. 양국 간 수교 이전에 이미 (구)대우자동차가 유럽자동차와 경쟁하며 알제리 내 시장을 잠식해갔다. 하지만 1990년대 테러리즘의 시대[20]를 겪으면서 상주 외국기업이 이슬람 테러집단에 위협을 받았다. 이에 따라 대부분의 외국기업이 철수했지만 한국 기업인 대우자동차가 남아 현지 시장을 사수하였다. 위기에 처했을 때 외국 기업이 모두 알제리를 떠났지만 한국 기업은 남아서 어려운 시기에 알제리인과 같이 한다는 것을 보여주었다. 테러리즘 시기가 종료되고 남아 있는 한국 기업에 대해 알제리인은 놀라움을 금하지 못했다. 이후 부테플리카Abdelaziz Bouteflika, 1937~ [21]가 대통령에 당선되면서

---

20 알제리는 1990년대 이슬람 테러집단과 군부 간의 대립으로 약 30만 명의 사망자를 냈다. 현재까지 이들 테러집단은 존재하고 있지만, 알제리 내 영향력은 미미하다. 테러리즘 시대가 끝난 이후 알제리는 경제개혁에 박차를 가하며 단기간에 안정적인 경제발전을 이뤘났다(임기대 2014).

21 부테플리카 대통령은 1999년 대통령에 당선되어 4선 연임에 성공한 인물이다. 2019년 5선에 도전하려 했지만 국민들의 저항에 부딪혀 결국 낙마하였다. 그의 재임 기간인 2003년 한국 방문, 2006년 노무현 전 대통령의 국빈 방문이 있었으며, 한국과는 〈전략적 동반자 관계〉를 수립한 국가이다.

한국과의 관계를 대폭 끌어올렸다. 한국에 대한 보은, 경제성장, 민주화 등을 알제리가 배워야 한다는 것을 임기 내내 관철시키고자 했다. 한국 상품 증가 또한 눈에 띄게 증가했지만 단순히 물품만 판매하는 전략은 오래가지 못한다는 한계를 맞기도 했다. 양국 간의 정서적 교감, 문화적 교류를 확대하기 위해 2005년 알제대학교 내 한국어 문화 강좌가 개설되었다. 이후 세종학당이 들어서며 때마침 폭발한 한류 현상이 알제리 전역을 강타하기도 했다.

알제리는 여전히 사회주의 잔재가 남아 있어 한국과 교류하는 데 쉽지 않은 곳이다. 그러나 어려운 환경에서도 많은 기업이 진출하여 경제적인 성과를 거둔 곳이 알제리이다. 이런 분위기는 한국이 북아프리카의 거점 국가로 알제리를 어떻게 외교적으로 설정할 수 있는지를 생각하게 하고, 그 구체적인 대안 마련이 구체적으로 있어야 할 것이다.

VII. 맺음말

아프리카는 55개국의 거대한 대륙이다. 한국인은 아프리카라는 말을 들으면 당연히 '검은 대륙'을 연상한다. 이는 단순히 피부색을 염두에 둔 생각일 것이다. 아프리카를 가는 경우도 우리는 대개 '나 아프리카에 간다'라는 표현으로 아프리카를 보는 경향이 있다. 55개국의 아프리카에 간다는 건지, 동부 혹은 서부 아프리카를 간다는 건지 분명치가 않다. 55개국 아프리카를 마치 한 나라로 보는 것은 우리 안의 타자화된 문화에 대해 획일적으로 바라보는 습성이 자리하고 있기 때문일 것이다. 아프리카의 공공외교에서 주목할 것은 '문화상대주의'[22]이다. 서구인이 민족주의에 입각하여 타자를 본 것처럼 한다면 아프리카에서 우리의 입지는 작아질 것이다.

반면 문화상대주의에 입각하여 공공외교를 펼친다면 아프리카의 지역별, 국가별 특성에 맞는 공공외교 전략에 대한 안목을 가질 수 있을 것이다. 이를 위해서는 아프리카의 문화, 사회에 대한 정확한 이해가 선행되어야 한다. 아프리카는 지역별로 다채로운 역사를 갖고 있기 때문이다. 이를 통해 우리는 아프리카인의 일상적이고 사회적인 삶과 욕망에 기반 한 한국적인 것의 영향을 제고할 수 있을 것이다.

이와 같은 인식 변화 하에 미래의 대륙 아프리카를 보고 이에 맞는 인재 육성과 새로운 땅에 대한 도전 의식을 갖출 필요가 있다. 21세기 아프리카는 이전에 생각한 아프리카와는 많은 차이가 있다. 현재와 미래에 아프리카의 자원, 인구, 소비시장 등을 주목하며 우리의 공공외교도 새로운 세기에 새롭게 준비해야 할 것이다.

---

22 언어인류학자 프란츠 보아스(Franz Boas, 1858~1942)가 고안한 용어이다. 구조주의가 출현하기 이전 민족주의가 성행한 상황에서 타자에 대한 우열의 구분이 심했다. 이런 상황에서 문화상대주의는 한 문화에서 다른 문화로 다양해지는 도덕 및 윤리 체계는 우위의 관계로 설명할 수 없다는 것을 주장한다.

생각해볼 문제

1 '네그리튀드(흑인성)'는 단순히 열등감을 극복하려는 아프리카인의 정체성 운동인가?

2 파리의 케 브랑리(Quai Branly) 박물관에 아프리카 문화재가 7만 점 있는 것에 대해 생각해보자.

3 아프리카의 다양한 춤과 음악은 공공외교 수단으로 활용할 수 있는지를 생각해보자.

4 아프리카의 기독교, 이슬람교 문화유산에 대해 조사해보자.

5 한국의 대아프리카 공공외교 정책의 가능성에 대해 생각해보자.

추천 문헌

김명주 외(2012). 『백인의 눈으로 아프리카를 말하지 말라』. 미래를 소유한 사람들.
김상배 외(2019). 『지구화시대의 공공외교』. 사회평론아카데미.
박흥순 외(2016). 『국제기구와 인권·난민·이주』. 도서출판 오름.

참고 문헌

권영승(2019). "중국의 대 아프리카 공공외교 강화: 대외적 요인 분석." 『2019 한국아프리카학회 하반기 발표자료집』, 113-126.

박경덕(2016). "프랑스의 대아프리카 문화외교 전략과 시사점: 프랑스어 보급과 사용 활성화를 중심으로." 『외교통상부 연구용역보고서』.

서상현(2016). "아프리카 경제의 뉴노멀 시대와 향후 경제 전망." 『2016년 제3회 KIEP 신흥지역연구 통합학술회의 자료집』.

신종호(2009). "한국의 문화외교 강화를 위한 추진 전략 및 지역별 차별화 방안." 『외교통상부 연구용역보고서』.

윤상욱(2012). 『아프리카에는 아프리카가 없다』. 시공사.

임기대(2014). "2012년 알제리 개각을 중심으로 본 정치 권력 변화와 한-알제리 경협 현황." 『전략지역심층연구 13-31 논문집 IV』. 대외경제정책연구원, 331-394.

_____(2016). "프랑스어권 북아프리카 시장 진출을 위한 전략: 콩스탕틴 하천정비 프로젝트 사례를 중심으로." 『프랑스문화연구』 제33집, 409-436.

_____(2017). "튀니지 국민4자 대화기구." 『평화를 만든 사람들 노벨평화상 21』이문영 편. 진인지, 411-428.

_____(2017). "한국의 대 마그레브 시장 진출에 있어서 '소프트파워(Soft Power)'의 필요성에 관한 연구." 『한국프랑스학논집』 제98권, 157-180.

_____(2019). "프랑스의 대아프리카 전략: 정책내용과 함의." 『주요국의 대아프리카 전략, 아프리카 주요이슈 브리핑』 제2권, 143-191.

정수일(2018). 『문명의 요람 아프리카를 가다 I』. 창비.

조대식(2009). "소프트파워시대의 한국 공공외교와 문화외교." 『외교부 문화외교 매뉴얼』.

조지프 나이(2009). 『소프트파워와 21세기 권력』 김상배 역. 한울아카데미.

경향신문. "[김향미의 '찬찬히 본 세계'] 아프리카 여성·청년들은 인터넷으로 더 나은 삶을 꿈꾼다." 2019.12.17.

문화재청 국립무형유산원 문서정보목록 개방. "아프리카 무형유산의 보호 과
제." 2012.12.3.

Kotra 다레살람 무역관 자료(2019.7.12).

인터넷 사이트

https://architecture-info.tistory.com/84(검색일: 2019.12.31).

유네스코와 유산: 타실리 니제르. https://heritage.unesco.or.kr/(검색일:
2020.2.8).

나이지리아 https://architecture-info.tistory.com/84(검색일: 2020.3.11).

제3부 공공외교 사례

제8장

미디어와 공공외교:
전통미디어와 소셜미디어의 시너지 효과

마영삼 ● 제주대학교

[핵심어]

글로벌미디어	전통미디어	소셜미디어
미디어의 신뢰도	미디어외교	공공선 추구
사회연결망서비스	쌍방향 소통	

I. 들어가며

공공외교를 수행하는 여러 수단 중 역사적으로 가장 많이 활용되어 온 것은 미디어이다. 이는 광범위한 대중을 상대로 할 수 있고 또한 전파속도도 빨라 그 유용성이 높기 때문이다. 따라서 각국 정부는 일찍부터 미디어를 활용한 공공외교를 적극 전개하여 왔다. 특히 동서 냉전시대에 있어 공공외교는 체제 경쟁과 이념 투쟁에서 선봉장 역할을 하였으며, 각국은 이를 위해 예산과 인력 확보에 심혈을 기울여왔다. 이러한 배경 하에서 제II절은 공공외교에 있어 미디어가 담당하는 역할과 미디어외교 수행기관의 활동에 대해 살펴본다.

한편, 미디어외교를 실시함에 있어 대변인 제도와 브리핑 제도가 효과적인 방안으로 간주 되어 왔는 바, 제III절은 이러한 제도가 어떻게 운영되고 있는지, 그리고 그 효과를 극대화시키기 위해서는 어떻게 해야 하는지 등에 대해 알아본다. 또한 미디어가 제대로 된 역할을 수행하기 위해서는 독자나 시청자들로부터의 신뢰확보가 우선되어져야 하므로 제IV절은 언론 매체가 실제로 어떤 과정을 통해 그 신뢰도를 쌓아가고 있는지 살펴본다.

공산권의 몰락에도 일조하였다는 평가를 받고 있는 미디어외교는 산업기술의 발전으로 케이블 방송 등 다양한 메시지 전파 수단이 생겨남에 따라 더 한층 위력을 발휘하게 되었다. 특히 21세기에 들어서는 인터넷 사용이 확대되고 페이스북, 트위터, 인스타그램, 문자메시지 등 소셜미디어라는 '사회통신망서비스Social Networking Service, SNS'가 등장함으로써 미디어외교에 일대 혁명적 변화를 가져왔다. 소셜미디어는 메시지 전달 속도와 파급력에 있어 전통미디어가 따라갈 수 없을 정도로 앞서 나감으로써 점차 전통미디어의 영역을 잠식해 나갔다. 제V절과 제VI절은 이러한 소셜미디어가 공공외교에서 수행하고 있는 역할과 그 문제점에 대해 알아본다.

그런데 전통미디어와 소셜미디어는 각각 나름대로의 장단점이 있기 때문에 상호 협력을 통해 놀라운 효과를 거둘 수 있다. 따라서 기존의 전통미디어는 소셜미디어와의 유기적 결합을 시도하고 있는 것이다. 제VII절에서는 양 미디어 간에 창출되는 시너지 효과에 대해 살펴본다.

한편, 전통미디어 중에는 엄청난 규모의 독자와 시청자를 가진 공룡매체들이 있다. 이러한 글로벌미디어들은 특정 국가나 민족을 기반으로 출발하였기에 그들 특유의 문화, 사고방식, 그리고 이념과 가치로부터 영향을 받아왔다. 그러나 이제 국제사회는 글로벌미디어가 편협한 민족주의를 넘어서 자유, 인권, 민주주의 등 인류 공동의 보편적 가치를 보다 넓게 전파하는 역할을 기대하고 있는 것이다. 이러한 배경에서 제VIII절은 한-중-일의 글로벌미디어들이 3국 간의 역사적 앙금을 해소하고 '공공선'을 추구하는 데 주도적 역할을 할 수 있는지, 그리고 1인 미디어외교를 수행 중인 3국 국민의 소셜미디어도 이러한 노력에 동참할 수 있는지 살펴보고자 한다.

II. 공공외교에 있어서의 미디어의 역할

공공외교가 무엇인가에 대해 다양한 해석이 있는데 그 가운데 가장 핵심적 요소로는, "상대국 비정부행위자와의 소통", "우리의 문화, 가치, 이념 등에 대한 공감대 확대", "상대국의 정책 수립과정에 긍정적 영향 발휘", "궁극적으로 우리의 국익 증진" 등을 들 수 있다.멜리센 2008; 자오치정 2012; 홍주형 2020 그런데 이러한 공공외교를 수행하는 수단으로서는 조지프 나이Joseph Nye가 주장하는 소프트파워Soft Power가 주로 활용되는데, 이는 예술, 문화, 음악, 드라마, 영화, 스포츠로부터 연설, 세미나, 타운 홀 미팅, 미디어 활동 등으로 그 범위가 확대되었다.

이 중 가장 넓은 층의 대중을 대상으로 하고 매우 빠른 속도의 전파력을 가진 효과적 수단은 단연 미디어라 할 수 있다. 각국 정부가 미디어를 적극 활용하여 자국의 매력적인 모습을 보여주고 자국의 외교정책을 애써 설명하는 것도 이런 연유에서다. Sheafer & Gabay 2009 일반 국민으로서는 대체로 미디어를 통해 외교 사안에 대한 정보를 접하고 있으므로 미디어는 여론 형성에 큰 영향을 미치고 있다. 게다가 미디어는 전달하고자 하는 메시지를 반복해서 전파할 수 있으므로 인간의 잠재력이나 기억력에 각인시켜 특정 국가의 이미지 형성에 효과를 거둘 수 있다. 한편, CNN 등 케이블 방송의 현장 생중계가 보편화되면서 신속한 정보의 확산과 투명성에 따른 'CNN 효과'는 해당 정부로 하여금 위기상황에 대한 대처 능력을 시험케 함으로써 외교정책 결정과정에 주요 고려요소로 자리 잡았다. 멜리센 2008; 한팡밍 2014

되돌아보면, 냉전시대에는 양 진영이 앞 다투어 미디어 경쟁을 하여 왔으며, 그 경쟁이 과열되면서 일부에서는 미디어외교를 심리전이라고 폄하하기도 하였다. 미국의 경우 1953년 아이젠하워 대통령 시절 설치된 해외공보처U.S. Information Agency, USIA가 공공외교를 총괄하는 한편, Voice of AmericaVOA, Radio Free Europe 의 전파를 통해 공산권에 재즈 음악으로 자유의 바람을 불어 넣고 민주주의의 메시지를 전한 것이 냉전 종식에 크게 기여한 것으로 평가되고 있다. 한팡밍 2014 마찬가지로 다른 강대국들도 막대한 예산을 투자하여 미디어를 활용한 공공외교를 적극 시행하여 왔는데, 영국의 BBC, 프랑스의 France 24, 중국의 CCTV 및 신화사통신, 러시아의 Russia Today, 일본의 NHK, 그리고 우리나라의 아리랑 방송 등이 그 대표적인 예다. 그리고 미국이 설립한 Radio Sawa나 al-Hurra Television처럼 특정 지역이나 특정 언어를 대상으로 한 미디어도 있다.

그런데 미국의 경우, 냉전 종식을 계기로 공산권과의 경쟁이 사라지게 됨에 따라 USIA는 예산삭감으로 그 활동이 위축되다가 1999년 그 방송기능은 '방송위원회Broadcasting Board of Governors'로 편입되었고, 여타 친선교환 프로그램은 신설된 국무부의 공공외교 및 공보 차관실에서 맡게 되었다.멜리센 2008, WIKIPEDIA 그러나 9.11 테러사태를 계기로 미국은 미디어의 중요성을 절감하고 미디어 활동을 대폭 증강시켰으며, 고차원적 전략 하에 언론의 활용과 회피의 전술을 적절히 구사하였다. 그리하여 대외전쟁을 수행하는 경우, '여론폭탄'을 먼저 터뜨린 후에 공습이 시작된다는 말이 생겨날 정도였다.자오처정 2012 이제 각국 정부는 한걸음 더 나아가 중요한 사안이 발생하는 경우 상세한 정보 제공과 종합적 설명을 통해 자국의 정책을 이해시키고 '마음을 얻는' 공공외교를 적극 전개하고 있으며, 이에 필요한 예산과 인원 확보를 위해서도 분주하다. Dale, Cohen & Smith 2012

III. 미디어외교의 효과를 높이는 방안

이처럼 공공외교를 수행함에 있어 미디어를 적극 활용하는 것은 매우 중요하다. 그렇다면 어떻게 해서 미디어외교의 효과를 높일 수 있을까에 대해 살펴보자. 각국 정부는 우선적으로 자국 정부와 연계된 공공외교 매체를 활용하고자 할 것이다. 이 방안은 용이하긴 하지만, 그것만으로는 그 효과가 제한적일 수밖에 없다. 따라서 민간 언론을 어떻게 활용하느냐의 문제도 적극 고려하고 있는 것이다.

글로벌미디어라 하더라도 언론의 기조는 그 매체가 속하고 있는 국가의 문화와 사고방식에 많은 영향을 받기 마련이다. 이런 점에서 볼 때 세계 거대 통신사, 방송사, 신문사가 집중된 미국과 서구 국가는 미디어를 통한 공공외교에서 다른 국가들보다 월등히 유리한 위치에 있는 것이다.자오치정 2012; 한팡밍 2014 그런데 공공외교 효과 측면에서 볼 때 자국 언론의 범위를 넘어 글로벌미디어의 도움을 받을 수만 있다면 오히려 더 큰 효과를 거둘 수 있다.한팡밍 2014 따라서 각국 정부는 해외 언론을 피하기보다 보다 적극적으로 접촉하고 활용하고자 하는 추세다.

물론 각국 정부는 자신의 정책을 정확히 이해시키는 것이 중요하다는 인식 하에 외국 언론이 자국의 정보에 쉽게 접근할 수 있도록 접촉채널을 확대시켜 나가고 있는 것이다. 가장 전형적인 것이 대변인 제도와 브리핑 제도다. 이제는 미국, 중국 등 강대국은 물론이거니와 우리나라만 하여도 청와대, 외교부 등 주요기관이 정례 브리핑을 실시하면서 자국기자뿐만 아니라 외국기자들의 참여를 허용하고, 이들의 질문과 의견을 매우 진지하게 받아들인다. 그리고 민감한 사안에 대해서는 백 그라운드 브리핑을 통해 깊이 있는 배경설명을 하면서도 발언자는 노출시키지 않는 등 언론응대 기술도 다양화되었다. 어떻게 보면 대변인 제도나 브리핑 제도야말로 다수 글로벌미디어를 동시에 접촉하면서 폭넓은 대화와 소통을 가능케 하는 가장 가성비(價性比) 높은 미디어외교의 수단이라 할 수 있다.

따라서 대변인의 역할이 매우 중요해졌고 각국 정부는 최정

공공외교

예 요원을 대변인으로 발탁하는 추세다. 대변인은 물론 능변가여야 하고 까다로운 질문에 대해서도 논리적이며 조리 있게 답변하는 능력을 갖추어야 한다. 더 중요한 요소로는 관련 분야에 대한 지식과 경험이 풍부하고 복잡한 사안에 대한 종합적 분석과 성숙한 판단이 가능해야 한다. 따라서 요즘 각 부처의 웬만한 회의에는 대변인을 배석시켜 정확한 사실관계 파악과 상황 판단을 할 수 있는 기회를 제공하고 있는 것이다. 한 가지 유의해야 할 점은 만약 대변인이 의도적으로 사실관계를 오도misleading하거나 거짓 정보를 제공하면 스스로 최악의 상황을 자초하는 것이며 한번 무너진 신뢰는 회복하기가 결코 쉽지 않다. 과장과 지나친 포장도 신뢰를 떨어뜨릴 뿐이다. 그래서 진실보도의 원칙에 충실해야 하는 것이다.

중국 공공외교의 대부 자오치정 주임은 홍보 원칙의 하나로서 "비타민 정제보다는 사과를 주어야…"라는 표현을 인용하곤 한다. 정부가 전달하고자 하는 내용 자체를 외국 언론인에게 직접 제공함으로써 당장의 효과를 추구하기보다는, 오랜 기간 지속적 접촉을 통해 신뢰를 쌓고 폭넓은 대화를 함으로써 상대방이 그 배경과 현 상황을 제대로 이해하여 올바른 보도를 할 수 있도록 돕는 것이 더 바람직하다는 충고다.자오치정 2012 이러한 배경 하에서 각 부처의 대변인실 직원들은 자신들이 구축해 놓은 네트워크를 통해 국내외 언론인들과의 소통을 강화하고 있으며, 마찬가지로 언론인들도 거미줄처럼 쳐놓은 취재원들과의 접촉을 통해 인간적인 유대를 쌓아 가며 정세의 흐름과 변화를 놓치지 않기 위해 노력하고 있다.

그런데 기자회견은 대체로 대변인이 진행하는데 사안에 따라서는 장관, 총리 또는 대통령이 직접 참석하여 설명하고 때로는 지지를 호소하는 방식을 취하기도 하는데 이는 대단히 효과적이다. 미국의 관리나 외교관들은 과거 중동언론이 미국에 호의적이지 않을 것이라는 선입견 때문에 동 언론에의 출연이나 인터뷰 요청에 소극적이었으나 2005년경부터 지역 미디어에 적극 노출하는 방향으로 전환했다. 특히 오바마 대통령은 취임하자마자 과감하게 al-Arabiya Television의 인터뷰에 응해 아랍 및 이슬람 국민들에게 미국의 정책을 직접 설명하고 지지를 호소함으로써 좋은 반응을 얻을 수 있었으며, 미국의 대외 이미지 개선에도 크게 기여하였다.Rugh 2009

여기서 한 가지 유의해야 할 바는 '독자나 시청자 중심의 홍보'를 실시해야 하는 점이다. 공공외교를 담당하는 정부부처는 대체로 정보 제공과 메시지 전달에 급급하다 보니 언론의 소비자, 즉 독자나 시청자가 이러한 정보와 메시지를 어떻게 받아들이고 있는지에 대해서는 비교적 둔한 편이다. 언론에 나왔다는 사실만으로 홍보효과를 기대할 수는 없고 대상 국가 국민에게 장시간 무엇을 설명했다고 해서 그들의 이해가 높아진 것이 아니다. 문제는 그 대상자들이 무엇을 듣고 싶어 하고 무엇을 알고 싶어 하는가에 따라 맞춤형 홍보 활동을 해야 하는 것이다.

9.11 사태 후 중동지역 주민들을 대상으로 한 미디어 공공외교의 필요성을 절감한 미국은 al-Hurra Television과 Radio Sawa를 개설하여 야심찬 프로그램을 내보냈으나 성과는 그리 성공적이지 못했다. 이 방송 시청자인 아랍 5개국 대학생들을 대상으로

설문조사를 한 결과, 시청 빈도수와 미디어에 대한 신뢰도 간에는 별 상관관계가 없는 것으로 밝혀졌다.El-Nawawy 2006 또 다른 여론 조사로서 사우디의 재정지원을 받는 al-Arabiya 방송, 카타르의 al-Jazeera 방송, 그리고 미국의 al-Hurra 방송 등 3개의 네트워크에 대한 아랍 시청자들의 신뢰도를 조사하였는바, 결과는 al-Jazeera, al-Arabiya에 비해 al-Hurra의 신뢰도가 가장 낮았다.Fahmy, Wanta & Nisbet 2012 이는 미국과 아랍 국가 간에 정치 문화적 차이점이 내재하고 있으며,Entman 2008 미국이 전달하고자 하는 메시지와 아랍 시청자가 기대하는 메시지 간에 상당한 간극이 있는 바, 이를 극복하지 않고서는 소기의 성과를 달성할 수 없음을 의미한다.멜리센 2008 따라서 미디어를 통한 공공외교를 함에 있어서 일방적 정보 전달 방식을 지양하고, 독자나 시청자들로부터 소셜미디어를 통해 피드백을 받아 무엇이 문제이고 이들이 원하는 바가 무엇인지 정확히 파악하는 것이 우선되어야 할 것이다.

또 한 가지 염두에 두어야 할 것은, 지역에 따라서는 주민들이 특정 글로벌미디어에 대해 부정적인 태도를 보이거나, 아니면 열악한 통신환경으로 인해 동 미디어가 아예 수신되지 않을 수도 있다는 점이다. 이런 경우 현지에서 로컬미디어에 접근하여 공공외교를 수행해야 하며, 이를 위해서는 지역 전문 외교관의 역할이 중요하다.Beer & Boynton 2008 이때 실질적인 효과를 거두기 위해서는 해당 외교관이 현지 언어에 능통하여야 함은 물론, 그 지방의 문화와 역사에 대한 충분한 지식을 갖추고 현지의 정치상황도 정확히 파악하고 있어야 한다.Peterson 2003 때로는 이 지역에 진출해 있는 자국의 기업, 학자, NGO 등 비정부 행위자들과도 적극 협력해

〈참고 8-1〉 'Cox 보고서'와 자오치정 주임의 기자회견

1999년 미국 하원에서 'Cox 보고서'가 나왔다. 700쪽에 달하는 방대한 이 보고서는 지난 20년간에 걸쳐 미국의 핵기술이 비밀리에 중국으로 유출되었다고 주장했다. 사태의 심각성을 인지한 중국 국무원 신문판공실의 자오치정 주임이 150여 명의 내외국인 기자들을 초청하여 기자회견을 열었다. 이 자리에서 컴퓨터 엔지니어들로 하여금 컴퓨터를 이용해 미국 무기 개발에 관한 공개된 자료를 어떻게 습득할 수 있는지 시현케 했다. 미국 핵무기 연구소의 웹사이트에 게재된 핵무기 관련 자료들이 대형화면에 나타났다(자오치정 2012). 참석 기자들이 놀라운 반응을 보였고 많은 기사를 타전했다. 이 시현이 과연 얼마나 Cox 보고서의 의혹을 해소했는지는 모르지만, 자오치정 주임의 참신한 아이디어가 기자들의 많은 관심을 끈 것은 공공외교 측면에서 평가할 만하다.

야 하는데,멜리센 2008 이들에 대한 신뢰도가 정부대표인 외교관 보다 더 높은 경우도 있기 때문이다.

한편, 기자회견이나 뉴스 브리핑의 기술도 매우 발달하였다. 홍보의 효과를 높이기 위해서는 독자나 시청자의 관심을 끌어야 하는 것은 물론이지만, 이보다 앞서 우선 기자들의 주의를 집중 시킬 수 있어야 한다. 그러기 위해서는 기자들에게 생동감 있게 메시지를 전달하고 설득력 있게 설명하여야 하며, 따라서 고도의 테크닉도 운용되어져야 한다. 요즘은 언론 브리핑 시간에 흔히 첨단 IT 기술을 활용함으로써 주장의 신빙성을 높이고 기자들의 집중력도 유도할 수 있게 되었다.

이처럼 미디어외교의 유용성이 높아짐에 따라 올림픽, 월드컵 축구대회, 엑스포 등 초대형 국제이벤트의 주최국은 동 행사를 계기로 글로벌미디어를 통한 공공외교를 적극 전개한다. 특히 동 기간 중에 방문하는 해외 언론을 통해 대회 자체뿐만 아니라 자국

의 발전상과 문화 예술을 소개하고 중요한 외교정책을 홍보하는 기회로 삼는 것이다. 그런데 해외 언론으로서는 이 기회를 통해 주최국 일반 대중들과 자연스런 접촉 및 인터뷰를 희망하고 있는 것이다. 이는 공공외교의 주체가 과거에는 정부에 국한되었으나, 신공공외교에서는 국민으로까지 확대되어 국민들이 공공외교의 주체로서 직접 참여할 수 있는 환경이 조성되었음을 의미한다.

IV. 미디어의 신뢰도와 공공외교 효과

미디어가 가성비 높은 공공외교 수단이기에 각국 정부가 이를 적극 활용하는 추세다. 그러나 실제로 미디어가 공공외교 효과를 높이기 위해서는 그 미디어에 대한 신뢰도가 있어야 함이 기본이다. 그 신뢰도는 언론의 도덕성journalistic integrity과 독립성independence의 확보에서부터 시작되어야 한다.CRS Report 2009 각 언론에는 기본 방향과 전략을 수립하는 상부의 기관이 있지만, 상세 지침과 규정은 각 매체에 소속된 전문가에게 완전히 맡겨져야 한다.Public Diplomacy Alumni Association 2008 미디어의 독립성이 확보되는 경우라야 정부에 대한 신뢰도도 높아지고 자연스레 국가 이미지도 개선되어 공공외교의 효과를 거둘 수 있는 것이다. 그러나 많은 경우 특정 정권의 정치적 고려 때문에 언론과의 마찰이 발생하거나 아니면 언론이 스스로 독립성을 포기하는 사례가 종종 발생하고 있는 것이다.

　　미국의 경우에는 방송위원회Broadcasting Board of Governors가 Voice of America, Worldnet TV 등 공영방송의 전략 및 목표수립, 기본

가이드라인 설정 등 큰 틀만 만들고, 산하의 각 방송 매체가 독자적 판단과 재량권을 가지고 자유롭게 프로그램을 제작하고 있는 것이다. 따라서 미국의 공영방송이 대체로 높은 신뢰도를 누리고 있는 것도 이처럼 독립성에 기반을 두고 있기 때문이다.

한편, 미디어가 그 신뢰도를 쌓는 데에는 많은 시간과 각고의 노력이 필요하다. 그 노력의 하나로서 미디어가 어떤 사건이나 이슈를 보도하는 데 있어 객관적 보도와 종합적 보도의 원칙을 지켜야 한다. 정부로서야 자국에 유리한 것만 집중 보도하고 싶은 유혹을 느끼겠지만, 그 효과는 그리 오래가지 못하며 진실은 금방 밝혀지게 마련이다. 특히 전쟁이라든가 전염병 만연 등 국가가 비상사태에 처하여 그러한 시도를 한 경우가 여러 차례 있었지만, 그 결과는 해당 정부가 의도한 대로 되지는 않았고 또한 한번 무너진 신뢰는 회복하기 매우 어려웠다.

제2차 세계대전 기간에 독일군들이 전쟁 상황을 파악하기 위해 나치 방송을 듣는 것이 아니라 적국인 영국의 BBC 방송 주파수에 맞추었다는 유명한 일화가 있다. "BBC 방송은 진실만을 보도한다"라는 신뢰도 덕분이다. BBC는 언론의 독립성을 유지하기 위해 오랜 기간 각고의 노력을 기울여 왔으며 때로는 영국 정부를 난처하게 만들기도 했다.Nye 2010 이런 과정을 통해 언론이 독립성을 지켜냄으로써 신뢰도가 축적될 수 있었던 것이며, 독자나 시청자는 자연스럽게 신뢰도 높은 언론에 더 집중하기 마련이다.

그런데 언론이 논란의 중심에 서게 되는 경우도 있다. 몇 년 전 덴마크의 어느 일간지가 이슬람 종교를 비하하는 만화를 게재하였고 이 만화가 소셜미디어를 통해 급속히 전파되었다. 전 세계

공공외교

<참고 8-2> 동일본 대지진과 '6일간의 벽신문'

2011. 3. 11 동일본 대지진과 쓰나미가 엄습했고 당시 미아자키현에 위치한 지방언론 이시노마키히비신문(石巻日日新聞)은 윤전기가 물에 잠기고 전기가 끊어지는 바람에 신문 발행을 중단해야 할 처지에 놓였다. 직원들은 가족의 생사조차 알 수 없는 위기를 맞고 있었다. 모든 통신수단이 단절되어 중앙정부로서도 상황판단을 할 수 없었다. 완전 고립 상태에 빠진 주민들은 임시 대피소에 머물고 있었지만 언제 후속 재앙이 닥칠지 몰라 공포에 떨고 있었다. 절체절명의 순간에 이시노마키히비신문사는 최소한의 정보라도 전파하기 위해 벽신문을 만들기로 결정하였다. 죽음을 무릅쓴 기자들의 취재, 그리고 손으로 쓴 글씨 … 이렇게 하여 벽신문이 탄생되었고 시민들이 접근할 수 있는 여러 곳에 걸렸다. 전기가 복구될 때까지 6일간에 걸쳐 생명의 소식을 전했다. 주민들이 이 신문사에 깊은 감동을 느꼈다. 언론의 신뢰도는 이렇게 쌓여가는 것이다(이시노마키히비신문사 2018).

▶ 앞줄 오른쪽부터 타케우치 편집국장, 쿠마가이 기자, 토도코로 기자, 히라이 보도부장, 뒷줄 오른쪽부터 요코이 기자, 미즈누마 기자, 아키야마 기자
출처: "6일간의 벽신문"(이시노마키히비신문사 2018)

이슬람교도들이 '종교모독'이라고 하면서 들고 일어났다. Gilboa 2009 해당 언론사뿐만 아니라 덴마크 정부도 이슬람권으로부터 강한

비난을 받게 되었지만, 표현의 자유를 근거로 굳건히 버텨 내었다. 공공외교 측면에서 본다면, 이슬람교도들이 바라보는 덴마크의 이미지는 다소 손상을 입었다. 결국 '표현의 자유'와 '공공외교'가 상충되는 어려운 사안이 되었다. 언론의 도덕성journalistic integrity이 어느 정도 작동하였는지도 따져보아야 할 것이다. 종교처럼 민감한 사안에 대해서는 언론이 좀 더 신중하게 접근해야 한다는 지적에 대해서도 연구가 필요하다.

언론의 신뢰도를 논하는 데 있어 언론인의 양심과 도덕성, 그리고 '편향 편집editorial bias'의 문제를 빼놓을 수 없다. 이 부분에 흠결이 있으면 언론의 신뢰도에 치명적인 상처를 준다. 그러나 이 또한 사실 관계를 따지기가 매우 어려운 문제다. 그렇다고 해서 정부가 관여할 사안은 더더욱 아니다. 결국 그 판단은 독자나 시청자의 몫이다.Ma 2014 다행히 요즘은 소셜미디어가 널리 사용되어 폭넓은 정보공유와 진솔한 의견교환이 가능해졌고 또한 네티즌의 모니터링 기능도 강화되어 문제의 심각성이 상당히 경감되었다.

'진실truth' 보도와 '사실facts' 보도의 차이에 대해서도 살펴보아야 한다. 같은 사안이라도 보는 각도에 따라 달리 해석될 수 있기도 하고, 어떤 결정적 사실을 의도적으로 숨기는 경우에는 사건 전체가 왜곡될 수도 있다. 만약 관련 정보가 공개되거나 좀 더 높은 차원에서 전모가 관찰된다면 확연히 다른 결론에 이를 수도 있는 것이다. 따라서 언론인의 양심에서 본다면 '사실' 보도보다는 '진실' 보도를 우선시해야 할 것이다.US State Department 2003

보도의 방향을 어떻게 정하느냐 하는 것도 독자나 시청자에게 매우 중요하다. 일본 대지진 당시 첫 며칠간 중앙정부의 복구 작업이 본격 시행되기 전 임시 대피소에서 불안한 나날을 보내고 있던 시민들에게 들려오는 소식은 불어나는 사망자 숫자와 섬뜩한 피해상황뿐이었다. 어느 날 이시노마키히비신문사의 편집진은 벽신문의 톱기사를 무엇으로 할 지 고민하였다. 마침 그날 전력이 재공급되는 것에 착안하여 "거리에 빛이 퍼진다"로 헤드라인을 뽑았다.이시노마키히비신문사 2018 주민들이 모처럼 안도했다. 이처럼 언론은 주민들의 고통을 헤아리고 희망과 미래를 보여줄 때 비로소 그들의 마음을 얻을 수 있는 것이다.

속도 또한 중요하다. 정부로서는 국제여론을 우호적으로 조성해 나가기 위해서는 특정 사안에 대해 신속히 발표하고 배경을 설명해야 한다. 또한 언론으로서도 사실관계를 가공하지 않고 신속히 보도하는 것 역시 신뢰도를 높이는 데 긴요하다. 특히 요즘처럼 각 개인이 소셜미디어를 통해 뉴스를 전파하고 CNN은 현장 카메라로 생중계를 하는 등 '스피드 경쟁'이 펼쳐지는 상황에서는 정부도 언론도 발 빠른 대응이 필요하다. 첫 보도로 형성된 '선입견'을 후속보도로서 뒤집거나 수정해 나가기는 매우 어렵기 때문이다.자오처정 2012 1980년 4월 미군 특공대가 테헤란 주재 미국대사관 인질 구출 작전을 시도하였다가 실패한 사실을 카터 미국대통령이 신속하게 발표하였다. 이로써 작전실패에 따른 피해를 최소화하면서 국제여론을 미국편으로 이끈 대표적 사례로 꼽힌다.

한편, 중국의 언론도 신뢰도를 높이는 노력을 많이 하고 있다는 평가가 나오고 있다. 몇 해 전 CCTV가 '대국굴기(大國崛起)'라는 다큐멘터리 시리즈를 제작하였는데, 서구 열강의 발전 요인을

분석하면서 민주주의, 자유, 정의, 인도주의 등의 가치를 제대로 인정하였다. 이는 서양의 제국주의 요소를 강조하던 과거 중국의 입장에서 진일보한 것이다. CCTV의 이러한 변화는 동 매체에 대한 신뢰도를 제고하였을 뿐만 아니라 중국에 대한 이미지도 개선함으로써 공공외교 효과를 거둘 수 있었다.Ma 2014

그런데 최근 중국 우한을 기점으로 확산되고 있는 '코로나 바이러스-19COVID-19'에 관한 보도를 둘러싸고 언론의 자유에 대한 비판이 다시 나오고 있다. 일부에서는 중국 정부가 전통미디어뿐만 아니라 소셜미디어를 통제하고 있어 정확한 상황 파악이 어렵고 따라서 관계 당국과 국민도 바이러스의 급속한 확산에 제대로 대처하지 못하고 있다고 비판하고 있다.김경미 2020 한편 싱가포르 정부는 정보의 완전한 공개를 통해 오히려 국민들의 불안 심리를 해소하고 자발적 협조를 유도함으로써 바이러스 확산 문제에 순조롭게 대처하고 있다는 긍정적 평가를 받고 있는 것이다.김정연 2020 그만큼 위기나 돌발 사태의 경우 정부의 선제적이며 투명한 정보 공개와 미디어의 보도 자유가 효과를 발휘하는 것이다. 이는 공공외교 활동에도 시사하는 바가 크다.

V. 소셜미디어와 공공외교

과거 신문, 잡지, 라디오, TV 등 매스 미디어에 의존하던 시절에는 정부와 미디어가 정보를 독점하면서 기사에 대한 선별작업filtering 을 할 수 있었고, 일반 대중은 전달된 정보를 수동적으로 받아들일 수밖에 없는 구도였다. 단점은 역시 일방향 소통 방식이기 때문에 전달하고자 하는 메시지와 독자/시청자가 실제로 인식하는 메시지 간에는 상당한 차이가 존재한다는 점이었다.Nye 2010 그러나 21세기에 들어와 인터넷 등 새로운 기술을 통해 각 개인도 독자적인 정보 수집이 가능해졌으며, 나아가 페이스북, 트위터, 인스타그램, 유튜브 등 '사회연결망서비스SNS'가 새로운 소통의 수단으로 등장하면서 미디어의 세계에 큰 변화를 가져왔다. 이는 쌍방향 소통이기에 친화적 소프트파워를 기반으로 장기적이고 안정적인 관계를 구축할 수 있다.김상배 2013 이러한 변화는 새로운 SNS 기술 습득이 용이한 젊은 층의 역할을 강화시켰고, 이들로 하여금 국제여론의 형성에 있어 주도세력의 일원이 되게 하였다.

　과거에는 여론 형성에 있어 대형 미디어를 보유한 강대국이 언론 세계를 장악하여 여론 형성에 막강한 영향력을 행사했으나, 21세기 소셜미디어의 등장은 각국 외교부나 해외공관 간에 보다 공평한 미디어 경쟁을 가능케 했으며,Archetti 2012 각 개인으로서도 자신의 영향력을 개인적으로 또는 집단적으로 발휘할 수 있게 함으로써 미디어 세계에 민주화 바람을 불러일으켰다. 또한 소셜미디어는 기본적으로 외교공관이 없거나 모든 정규 연락 채널이 두절된 지역에도 닿을 수 있기 때문에 모두에게 공평한 활동의 기회를 보장하고 있으며, 어쩌면 여태까지 별로 주목받지 못하던 나라도 이제는 소셜미디어의 활동 여하에 따라 주의를 끌 수 있게 되었다.Archetti 2012 그리하여 각국 정부는 더 많은 예산과 인력을 투입하여 많은 자료를 포스팅하고 지속적인 업데이트를 하는 한편, 대규모 팀을 구성하여 면밀히 모니터링을 하고 있다.CRS Report 2009

이제 일반대중은 소셜미디어를 자유롭게 사용할 수 있게 됨에 따라 정보 생산과 전파의 주체로 변모하였다.김상배 2019 아랍의 봄으로 촉발된 중동의 변혁도 바로 소셜미디어를 통한 소통이 원활했기에 가능했으며,김상배 2013 기후변화와 환경 문제, 비핵화 문제, 인권정책 등 주요 국제 아젠다에 관한 여론의 형성에 SNS의 영향력은 날로 증가하고 있다. 종이 신문의 구독자 수가 격감하고 TV 방송 시청자가 줄어드는 대신 더 많은 사람들이 SNS로 몰려들어 그 사용자는 44억 명을 넘어섰다(www.websitehostingrating.com). 전통미디어가 신세대미디어에 썰물처럼 밀려나고 있는 것이다.

따라서 공공외교를 주관하는 각국 정부와 지도자들은 인터넷과 SNS의 활용도를 적극 높여가고 있다. 특히 '트위터외교Twiplomacy'를 구사하는 트럼프 미국 대통령이 확보한 팔로어가 6천만 명인데, 주요 사안이 있을 때마다 트위터 메시지를 날리면서 이들과 교감함으로써 국내 지지층의 강화뿐만 아니라 국제 여론조성에도 유리한 여건을 만들어가고 있다.박희권 2020

http://nymag.com/daily/intelligencer/2015/10/north-koreas
-big-scary-70th-birthday-bash.html

    IT 기술의 획기적 진전과 함께 일상생활에서 소셜미디어의 사용이 확대되면서 자연스레 '1인 미디어' 활동도 활발해졌다. 즉 국민 각자가 미디어를 통해 쌍방향 소통을 주도하면서 공공외교 활동을 적극 전개할 수 있는 여건이 마련된 것이다. 이들이 소통하는 대상은 자발적으로 가입한 '친구그룹'에 속해 있기 때문에 생각과 가치관이 비슷하고, 상호간 이해의 폭도 넓은 편이다. 그리하여 전달코자 하는 메시지가 별 거부감 없이 받아들여지고 신뢰도도 상당히 높다. 이런 측면에서 본다면, 개인의 SNS 활동은 정부의 공공외교 활동보다도 그 효과가 높기에 이제는 국민 각자가 공공외교의 주체로서 당당히 활동할 수 있게 되었다. 요즘 독도 문제나 동해표기 문제에 대한 NGO의 여러 활동이 주목을 받고 있고 괄목할 만한 파급효과도 거두고 있는 것이다. 이와 더불어 네티즌들도 소셜미디어를 통해 이러한 NGO의 활동에 자발적으로 참여하거나 아니면 자신의 독자적인 활동을 전개함으로써 국제여론 형성에 큰 역할을 하기도 한다. 또한 사안의 성격에 따라서는 정부가 직접 나서기 적절치 않은 경우도 있는데, 이때 네티즌들이 최전선에서 활동한다면 정부 측 부담을 경감시키면서 소기의 성과를 거둘 수도 있다.김상배 2019 뿐만 아니라 동일한 사안이라 할지라도 다양한 의견을 제시함으로써 토론의 활성화를 유도하고 여론 형성의 효과도 높일 수 있다.

한편, 개인의 SNS 활동이 신속성과 확산성의 이점을 갖고 있음에도 불구하고, 책임 있는 미디어로서의 역할을 담당하기에는 미흡하다는 지적도 있다. 이는 전하고자 하는 메시지에 대한 신뢰성의 문제이기에 타당한 지적이다. 그런데 때로는 오히려 전통미디어보다도 더 정확하고 생생한 정보 확산에 기여하고 있다는 평가도 있다. 2008년에 발생한 뭄바이 테러 사건의 경우, 다수의 개인 SNS 운영자들이 생중계하듯 동시에 활동하였는 바, 어느 특정 시간 5초 동안에 80여 개의 메시지가 트위터로 전송되었다. 이러한 현상은 치안당국의 상황판단에 도움을 주었으며, 또한 일부 뉴스채널들은 트위터로 생중계를 함으로써 시청자들에게 신속한 정보를 제공하였다.자오처정 2012

반대로 SNS의 속성을 악용하는 사례도 늘고 있다. 2018년 유럽에서 발생한 유대교회 테러사건의 경우, 범인들이 자신의 머리에 묶어 놓은 카메라를 통해 범죄를 저지르는 장면이 스트리밍

플랫폼Twitch에 생중계되어 세계를 경악시킨 바 있다. 해당 플랫폼은 이 동영상을 곧 삭제하였지만, 이미 엄청난 횟수로 복사 및 재복사되어 다른 플랫폼에 전파되었고 회수 불능 상태에 이른 것이다.김다영 2019 따라서 이러한 부작용 문제를 해결하기 위한 논의도 활발히 전개되고 있다.

VI. 인터넷외교의 부정적 영향

인터넷은 분명 공공외교의 매우 효과적인 수단으로 자리매김을 하였으며, 그 활용도가 계속 높아지고 있다. 그러나 앞서 소개한 '살인 생중계'의 사례처럼 SNS 미디어의 악용 문제도 심각한 상황인데 관련 내용에 대해 살펴보고자 한다.자오치정 2012

첫째, SNS의 사용으로 그룹 간 마찰이 발생하고 있으며, '가짜뉴스' 문제가 심각해지고 있다. 인터넷 메시지는 기본적으로 '친구그룹' 회원 간에 교환되고 있는 것이어서 그룹 내에서는 별 문제가 없다. 그러나 반대 성향을 가진 그룹이 다른 메시지를 전파하면, 두 집단 간에 격렬한 토론이 일어나며 때로는 대립과 마찰로 변하기도 한다. 이는 민주주의 원리 하에서 다양성을 추구하고 표현의 자유를 신장하는 긍정적 측면이 있다. 그러나 외교사안의 경우 민족감정에 불을 붙여 국가 간, 국민 간 마찰로 비화되는 경우도 있으며, 때로는 전통 언론이 이러한 분위기에 편승하기도 하는데 바람직한 현상이 아니다. 또한 어떤 그룹은 의도적으로 '가짜뉴스fake news'를 생산한다. 특히 테러그룹, 분열주의자 그룹, 극단주의자 그룹 등이 자신들의 주장을 정당화하기 위해 가짜뉴스를 전파하는 경우 그 폐해는 막심하다.

둘째, SNS외교로 인한 내정 간섭 논란이 일고 있다. 공공외교는 전통적으로 자국의 이념과 사상을 타국에 전파하는 것을 그 목적의 하나로 삼고 있다. 이는 냉전시대에 흔히 목격하였던 바로 현 시대에서도 나타나고 있다. 서방 국가들의 경우, 국경을 초월한 인류 공통의 가치로서 민주주의와 자유의 이념을 전파하고자 하는 것이다. 이를 위해 서방 지도자들이 자신의 트위터, 페이스북 등 SNS 수단을 이용하여 대상 국가의 국민들에게 메시지를 전달하곤 하는데, 상대방 정부의 입장에서는 이를 내정간섭으로 간주하여 반발하기도 한다. 또한 NGO, 노벨상 수상자, 인권운동가들도 자신들의 SNS 플랫폼을 통해 이러한 활동을 적극 전개하고 있다. 이들은 독립성과 객관성을 중시하기에 그 영향력은 실제로 정부인사보다도 훨씬 강하며, 권위주의 국가라 하더라도 이들의 활동을 저지하기가 쉽지 않다. 이처럼 비정부 행위자에 의한 미디어 활동의 중요성이 날로 높아지고 있는 것이다.

셋째, 인터넷외교로 인한 비밀누설의 문제가 있다. 인터넷 유저의 응용기술이 발전하면서 해킹 문제가 골칫거리다. 가장 전형적인 것이 '위키리크스Wikileaks 누설사건'이다. 위키리크스는 원래 정부와 기업이 저지르고 있는 부패를 폭로하기 위해 탄생한 웹사이트였으나, 2010년 미국 국무부와 250여 개 해외공관 간에 주고받은 전문 25만여 건을 폭로하였다. 이 전문들 중에는 비밀 사항을 포함해 외교적으로 매우 민감한 내용도 포함 되어 있었다. 위키리크스 창립자 줄리언 어산지는 7년간 영국 주재 에쿠아돌 대사관에 도피해 있다가 나왔으며 미국 정부는 그를 기소하였다. 이 사건을 계기로 인터넷 방화벽 구축, 해킹방지 프로그램 개발 등 정보보안 문제가 심각하게 대두되었다.

넷째, 인공지능artificial intelligence, AI의 유용성과 위험성을 따져보아야 한다. 인공지능의 기술이 발전함에 따라 소셜봇social bot의 기능이 확대되고 기존 언론기관에서도 이를 활용하는 사례가 늘어나고 있다. 현재는 사건사고의 신속한 보도와 기상 예보, 통계

자료 제공 등의 역할에 주로 사용되지만, 점차 응용의 수준이 높아져 민감한 정보의 분석과 전달도 가능할 것으로 예상된다. 또한 이러한 신기술이 쌍방향 소통에도 적용되면서 점차 정치적 프로파간다 활동도 할 것으로 보인다._{김상배 2019} 기술 발전에 따른 이점이기도 하겠지만, 만약 정치적 목적을 위해 소셜봇이 가짜뉴스 전파나 여론과 정보의 왜곡을 시도한다면 그 폐해가 엄청날 것이므로 미리부터 대비책을 마련해 나가야 할 것이다.

VII. 전통미디어와 소셜미디어의 결합

이처럼 SNS가 공공외교 활동에 매우 큰 역할을 하고 있으며 앞으로 비중이 더 커질 것으로 예상된다. 그런데 전통미디어든 소셜미디어든 그 속성상 한계점을 갖고 있기는 마찬가지다. 이를 극복하기 위해서는 두 매체의 단점을 상호 보완해 가면서 양자의 장점을 적극 활용해야 한다. 따라서 현재 두 매체를 결합하는 시도가 활발해지고 있다. 즉 전통미디어를 통해 어떤 메시지를 전달하는 경우, 쏟아지는 뉴스의 홍수 속에서 그 메시지를 지속시키기는 쉽지 않지만, 같은 메시지라도 SNS를 통해 재확산되는 경우 관심층, 특히 젊은 층의 폭발적인 반응과 자발적 전파력으로 인해 그 메시지의 효과가 크게 상승할 수 있다. 그 반대의 경우도 마찬가지다. SNS에 떠도는 뉴스나 스토리가 검증되지 않았거나 왜곡 과장되는 경우가 많아 신뢰도에 문제가 있기 마련인데, 전통 언론이 특정 내용에 대해 심층조사와 분석을 한 후 수정보도를 하는 경우 신뢰성이 확보되고 전파력도 크게 강화된다. 만약 SNS 유저들이 동 보도에 관해 추가적인 활동을 하게 되면 그 효과는 더욱 높아질 수 있을 것이다.

따라서 전통미디어와 소셜미디어가 결합하여 내재적 결합을 서로 보충해 나가면 최상의 시너지 효과를 거둘 수가 있다.Elliott 2009 이런 배경 하에 현재 기존의 언론사들이 앞 다투어 온라인 홈페이지를 보강할 뿐만 아니라 각 보도내용에 대한 독자나 시청자들의 '댓글' 반응을 면밀히 분석하고 있으며, 트위터, 페이스북, 인스타그램 등 SNS 소통수단을 통해서도 특정 기사나 메시지의 파급효과를 극대화시키고자 노력하고 있는 것이다.자오치정 2012 또한 보도의 신속성 면에 있어서 전통미디어들은 시민들의 SNS와 경쟁해야 하는 힘든 상황이지만, 자체의 SNS를 적극 활용하여 격차를 줄여나가고 있다. 특히 근년에 들어 일반 시민들의 모바일전화기 사용이 보편화되면서 전통미디어가 긴급 문자 메시지 발송 등 새로운 서비스를 제공함으로써 경쟁력이 급속히 강화되었다.

그런데 공공외교의 효과를 극대화하기 위해서는 양 미디어의 결합만으로는 부족하다. 미디어 공공외교 활동과 국민의 공공외교 활동 상호 간의 결합도 필요한 것이다. 정부는 공공외교의 전략 수립과 공공외교 인프라를 까는 데 필요한 예산과 인원을 확보해야 하고, 국민을 포함한 비정부 행위자들은 보다 적극적으로 공공외교 활동에 임해야 한다. 그리하여 전통미디어와 소셜미디어가 상호 결합됨과 동시에, 문화교류, 교환방문, 장학 프로그램 등 친선우호사업이 미디어의 활동과 함께 병행 추진되는 경우라야 소기의 성과를 기대할 수 있는 것이다.El-Nawawy 2006

VIII. 맺음말 : 글로벌미디어의 역할

각 언론은 그 언론이 소속되어 있는 국가의 문화풍토와 사고방식, 가치체계, 그리고 종교로부터 많은 영향을 받기 마련이며, 이 때문에 다수 언론이 민족주의적인 성향을 띠고 있기도 하다. 뿐만 아니라 각 언론사는 자사의 전통과 지향하는 이념에 따라 그 논조가 달라지기도 한다. 이는 어쩌면 자연스런 현상이기도 하고 언론의 다양성 신장에도 바람직스런 측면이 있다. 그러나 이러한 경향이 어떤 경계선을 넘다 보면 폐쇄적 민족주의 색채를 나타내기도 한다. 따라서 국제사회는 수백만 독자나 수억 명의 시청자를 대상으로 하는 글로벌미디어가 이를 뛰어넘는 '공공선(公共善)'을 추구하기를 기대하고 있다. 글로벌매체의 영향력이 막강한 만큼 국경을 넘어 인류 전체가 추구해야 할 방향을 제시해야 하는 것이다. 기후변화, 환경보호, 자원고갈 등 지구가 당면한 문제에 대해 깊이 고민하고, 평화, 인권, 복지 등 인류의 보편적 가치를 어떻게 증진 시킬 수 있는가 하는 방안을 제시해야 한다. 이로써 각자의 민족주의를 넘어서는 원대한 글로벌리즘으로 승화시켜 나가야 할 것이다.자오처정 2012

범위를 조금 좁혀 동북아시아 지역을 보자. 한-중-일 3국의 막강한 언론들이 이런 역할을 제대로 하고 있는지 의문이다. 물론 양심적으로 글로벌미디어로서의 사명을 잘 수행하는 언론사도 있지만, 일부 언론사들은 편협한 민족주의에 기초하여 역사적 사실을 왜곡하고 독자와 시청자를 이웃 국가와의 대결 국면에 끌어들이기도 하는 것이다. 또한 이러한 경향이 언론사 자체의 전통과 이념에 따른 것일 수도 있지만, 때로는 논조 자체를 독자와 시청자들의 정서와 구미에 맞춤으로써 이들을 계속 자기 언론에 묶어놓으려는 상업적 의도가 있다면 그 폐해는 매우 심각할 것이다.

글로벌미디어로서는 보다 숭고한 가치를 추구하는 프로그램을 제작하는 데 노력을 기울여야 할 것이다. 물론 대중의 반응은 부정적일 수 있다. 상이한 문화, 관습, 종교, 역사관, 사고방식의 차이가 엄연히 존재하기 때문이다. 그러나 한-중-일 3국은 공히 유교 영향을 받았고 한자 문화권에 속하면서 사고방식에도 많은 유사성이 있어 상호 간의 이해가 빠르고 깊다. 그러나 아직도 해결되지 않은 과거사 문제로 인해 원한의 앙금이 남아 있다. 이 과정에서 3국의 미디어가 민족감정을 부추기지나 않았는지 되돌아볼 필요가 있다. 특히 동북아에서는 평화와 안보의 유지를 위해 그리고 3국 국민 모두가 향유해야 할 번영을 위해 함께 노력해야만 하는 공동의 목표가 있다. 이를 성취하기 위해서는 무엇보다 3국의 언론이 선도적인 역할을 해야 할 것이다.

마음만 먹는다면 그렇게 어렵지도 않은 일이다. 3국 언론이 문화와 예술 등 비교적 공감하기 쉬운 분야에 대해 공동 작업을 수행하여 3국 간의 역사적인 유대감을 끌어내는 시도를 해 봄직하다. 이런 과정을 통해 3국 국민 간의 공감대가 확대되어 가면서 점차 민감한 이슈도 다루어볼 수 있을 것이다. 그리하여 상호 불편했던 민족주의를 극복하고 초국경의 공공선을 함께 추구하도록 여론을 이끌어 가야 한다. 편파성을 극복하고 대의를 추구하는 것이 한-중-일 3국 국민이 언론에 대해 기대하는 바이기도 하고, 또한 글로벌미디어의 사명이기도 하다.마영삼 2020

아울러 소셜미디어를 통해 공공외교 활동을 전개 중인 한-중-일 3국의 SNS 유저들로서도 글로벌미디어의 공동선 추구 활동에 어떻게 동참해야 할지 생각해 보아야 할 것이다. 과연 3국 간 관계가 어디서부터 흐트러지게 되었는지, 상대 국민들이 왜 자국을 향해 원한을 품고 있는지, 미래에 추구해야 할 중요한 가치가 무엇이며 그것을 이루기 위해 어떻게 상호 협력해야 할 것인지 등에 대해 깊이 고민하여야 할 것이다. 이것이 성숙한 SNS 유저들에게 주어진 사명이기도 하다.

1 공공외교 활동에 있어서 미디어의 역할은 막중하기에 각국 정부는 많은 예산과 인원을 투입하여 미디어외교를 수행하고 있다. 미국 정부도 예외가 아니다. 미국의 해외공보처(US Information Agency)는 공공외교 분야에서 어떤 활동을 해 왔는가?

2 대변인 제도는 해외언론을 대상으로 한 공공외교를 수행함에 있어서 매우 효과적인 방안으로 간주되고 있다. 훌륭한 대변인이 되기 위한 자질은 무엇이며, 어떻게 하면 언론 브리핑을 잘할 수 있는가?

3 언론의 사명이라는 측면에서 볼 때 '사실(facts)보도'와 '진실(truth)보도'는 모든 언론이 지켜야 하는 중요한 원칙이다. '사실보도'와 '진실보도'의 차이점은 무엇이며, 어느 것이 우선시되어야 하는가?

4 최근 소셜미디어의 적극적 활용으로 공공외교의 방식에 많은 변화가 일어나고 있다. 소셜미디어의 장점과 단점은 무엇이며, 어떻게 하면 단점을 해소할 수 있는가?

5 현대사회에서는 여러 개의 미디어가 동시 다발적으로 활동하고 있다. 이러한 상황에서 미디어외교의 효과를 극대화하기 위해 전통미디어와 소셜미디어가 상호 협력할 수 있는 방안은 무엇인가?

6 국제사회는 글로벌미디어가 편협한 민족주의를 초월하는 높은 이상과 가치를 추구하기를 기대하고 있다. 이런 관점에서 볼 때, 한-중-일 3국 언론이 '공공선(公共善)'을 이루기 위해 할 수 있는 역할은 무엇이며 3국의 SNS 유저들이 할 수 있는 역할은 무엇인가?

자오치정(2012). 『중국은 어떻게 세계와 소통하는가』. 나남.

얀 멜리센(2008). 『신공공외교: 국제관계와 소프트 파워』. 인간사랑.

김상배(2019). 『지구화 시대의 공공외교』. 사회평론아카데미.

El-Nawawy, Mohammed(2006). "US Public diplomacy in Arab world: The new credibility of Radio Sawa and Television Alhurra in Five countries." *Global Media and Communication*, Vol.2(2).

Gilboa, Eytan(2009). "Media and Conflict Resolution: A Framework for Analysis." *Marguette Law Review*, Volume 93.

참고 문헌

김상배(2013). 『중견국의 공공외교』. (주)사회평론.

마영삼. "한중일 3국 관계개선과 언론의 역할." 『내일신문』(2020.1.21).

박희권. "당면한 현실이 된 디지털 외교." 『한국경제』(2020.2.18).

심의철·조병철(2013). "K-POP 한류의 성공요인분석과 한류 지속화 방안연구." 한국콘텐츠학회논문지, 13(5).

한팡밍(2014). 『공공외교 개론』. 동국대학교출판부.

홍주형. "강대국 주도 국제질서 변화 조짐 … 그 중심에 선 대한민국." 『세계일보』(2020.2.12).

〈6일간의 벽신문〉, 이시노마키히비신문사(2018).

Archetti, Cristina(2012). "The Impact of New Media on Diplomatic Practice: An Evolutionary Model of Change." *The Hague Journal of Diplomacy*.

_____(2012). "Why Diplomacy in a Global World is Shaped by Local Media."

Beer, Francis, & G. Boynton(2008). "Global Media Diplomacy and Iranian Nuclear Weapons." Conference: International Studies Association at San Francisco CA.

CRS Report(2009). "U.S. Public Diplomacy: Background and Current Issues."

Dale, Helle C., Ariel Cohen, & Janice A. Smith(2012). "Challenging America: How Russia, China, and other Countries Use Public Diplomacy to Compete with the U.S." Back Grounder of The Heritage Foundation, NO.2698.

Elliott, Kim Andrew(2009). "Fine Tuning Broadcast Public Diplomacy." USC Center on Public Diplomacy Blog.

El-Nawawy, Mohammed(2006). "US Public diplomacy in Arab world: The new credibility of Radio Sawa and Television Alhurra in Five countries." *Global Media and Communication*, Vol.2(2).

Entman, Robert M.(2008). "Theorizing Mediated Public Diplomacy: The U.S. Case." *The International Journal of Press/Politics*.

Fahmy, Shahira, Wayne Wanta, & Erik C. Nisbet(2012). "Mediated public diplomacy: Satellite TV news in the Arab world and perception effects." *The International Communication Gazette*.

Ma, Young Sam(2014). "The role of global media in public diplomacy." *China Daily*.

Nye, Joseph S.(2010). "The New Public Diplomacy." www.project-syndicate.org/commentary/the-new-public-diplomacy

Peterson, Peter G., and others(2003). "Finding America's Voice: A Strategy for Reinvigorating U.S. Public Diplomacy." Report of an Independent Task Force Sponsored by the Council on Foreign Relations.

Public Diplomacy Alumni Association(2008). "Proposals for the Obama Administration."

Rugh, William A.(2009). "Repairing American Public Diplomacy." The Middle East Center, St. Antony's College, University of Oxford.

Sheafer, Tamir, & Itay Gabay(2009). "Mediated Public Diplomacy: A Strategic Contest over International Agenda Building and Frame Building." Routeledge-Taylor and Francis Group.

WIKIPEDIA. en.m.wikipedia.org. "United States Information Agency."

www.websitehostingrating.com. "SNS."

제9장

국제평화유지활동과 안보공공외교*

최현진 • 경희대학교

*이 글은 "고강도 분쟁지역에서의 국제평화활동 강화 방안: 아프가니스탄 지방재건팀 사례를 중심으로," 『PKO저널』 11(O)(2015년)을 개편하여 수록한 것임을 밝힙니다.

[핵심어]

| 평화유지활동 | 유엔 | 안보공공외교 |
| 스마트파워 | 한빛부대 | 오쉬노부대 |

I. 들어가며

9년째 계속되는 내전으로 시리아 출신 국외 난민 수가 (2020년 2월 현재) 560만 명을 넘어섰다.[1] 미얀마 서부 라카인 주(州)에서는 로힝야 소수민족에 대한 정부군의 공격으로 1만 명 이상의 민간인이 목숨을 잃고, 약 75만 명의 난민이 발생했다.[2] 남수단에서는 7년 가까이 지속된 내전으로 40만 명의 민간인이 사망했고, 인구의 1/10가량이 굶주림에 시달리고 있다.[3] 이 사례들은 오늘날

---

1 UNHCR(2019), "Syria emergency," https://www.unhcr.org/syria-emergency.html (검색일: 2020.2.28).

2 UNHCR(2019), "Rohingya emergency," https://www.unhcr.org/rohingya-emergency.html(검색일: 2020.2.28).

3 Aljazeera(2019), "South Sudan: Record number of people face severe hunger," https://www.aljazeera.com/news/2019/06/south-sudan-record-number-people-fa

인터넷 뉴스에 자주 등장하는 크고 작은 내전의 참상을 보여준다. 내전은 국가들 사이의 정규전보다 더 자주 발생할 뿐만 아니라 더 많은 인명피해를 일으킨다. 스웨덴 소재 웁살라 대학의 분쟁데이터Uppsala Conflict Data Program에 따르면, 1989년에서 2018년 사이 79만 7천 명의 민간인이 내전으로 인해 사망했으며, 이는 같은 기간 국가 간 정규전에 의한 사망자 수보다 약 6배나 많은 수치이다. Pettersson and Eck 2018

유엔과 국제사회는 이처럼 큰 인명피해와 인도적 위기를 초래하는 내전의 심각성을 공동으로 인식하고, 분쟁의 예방, 해결 및 전후복구와 국가재건을 지원하기 위해 국제평화유지활동Peace-keeping Operation, PKO을 실시하고 있다. 전통적 의미에서의 PKO란 "적대국 사이에서 혹은 한 국가 내의 적대적 당사자 간의 분쟁을 통제하고 해결하기 위해 당사자들의 동의와 국제적인 지휘체계 아래 무장 또는 비무장의 다국적 군사, 또는 비군사 요원들을 사용하는 활동"을 말한다. 유현석 2013, 264 한편 PKO는 그 지휘체계에 따라 크게 두 가지로 나눠지는데 하나는 유엔 주도로 분쟁당사자들의 동의 하에 군인이나 군무원을 파견하는 '유엔평화활동'이고,4 다른 하나는 유엔안전보장이사회(안보리)의 승인을 얻되 특정 국가나 지역안보기구가 작전을 주도하는 '다국적군 평화활동'이다. 이신화 2019, 249 최근 들어 PKO의 활동범위도 지속적으로 확대되고 있는 바, 군사적 중립과 최소한의 무장으로 분쟁의 재발을 억제하

---

ce-severe-hunger-190614134410969.html(검색일: 2020.2.28).

4 유엔평화유지군은 파란색 베레모 또는 전투모를 착용하여 블루헬멧(blue helmet)이라고도 불린다.

는 전통적 임무를 넘어 난민구호와 인도적 지원, 선거감시와 같은 장기적·복합적 성격의 활동과 민간요원들의 참여가 증가하고 있는 추세이다.

이처럼 국제평화유지활동이 항구적 평화정착에 필요한 포괄적인 형태로 진화함에 따라 '안보공공외교'의 주요 행위자로서 평화유지군의 중요성이 주목받고 있다. 공공외교의 하위개념인 안보공공외교(혹은 군사공공외교)는 "국가 간 군사적 유대와 안보협력의 제고를 통해 타국의 대중 및 외교안보정책을 수행하는 개인과 집단의 신뢰와 공감대를 확보함으로써 자국의 외교안보역량의 제고 및 글로벌 평화 구축의 달성에 기여하는 외교활동"이신화 2019, 251을 말한다. 국익의 관점에서 볼 때 안보공공외교의 효과는 다음과 같다.

첫째, (2018년 기준) 국방비 지출 세계 10위권 국가인 대한민국은 한반도를 넘어 전 세계의 분쟁 예방 및 평화증진에 기여함으로써 국제사회에서 위상을 높이고 국가 이미지를 제고할 수 있다. 국방기술품질원 2019 특히 대한민국이 상대적으로 경쟁력과 전문성을 가지고 있는 평화 및 안전보장 분야는 나라를 대표하는 '공공외교 브랜드'로서의 잠재력을 가지고 있다. 그런 의미에서 인간안보 중심의 PKO 활동을 통해 국가 이미지와 브랜드를 제고해 온 캐나다는 좋은 본보기이다.이신화 2019, 270 캐나다 정부는 유엔 평화유지군의 창설과 활동에 큰 영향을 미쳤던 경험을 바탕으로 평화유지, 평화구축, 비핵화와 군축, 반테러리즘 등 국제평화와 안보 영역에 꾸준히 외교력을 집중해왔다. 최근 들어 캐나다는 유엔의 개혁 방향에 맞춰 기존의 국제평화활동과 안토니우 구테흐스 사무총장의 개혁 과제(여성인권 및 평화유지활동에서 여성의 역할 강화)를 연계하여 시너지 효과를 극대화하고 있다. 특히 2017년부터 추진해온 '여성, 평화, 안보에 대한 국가행동계획Canada's National Action Plan on Women, Peace and Security'을 국제평화활동과 유기적으로 운영하면서 평화·안보 분야에서 경쟁력을 강화하는 동시에 여성 및 인권 분야에서의 국제적 영향력 확대를 도모한다.

둘째, 유엔 PKO나 다국적군 활동은 제한된 무력을 사용해 분쟁지역 안정화에 기여하는 동시에 재난구호, 치안유지, 인권보호 등의 인도적 지원활동에 직접 참여함으로써 대상국 주민들의 마음을 얻고 한국에 대한 신뢰를 증진하는 데 도움을 준다.고성윤 2011, 173-174 이런 의미에서 국제평화활동은 조지프 나이 교수가 말하는 스마트파워smart power, 즉 군사적 개입이나 경제제재와 같은 하드파워hard power와 호감과 매력을 통해 원하는 것을 얻어내는 소프트파워soft power를 상황에 따라 적절히 배합하는 능력과 궤를 같이한다.Nye 2009 좋은 예로써 미국의 Commander's Emergency Response ProgramCERP을 꼽을 수 있다. CERP는 2004년부터 2014년까지 이라크와 아프가니스탄에 파견된 다국적군 소속 미군 지휘관들이 현장에서의 판단에 근거하여 인도주의적 구호 및 소규모 재건사업에 필요한 자금을 즉각 지원하도록 한 사업이다. 미국은 CERP 사업을 통해 이라크와 아프가니스탄의 민간인 지원에 약 28억 달러를 지출했는데, 이는 두 나라 민간인들의 복지향상에 기여했을 뿐 아니라 지역 주민들의 자발적 협력을 이끌어냄으로써 반군세력의 활동을 약화시켰다는 평가를 받는다. 실제로 CERP 사업을 통한 10달러의 지출이 주민 10만 명당 약 16건의 폭력 사건을

감소시켰다는 연구결과가 발표되었다.^{Berman et al. 2018, 124}

셋째, 보다 현실적인 의미에서 평화유지군의 파병은 자국 기업들이 전후재건사업에 참여하는 데 유리한 환경을 조성함으로써 해외시장 보호나 개척에 도움을 주기도 한다. 예를 들어 중국은 지난 2014년 내전 상태에 있는 남수단에 보병 700명을 유엔 평화유지군 자격으로 파병했는데, 당시 많은 전문가들은 여기에 현지 중국인들과 기업을 보호하려는 목적이 있다고 분석했다.[5] 실제로 남수단의 원유 매장량은 약 35억 배럴로 추산되며, 중국의 국영석유회사가 남수단 유전 운영회사의 지분 40%를 보유하고 1,600km에 이르는 송유관을 건설하기도 했다.[6] 물론 이와 같은 측면이 지나치게 강조된다면 평화와 인도주의를 핑계로 삼아 국가 이익만을 추구한다는 비판에 직면할 수도 있다.

이러한 배경에서 이 장은 현재까지 추진된 한국의 PKO 활동을 간략히 검토하는 가운데 그 의의와 한계를 살펴보고, 이를 통해 새로운 한국형 안보공공외교의 발전을 위한 정책 대안을 제시하는 데 그 목적이 있다. 이를 위해 첫째, 유엔 또는 다국적군이 주도하는 국제평화유지활동의 전개과정과 특징을 '전통적 평화유지', '평화구축,' 그리고 유엔헌장 제7장에 따라 강제력이 사용되는 '평화강제'의 순서로 소개한다. 둘째, 남수단에서 유엔 PKO 임무를 수행 중인 한빛부대(2013년 3월~2020년 3월 현재)와 다국적군

---

5 VOA뉴스(2014), "중국, 남수단에 평화유지군 파병," 9월 11일, https://www.voakorea.com/world/africa/2445366(검색일: 2020.2.20).

6 중앙일보(2013), "자원·전략 요충 남수단 구하기 바빠진 국제사회," 12월 6일, https://news.joins.com/article/13485592(검색일: 2020.2.20).

의 일원으로 아프간에 파견되었던 지방재건팀Provincial Reconstruction Team, PRT 및 오쉬노부대(2010년 7월~2014년 6월) 사례를 통해 국제평화유지활동의 성과와 문제점을 진단한다. 셋째, 이 사례들이 보여주는 정책적 함의를 바탕으로 대한민국 안보공공외교의 중장기적 전략과 과제를 제시한다.

II. 국제평화유지활동의 유형과 변화 양상

1945년 10월 25일 창설된 국제연합은 집단안전보장을 통한 국제평화와 안전의 유지를 최우선 목적으로 한다.7 집단안전보장이란 국제연합에 가입한 모든 회원국이 다른 회원국에 대한 침략을 자신에 대한 침략으로 간주하고 이에 공동으로 대응하는 시스템을 말한다.유현석 2013, 262 이를 위해 유엔헌장 제7장은 안전보장이사회에 무력을 포함해 필요한 모든 수단을 사용할 권한을 부여하고 있다.

유엔은 1950년 한국전쟁 당시 최초로 집단안전보장 조치를 이해하였다. 그러나 냉전기간 중 유엔의 집단안보체제는 미국과 소련의 경쟁과 상호 거부권 행사로 인하여 더 이상 작동되지 않았

---

7 국제연합헌장 제1장 제1조 "국제연합의 목적은 다음과 같다. 국제평화와 안전을 유지하고, 이를 위하여 평화에 대한 위협의 방지·제거 그리고 침략행위 또는 기타 평화의 파괴를 진압하기 위한 유효한 집단적 조치를 취하고 평화의 파괴로 이를 우려가 있는 국제적 분쟁이나 사태의 조정·해결을 평화적 수단에 의하여 또한 정의와 국제법의 원칙에 따라 실현한다."

공공외교

<참고 9-1> 국제연합헌장 제7장 '평화에 대한 위협,
평화의 파괴 및 침략행위에 관한 조치' 中

제39조 안전보장이사회는 평화에 대한 위협, 평화의 파괴 또는 침략행위의 존재를 결정하고, 국제평화와 안전을 유지하거나 이를 회복하기 위하여 권고하거나, 또는 제41조 및 제42조에 따라 어떠한 조치를 취할 것인지를 결정한다.

제41조 안전보장이사회는 그의 결정을 집행하기 위하여 병력의 사용을 수반하지 아니하는 어떠한 조치를 취하여야 할 것인지를 결정할 수 있으며, 또한 국제연합회원국에 대하여 그러한 조치를 적용하도록 요청할 수 있다. 이 조치는 경제관계 및 철도, 항해, 항공, 우편, 전신, 무선통신 및 다른 교통통신수단의 전부 또는 일부의 중단과 외교관계의 단절을 포함할 수 있다.

제42조 안전보장이사회는 제41조에 규정된 조치가 불충분할 것으로 인정하거나 또는 불충분한 것으로 판명되었다고 인정하는 경우에는, 국제평화와 안전의 유지 또는 회복에 필요한 공군, 해군 또는 육군에 의한 조치를 취할 수 있다. 그러한 조치는 국제연합회원국의 공군, 해군 또는 육군에 의한 시위, 봉쇄 및 다른 작전을 포함할 수 있다.

출처: 국제연합헌장, https://www.un.org/en/charter-united-nations/index.html(검색일: 2020.4.2)

다. 1956년 이집트와 이스라엘, 영국, 프랑스 사이에 일어난 제2차 중동전쟁, 1979년 소련의 아프가니스탄 침공, 1984년 미국의 그레나다 침공 등의 사건은 유엔 중심의 집단안보가 실패하였음을 보여주고 있다.Pease 2012, 53 이처럼 냉전시기에 집단안보체제가 기능하지 못함에 따라 이를 대신할 분쟁해결 방식으로 발전된 것이 평화유지활동이다. 평화유지활동은 임무의 성격과 범위에 따라 크게 전통적 평화유지, 평화구축 그리고 평화강제의 세 가지 유형으로 나누어진다.

1. 전통적 평화유지(Peacekeeping)

유엔헌장은 PKO에 대한 구체적 내용을 담고 있지 않다. 하지만 전통적 의미에서의 평화유지활동은 다음의 세 가지 조건들을 충족시켜야 한다. 첫째, 분쟁당사자들이 휴전에 합의하고 평화유지군의 주둔에 동의해야 한다. 둘째, 휴전의 감시자인 평화유지군은 분쟁 당사자들 사이에서 중립을 유지해야 한다. 셋째, 평화유지군의 임무가 중립적 '휴전 감시자'인 만큼 스스로를 방어하기 위해 필요한 최소한의 무장능력만을 갖추어야 한다. 따라서 무력의 사용은 평화유지군이 공격받는 경우에 한해서만 허용된다.

최초의 유엔 평화유지활동은 1956년 제2차 중동 전쟁(수에즈 위기) 당시 이집트와 아스라엘, 영국, 프랑스 사이의 휴전을 감시하기 위해 파견된 국제연합 긴급군The United Nations Emergency Force, UNEF이다. 10개 회원국들로부터 파견된 약 6,000명 규모의 평화유지군은 이스라엘과 이집트 사이에 완충지대를 만들고, 영국과 프랑스군의 철수를 감독하는 등 정전관리 임무를 성공적으로 수행했다. 유엔은 1967년 이집트 정부의 요청에 따라 긴급군UNEF의 철수를 결정했고, 이 결정은 제3차 중동전쟁(1967년)이 일어나게 된 간접적 원인이 되었다. 그럼에도 불구하고 유엔 긴급군UNEF의 역할은 위에서 제시한 평화유지활동의 세 가지 원칙을 정립하는 데 중요한 역할을 하였다.Taylor 1998, 280

냉전 시기 유엔은 총 19번의 평화유지 임무를 수행했으며, 냉전의 종식 후 평화유지활동의 규모는 크게 증가하였다. 전통적 평화유지활동의 예로 제2차 유엔긴급군UNEF-II, 1973~1979, 이란–이라크 정전감시UNIIMOG, 1988~1991, 소말리아UNOSOM, 1992~1993, 르완다 정전

감시UNAMIR, 1993~1996, 시에라리온UNAMSIL, 1999~2005, 에티오피아-에
리트레아 간 정전감시UNMEE, 2000~2008 등을 들 수 있다.

2. 평화구축(Peacebuilding)

평화구축이란 보다 안정적인 지역평화의 정착을 위해 전통적 평
화유지활동을 확대한 것이다. 따라서 평화구축활동은 중립적 감
시자의 역할을 넘어 민주적 선거의 실시 및 감시, 경찰 및 군대의
재건, 교육제도 정착, 보건체제 구축, 정부행정기능의 향상 등 지
속가능한 평화의 정착에 필요한 보다 장기적이고 폭넓은 역할을
수행한다. 예를 들어, 한국의 상록수부대가 1999년 10월부터 4년
간 참여했던 유엔의 동티모르 임무단UNAMET은 동티모르가 완전한
독립을 이룰 수 있도록 과도 행정기구를 설치하고 사법 및 경찰제
도의 기반을 구축하였다.8 2001년 8월에는 제헌의회선거의 관리
및 감시임무를 수행하여 신생독립국의 안정과 평화정착에 크게
기여하였다. 이 밖에도 다국적군과 연계해 평화구축 임무를 수행
한 아프간 오쉬노부대(2010.07~2014.06)는 병원 및 직업훈련원 운
영과 시범농장 건립, 경찰훈련센터 운영 등의 재건사업을 지원하
였다.

3. 평화강제(Peace Enforcement)

평화강제란 중립적 감시자로서 더 이상 평화를 유지하는 것이 불
가능할 경우 유엔안보리 결의와 유엔헌장 제7장에 의거 군사력을

---

8 https://peacekeeping.un.org/en/mission/past/etimor/UntaetB.htm(검색일: 2020.
4.7).

포함한 강제력을 사용해 평화를 회복시키는 활동을 지칭한다. 전통적 평화유지와 달리 중립성과 당사자 동의의 원칙이 적용되지 않으며, 주로 특정 지역안보기구(예를 들어, NATO나 아프리카연합)나 단일 국가가 주도하는 다국적군 평화활동의 방식으로 행하여진다. 냉전 종식 후 민족이나 종교 문제 또는 천연자원을 둘러싼 갈등으로 일어나는 내전이 증가함에 따라 평화강제활동 또한 증가하고 있다.

하나의 예로, 2000년 시에라리온 내전 당시 Foday Sankoh의 Revolutionary United Front[RUF] 반군에 의한 극심한 반인도적 범죄가 발생하자 유엔안보리는 영국군의 군사적 개입을 결의한다.[9] 영국군은 당시 반군에 억류되었던 유엔평화유지군을 구출하는 한편 수도인 Freetown을 탈환하고 Foday Sankoh를 체포하여 1991년부터 지속되어온 시에라리온의 내전을 종결짓는다. 이 밖에도 1992~1994년 소말리아 내전 당시 유엔은 반군과 군벌세력으로부터 민간인을 보호하고 식량보급로를 확보하기 위하여 37,000명 규모의 다국적군을 파병했으며,[10] 1999년에는 코소보 지역의 알바니아인들을 세르비아 민병대의 학살과 인종청소로부터 보호하기 위해 NATO 중심 다국적군의 파병을 결정한다.[11] 또한 2001년 12

---

9 안보리 결의안 제1299호, 2000년 5월, http://unscr.com/en/resolutions/1299(검색일: 2020.4.7).

10 37,000명 규모의 다국적군에서 해병대를 포함한 미군병력이 약 80%를 차지했다. 유엔 소말리아 임무단(UNOSOM)에 대해서는 다음 자료를 참고할 수 있다 https://peacekeeping.un.org/en/mission/past/unosom2.htm(검색일: 2020.4.7).

11 안보리 결의안 제1244호, 1999년 6월, http://unscr.com/en/resolutions/1244(검색일: 2020.4.7).

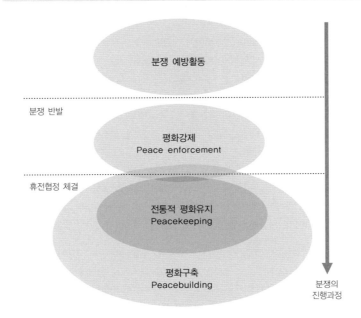

분쟁 예방활동

분쟁 반발

평화강제
Peace enforcement

휴전협정 체결

전통적 평화유지
Peacekeeping

평화구축
Peacebuilding

분쟁의
진행과정

출처: United Nations(2008), p.19

월에 국제사회는 유엔 안보리 결의안 제1386호에 따라 국제안보
지원군International Security Assistance Force, ISAF을 창설하여 아프간에서
탈레반 정권과 알 카에다 세력을 축출하고 과도정부 수립을 지원
하였다. 〈그림 9-1〉은 전통적 평화유지, 평화구축 및 평화강제의
시기와 범위를 분쟁의 발발과 휴전협정의 시간적 순서에 따라 보
여주고 있다.

〈참고 9-2〉 인도적 군사개입과 보호책임
(Responsibility to Protect, R2P)

1994년 르완다와 1999년 코소보에서 대규모의 반인도적 범죄가 자행됨에 따라 국제사회는 인도적 목적의 군사 개입 필요성을 논의하기 시작했다. 그 결과, 2001년 '개입과 주권에 관한 국제위원회(the International Commission on Intervention and State Sovereignty)'는 보고서 「보호할 책임(Responsibility to Protect, R2P)」을 유엔총회에 보고했고, 2005년 개최된 유엔총회 정상회의는 만장일치로 보호책임의 원칙을 채택했다. 보호책임 보고서는 각 국가에게 시민들을 집단학살, 전쟁범죄, 인종 청소, 그리고 그 밖의 반인도적 범죄로부터 보호할 책임이 있음을 명시하고 있다. 그리고 국가가 이 같은 책임을 다하지 못하거나 범죄의 당사자가 되고, 평화적 수단을 통해 목적을 달성할 수 없다고 판단될 경우, 국제사회가 유엔안보리의 결의와 유엔헌장 제7장에 의거 군사적 개입을 통해 시민들을 보호할 책임이 있음을 규정하고 있다.

보호책임의 원칙은 2004년 수단의 다르푸르 학살 사태 당시 국제사회 개입의 근거로 사용되었지만 수단 정부와 미국의 미온적 태도로 인하여 실현되지 못했다. 보호책임 원칙이 적용된 최초의 사례는 2011년 리비아 내전이다. 2011년 2월에 내전이 시작되자 리비아의 카다피 정부는 민간인 시위대를 용병과 전투기를 동원해 유혈 진압했다(조정현 2011, 1). 이에 대한 대응으로 국제사회는 보호책임을 근거로 한 안보리 결의 1973호를 통해 NATO군의 무력개입을 결정한다.

인도적 목적의 무력개입은 강대국의 이익추구와 주권침해 가능성으로 인하여 많은 논란과 비판의 대상이 되었다. 실제로, 인도적 군사개입은 유엔안보리의 결의가 필요하기 때문에 거부권을 보유한 다섯 상임이사국(미국, 러시아, 중국, 영국, 프랑스)의 국익에 따라 선택적으로 이루어질 가능성이 크다(유현석 2013, 279). 그럼에도 불구하고 2011년 리비아 사태는 반인륜적 범죄가 더 이상 국내 문제가 아니며 국제적 무력개입을 정당화하는 이유가 될 수 있음을 보여주었다(조정현 2011, 3).

Ⅲ. 한국의 국제평화활동 : 남수단과 아프간 사례를 중심으로

한국은 1993년 소말리아에 공병부대인 상록수부대를 파견한 것을 시작으로 2020년 1월 현재 레바논 동명부대와 남수단 한빛부대를 포함해 총 5개의 유엔 PKO 임무단에 580명을 파견 중이다. 인력 지원의 측면에서 세계 34위이며, 재정지원의 측면에서 한국의 유엔 PKO에 대한 공여 규모는 세계 10위 수준으로 전체 소요 예산의 약 2.04%를 차지하고 있다. 지난 2010년 1월에는 좀 더 신속한 평화유지활동 참여를 위해 〈국제연합 평화유지활동 참여에 관한 법률〉을 제정하였고, 같은 해 7월 1,000명 규모의 '국제평화지원단'이 PKO 전담부대로 창설되면서 상시적인 평화유지활동 지원을 담당하고 있다. 나아가 2014년에 〈국군의 해외파견활동 참여

〈표 9-1〉 대한민국의 PKO 참여 현황(2020년 1월 기준)

구분		현재 인원	지역	최초 파견
부대 단위	동명부대(레바논 평화유지군)	280	티르	'07.7월
	한빛부대(남수단임무단)	278	보르	'13.3월
개인 단위	인·파 정전감시단(UNMOGIP)	7	스리나가	'94.11월
	남수단 임무단(UNMISS)	7	주바	'11.7월
	수단 다푸르 임무단(UNAMID)	1	다푸르	'09.6월
	레바논 평화유지군(UNIFIL)	4	나쿠라	'07.1월
	서부사하라 선거감시단(MINURSO)	3	라윤	'09.7월
소계		580		

출처: 외교부, http://www.mofa.go.kr/www/brd/m_3874/list.do(검색일: 2020.2.20)

1991년 유엔에 가입한 한국 정부는 1993년 2월 유엔의 공식적인 요청에 따라 처음으로 평화유지활동에 참여한다. 현지실사 및 관계부처회의 등을 거쳐 파병 규모 및 활동을 결정한 후 1993년 5월 18일 국회 동의에 따라 대한민국 최초의 평화유지활동 참가가 이루어졌다. 파병기간은 1993년 7월부터 1994년 3월까지 총 9개월이며, 공병으로 구성된 상록수부대가 평화유지임무를 전개하게 된다.

한국 정부는 1992년 9월 유엔이 처음으로 파병의사를 물어왔을 때 당초 보병 1개 대대와 의료지원단 150여 명 등 총 730명 규모의 파병의사를 전달했다. 하지만 다음 해 2월 보병의 파병을 배제하게 된다. 지리적으로 동떨어진 사막이라는 점과 자칫 무력분쟁에 휘말릴 경우 국내 여론이 악화될 수 있다는 우려 때문이었다. 따라서 정부는 대안으로써 150~250명 규모의 의료지원단 파견을 고려하였고 현지실사 및 관계부처회의를 진행하게 된다. 이 과정에서 다시 장비 및 시설 준비에 따르는 예산 문제와 유엔 측의 요구 등을 고려하여 최종적으로 공병부대를 파병하기로 결정한다.[12] 결과적으로 한국은 1993년 6월 총 258명으로 구성된 1진을 소말리아에 파병하고 유엔소말리아임무단(United Operation in Somalia II; UNOSOM-II)의 활동에 필요한 방호시설, 상·하수도시설, 전기시설, 도로, 교량 건설 및 보수 임무를 맡게 된다.

상록수부대는 주 임무는 주로 도로보수였다. UNOSOM-II 소속으로 소말리아 수도 모다디슈 북방 40km 지점인 발라드(Blad)지역에 배치되어 발라드와 조하르를 연결하는 도로 보수공사를 단독으로 수행하였고, 미군과 공동으로 발라드-아프고아 간 우회도로 공사도 진행하게 된다. 그리고 부가적으로 심정개발, 급수지원, 비행장 보수, PKO 주둔지 설치지원 등의 임무를 9개월 동안 시행하게 된다.[13] 상록수부대가 참여한 UNOSOM-II는 유엔헌장 제7조에 규정된 강제조치권을 부여받고 있었기 때문에 적극적인 무력사용 권한을 가지고 있었다. 하지만 한국은 이러한 UNOSOM-II에 비전투원으로 이루어진 공공대대를 파병하면서 평화강제 임무가 아닌 후방지원 임무만을 수행했다. 참고로 당시 UNOSOM-II에 참여했던 27개 국가 중 미국, 인도, 파키스탄, 독일 등 18개국이 전투병을 파견했고, 한국은 아일랜드, 호주, 루마니아 등과 함께 비전투병만 파견했다.

에 관한 법률안)이 통과되면서 파병조건 및 활동범위를 더 확대하는 노력을 기울이고 있다.[14]

아래에서는 유엔남수단임무UNMISS 소속 한빛부대와 아프간의 전후 평화정착과 재건을 목적으로 파견된 지방재건팀PRT과 오쉬노부대의 활동사례를 중심으로 한국의 국제평화유지활동을 평가해 보고자 한다.

1. 남수단(UNMISS) 한빛부대(2013.04~현재)

영국이 1946년 이슬람이 우세한 수단의 북부와 기독교 및 토착종교가 우세한 수단의 남부를 인위적으로 통합하면서 두 지역 사이에 지역적, 종교적 갈등이 싹트게 되었다. 수단이 1956년 영국과 이집트로부터 독립한 이후 이러한 갈등은 내전 사태로 번지게 된다. 1955년부터 1972년까지의 1차 내전이 남부 수단에 자치권을 부여하는 협정이 체결되어 안정되는 양상을 보이다가 1983년 다시 내전이 일어난다. 2차 내전은 2005년에 체결된 평화협정으로 종결되는데 이 기간 동안 200만 이상이 죽고, 400만 명 이상이 전쟁으로 인한 추방, 폭력, 고문 등을 경험한 것으로 전해진다. 유엔은 수단 남부와 북부 사이의 분쟁재발을 방지하고 평화협정의 이행을

---

12 중앙일보(1993), "유엔 깃발아래 첫 해외파병/소말리아 PKO 참여 의미," 6월 29일, https://news.joins.com/article/2822958(검색일: 2020.4.7).

13 국방부, http://www.mnd.go.kr/user/boardList.action?command=view&page=1&boardId=O_46599&boardSeq=O_50288&titleId=null&id=mnd_010702000000(검색일: 2014.12.1).

14 중앙일보(2014), "해외파병 근거법 첫 제정 … 한국군 파견 빨라진다," 12월 3일 (검색일: 2014.12.5).

지원하기 위해 2005년 3월 유엔수단임무단United Nations Mission in Sudan, UNMIS을 설치한다.15 UNMIS가 평화협정을 관리하는 가운데, 남수단은 국민투표를 거쳐 2011년 7월 수단에서 분리되어 독립하게 된다.16

이후 유엔은 신생독립국 남수단의 평화와 안정을 보장하기 위해 2011년 7월에 유엔남수단임무단United Nations Mission in South Sudan, UNMISS을 새로이 설치하고 한국에 공병부대 파병을 요청한다.17 이에 따라 한국 정부는 두 차례의 현지실사 후 300여 명 선에서의 공병부대 파병을 국무회의에서 결정하고, 2012년 9월 27일 국회의 파병동의안을 받아 다음 해 3월 한빛부대를 현지에 파견한다.

한빛부대는 300명 이내의 비전투병인 공병부대 중심 지원인력으로 남수다 보르 지역에 주둔하며 남수단 재건지원, 인도주의적 활동 및 의료지원 등의 임무를 수행하고 있다. 따라서 보르기지 주둔 이후 보르공항의 개보수, 도로보수, 쓰레기 매립장 및 오수 처리장 건설 등 재건지원작전을 펼치고, 의료지원, 백나일강변 제방공사 등의 민군작전도 같이 진행했다. 2014년 7월에는 기지 외곽에 난민보호소를 건립하여 난민지원활동을 펼치는 한편 총상 환자의 치료 및 의료 활동, 방역 등을 담당하면서 남수단의 재건

---

15 안보리 결의안 제1590호, 2005년 3월, http://unscr.com/en/resolutions/1590(검색일: 2020.4.7).

16 남수단 독립 역사에 대해서는 다음 자료를 참고할 수 있다. BBC News(2018), "South Sudan country profile," 8월 6일, https://www.bbc.com/news/world-africa-14069082(검색일: 2020.4.2).

17 안보리 결의안 제1996호, 2011년 7월, http://unscr.com/en/resolutions/1996(검색일: 2020.4.7).

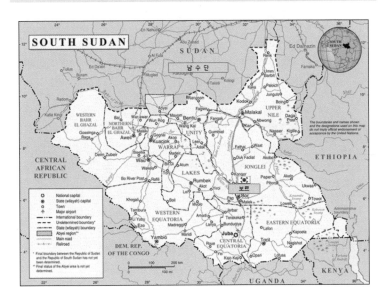

출처: Map of South Sudan, http://www.un.org/Depts/Cartographic/map/profile/southsu dan.pdf(검색일: 2020.4.7)

을 위해 노력하고 있다.[18] 그 결과 현지 주민들로부터 '하늘의 구원 Help from God'이라는 칭송을 받고, UNMISS 사령관으로부터 "UN 평화유지군 역사상 가장 성공적인 난민보호 작전 사례"라는 평가를 받았다.[19]

남수단 한빛부대는 짧은 파병준비기간에도 불구하고 다양한 지원 사업으로 주민들의 마음을 얻는 등 대체로 긍정적인 평가를

---

[18] 한빛부대의 주요활동에 대해서는 다음의 자료를 참고할 수 있다. 대한민국 국방부 (2014), 『2014 국방백서』, p.133.

[19] 중앙일보(2014), "'남수단의 희망' 한빛부대, 재건지원 임무 수행," 4월 18일, https:// news.joins.com/article/14481505(검색일: 2020.4.2).

<참고 9-4> 남수단 종글레이 州 보르시 니알 마작 니알(Nhial Majak Nhial) 시장의 편지(2014년 8월 25일)

"보르시의 모든 주민이 한빛부대를 '신이 내린 축복'이라고 칭송하고 있습니다." 남수단 종글레이 주 보르시의 니알 마작 니알 시장이 한빛부대에 대한 감사의 뜻을 전하는 자필편지를 2014년 8월 25일 박근혜 대통령에게 전달했다.

니알 시장은 이 편지에서 "사회기반시설과 공공서비스의 부재를 겪고 있는 남수단에 한빛부대의 파병은 단비와 같은 희망이 됐다"면서 "보르시내 도로건설을 비롯해 보르시장 대형화재 진화 지원, 백나일강 범람 시 긴급구호지원 등 아낌없는 지원은 대한민국의 한빛부대만이 이뤄낼 수 있는 업적이었고, 이를 통해 우리 모든 시민들이 안정을 되찾았다"고 말했다.

이와 함께 니알 시장은 반군이 보르시를 점령했을 2013년 12월 당시를 상기하며 "모든 인도지원단체들이 대피하는 가운데에도 용감한 한빛부대만이 우리 곁에서 늠름한 모습으로 있어 줬다"며 "위기상황 속에 무고하게 희생된 민간인들을 치료해 주고, 2만 명에 이르는 난민보호소 인원들이 생명을 유지할 수 있도록 헌신적인 노력과 보호를 아끼지 않았다"고 말했다.

특히 그는 백나일강 제방공사 완료에 대해 "매년 범람으로 인해 생활터전이 물에 잠기고, 대피를 위해 이주해야 하는 불편을 해소해 줘 보르시가 안정적으로 발전할 여건을 마련한 것"이라며 "헌신적인 봉사정신을 바탕으로 야간과 휴일을 가리지 않고 일하는 한국인 특유의 근면성과 목표의식은 보르시민들에게 큰 귀감이 됐다"고 덧붙였다.

출처: 국방일보(2014), "남수단 시장 '한빛부대는 신이 내린 축복' 칭송 자자," 9월 2일

받았다.[20] 하지만 2013년 12월 남수단 내부에서 내전이 발발하자 일본 자위대로부터 실탄 1만 발을 빌려 논란이 일었다.[21] 남수단

---

20 연합뉴스(2016), "남수단 평화유지군 한빛부대 "우리가 진짜 태양의후예,"" 4월 12일, https://www.yna.co.kr/view/AKR20160410027100009(검색일: 2020.4.2).

21 세계일보(2013), "남수단 주둔 한빛부대, 일본에서 탄약 1만발 받는다," 12월 23일,

정부군과 반군이 대치하는 상황에서 대규모의 충돌이 발생하고, 한빛부대 근처에 주둔하던 인도군 3명이 반군의 공격을 받아 사망하는 사건이 발생하는 등 치안불안이 불거지자 탄약을 급하게 현지에서 조달하는 해프닝을 연출한 것이다. 여기에 장병들의 안전에 직접적으로 영향을 미치는 방탄복마저 제대로 지급되지 않았다는 사실이 공개되면서 한국의 평화유지활동 파견 실태에 대한 문제가 제기되었다.[22] 이 같은 현상은 파병의 성격이 재건사업을 중심으로 하는 공병부대라는 소극적인 입장에 기인하는 측면이 크다. 즉 상대적으로 안전한 지역을 선호하고 전투병보다는 지원병을 파병하려는 한국 정부의 기본적인 입장이 한빛부대의 구성 및 준비과정에 영향을 미친 것으로 보인다. 한국의 PKO 활동이 재건과 인도적 지원에 치중되어 있다 보니 치안과 안전이 급격히 변화할 수 있는 분쟁지역에서 유사시 적극적으로 대응할 수 없었던 것이다.

한빛부대의 성과와 한계는 PKO 임무수행 과정에서 발생하는 소프트파워와 하드파워 사이의 딜레마를 잘 보여준다. 안보공공외교의 관점에서 볼 때 PKO는 평화의 증진을 넘어 인도적 지원, 재해재난 구호와 같은 기여를 통해 현지 주민들의 마음을 사는 소통의 과정이다. 두진호 2014, 51 강압이나 무력이 아닌 상호신뢰와 설득을 통해 대상국 주민들의 마음을 얻기 위해서는(to win hearts and minds) 군인보다는 민간인, 하드파워보다는 소프트파워의 역

---

  http://www.segye.com/content/html/2013/12/23/20131223003779.html?OutUrl=naver(검색일: 2014.12.4).

22 오마이뉴스(2014), "남수단 파병 한빛부대, 6개월간 방탄복도 부족했다," 1월 8일, http://www.ohmynews.com/NWS_Web/view/at_pg.aspx?CNTN_CD=A0001945655(검색일: 2014.12.4).

할이 중요해진다. 그러나 공공외교적 성과만을 강조해 하드파워 중심의 군사적 대비태세가 약화된다면 임무수행 자체가 어려워질 수도 있다. 한빛부대 사례에서 볼 수 있듯이, 내전이 진행 중인 상황에서 인도적 지원과 소프트파워 중심의 PKO 전략만으로는 분쟁의 예방과 해결이라는 본래의 목적을 달성하기 힘들다. 이 딜레마는 대상국의 분쟁이 격화될수록 심화되며, 특히 소수민족 보호 등 무장 세력과의 충돌을 불러올 수 있는 임무를 수행할 때 발생하게 된다. 따라서 안보공공외교의 효과적인 추진을 위해서는 분쟁상황에서 하드파워와 소프트파워를 조화롭게 사용할 수 있어야 한다. 다음에 소개할 아프간 사례가 이에 대한 부분적인 해결방안을 제시한다.

2. 아프간 지방재건팀(PRT)과 오쉬노부대(2010.07~2014.06)

2001년 9.11테러 직후 미국은 테러와의 전쟁을 선포하고 항구적 자유작전Operation Enduring Freedom이라는 이름 아래 아프간 침공을 감행한다. 전쟁의 단기적 목적은 아프간에서 국제 테러단체인 알 카에다 조직을 파괴하고 오사마 빈 라덴을 체포하며, 알 카에다를 지원하는 탈레반 정부를 축출하는 것이었다. 같은 해 11월 미국 중심의 다국적군은 수도 카불 점령과 함께 탈레반 정부를 붕괴시켰으며, 12월에는 유엔 안보리 결의안 제1386호를 통해 북대서양조약기구NATO 국가들로 구성된 국제안보지원군ISAF이 아프간에 파견된다. 전쟁 초기 국제안보지원군은 수도 카불을 중심으로 작전을 수행했지만, 2006년 10월 이후에는 아프간 전 영토를 5개 권역(동부, 북구, 남부, 서부, 카불)로 나누고 미국, 영국, 네덜란드,

이탈리아, 독일, 프랑스를 중심으로 안전보장과 재건활동을 지원하였다.

대한민국도 국제안보지원군의 일환으로 2002년 2월에 의료지원단 동의부대를, 2003년 3월에는 건설 공병단 다산부대를 수도 카불에서 북쪽으로 50km에 위치한 파르반 주 바그람 공군 기지에 파견하였다. 동의·다산부대는 파병기간 하루 평균 180여 명의 환자를 진료하는 한편 바그람 기지 내 비행장 활주로 포장과 도로 확장, 방호시설 확충 등 총 401건의 공사를 완료하고 2007년 12월 14일 완전 철수했다.[23] 하지만 다산부대 통역병 윤장호 하사가 2007년 2월 27일 폭탄테러로 순직하고 같은 해 7월 한국인 23명이 탈레반 무장 세력에 납치되는 등 안전 확보에 많은 어려움을 겪었다.

2008년 탈레반과 지방군벌 세력의 공세가 격화되자 유엔안보리는 결의안 제1833호와 제1868호를 통해 유엔 회원국들이 인력과 장비 및 기타 자원을 국제안보지원군에 제공할 것을 촉구한다. 이에 따라 2010년 2월 25일 아프간 재파병 동의안이 국회를 통과하고 같은 해 7월 정부는 350명 규모의 오쉬노부대를 KOICA 주도 지방재건팀의 보호를 위해 바그람 공군 기지로 파견한다. 파병기간은 2010년 7월부터 2012년 12월까지 총 30개월이었으며, "대한민국 PRT 주둔지와 PRT 활동을 보호하고, 대한민국 PRT 활동을 보장하기 위해 필요한 정찰을 실시"하는 임무를 부여받았다.[24]

23 중앙일보(2007), "동의·다산부대 아프간 완전 철수," 12월 15일, https://news.joins.com/article/2980757(검색일: 2020.4.2).

24 대한민국 정부(2009), "국군부대의 아프가니스탄 파견 동의안," 의안번호 9693, 12월 11일.

출처: Political Map of Afghanistan, https://www.nationsonline.org/oneworld/map/afghan istan_map.htm(검색일: 2020.4.7)

오쉬노부대, 외교부, 경찰, KOICA 요원 등으로 구성된 한국 PRT는 바그람 공군기지 내 PRT사업을 미군으로부터 인계받아 병원과 직업훈련센터를 운영했다. 2015년 6월까지 운영된 바그람 한국병원은 하루 약 150~200명의 현지인들을 진료했다. 바그람 직업훈련센터는 자동차, 전기, 건축, 용접, 컴퓨터 분야에 걸쳐 약 450명의 졸업생을 배출했으며 이 중 90% 이상이 취업에 성공하였다. 윤영미 2012, 264 2011년 1월부터는 파르반 주 차리카시에 독자적인 PRT기지를 건설하여(〈그림 9-3〉 참조) 경찰훈련센터 및 교육문화센터 운영, 병원 건립, 시범농장·학교·인도교 건설 등 다양한 지방재건 사업들을 성공적으로 수행하였다. 특히 차리카 경찰훈련센터에서 현지 경찰 355명을 교육시키고 시범농장 운영을 통해 아프간 주민들에게 한국의 농업기술을 전파하는 등 아프간의 지속 가능한 자립기반 구축에 기여하였다.[25] 이에 더하여 한국의 PRT를 탈레반의 공격으로부터 보호하는 임무를 부여받은 오쉬노부대는 해외파병 최초로 헬기부대를 파견하여 PRT 요원 호송 및 경호 그리고 기지 외곽 경계 및 감시 임무를 수행했다.조현용 2014, 32 그 결과 파견기간 중 계속된 탈레반 세력의 공격에도 불구하고 단 한명의 사상자도 없이 임무를 완수할 수 있었다.

한국의 PRT는 2012년 12월 차리카 기지를 아프간 정부에 이양하고, 이후 2014년 6월까지 바그람 공군 기지에서 재건사업을 전개했다. 파르완 지방재건사업과 오쉬노부대의 활동은 국내외적으로 성공적이었다고 평가된다. 군을 중심으로 교량건설·안보지원 등 제한적 활동만을 펼치는 여타 국가들과 달리 민·관·군이 하나가 되어 주민 친화적인 다수의 프로젝트를 수행하였다. 카렌 데커 미국 국무부 고위민간대표SCR는 "한국 PRT는 아프가니스탄의 가장 우수한 재건 모델이며 한·미 양국 간 협력이 세계무대에서 어떻게 효과적으로 작동할 수 있는지를 보여주는 분명한 사례"라고 평가했다.[26]

아프간 오쉬노부대의 사례는 안보공공외교 수행 과정에서 주둔지 경계와 민간요원 경호 등 주민과 대원의 안전을 보장하기

---

25 외교통상부 보도자료(2014), "아프간인들에게 미래의 희망을 심고, 글로벌 파트너쉽에 기여한 대한민국 아프간 지방재건팀(PRT)의 공식 임무 종료(6.23)," 6월 24일.

26 세계일보(2014), "한국 PRT, 아프간에 희망을 심다," 10월 7일, https://www.segye.com/newsView/20141007004194(검색일: 2020.4.2).

위한 군사적 지원의 중요성을 보여준다. 오쉬노부대의 파병기간 (2010.7~2014.6) 중 한국의 PRT 기지는 탈레반 세력의 로켓 및 자살폭탄 공격의 위험에 노출되어 있었다. 2011년 한국의 차리카 기지는 모두 10여 차례의 로켓RPG 공격을 받았고 이 중 2발은 기지 안에 떨어지기도 했다.[27] 2012년 9월에는 바그람 공군기지가 탈레반으로부터 포탄공격을 받아 오쉬노부대 소유의 UH-60 헬기가 일부 파손된 사례도 있었다.[28] 같은 기간에 국제안보지원군의 전투 및 비전투 요원들이 사망하는 사례도 크게 증가했다(총 2,273명 사망). 고강도 분쟁상황에서 평화구축 임무를 수행하던 수많은 다국적군과 민간요원들이 탈레반의 공격에 희생된 것이다.

한국 정부는 아프간 오쉬노부대의 실전경험을 바탕으로 향후 분쟁 상황에서 우리 대원들의 안전을 확보하는 데 보다 적극적으로 나서야 한다. 나아가 대한민국의 국력과 높아진 국제적 위상을 고려할 때 (이탈리아나 네덜란드와 같이) 분쟁국가의 한 지역을 책임지고 독자적으로 평화구축(혹은 평화강제) 활동을 수행하는 경우에도 대비해야 할 것이다.

---

27 동아일보(2011), "아프간 한국기지, 자살폭탄 위험에 노출," 12월 6일, http://www.donga.com/news/List/http/article/all/20111206/42391496/1?comm=(검색일: 2020.4.2).
28 중앙일보(2012), "아프간 파견 부대 피격 헬기 손상," 9월 12일, https://news.joins.com/article/9301951(검색일: 2020.4.2).

공공외교

IV. 맺음말: 안보공공외교 발전을 위한 정책 제언

대한민국은 1991년 9월 유엔에 가입한 이래 PKO 활동에 적극적으로 참여해 왔다. 1993년 소말리아에 육군 공병대대인 상록수부대를 파견한 것을 시작으로, 1999년에는 동티모르에 육군 특전사와 해병대로 구성된 최초의 전투부대를 파병했다. 현재는 남수단과 레바논 남부 지역에 약 300명 규모의 부대를 파견해 재건 및 인도적 지원 활동을 펼치고 있으며, 그 외 5개 지역에서 정전감시 및 재건지원 인력이 활동 중이다. 평화유지활동은 글로벌 평화구축을 실현하고 나아가 국제사회에서 대한민국의 위상과 신뢰도를 높이는 데 활용할 수 있는 중요한 수단이다. 최근 한국에서도 PKO를 활용한 안보공공외교에 대한 논의가 이루어지고 있지만 아직 그 목표와 전략에 대한 구체적 내용이 부족한 실정이다. 따라서 이 장에서는 남수단과 아프간 사례의 정책적 함의를 바탕으로 안보공공외교의 발전을 위한 중장기 전략과 과제를 제시한다.

첫째, 평화유지활동 중 내전 및 인도적 위기 상황에 대처하기 위한 위기관리 시스템을 구축해야 한다. 그동안 한국의 평화유지활동 참여는 주로 공병, 의료, 군사 옵서버 등 비전투 병력을 위주로 이루어져 왔다. 그러나 오늘날 국제안보환경에서 내전과 반인도적 범죄가 크게 증가하고 있으며 이에 따라 평화유지활동도 평화강제와 인도적 군사개입을 포함한 보다 적극적·공세적 방식으로 진화되고 있는 추세이다. 따라서 대한민국 평화유지군은 민간인과 비군사적 수단에만 의지하기보다는 언제 닥칠지 모를 위험에 신속히 대처할 수 있는 군사적 능력을 배양해야 한다. 전술하였듯이, 공공외교의 수단으로서 PKO를 효과적으로 수행하려면 군사력 중심의 하드파워와 호감과 매력을 통해 원하는 것을 얻어내는 소프트파워를 균형 있게 사용하는 지혜와 전략이 필요하다. 인도주의적 목적과 소프트파워 중심의 PKO 전략만으로는 대상국 주민들과 민간요원들을 보호할 수 없을 뿐만 아니라 분쟁 예방과 해결이라는 본래의 목적도 달성하기 어렵게 된다.

둘째, 분쟁예방임무를 지속가능개발(환경 및 경제개발) 및 거버넌스 개혁(인권 및 민주주의 증진)과 연계하는 융합형 평화유지활동을 모색해야 한다. 구테흐스 유엔 사무총장은 빈곤, 난민, 테러 등 글로벌 이슈의 기저에 '분쟁'이 있다고 보고, '분쟁예방-인권보호-지속가능개발'의 선순환을 이루기 위한 포괄적 접근holistic approach의 필요성을 강조한다. 이 같은 유엔의 정책과제를 고려, 향후 한국이 추진하게 될 PKO 임무가 지속가능개발과 인권의 증진에 어떻게 기여할 수 있는지를 검토해야 한다. 이를 위해, 직업훈련센터 운영, 병원 건설, 도로보수 등 단편적 사업 위주의 활동에서 벗어나 유엔의 포괄적 접근과 보조를 맞춰 군대뿐 아니라 관련 NGO, 학계, 정부기관 및 현지 주민들과의 중장기 파트너십을 통해 다양한 지원 사업을 유기적으로 운영해야 한다. PKO 활동이 삶의 질과 인권 향상에 실질적으로 기여할 때 현지 주민들의 마음을 얻고 국가 이미지를 제고하는 공공외교의 목적을 달성할 수 있다.

마지막으로, 군 중심의 평화유지활동과 민간 중심의 인도적 지원활동을 동시에 수행함에 있어 보다 현실적이고 전략적인 접근이 필요하다. 평화유지활동과 원조는 결코 별개의 사업이 아니다.

분쟁지역 주민들을 대상으로 한 의료구호, 식량원조 등 다양한 지원활동은 해당 지역의 복지증진뿐 아니라 분쟁완화에 기여할 수 있지만, 때로는 상황을 악화시킬 수도 있다. 예를 들어, 미국 국제개발처USAID는 2006년부터 2011년까지 아프간의 지역재건을 위해 Local Governance and Community Development ProgramLGCDP을 진행했다. 지역경제 발전에 필요한 사회기반시설의 건설을 목적으로 한 LGCDP 사업은 1억 달러 이상을 지원하고도 주민들의 복지증진에 기여하기는커녕 오히려 정부에 대한 반군의 저항을 증가시킨 것으로 평가된다.SIGAR 2012 원조사업이 약탈과 반군의 공격 대상이 되었기 때문이다. 따라서 분쟁국에 대한 원조는 단순한 인도주의 차원을 넘어 분쟁해결 등의 복합적인 목표를 가지고 있어야 한다. 즉 평화유지에 기여하는 원조란 주민들의 '마음을 얻어' 자발적인 협조와 정보제공을 유도하는 한편 반군 및 무장단체에 대한 지지와 지원을 억제하는 것이다. 이런 관점에서 한국 정부는 평화유지활동에 특화된 전략적인 원조방안을 마련해야 하고, 이는 '마음과 지지의 확보'라는 공공외교의 목표에도 부합된다.

1 평화유지활동과 안보공공외교는 왜 국익에 도움이 되는가?

2 평화유지활동을 활용한 경제적 이익의 추구는 비판받아야 하는가?

3 전통적 평화유지, 평화구축, 평화강제의 차이점은 무엇인가?

4 평화유지임무 수행과정에서 소프트파워와 하드파워 간의 딜레마는 왜 발생하는가?

5 안보공공외교의 관점에서 남수단 한빛부대와 아프간 오쉬노부대의 성과와 한계점은 무엇인가?

6 실패한 안보공공외교의 사례를 들어보라. 실패의 원인은 무엇인가?

7 왜 대부분의 평화유지활동은 인도주의적 원조를 제공하는가? 분쟁해결 및 예방에 도움이 되는 원조의 방식은 무엇일까?

추천 문헌

강지연·최현진(2017). "평화유지군 성범죄의 결정요인분석." 『사회과학연구』 43(3), pp.299-322.

유현석(2017). 『국제정세의 이해』. 서울: 한울 아카데미. 제9장.

이신화(2019). "평화외교와 안보공공외교." 김상배 편. 『지구화 시대의 공공외교』. 사회평론아카데미.

Berman, Eli, Joseph H. Felter, and Jacob N. Shapiro(2018). *Small Wars, Big Data: The Informational Revolution in Modern Conflict*. New Jersey: Princeton University Press. Chapter 5.

United Nations(2008). United Nations Peacekeeping Operations: Prin-

공공외교

ciples and Guidelines, https://www.un.org/ruleoflaw/files/Cap
stone_Doctrine_ENG.pdf(검색일: 2020.2.29).

고성윤(2011). 『대한민국, 세계국가로 나아가는 길 평화유지활동의 전략적 활용을 통한 접근』. 한국국방연구원.

국방기술품질원(2019). 『2019 세계 방산시장 연감』. 국방기술품질원.

대한민국국방부(2014). 『2014 국방백서』. 대한민국국방부.

두진호(2014). "러시아 군사공공외교의 특징과 함의." 『국방정책연구』 30(2), pp.45-77.

유현석(2013). 『국제정세의 이해』. 서울: 한울 아카데미.

윤영미(2012). "공공외교의 신패러다임에 대한 고찰: 아프가니스탄의 지방재건팀(PRT)과 오쉬노(Ashena) 부대와의 연계활동을 중심으로." 『세계지역연구논총』 30(3), pp.253-278.

이신화(2019). "평화외교와 안보공공외교." 김상배 편. 『지구화 시대의 공공외교』. 사회평론아카데미.

조정현(2011). "리비아 사태와 보호책임, 그리고 한반도." 통일연구원 온라인 시리즈, https://kinu.or.kr/upload/neoboard/DATA02/co11-28.pdf(검색일: 2014.12.1).

조현용(2014). "아프가니스탄 오쉬노 부대 파병 소감문: 평화와 희망의 상징, 자랑스러운 오쉬노 부대, 국제안보지원군 일원으로 아프가니스탄의 항구적 자유작전을 마치며 …." 『PKO저널』 8(0), pp.32-33.

Berman, Eli, Joseph H. Felter, and Jacob N. Shapiro(2018). *Small Wars, Big Data: The Informational Revolution in Modern Conflict*. New Jersey: Princeton University Press.

Nye, Joseph S.(2009). "Get Smart: Combining Hard and Soft Power." *Foreign Affairs*, Vol.88, Issue 4, pp.160-163.

Pease, Kelly-Kate S.(2012). *International Organizations* (5th edition). New York: Pearson.

Pettersson, Therese, and Kristine Eck(2018). "Organized violence, 1989-2017." *Journal of Peace Research*, Vol.55, Issue 4, pp.535-547.

SIGAR(Special Inspector General for Afghanistan Reconstruction) (2012). "USAID Spent Almost $400 Million on an Afghan Stabili- zation Project Despite Uncertain Results, but Has Taken Steps to Better Assess Similar Efforts." SIGAR Audit Report-12-8.

Taylor, Paul(1998). "The United Nations and International Organi- zations." John Bayliss and Steve Smith, eds. *The Globalization of World Politics: An Introduction to International Relations*. Oxford, UK: Oxford University Press.

United Nations(2008). United Nations Peacekeeping Operations: Principles and Guidelines, https://www.un.org/ruleoflaw/files/ Capstone_Doctrine_ENG.pdf(검색일: 2020.2.29).

제10장

힘차게 도약하는 스포츠 공공외교

조현주 • 한국스포츠정책과학원

[핵심어]

스포츠 공공외교   스포츠 국제관계   스포츠 정책

스포츠 외교   한국 스포츠

I. 스포츠 공공외교, 첫 걸음

1. 스포츠 공공외교의 뜻

일반적으로 '외교'란 국가 간의 소통과 협상을 통한 자국의 이익추구 행위를 의미한다.김치욱 2009 최근 자주 등장하는 '공공외교'는 이러한 외교의 소통과 설득의 대상을 타국의 국민, 대중으로 확대하여 자국에 대한 신뢰와 호감을 제고하는 행위를 통칭한다.송수전 2019 공공외교의 개념적 정의는 행위의 주체, 즉 누가 공공외교를 펼치느냐의 여부와 함께, 어떤 형식이었는지, 또 '의도가 명확한 행위'였는지 아니면 '의도치 않은 결과'였는지 등과 같은 다양한 구분법에 의해 규정될 수 있다.

기존의 '외교'가 국가 차원의 문제들을 주로 다루기 때문에, 개인의 삶에서 접하는 주제들과는 다소 동떨어진 것으로 생각하는

것이 보편적이다. 그런 의미에서 보면, 공공외교는 일반대중의 마음을 사는 일이니 만큼, 그 주제나 논의의 범주에 있어 개인에게 조금 더 가까운 것일 수 있을 것이라고 가늠해볼 수 있다. 또 국가 간의 '외교'가 직업외교관의 영역이라면 공공외교도 과연 그럴까? 공공외교 역시 직업외교관에 의해, 국가적 차원의 절차를 통하여 추진되는 것일까? 답부터 얘기하자면, 꼭 그렇지만은 않다. 최근의 '공공외교'의 큰 특징 중에 하나는 행위의 주체가 국가라는 거시적 수준에서 개인이라는 미시적 수준으로 확대될 수 있다는 것이다. 또, 일반 국민 개개인이 이러한 공공외교의 주체이자 대상이기도 하기 때문에, 공공외교에 대한 기본적 이해는 현대 일반인 모두에게 필요한 내용이라고 할 수 있다.

그렇다면 한발 더 나아가, 스포츠 공공외교는 무엇인가? '스포츠로 하는 공공외교'라고 쉽게 답할 수 있다. 여기서 얘기하는 '스포츠로 한다'의 의미는 무엇일까? 단어 하나하나를 살펴보면, 먼저 '스포츠'를 정의할 필요가 있다. 미국에서는 주로 'Sports'라고 표기하고 유럽권에서는 'Sport'로 쓰이며, 또 이들을 해석하는 시각도 차이가 있다. -s를 붙여서 개별 종목의 복수형이라는 의미와 또 Sport라고 해서 단순한 종목의 복수형 이상을 의미한다는 것일까? 우리가 생각하는 스포츠는 좁은 의미로는 축구, 야구, 배구와 같은 개별 종목을 주로 일컫는 단어지만, 때로는 정원 가꾸기나 캠핑과 같은 레저 활동은 물론 숨바꼭질과 같은 게임과 맨손체조와 같은 신체활동을 포괄적으로 아우르기도 한다.

정리하자면, 스포츠 공공외교는 이렇게 다양한 신체활동과 공공외교적 목적이 접목된 모든 것을 의미할 수 있다. 이뿐만이 아니다. 스포츠 활동이 이뤄지는 지역(도시, 국가 등)에 따라, 혹은 경기나 대회의 종류(올림픽, 월드컵, 세계선수권대회 등)에 따라 공공외교적 활용 방법은 더욱 다양해진다. 이러한 스포츠 공공외교의 실행에 있어 '누가' 행위를 하는 주체인지도 스포츠 공공외교를 다채롭게 만드는 요인 중에 하나이다. 선수인지, 감독인지 심판인지 아니면 이들의 경기 참여를 지원하는 행정가인지, 스포츠기관의 의사결정자인지에 따라 현실 속의 '스포츠 공공외교'가 학문이나 개념으로는 복잡다단하게 정의될 수 있다. 즉, '스포츠 공공외교'는 언뜻 보기에는 단순하고 이해하기도 쉽지만, 개념적으로 면밀히 고찰해보면 다학제적multidisciplinary 이해에 기초하여야 한다는 것이다. 특히 스포츠 영역은 학문적으로 자연과학(스포츠역학, 스포츠생리학, 스포츠심리학 등)과 사회과학(스포츠사회학, 스포츠철학 등)이 공존하고 있다는 점에서 '공공외교'의 실천을 고려할 때, 과학기술 공공외교나 문화예술 공공외교의 양면성 모두 포함한다. 따라서 '스포츠 공공외교'는 '스포츠'로 통용되는 다양한 활동을 공공외교라는 목적성을 띤 행위로 귀결시키면서 발생할 수 있는 정의적 모호성과 자칫 스포츠를 활용하면서 스포츠 고유의 가치(페어플레이, 건강, 공동체 의식 등)를 해치는 것을 방지하기 위해 주도면밀한 설계와 주의를 기울인 활용이 필요한 영역이다.

유사한 고민은 이미 스포츠에 외교를 대입한 경우에 발생한 바 있다. 스포츠를 통한 외교인가Diplomacy Through Sport아니면 스포츠의 외교Diplomacy Of Sport인가?Murray & Pigman 2014 스포츠계 자체에서도 외교적인 이슈들이 있기 때문에, 자칫 한쪽만을 강조하면 다른 한쪽을 도구적으로(하급 개념으로) 취급해 버릴 수 있는 논쟁이 된다. 그러나 공공외교의 경우, 이러한 논쟁은 불필요하다. 스포츠를 통한 공공외교Public Diplomacy Through Sport로 이해하는 것이 공공외교적 목적성을 바탕으로 한 정의로 합의하고 시작하기 때문이다.

2. 스포츠 공공외교 정책의 이해

스포츠 공공외교에 관심을 갖는 제1의 주체는 국가 또는 정부(보통은 외교부)라고 할 수 있다. 실제 미국의 9.11테러를 기점으로 미국의 외교가가 전통적인 하드파워 중심의 외교에서 소프트파워 중심의 외교로 그 방향을 선회하면서 공공외교가 새롭게 주목받고 있다. 여기에는 하드파워와 소프트파워의 적절한 조화를 통한 스마트파워의 활용을 내세운 유명한 국제정치학자 조지프 나이의 주장이 한 몫을 했다.Nye 2008 어찌 보면, 이러한 정책적 방향 결정은 매우 당연하다. 새뮤얼 헌팅턴이 『문명의 충돌』에서 얘기한 것처럼 크리스찬 청교도 중심 문화의 미국이 대 아랍 외교정책에 있어 강경 제재정책 등을 취해오면서, 국가 차원의 외교협상을 넘어서 대중 간의 평화와 이해관계가 구축되지 않는다면, 9.11테러와 같은 폭력적 충돌양상은 반복될 수밖에 없다.Huntington 1993 이러한 상황의 인지와 반성을 토대로, 타문화 이해Cross-cultural understanding의 필요성과 공공외교에 대한 중요성이 대두된 것이고, 효과적이고 실용적인 방법론의 모색이 시작된 것이다.

그렇다면 왜 스포츠 공공외교일까? 우리가 알게 모르게, 스포츠는 UN 산하기관의 국제개발사업에 다양한 형태로 스며들고 있었다. 국제올림픽위원회IOC의 전 세계적인 올림픽운동의 거버넌스[1]를 활용한 영향력의 확대는 UN이 MDGs에 이어 SDGs를 달성하는 파트너로서 스포츠단체의 협력을 강화하는 주요한 이유가 되었다. UN은 UNOSDP를 활용해 스포츠를 통한 개발과 평화의 기치하에 스포츠와 UN SDGs의 협력을 본격화하였고, 이제 UNOSDP 없이도, 스포츠의 각 단체가 글로벌 SDGs의 역할을 자각하는 수준이 되었다. IOC는 SDGs 중에서도 스포츠가 특히 영향을 줄 수 있는 목표[2]들을 명시하여 국내외 스포츠 단체들이 국제개발에 함께 협력할 것을 독려한 바 있고, 세계보건기구WHO는 적정한 신체활동을 통한 SDGs의 달성[3]에 대해 전략적인 목표를 제시한 바 있다.

스포츠 이전에 문화, 예술, 학문과 같은 영역 역시 소프트파워로 활용해 왔다. 스포츠는 공공외교의 자산으로 활용되기 이전에 이미 경색된 외교관계에 있어 대화의 물꼬를 트는 실마리의 역할을 자처해왔다. 냉전시대의 핑퐁외교로 대표되는 이러한 사례는 남북한 관계에 있어서도 어김없이 적용되었다. 물론 스포츠 공공외교에 얼마나 많은 조합의 경우가 가능할지, 얼마나 많은 소통과 설득의 기제를 발휘할 수 있을지는 여전히 쉽게 가늠되지 않는다. 바로 그 부분에서 스포츠 공공외교의 참 매력이 있다. 스포츠 공공외교의 개념적 정의는 얼추, 가능할지 몰라도 아직 그 많은 각양각색의 구슬들이 다 꿰어져 있지 않은 지금, 스포츠 공공외교

---

1 올림픽 운동의 거버넌스(Governance of Olympic Movement), 세계종목단체-국가종목단체-지역종목단체로 이어지는 국제스포츠단체의 구조로 국제 수준에서 지역단위를 통해 개인으로 연결됨.
2 IOC가 주목한 스포츠를 통한 SDGs: 〈표 5-2〉 참고.
3 WHO가 주목한 스포츠를 통한 SDGs: 모든 세대의 건강한 삶과 웰빙 증진(이수형 2016).

의 잠재력은 꿈틀대고 있다. 그런 의미에서 스포츠 공공외교의 다양한 독자들에게 많은 관심을 부탁하고 싶다. 스포츠 공공외교는 아직도 새로운 영역이니 말이다.

II. 스포츠 공공외교, 두 번째 걸음

1. 세계 속의 스포츠

스포츠 활동은 서로 다른 문화권에 있는 사람들을 하나로 모으고 더 나은 세상을 향해 함께 나가는 공동체 정신의 기제로 작용할 수 있다. 지금의 전 지구화 시대의 여러 사례에서 스포츠 활동이 개인 간의 우정에서 국가 간 우호증진에 이르기까지 다양한 종류의 상호작용을 만들어 내는 훌륭한 매개체가 되고 있음을 알 수 있다. 한 국가의 우수한 스포츠 역량은 국제 대회에서 최고의 성적만을 얻고자 함이 아닌 스포츠를 통해 다양한 관계 형성과 교류의 장을 만드는 리더십을 포함하게 되었다. 바야흐로 스포츠가 외교의 영역에서도 주목을 받기 시작하였고 국제정치 및 외교에 활용성이 높은 도구로 자리매김하였다.

스포츠가 정치 및 외교의 수단이 된다는 말이 낯설 수 있지만 그 대표적인 사례가 냉전시대의 미국과 중국의 '핑퐁외교'[4]이다. 냉전 시기에 적대관계를 유지해오던 동서 양 진영의 대표주자, 미

---

[4] 핑퐁외교란 1971년 4월 6일에 열린 제31회 나고야 세계탁구선수권대회에 출전한 탁구선수를 비롯한 미국 선수단이 중국을 순방하며 교류의 징검다리를 놓은 사건을 의미함(출처: 대학원 신문 349호(2019)).

국과 중국이 1970년대에 이르러 탁구 경기를 통하여 양국 간의 대화의 물꼬를 트고, 관계를 정상화시키는 계기가 되어 스포츠를 통한 외교의 대표 사례로 회자된다. 이렇듯 외교의 장으로서의 역할을 할 수 있는 스포츠는 종목도 다양하고, 국제종목단체[5]를 중심으로 매해 정기적인 국제대회가 개최되고 있기 때문에, 양자와 다자 간의 대화를 위한 비공식(?)적인 만남의 기회로 효용가치가 있다. 여기에는 아마도 각본 없는 드라마라고 하는 스포츠만이 줄 수 있는 '재미와 감동'이 있기 때문일 것이다. 4년에 한 번씩 열리는 올림픽 대회의 경우, 스포츠경기를 통해 민족주의Nationalism적인 기제로 사회통합의 효과가 있어 각국의 정부에서는 막대한 세금을 지원하여 엘리트 선수층을 육성하고 올림픽 대회의 참가를 지원하고 있다. FIFA 월드컵과 같이 축구라는 단일 종목의 재미로 전 세계인이 함께 밤을 지새우고, 승패에 따라 나라가 들썩이는 걸 보면 그러한 에너지의 공공외교적 활용에 대한 기대는 커진다.

그렇다면 우리나라도 스포츠를 공공외교적으로 활용할 준비가 되어 있나? 우리나라는 1980년대 냉전시대부터 많은 국가들과 스포츠 관련 교류 협정을 체결해 왔다. 1990년대 탈냉전의 시대에 접어들면서 동구권과 제3세계 국가들과의 교류협정체결 역시 활발해졌다. UN을 중심으로 '하드파워' 중심의 외교가 주류를 이루던 시기에도 국제질서의 흐름에 진입하기 위해 '소프트파워'를 활용한 국제외교의 한 축은 '국제스포츠교류협력'이라는 이름 하에 지속적으로 추진되어 왔다. 1980년 이래 우리나라와 국가 정부 간,

---

5 국제종목단체(Internatinal Federations, IFs).

그리고 국가올림픽위원회 간 스포츠교류협정을 체결한 국가는 각각 35개국, 57개 NOC에 이르며, 탈냉전기에 접어들며 동구권과의 스포츠 교류협력이 활발해짐을 볼 수 있다.

스포츠를 국가 간의 외교 수단으로 사용할 때의 이점은 무엇일까? 스포츠는 다양한 사람 및 국가들을 하나로 엮을 수 있는 동기가 되고(경기나 훈련 등) 자연스럽게 상호 친밀감을 형성할 수 있다는 장점이 있다. 이로 인해 기존의 자국의 이익을 얻기 위한 '회담'이나 '협상'에만 의존하던 외교방식보다 상호이해를 높여 효과적인 외교방법이 될 수 있기에 스포츠 교류협력 관계 속에서 인적·물적 교류와 정책적 협력의 범위를 확대할 수 있다. 더불어 양국 간의 공식적 외교관계가 성립되어 있지 않은 경우나, 서로를 독립국가로 인정하지 않는 경우도, 올림픽 대회 등에 참여하면서 'UN 회원국가6로서의 인정'은 아니지만, 공동체로서 국제적 대표성을 인정받고 있음을 표명하기도 한다.

우리나라와 북한, 동독과 서독, 중국과 타이완, 홍콩 등이 올림픽을 통해 이러한 국가 간의 대결양상을 벌인 바 있고, 냉전시대의 이런 대결은 올림픽과 같은 국제스포츠이벤트를 이해하는 역사적 배경의 하나이기도 했다. 국제스포츠대회를 유치하면 다른 나라들이 참여하고, 이는 자연스럽게 해당 정부를 국가로서 인정한다는 의미를 지닐 수도 있는 특징을 가지고 있기에 국제대회에서 정치수장의 등장과 활동은 효과적인 것이 사실이다.박호성 2002 구소련의 해체 이후 러시아를 위시한 독립국들의 국제스포츠대회 참

---

6 UN회원국과 IOC회원국에는 차이가 있음.

여를 보면 이러한 양상을 알 수 있다. 따라서 스포츠를 통한 국가 간 우호증진과 국내적 통합, 더 나아가 국제스포츠 발전에의 기여를 위해 스포츠 교류협력은 많은 국가의 정책적 과제이기도 하다.

국제스포츠계의 다양한 기구들도 해당 종목, 내지는 고유 기능의 국제기구로서의 역할을 수행하고 있다. 올림픽을 관장하는 국제올림픽위원회IOC, 스포츠계의 법적 분쟁의 전문성을 가지고 있는 스포츠중재재판소CAS, 도핑 문제의 전문인 세계반도핑기구WADA 등을 예로 들 수 있다. 특히, 외교적으로 서로의 관계와 역할, 특정 어젠다에 대한 협상에서의 우위를 점하고자 하는 경쟁을 통해 스포츠가 상당한 수준의 외교 전략에 영향을 미치는 것을 알 수 있다.

우리나라도 이러한 이유로 스포츠를 통해 공공외교 전략을 세우고 있다. 한국은 개도국의 시각에서 볼 때 경제성장과 발전에 성공하였기 때문에 이러한 경험을 개도국에게 공유할 수 있는 친숙한 나라의 이미지이다. 강대국들과의 외교 사이에서 상당한 수준의 전략적 위상을 점하고 있고, 동아시아 국가들의 시각에서 볼 때도 아시아의 문화코드를 공유하는 나라로 미국이나 중국보다 훨씬 동태적이고 성공적인 이미지라고 볼 수 있다.김상배 2016 이는 바로 스포츠 영역에서도 활용될 수 있는 자산이다. 따라서 한국은 이를 통해 개발과정에서 다수의 메가 스포츠 이벤트를 성공적으로 개최한 사례가 있으며, 이는 스포츠 이벤트 개최를 통해 국가경제 발전에 이바지하고자 하는 개발도상국에게 좋은 선례가 되고 있다. 대표적으로는 1986 서울아시안게임을 시작으로 1988 서울하계올림픽, 2002 한일월드컵, 2018 평창동계올림픽 등을 들 수 있다.

2. 스포츠, 국가브랜드 그리고 올림픽

1981년 독일의 바덴바덴에서는 1988년 하계올림픽 장소로 대한민국의 서울을 선정했다. 이후 세 차례의 도전 끝에 2018년 평창이 동계올림픽 유치에 성공하면서, 우리나라는 명실 공히 동·하계올림픽을 치러낸 나라 중 하나가 되었다. 1980년대 우리나라가 개발도상국으로 '한강의 기적'이라 불리는 발전을 거듭하고 있을 때, 서울올림픽은 우리나라가 6.25전쟁을 극복하고 일어났다는 것을 알리는 좋은 기회가 되었다. 이후 우리는 태권도를 통해 전 세계에 대한민국의 이미지를 알리는 공공외교 차원의 사업을 펼쳤다.

외교부에서 세계 각국 주재국의 공관에서 시행하고 있는 '대사배 태권도 대회'를 개최하여 우리나라를 해당 국가에 알리는 스포츠 공공외교 대사의 역할을 톡톡히 해왔다. 우리나라는 태권도 진흥법을 제정하여 태권도를 국기로 계승 발전하기 위해 지원해 왔다. 이러한 지원을 통해 태권도를 활용하여 국가 이미지를 제고하고 향후 올림픽 종목 유지를 위한 기반을 마련하고자 한다. 세계 속에서 태권도가 더욱 인기 있고 활성화되어야 태권도와 함께 대한민국이 세계 속에 알려지는 것에 도움이 된다는 논리로 2018년도에는 90개 재외공관에서 대사배 태권도 대회 행사를 추진한 바 있다. 또한, 문화체육관광부에서는 전 세계 태권도 저변 확대를 위해 태권도 사범을 해외로 파견하고 시범단을 통해 해외공연을 진행하였다.

스포츠를 활용한 국가브랜드의 확산은 올림픽 레거시를 통해서도 구현될 수 있다. 올림픽 레거시란 "올림픽 대회로 인해 창출되는 유·무형의 구조와 그 효과가 국가의 정치·경제·문화·환경·

스포츠 등 사회 전반에 걸쳐 지속적으로 대물림되는 현상"을 말한다.조욱연 2018 국제대회의 유치 및 개최 이외에도 개최 이후에 레거시가 국제사회의 지속가능발전목표SDGs와의 연계를 도모하는 차원에서 공공외교적 활용 가능성이 높아 국가 브랜드로 사용되는 경우가 많다. 대한민국의 경우, 2018 평창동계올림픽 개최를 전후하여 강원대학교와 한국체육대학교에 올림픽 연구센터가 개소되었고 이후 다양한 국제학술대회 연구 프로젝트를 수행하고 있다. 이러한 IOC 승인 올림픽 연구센터의 개소는 국제스포츠 및 올림픽 운동에서 대한민국의 위상을 강화시켰다는 측면에서 의의가 있다. 즉 국제올림픽운동에 있어 우리나라가 주요국으로 인지되고 있다는 것이기도 하다.

스포츠 공공외교적 동계올림픽의 레거시 활용사례는 평창의 드림프로그램을 사례로 들 수 있다. 드림프로그램은 눈을 보기 힘든, 그래서 동계스포츠를 경험하기 힘든 국가의 청소년들을 초청하여 동계스포츠 체험의 기회를 제공하고, 더 나아가 전문 선수로까지의 양성을 목적으로 진행된다. 평창 드림프로그램은 2018 평창동계올림픽 레거시로서 올림픽 정신을 재현하고 동계스포츠의 저변 확산을 위해 2004년부터 시작되었다. 특히 평창올림픽에서 성화봉송에 참여한 남아프리카공화국의 피겨스케이팅 지도자 타마라 제이콥스는 2005년에 드림프로그램에 참여하여 선수로서 성장해 2010년 벤쿠버올림픽에 출전하기도 하였다.

이와 같이 드림프로그램과 같은 올림픽 레거시 사업은 다양한 국가와의 우호관계를 형성하고 한국의 노하우를 전수해주며 세계평화에 기여하는 등 스포츠 공공외교의 첨병으로서의 역할을 하고 있는 것으로 평가받는다.

III. 스포츠 공공외교, 세 번째 걸음

1. 우리나라의 스포츠 공공외교

오늘날에는 스포츠를 이용한 공공외교 사례를 많이 찾아볼 수 있다. 최근 한국 국적의 스포츠 스타들이 전 세계적으로 주목을 받고 있는 종목들이 특히 그러하다. 스포츠의 특성이 기존의 결과지향적인 성적 지상주의에서 과정을 중시하는 스토리가 중요시되면서 스포츠 스타 개인이 가지는 영향력이 예전보다 훨씬 커졌다. 이에 따라 스포츠 친선대사와 스포츠 친구 프로그램과 같은 스타들의 활용방식이 두드러지고 있다. 축구의 박항서, 손흥민, 박지성 등과 야구의 추신수, 류현진, 박찬호 등, 골프의 박세리와 박인비, 피겨 스케이팅의 김연아 등 한국의 스포츠 스타는 알게 모르게 한국 스포츠 공공외교 대사의 역할을 하고 있다. 다양한 종목에서 글로벌 스타를 보유하고 있는 한국은 이들을 통해 세계인들의 주목을 끈다. 베트남의 경우, 박항서 감독에 대한 무한 신뢰와 그의 지도방식에 매우 큰 호감도를 가지고 있으므로 긍정적인 한국의 이미지를 투사하고 있고, 진출 기업들의 마케팅은 덩달아 수월해질 것이다.

한국에서 열리는 공공외교 사업 중에 외국의 스포츠인들이 참여하는 사업으로 '해외우수 지도자 초청 강습회 지원'과 '개발도상국 스포츠 행정가' 교육이 있다. '해외 우수지도자 초청 강습회'의 경우 종목별 해외의 선진 기법을 도입하는 것을 목표로 우수 지도자 양성과 함께 지도자 간 국제교류를 지원하는 사업으로 추진되고 있다. 이 경우 동·하계 올림픽 경기대회의 종목별 경기 단체를 대상으로 초청 지도자에게 훈련법의 강의와 실기를 교육받고, 우수성과에 대한 사례를 전수받는 것을 목표로 하고 있다.

이외에도 대표적인 국내 사례로 개발도상국 스포츠발전지원 사업ODA이 있다. 이는 UN의 지속가능발전목표를 이행하기 위한 스포츠 공적개발원조의 일환으로 우리나라 국제스포츠 네트워크 구축 및 스포츠 선진국으로서의 국제적 위상제고를 위해 추진되었다. 개도국 스포츠발전지원 사업ODA은 스포츠 선진국의 국가브랜드 이미지를 제고하고 개도국과의 우호적 관계 형성을 통하여 국제스포츠 네트워크 구축과 스포츠 외교력 강화를 기대할 수 있다.[7] 교육대상으로는 개발도상국의 스포츠 행정 분야 및 국제대회 참가 경험이 있는 선수 경력자 중 적격한 후보들을 선발하여 우리나라의 스포츠 경영 및 스포츠 석사학위에 대한 교과과정을 제공한다. 이에 더불어 한국문화체험, 스포츠현장 방문, 명사 특강 등 비교과 과정과 졸업생 연계 심화교육과정 및 네트워킹 강화와 같은 사후관리 프로그램을 제공함으로써 스포츠 선진국으로서의 면모를 보여주는 데에 큰 보탬이 되고 있다. 이러한 과정은 교육생들이 자국에서 스포츠 발전과 교류협력을 주도할 수 있도록 네트워크를 구축하고 스포츠 선진화의 노하우를 전수하는 것을 목표로 한다.

마지막으로 스포츠를 공공외교에 연계하여 사용하는 대표적인 콘텐츠가 바로 이전 절에서 언급하였던 '대사배 태권도 대회'이다. 전 세계에 태권도에 대한 위상을 강화시키기 위해 외교부에서 실질적으로 공공외교적 차원에서 진행하고 있다. 이외에도 태권도 시범단 및 태권도 사범 파견, 태권도 용품 지원 등을 추진하며 대한민국의 태권도를 공공외교의 수단으로 이용하기 위해 노력하고 있다. 이러한 태권도 공공외교 사업을 통해 아제르바이잔 같은 경우에는 10여 년간 한국 코치를 영입함으로써 태권도에서 대성과를 얻기도 하였다.[Park 2019] 아제르바이잔은 주로 고지와 산맥에 있는 나라로서 스키, 등산과 암벽등반이 인기 스포츠로 꼽힌다. 이러한 국가의 특징에 기반하여 대한민국의 김자인 선수와 같은

---

7 국제스포츠정보센터, https://gsic.sports.or.kr/com/cop/biz/biz_info5.do(검색일: 2019.9.20).

클라이밍 여제를 공공외교 클라이밍 전문가로 파견한다면 어떨까? 한국 클라이밍의 높은 실력을 보여주면서 뜨거운 인기를 얻게 되지 않을까? 이와 같은 스포츠 공공외교의 사례는 아마도 개별 종목별로 다양하게 발굴할 수 있을 것이다.

2. 글로벌 스포츠 공공외교

스포츠 공공외교는 오늘날 전 세계적으로 여러 국가들에서도 수행되고 있다. 스포츠 공공외교를 성공적으로 수행해왔다는 것을 어떻게 해석할 수 있을까? 즉, 이는 스포츠를 국가 전략과 외교정책에 잘 활용하여 국가의 이미지를 긍정적으로 조성하고 결국 국가의 영향력을 확대해왔다는 의미로 볼 수 있다. 그렇다면 이러한 모범적인 사례를 볼 수 있는 몇 가지의 해외 사례들을 소개해 보도록 하겠다.

미국에는 '스포츠 대사 프로그램Sports Envoy Program'을 통해 스포츠 공공외교를 펼치고 있다. 미국에서는 '스포츠 외교'를 미국과 타국 간의 관계를 개선하기 위한 공공외교의 중요한 도구로 보고 이를 활용한 국제교류를 활발히 추진하고 있다. 이는 미국의 스포츠 선수나 코치를 해외로 파견하여 미국 대사관 또는 영사관이 개발한 프로그램에 참여시키는 프로그램이다. 대표적인 예로 2006년 최초로 선정된 피겨스케이트 선수 미셸 콴과 미국의 전설적인 야구선수 칼 립켄 주니어는 중국의 여러 도시를 방문하여 청소년들을 위한 프로그램과 스포츠 클리닉 등을 운영하였던 것이 있다. 이를 통해 실제로 미국과 중국의 외교관계 개선에 있어 큰 역할을 한 것으로 평가받기도 했다.

다음은 스포츠로 결속되고 있는 영국 연방Commonwealth의 사례를 들어보자. 영연방은 영국과 함께 캐나다, 오스트레일리아, 뉴질랜드 등 옛날 영국의 식민지였던 52개의 국가로 구성된 국가 연합이다.[8] 영연방 국가들의 스포츠는 지역적으로 분산된 각 나라들이 영국문화권이라는 공통점으로 결속할 수 있는 기제가 된다. 크리켓과 라크로스, 럭비 등이 영연방권의 인기 스포츠라 할 수 있다. 이러한 문화적 바탕에서 영연방 대회Commonwealth Games는 참여국으로 하여금 스포츠를 통해 공동체 의식을 고취하고 정체성을 확인하도록 하는 계기를 마련해준다. 스포츠는 영국이 공공외교 전략을 수행하는 데 있어서 탁월한 정책 도구이자 매개체 역할을 하고 있는 것 중 하나이다. 영연방 대회는 올림픽 다음으로 최대 다양한 스포츠 종목을 다루는 경기로서 1930년에 처음 시작되었다. 올림픽처럼 4년마다 개최되고 있고 참여국 간 집단 정체성을 확보하도록 도와주며 협력 증진의 구심점이 되는 것이다. 최근 호주에서 개최된 2018 골드 코스트 영연방 대회에는 53개 회원국과 추가 18개국이 참여하였다.

세 번째로 소개할 나라는 복지 강대국이라고 알려진 스위스이다. 스위스는 국내 및 해외의 스포츠 발전과 교육을 위해 사회적, 인도적 지원을 아끼지 않으며 공공외교 사업을 운영해오고 있다. 특히, 사회적 포용성, 양성평등, 청소년의 교육과 건강 등을 공공외교 사업에서 다루며 여가와 평화를 지향하는 국가로서의

---

8 영연방, https://thecommonwealth.org/harnessing-sport-development-and-peace(검색일: 2020.3.12).

이미지를 표방하고 있다. 스위스는 스위스 개발 아카데미를 중심으로 저개발국에 대한 지원과 스포츠 개발 프로젝트를 진행한다. 여기에는 IOC를 비롯한 스포츠 종목단체들의 근거지가 스위스 로잔과 베른에 위치하고 있다는 점이 크게 작용한다. 이 아카데미는 온라인 플랫폼으로서 'Sportanddev.org'를 제공하는데 이를 통해 스포츠와 개발에 대한 지식을 공유하고 관련 업무 실행을 위한 최신동향, 실무 자료를 제공해준다. 아카데미 사이트는 협업을 도모하고, 프로젝트를 지원하는 자료와 정보를 제공하는 다양한 섹션으로 구성되어 있어 스포츠 개발 프로젝트에 참여하는 민간들의 소통을 수월하게 돕는다. 따라서 스포츠의 역할을 보다 효과적

〈참고 10-2〉 스위스 개발 아카데미

스위스 개발 아카데미는 세계 청소년의 건강, 교육, 취업 증진에 비전을 둔 민간단체이다. 포용성과 같은 가치관을 바탕으로 스포츠와 놀이를 통해 열악한 환경에 처해 있는 청소년의 삶을 지속적으로 성장시키는 것을 목표로 한다. 아카데미의 관심 지역은 저개발 국가에만 한정되지 않으며 성장환경이 열악한 청소년의 건강할 권리, 교육받을 권리, 일할 권리를 증진하는 데 관심을 두고 있다. 스위스 개발 아카데미는 1991년 설립된 이래 스위스를 포함한 19개국에서 '스포츠를 통한 개발과 평화'를 모토로 청소년의 성장기회를 확대시키기 위해 노력해왔다. 이러한 스위스 개발 아카데미가 취하고 있는 전략적 목표는 3가지로 요약할 수 있다. 첫 번째로 어린이와 청소년의 신체적, 정신적 건강과 삶의 웰빙 추구이다. 두 번째로는 포괄적이고 평등한 교육의 실현이며 마지막 세 번째로는 생산적인 고용과 적절한 일자리 기회의 창출이다. 스위스 개발 아카데미에서는 진행된 프로젝트의 성과로 청소년, 어린이, 여성 8,500여 명에게 여러 가지 기회와 혜택을 제공하였다.

출처: 권소영, 『한국 스포츠 공공외교 거버넌스 체계화 연구』(외교부, 2019), p.102

이고 신뢰할 수 있는 수단으로 만들어 공공외교활동의 활성화를 가능하게 하는 것이다.

네 번째로 소개할 국가는 스포츠 브랜드의 지식관리를 위해 힘쓰고 있는 호주이다. 호주의 스포츠 관련 대표자들은 '브랜드 호주Brand Australia'에 기여하여 호주를 자랑스럽고 창의적이며 외향적인 국가의 이미지로 홍보한다. 이를 위해 스포츠를 무역, 산업, 관광과 연계하여 국가를 홍보하고 경제적 이익을 추구하는 목표를 지향하고 있다. 특히 호주 선수, 선수단, 코치, 행정가, 과학자와 기업가가 관계를 함께 형성하여 스포츠 외교 전략 수립과 프로그램 기획, 실행까지를 추진하는 시스템이 체계적으로 잘 갖추어져 있는 것도 호주의 특징이다. 대표적인 스포츠 공공외교 사례로는 호주 태평양 스포츠 연계 프로그램Australia Pacific Sport Linkages Program을 꼽을 수 있다. 2019년부터 주변국과 연결고리를 형성하기 위한 전략의 일환으로 추진되었으며, 이를 통해 다양한 신입 선수들이 호주 스포츠대회에서 경쟁할 수 있도록 기회를 제공하고 태평양의 전문스포츠 문화가 정착하도록 지원하는 것이다. 또한 태평양 국가의 선수들이 대회 참여와 훈련을 함으로써 호주와 국제무대에서 더 많은 경기대회에 참여할 수 있도록 기회의 폭을 넓혀준다. 따라서 신입 전문선수들이 자연스럽게 호주에서 훈련받을 수 있는 여건이 만들어지고 이에 따라 인도-태평양 지역에서 스포츠를 통한 외교적 관계를 강화할 수 있는 기회를 탐색할 수 있다. 실제로 호주는 이렇게 2015년부터 태평양대회Pacific Games에 참가하여 태평양 지역 관계를 형성해오고 있다.

마지막으로 소개하고자 하는 국가는 2020 올림픽을 유치하였

<참고 10-3> 인도-태평양 지역관계 강화

호주는 인도-태평양 지역 관계를 강화하기 위해 '태평양 스포츠 파트너십 (Pacific Sports Partnerships)'을 추진하고 있다. 이는 호주의 스포츠 단체와 태평양 지역 국가들의 스포츠 단체가 협력하여 개발 원조의 목적으로 스포츠를 알리는 프로그램이다. 호주는 2006년부터 태평양 지역에서 호주 스포츠 봉사 활동 프로그램을 진행하며 지역 공동체의 사회 통합, 교육 등의 주요 이슈에 참여함으로써 스포츠를 이용한 개발도상국 원조에 선도적인 역할을 해왔다. 호주 정부는 태평양 스포츠 파트너십을 2019년에도 지속해오며 이 프로그램의 성공을 발판으로 삼아 인도-태평양 지역으로 대상을 확대하고 있다.

출처: 권소영, 『한국 스포츠 공공외교 거버넌스 체계화 연구』(외교부, 2019), p.94

으나 COVID-19라는 전 세계 초유의 전염병 사태로 2021년으로 연기를 하게 된 일본이다. 일본 정부는 '내일을 위한 스포츠Sport for Tomorrow' 프로그램을 통해 다양한 이해관계자로 스포츠 외교 위원회를 구성하고 국가 전략에 따른 기획과 적합한 사업들을 추진한다. 무엇보다도 가장 관심이 쏠리고 있는 2020 도쿄하계올림픽을 대비하기 위해 일본의 국가 이미지를 제고하고자 스포츠청을 중심으로 종합채널을 구축하고 다양한 형식으로 스포츠 공공외교를 수행해왔다. 일본은 또한 엘리트 스포츠 및 생활 스포츠 정책과 스포츠를 통한 국제 원조의 트렌드를 연구하는 업무도 수행하고 있다. 대표적인 예로 올림픽, 장애인 올림픽과 같은 국제 스포츠 이벤트 기간 중에 프로젝트를 실시하여 정보를 수집하고 분석하는 업무를 들 수 있다. 이렇게 수집하고 분석한 스포츠 정책 정보를 관련된 정부기관에 제공하여 일본 스포츠의 현재 경쟁력에 대한 분석을 할 수 있는 것이다.

위에서 설명한 나라들의 사례를 볼 때, 스포츠의 가치를 외교적으로 활용하여 국제사회에서 국가의 힘을 유지할 수 있도록 적극적으로 지원하고 있는 것을 알 수 있다. 모든 국가에서 외교부와 스포츠 주관부처의 협업과 민간단체, 스포츠단체, 교육기관, 해외부처 등 역할 분담을 통해 조화를 이루면서 협업하는 것을 또한 특징으로 함을 알 수 있다. 이러한 사례들은 우리나라 스포츠 공공외교를 체계화하는 데 있어서 적용 방안에 대한 모색이 필요하다.

---

9 Sport For Tomorrow, "What is SFT?" https://www.sport4tomorrow.jp/about

IV. 스포츠 공공외교, 네 번째 걸음

1. 스포츠 공공외교와 지속가능발전목표(SDGs)

스포츠는 역사적으로 볼 때 경쟁스포츠, 생활스포츠, 신체활동 등 여러 가지 형태로 각 사회에서 나름의 역할을 해왔다. 세계화와 더불어 스포츠도 세계화의 과정을 거치게 되었는데 미디어의 발달과 함께 세계 공통의 언어로서 전 세계적인 전달력을 가지게 되었다.

최근 개인의 삶의 질에 대한 국가적 차원의 지원이 강조되면서 스포츠 활동 역시 인류의 기본권으로서 주목받고 있다. 1978년 유네스코가 스포츠를 '모든 사람을 위한 기본권fundamental right for all'으로 표현한 것과 같이 유엔을 비롯한 국제사회는 스포츠를 인류의 기본적인 권리로 인식하고 있음을 알 수 있다. 또한 공정한 경쟁, 규칙의 준수, 상대방에 대한 존중 등 인류 기본의 가치를 담고 있는 스포츠는 국제적인 거버넌스 체계가 잘 정비되어 있고, 이러한 조직의 운영이 '자발성'에 근거하고 있기에 SDGs와 같은 인류 공통의 합의된 목표달성에 유용한 수단으로 인지되었다.

2000년 이후 새천년 개발목표MDGs의 달성에 스포츠가 활용되기 시작하고 그 효과성을 인정받으면서 이후 국제사회의 새로운 목표인 지속가능발전목표SDGs의 이행에서는 UN과 IOC의 협력이 본격화되며, 스포츠의 활용 역시 속도를 더하게 되었다. 여기서 "지속가능발전"이란 경제의 성장, 사회의 안정과 통합, 환경의 보존이 조화를 이루며 지속 가능성을 지향하는 발전을 의미한다. 유엔은 총 17개의 지속가능발전목표를 제시하였는데 이를 이행하기

〈표 10-1〉 지속가능발전목표(SDGs) 달성에 있어서 스포츠 공헌 가능 영역

지속가능발전목표	스포츠 공헌도
1. 빈곤퇴치	복지로 이어질 수 있는 전이가능한 사회적 취업 및 생활 기술, 경제참여, 사회적 생산성 및 회복력을 가르치고 실행하는 수단으로 스포츠를 이용할 수 있다.
2. 기아종식	영양과 농업 관련 스포츠 프로그램은 기아 문제 해결을 위한 식량 프로그램 및 이 주제의 교육에 대한 적절한 보완책이 될 수 있다. 수혜자들은 지속가능한 식량 생산 및 균형 잡힌 식단으로 생활하도록 교육받고 장려된다.
3. 건강과 웰빙	활동적 생활방식 및 정신 건강의 주요 구성요소는 신체활동과 스포츠이며, 이것들은 성교육, 생식 및 기타 건강 문제에 대한 도구로서의 역할을 할 뿐만 아니라, 비전염성 질병과 같은 위험 예방에 기여한다.
4. 양질의 교육	취학연령에 있는 사람들은 체육 및 스포츠 활동을 통해 정규 교육 시스템 등록, 학교 출석 및 학업 수행을 향상시킬 수 있다. 스포츠 기반 프로그램은 초등·중등학교 교육 수준 이상의 학습 기회와 직장 및 사회생활로 이어질 수 있는 기술을 습득하기 위한 발판을 제공하기도 한다.
5. 성평등	양성 평등과 그에 대한 규범 및 태도의 변화는 스포츠 기반 사업과 프로그램이 여성과 여아들로 하여금 사회에서 진보할 수 있는 지식과 기술을 갖추게 하는 잠재력을 지닌 스포츠 상황에서 촉진되어질 수 있다.
6. 깨끗한 물과 위생	스포츠는 물 위생 요구 사항 및 관리에 관한 메시지를 보급하기 위한 효과적인 교육 플랫폼일 수 있다. 그 활동과 의도된 결과가 이러한 주제로 연관되어진다면 스포츠 기반 프로그램이 물 이용 가능성에 개선을 불러올 수 있다.
7. 모두를 위한 깨끗한 에너지	스포츠 프로그램과 활동이 에너지 공급 시스템 개발 및 접근을 목표로 하는 사업에 지원을 할 수 있고, 이는 에너지 효율에 대한 논의 및 홍보를 위한 포럼으로 활용될 수 있다.
8. 양질의 일자리와 경제성장	스포츠 산업 및 비즈니스 분야에서의 생산, 노동 시장 및 직업 훈련은 여성 및 장애인과 같은 취약 집단을 포함한 이들에게 고용 가능성 향상 및 고용 기회를 제공한다. 이러한 의미에서, 스포츠는 보다 큰 공동체 형성과 스포츠 관련 경제적 활동의 성장에 원동력이 된다.
9. 산업, 혁신, 사회기반 시설	재난 후 스포츠 및 여가활동 시설의 재건축과 같은 맥락에서의 발전을 목표로 하는 스포츠 기반 사업은 복원성(resilience) 및 산업화 요구에 득이 될 수 있다. 스포츠는 개발 노력의 측면에서 다른 기존의 방법들을 보완하는 발전 및 평화를 촉진하는 혁신적 수단으로 인식되어 효과적으로 활용되고 있다.

10. 불평등 감소	개발도상국에서 스포츠의 발전 및 스포츠를 통한 발전이 개발도상국과 선진국 간의 격차를 줄이는 데 기여할 수 있다. 스포츠에 대한 관심과 긍정적 태도는 닿기 어려운 곳에 있는 지역과 사람들의 불평등을 해소하기에 적합한 수단이다.
11. 지속가능한 도시와 공동체	스포츠를 통한, 스포츠 안에서의 통합은 개발과 평화를 위한 스포츠 주요 목표 중 하나이다. 이용이 용이한 스포츠 시설 및 서비스가 이러한 목표의 발전에 기여하며, 통합적이고 탄력적 접근법을 채택하기 위해 다른 형태의 거주지에 대한 좋은 실례를 제공할 수 있다.
12. 지속가능한 생산과 소비	스포츠 제품의 생산 및 공급의 지속가능성에 대한 기준을 통합하면 다른 산업에서의 소비 및 생산 패턴에 대한 광범위한 지속가능한 접근 방식을 찾는 데 기여할 수 있다. 이러한 목적의 메시지와 캠페인은 스포츠 제품, 서비스 및 이벤트를 통해 전파될 수 있다.
13. 기후변화와 대응	스포츠 활동, 프로그램, 이벤트, 특히 관광을 수반하는 메가 스포츠 이벤트가 환경 지속 가능성에 대한 인식과 지식을 높이는 요소들을 통합시킬 수 있고, 기후 문제에 대한 긍정적 대응을 촉구하고 구현할 수 있다.
14. 해양생태계 보존	수상스포츠와 같이 바다에서 하는 특정 스포츠 활동과의 연계성은 스포츠 안팎에서 해양 자원의 보전 및 지속가능한 이용을 지지하기 위해 활용될 수 있다.
15. 육상생태계 보호	스포츠는 육상 생태계 보전을 위한 교육 및 지지의 기반을 제공한다. 야외 스포츠는 지구 자원의 지속가능하고 친환경적 사용을 장려하는 보호책, 활동 및 메시지를 통합할 수 있다.
16. 정의, 평화, 효과적인 제도	스포츠는 분쟁 이후 사회를 재건하고, 분열된 공동체를 재결합시키며, 전쟁 관련 트라우마를 회복하는 데 기여할 수 있다. 그러한 과정에서 스포츠 프로그램 및 스포츠 이벤트가 사회적으로 배제된 집단에게 상호작용을 위한 시나리오를 제공하고, 상호 이해, 화해, 단결 및 평화의 문화를 위한 커뮤니케이션 플랫폼으로서의 역할을 할 수 있다.
17. 글로벌 협력	스포츠는 달성하고자 하는 개발 목표를 현실화하고 이를 향한 가시적 진전을 이루는 데 효과적 수단이 된다. 그러한 목표실행 기간 그리고 그 이후에도, 스포츠 세계는 민간 수준에서 전문적 수준에 이르기까지, 민간 부문에서 공공 부문에 이르기까지 지속가능한 발전을 위한 스포츠 활용에 공통의 책무를 지니고 다양한 성격의 파트너 및 이해 당사자들과의 강력한 네트워크를 제공할 수 있다.

출처: 조현주, 『지속가능발전목표(SDGs) 연계 스포츠 시사성 탐구 연구』(한국스포츠정책과학원, 2017), p.41

위해 〈표 10-1〉과 같이 스포츠가 어떻게 기여할 수 있는가에 대한 설명도 구체적으로 제시하였다.

IOC 역시 지속가능한 올림픽 발전을 위하여 긍정적인 레거시 창출 전략을 수립하면서, 지속가능발전목표 이행을 중심으로 한 올림픽 레거시[10] 창출이 주요 대회 유치의 주요 쟁점화되기 시작했다. 스포츠가 세계 공통의 언어로서 UN의 새로운 개발목표의 달성에도 기여할 수 있을 것이라고 강조하면서, 특히 교육, 건강, 개발, 평화의 증진에 있어서 근본적인 역할이 가능할 것으로 보고 세부목표를 지정하기도 하였다. IOC가 제시한 스포츠가 기여할 수 있는 지속가능발전목표는 '목표 3: 건강과 웰빙', '목표 4: 양질의 교육', '목표 5: 성 평등', '목표 11: 지속가능한 도시와 공동체', '목표 16: 정의, 평화, 효과적인 제도', '목표 17: 글로벌 협력'의 여섯 가지 목표이다.

스포츠의 전 지구적인 인기, 이해당사자들을 연계하는 능력, 광범위한 사회 및 경제적 문제에 걸쳐 사용이 가능한 점, 능력개발과 동기부여의 가능성 등과 같은 특성으로 유엔과 IOC는 스포츠의 지속가능발전에 대한 달성 수단으로서의 역할을 계속해서 강조해 왔다. 이에 따라 회원국들에게 유엔지속가능발전목표를 이행하는 데에 있어서 스포츠에 각별한 관심을 가질 것을 당부하고 있다. 종합적으로 살펴보았을 때 스포츠는 국제사회의 다양한 개발 및 평화 목표를 달성하는 데 있어서 중추적 역할을 해왔으며

---

10 올림픽 레거시는 올림픽 대회 이후 긍정적 이미지 창출과 지속가능한 올림픽 운동을 위한 유산 의미.

이를 통해 스포츠의 유효성과 범용성이 확인 가능하다. 따라서 개별 국가들도 앞으로는 스포츠를 공공외교로 활용함에 있어 국내적, 국외적 맥락 모두에서 유엔지속가능발전목표와의 연계를 염두에 두고, 활용될 수 있도록 고려해야 함을 알 수 있다.

2. 스포츠, 공공외교와 한반도

스포츠 공공외교의 오랜 역사는 한반도에서, 특히 남북관계 측면에 있어서 스포츠가 이끌었던 정부 역할의 변화와 '국내적' 정책이 국제관계와 어떻게 결부되어 있는지를 통해 알 수 있다. 냉전과 탈냉전 시기를 거치며 남북한의 논쟁에서 국제 스포츠가 어떠한 역할을 해 왔을까?

이러한 논쟁은 민족주의Nationalism라는 특정한 개념과 관련이 있다. 이는 정치적 분열을 이끄는 양쪽의 행위자들이 둘 다 동일한 민족이자 동일한 인종으로 이루어져 있는 '단일 국가'의 일부라고 믿는 것이다.Shin 2006 이러한 민족주의의 측면과 관련하여 스포츠가 국제 정치 관계의 맥락에서 각 나라의 이익을 위한 수단으로 어떻게 이용되는지를 알아보아야 한다. Wendt 1999

한반도의 경우, 남북한의 독특한 맥락과 스포츠에서의 국제관계의 성격을 탐색할 수 있다. 예컨대, 북한의 신문 매체 한겨레는 1988 서울하계올림픽 개최가 남북관계에 주는 의미에 대해 제3의 관점을 제공하기도 했는데, 이는 경쟁관계를 명백히 하는 동시에 스포츠가 주는 공유된 민족 정체성과 공동의 유대에 더 큰 의미를 두었다. 앞서 언급했듯이 한국전쟁 이후 냉전이 한반도를 지배하고 있었으나 1988년 서울하계올림픽 개최를 이후로 중대한 전환점을 보게 되었다. 냉전은 종식되었고 이어 공산주의의 붕괴와 세계 질서의 극적인 전환이 뒤따랐다. 이 기간 동안의 가장 주목할 만한 성공이 있었다면 그것은 바로 2000년 시드니올림픽에서의 남북 공동 행진이라고 할 수 있다. 남한과 북한의 각 신문 매체에서 바라던 대로 남북의 민족 정체성과 민족주의를 실현시켰다고 볼 수 있기 때문이다. 두 나라는 국제 스포츠 행사를 치르며 경쟁 관계를 명백히 하는 동시에 그들의 공통된 민족주의를 강하게 강조하였다.

2018 평창동계올림픽의 경우, 알 수 없던 북한팀의 참가로 실로 전 세계적 평화의 대제전을 구현했다. 안타깝게도 그 후의 국제적 여러 사건들은, 특히 북한의 핵실험, 체제 지도부의 변화, 군사 행동, 그리고 남한의 대응 등이 남북한의 사이를 더 멀어지도록 하는 결과를 초래했다. 따라서 앞으로 남북한의 관계를 지속적으로 유지하기 위해 스포츠가 무엇을 할 수 있을지에 대한 연구가 더 필요하다.

V. 스포츠 공공외교, 달리기 위한 준비

1. 스포츠 공공외교, 장애물을 넘어

이제는 스포츠를 공공외교의 수단으로 국제관계에서 왜, 그리고 어떻게 활용하는지에 대한 의문이 많이 풀렸으리라고 생각한다. 앞서 보았듯이 해외에서는 이미 선진화된 제도들이 정착하여 많이 활용되고 있고 이러한 사례들은 우리에게 많은 시사점을 주고 있다. 우리나라에서는 스포츠를 공공외교로 활용하는 데 있어서 거버넌스적으로나 인식개선 등의 차원에서 아직 넘어야 할 장애물이 있는 것이 사실이다. 앞서 말했듯이, 학문적으로는 스포츠에서 외교의 개념을 두 가지로 나눌 수 있는데, 스포츠를 도구로 하여 행해지는 외교활동Diplomacy through Sport과 스포츠 분야의 국제적 활동Diplomacy of Sport; international activities of sport으로 구분하여 생각할 수 있다.Peacook et al. 2013 현재 문화체육관광부와 경기단체에서 하는 대부분의 활동들은 후자의 경우에 속하여 공공외교의 성격과 목적에 맞지만 대부분 거의 스포츠 공공외교로 인지하지 못하고 있다. 또 사업의 목적성이 SDGs 등과도 연계되지 못하는 것이 현실이다.

　　우리나라는 스포츠 강국으로 우수한 스포츠 활동과 전달하고자 하는 이미지를 결합한다면 주요한 매력자산이 될 수 있을 것이다. 국가적 차원에서 공유할 수 있는 비전, 예를 들어 긍정적 국가이미지 형성, 영향력 강화, 관계개선, 국제 어젠다 선도 등과 같은 목적성을 명확히 하고, 스포츠 공공외교적 차원에서 이러한 목적을 충족시킬 수 있는 사업을 개발한다면, 더 효율적으로 공공외교를 운영할 수 있을 것이다. 즉, 국내적 차원에서 외교부와 문체부, 중앙정부와 지방자치단체, 정부와 경기단체, 그리고 운동선수 개개인의 협력이 필요하고 궁극적으로는 외국 정부와 그리고 해외 현지 스포츠 네트워크의 협력이 필요하다.

2. 스포츠 공공외교, 새롭게 더 새롭게

스포츠 공공외교에 있어 거버넌스가 잘 되어 있지 않으면 스포츠 공공외교 콘텐츠가 아무리 많아도 활용에 한계가 있다. 우리나라는 태권도 이외에도 우수한 경기력, 스포츠 과학, 스포츠 산업과 같은 다양한 스포츠 콘텐츠 자산이 있다. 앞으로는 세계적인 스포츠 콘텐츠와 마케팅, 스포츠에 대한 사회적 가치가 어떻게 변하는지에 따라 공공외교 콘텐츠 변화에 대한 모색이 필요하다. 일반적인 콘텐츠를 선정하고 전파하는 과거의 모델에서 벗어나 스포츠 산업과 스포츠 스타, IT, 미디어와 연결하는 콘텐츠가 요구되는 시대인 것이다. 이러한 요구에 부응하기 위해서는 시대별, 국가별 수요에 대한 대응 전략이 있어야 한다. 콘텐츠를 생산하고 소비하는 방식이 변화되고 있고 스포츠도 이벤트를 넘어서 콘텐츠의 일환으로 간주되기 때문에 스포츠 공공외교에서는 형태의 다양성이 필요로 되는 것이다.

K-pop 신드롬을 일으킨 BTS와 같이 수용자인 팬들이 호응할 수 있는 스포츠 콘텐츠를 창출하여야 한다. 또 공공외교 대상국들의 스포츠 콘텐츠 수요 조사에 기반한 지원과 프로그램이 필요하다. 국가별 스포츠 교류협력에 대한 세부적인 연구가 필요하고, 국가별로 선호하는 스포츠와 교류방식 그리고 현지정보에 기반한 스포츠 가치에 대한 스포츠 콘텐츠의 연구가 필요하다. 기존처럼 스포츠를 매개로 한 국제적인 교류와 협력과 같은 형태를 넘어 스포츠 공공외교SPD의 개념으로 확장하여 적용할 필요가 있다는 것이다.

1 글로벌 수준에서 '스포츠 공공외교' 하면 떠오르는 것은 무엇인가요? 전통적인 '외교'와의 차이점은 무엇인가요?

2 우리나라의 스포츠 공공외교, 언제, 어떻게 시작되었을까요?

3 우리나라의 스포츠 공공외교 대표적인 사례로는 무엇이 있나요? 그리고 그 효과는 무엇이었을까요?

4 우리나라는 태권도 종주국으로서 태권도 외교를 펼쳐왔습니다. 이외의 다른 스포츠를 공공외교에 활용할 수 있다면 어떤 종목을 생각해볼 수 있을까요? 그리고 그 이유는 무엇일까요?
스포츠 공공외교 관련 분야에는 어떤 직종들이 있으며, 어떤 역량을 필요로 할까요?

추천 문헌

Aaron Beacom(2012). *International Diplomacy and the Olympic Movement.* Palgrave Macmillan

Pulleiro Méndez, C.(2020). "National recognition and power relations between states and sub-state governments in international sport." *International Journal of Sport Policy and Politics*, 1-17.

https://thecommonwealth.org/harnessing-sport-development-and-peace

https://www.olympic.org/cooperation-with-the-un

https://www.sportanddev.org/en/learn-more/what-sport-and-development

참고 문헌

권소영(2019). 『한국 스포츠 공공외교 거버넌스 체계화 연구』. 한국조지메이슨 대학교.

김상배(2016). 『한국 공공외교의 과제』. 세종연구소 발표자료.

김치욱(2009). "국제정치의 분석단위로서 중견국가." 『국제정치논총』 49(1), pp.7-36.

문화체육관광부(2019). 『2017 체육백서』.

박호성(2002). "국제스포츠활동과 사회통합의 상관성, 가능성과 한계." 『국제 정치논총』 42(2), pp.93-110.

송수전(2019). "공공외교 촉진 관점에서의 KOICA ODA 활동방안 고찰." 『개발 과 이슈』 55, pp.1-23

이수형(2016). "유엔의 지속가능발전목표(SDGs) 분석과 이행 전략: 보건의료 를 중심으로." 『보건복지포럼(한국보건사회연구원)』, p.111.

조욱연(2018). "올림픽 유산과 경기장 사후활용." 『11-19스포츠과학』 145호, p.61.

조현주(2017). 『지속가능발전목표(SDGs) 연계 스포츠 시사성 탐구 연구』. 한 국스포츠정책과학원.

Aaron Beacom(2012). *International Diplomacy and the Olympic Move-ment*. Palgrave Macmillan

Huntington, Samuel P.(1993). *Foreign Affairs* 72(3).

Kobierecki, M. M., & P. Strożek(2020). "Sports mega-events and shaping the international image of states: how hosting the Olympic Games and FIFA World Cups affects interest in host nations." *International Politics*, 1-22.

Murray, S., & G. A. Pigman(2014). "Mapping the relationship between international sport and diplomacy." *Sport in Society*, 17(9), 1098-1118.

Nye, Joseph S. Jr.(2008). "Public Diplomacy and Soft Power." *The Annals of the American Academy of Political and Social*

Science, 616(1), pp.94-109.

Park, Sun-mi. https://www.taekwondodata.com/sun-mi-park.c45x.html; "World Taekwondo"(검색일: 2019.9.20).

Pulleiro Méndez, C.(2020). "National recognition and power relations between states and sub-state governments in international sport." *International Journal of Sport Policy and Politics*, 1-17.

Shin, G.-W.(2006). *Ethnic Nationalism in Korea*. Stanford University Press.

Wendt, A., ed.(1999). *Social Theory of International Politics*. United Kingdom, University of Cambridge Press.

"국제스포츠정보센터." https://gsic.sports.or.kr/com/cop/biz/biz_info5.do (검색일: 2019.9.20).

"Athlete Ranking." http://www.worldtaekwondo.org/ranking/(검색일: 2019.9.20).

https://thecommonwealth.org/harnessing-sport-development-and-peace

https://www.olympic.org/cooperation-with-the-un

https://www.sportanddev.org/en/learn-more/what-sport-and-development

제11장

공공외교와 국제개발협력:
국제사회의 노력과 한국의 ODA

문경연 • 전북대학교

[핵심어]

국제개발협력   공적개발원조

지속가능발전목표   대외원조   빈곤퇴치

I. 들어가며

공공외교는 다양한 형태의 국익 실현을 위해 사용해 온 전통적 방식의 외교관 외교 및 하드파워(경제력 및 군사력)를 넘어서 문화, 예술, 지식, 원조, 스포츠 등과 같은 소프트파워를 활용하여 상대국으로 하여금 이러한 소프트파워를 행사하는 나라에 대한 이해와 공감대를 확대함으로써 궁극적으로 그 국가가 달성하고자 하는 목적을 실현하는 행위로 정의된다. 이러한 정의를 바탕으로 할 경우 경제적 저발전 단계에 있는 최빈국이나 개도국은 외부로터의 지식·재정 및 물질적 지원을 매우 필요로 한다는 점에서 이들 국가에 대한 원조는 공여국에 대한 우호적인 이미지 형성의 효과적인 수단으로서 대표적인 공공외교 수단으로 인식되어 왔다.

실제로 원조는 두 가지 양면성을 바탕으로 이루어져 왔다. 근

대 원조의 시작을 알린 2차 세계대전 후 파괴된 유럽에 대한 미국의 원조는 표면적으로 전후 복구적 측면에서 인도적 측면에 기인한다고 볼 수 있겠지만 그 이면에는 전쟁으로 초토화된 유럽 국가들이 공산화되는 것을 막기 위한 미국의 경제적·이데올로기적 동기에 기반한 지원이었다. 이렇듯 표면적이면서 근본적인 원조의 명분과 동기는 자연재해, 분쟁, 경제 저발전 등에 따른 인도적 참상을 완화하기 위한 이타주의의 발현이나, 근대 역사에서 원조는 산업화 국가들의 해외 수출 시장 개척을 위한 수단, 국제 외교 무대에서 공여국에 유리한 표결을 이끌어 내기 위한 물질적 유인책, 공여국이 옹호하는 사상과 가치 확산을 위한 수단으로 사용되어 왔다는 점에서 오랜 역사를 가진 공공외교의 대표적인 수단이라고 할 수 있겠다.

이 장에서는 공공외교적 측면에서 국제개발협력의 핵심 이슈인 공여국의 대외원조 정책이 가지는 의미에 대한 정책적 이해와 원조 정책이 실제로 공여국의 공공외교 정책의 한 수단으로 어떻게 활용되고 있는지에 대한 이해를 도모하고자 한다. 이를 위해, 먼저 공여국의 대외원조가 공공외교적 측면에서 어떻게 활용될 수 있는지 그 정책적 프레임워크를 고찰한다. 이어서 선진 공여국의 모임인 OECD DAC 회원국의 대외원조의 핵심인 공적개발원조 Official Development Assistance, ODA 예산 규모 및 지원 분야 측면의 변화와 2015년 SDGs 채택과 함께 변화된 국제개발협력 환경의 주요 어젠다를 살펴보고자 한다. 또한 한국 대외원조 정책의 발전 과정을 ODA 분야를 중심으로 고찰함으로써 미래 공공외교 전문가로서 한국의 대외원조 정책의 주요 특징과 역사를 이해하는 한편,

공공외교적 관점에서 최근 논의되고 있는 주요 쟁점들에 대한 이해를 도모하고자 한다.

II. 공공외교와 대외원조의 이론적 연계성

2016년 공공외교법 제정 이후 우리 정부는 공공외교를 체계적으로 추진해 나아가기 위하여 정부는 6개의 추진 목표와 정책 방향을 수립하였다. 이들 6개 추진 목표 중 ODA에 대한 함의 도출이 가능한 추진목표로 틈새외교와 5대 축 외교가 있다. 틈새외교Niche는 한국이 중견국으로서 소프트파워 증대를 중점으로 하는 공공외교 비전을 제시하는 것을 의미한다. 즉, 〈그림 11-1〉과 같이 강대국이 국제안보질서를 담당하고 약소국이 개별 특수분야에 집중한다면 중견국은 개발협력, 지역 평화 유지, 환경 보호 및 기후

〈표 11-1〉 공공외교 6대 추진 목표 및 정책 방향

추진 목표	정책 방향
가교(Bridge) 외교	경제적, 지정학적 중간자 역할 수행
네트워크(Network) 외교	민간과 공공 부문을 연결하는 네트워킹
디지털(Digital) 외교	SNS를 통한 쌍방향 소통 달성
성과(Performance) 외교	엄밀한 평가를 통한 성과의 극대화 및 정책평가체계 구축
틈새(Niche) 외교	중견국으로서 소프트파워 배양
5대 축(5-Pillar) 외교	기여, 지식, 정책, 문화, 매체의 5대 축 이용

출처: 외교부 공공외교 웹사이트, www.publicdiplomacy.go.kr(검색일: 2020.1.15)

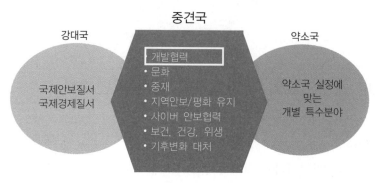

출처: 최동주, "2017-2021 대한민국 공공외교 기본계획에 관한 연구용역"(숙명여자대학교, 2016), p.21

변화 대처, 대테러방지, 사이버 안보협력, 질병 퇴치 등의 역할이 요구되고 있으며 한국의 역량이 인정될 수 있는 국제적 이슈에 집중하여 공공외교를 수행한다는 전략이다.

5대 축 외교의 주요 콘텐츠는 기여, 지식, 정책, 문화, 매체의 다섯 개 중심축을 이용한 공공외교 활동이다. 첫째, 기여는 ODA 확충을 포함해 지속가능개발 목표SDGs 달성에 기여하는 것이다. 지식은 한국의 빠른 경제개발 및 민주화 경험을 지식 형태를 통해 국제사회에 전수하여 한국식 개발 모델 개념을 확립하고 국가 위상 제고하는 것을 의미한다. 정책은 평화통일 신뢰외교, 영토 주권, 동북아평화협력구상 등 한국의 주요 외교 정책에 대한 국제적인 담론을 주도하여 정책 목표를 달성하는 것을 의미한다. 문화는 K-pop 등 한류와 함께 한식, 한복, 한글 등 한국 전통 문화를 매개로 하여 문화 전파 및 문화 협력을 도모하는 활동 등이 포함된다. 마지막으로 매체는 국제적인 신문, 방송 매체를 이용해 한국의 입장과 소식을 알리고 전통적인 미디어외교에서 한 단계 진보하여 한국 자체의 대중 매체 및 소셜 미디어를 통한 미디어외교를 수행하는 것을 골자로 한다.

앞서 살펴본 바와 같이 공공외교 6대 추진 목표에서의 틈새 외교 분야는 국제사회의 빈곤퇴치와 경제발전을 위한 국제개발협력으로서 ODA의 중요성을 강조한다. 특히 공공외교 5대 중심축에서 기여와 지식외교 분야는 한국의 경험을 개도국에 전수하는 지식 ODA 분야의 교류협력을 의미한다는 점에서 공공외교의 한 수단으로서 ODA는 매우 유용한 수단임을 알 수 있다.

III. 지구촌 빈곤퇴치와 발전을 위한 국제사회의 노력

제2차 세계대전 이후 과거 식민지 국가들이 독립국가로 탄생하면서 빈곤 및 저개발 문제가 국제사회의 어젠다로 주목된 가운데, 지구촌 저개발 문제 해결을 위한 여러 분야(정치, 경제, 사회, 문화, 환경), 행위 주체(공여국, 수원국) 및 방식(원조 방식: 유상, 무상원조, 다자원조), 접근법(인권기반, 젠더, 무역, 환경, 원조 효과성) 등 다양한 측면에서 국제사회의 연구와 협의가 지속되어 왔다. 이러한 맥락에서 앞서 제시한 다양한 주제들에 대한 연구와 논의를 바탕으로 개도국의 빈곤 문제와 경제발전을 위한 효과적인 원조 방식에 대한 논의와 함께 얼마나 많은 원조를 하느냐 또한 중요한 이슈로 대두되었다. 이를 위해 1960년부터 10년이 되는 첫 해에 UN을 중심으로 개발목표를 설정하였는데 1961년 첫 목표로 공여국의 GNI 대비 1%를 원조한다는 야심찬 목표가 수립되었다. 이후 이 목표는 발전을 거쳐서 1969년 채택된 피어슨 보고서Pearson Report 를 통해 지금까지 공여국의 원조 규모에 관한 규범적 목표인 GNI 대비 0.7%가 제시되었다.1

원조규모에 대한 규범적 목표 설정과 함께 1970년대는 공여 국들에 더 강한 규범적 공여의 책임을 지우는 어젠다들이 채택되 었다. 국제인권규약이 1976년 발효됨에 따라 인간의 기본적 권리 로서 기본적 욕구 충족이 보장되어야 한다는 인권기반접근법이 국제 개발협력 분야에서 확산되기 시작하였다. 또한 1974년에는 빈 곤의 원인으로서 불공평한 국제 경제질서에 대한 비판의 목소리 와 함께 공여국 중심적 원조 정책에 대한 비판이 중남미 국가들을 시작으로 제기되기 시작하였다. 이러한 변화들로 인해 개별 공여 국의 이기주의적 국익 실현을 위한 수단으로서 대외원조가 아닌 글로벌 공공재로서 대원원조의 성격이 강화하는 계기가 되었다.

1980년대에 들어서는 1973년과 1979년 등 두 번에 걸친 오일 쇼크의 여파로 개도국 경제 발전이 타격을 받은 가운데 이들 개도 국에 대한 부채 문제가 대두되었다. 즉 상환의 의무를 가진 차관 성 원조의 상환 기일이 도래하였음에도 불구하고 오일쇼크의 여 파와 개도국 경제발전의 실패는 이들 개도국으로 하여금 부채 증 가 문제를 초래하였다. 이 가운데 채무 문제를 해결하기 위해 공

---

1 당시 국제사회는 1970년 선진국이 자국의 GNI 대비 0.7%를 원조로 제공하면 지구 촌 빈곤 문제가 해결될 것이라는 인식 하에 동 목표를 규범적 목표로 설정하였다. 이 목표는 냉전의 해체와 함께 더욱 강도 높은 규범적 목표로서 역할을 하였으나 강제성을 결여한 국가의 자발적 참여에 기반한 규범적 목표라는 점에서 선진 공여 국의 대외 정책 및 국가 경제 상황에 영향을 받지 않을 수 없었다.

여국들은 세계은행과 IMF를 중심으로 신자유주의적 이념에 따라 국가의 역할을 줄이고 시장의 기능을 강화하는 구조조정 프로그램Structural Adjustment Program, SAP을 시행하였다. 하지만 이들 프로그램은 개발국의 다양한 국내적 환경을 고려하지 못했다는 이유로 실패한 정책으로 평가되며, 오히려 공여국의 개도국에 대한 착취적 경제 질서 수립을 위한 수단이었다는 평가를 받게 되었다.

주요 공여국의 대외원조 규모에 대한 통계가 집계되기 시작한 1960년대 이후로 대외원조 규모는 꾸준히 증가하였다. 하지만 냉전이 끝난 1990년대 이러한 대외원조의 규모가 감소하기 시작하였다. 원조를 냉전시기 이데올로기 진영 유지의 수단으로 사용되었던 서방 진영의 원조 동기가 냉전의 종식과 함께 사그라진 이유에서이다. 하지만 냉정의 종식과 함께 그동안 감추어져 왔던 개도국의 빈곤 문제와 저발전 문제가 빠른 속도록 노출되기 시작

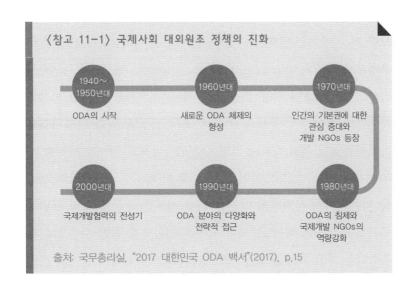

〈참고 11-1〉 국제사회 대외원조 정책의 진화

1940~
1950년대
ODA의 시작

1960년대
새로운 ODA 체제의 형성

1970년대
인간의 기본권에 대한 관심 증대와 개발 NGOs 등장

2000년대
국제개발협력의 전성기

1990년대
ODA 분야의 다양화와 전략적 접근

1980년대
ODA의 침체와 국제개발 NGOs의 역량강화

출처: 국무총리실, "2017 대한민국 ODA 백서"(2017), p.15

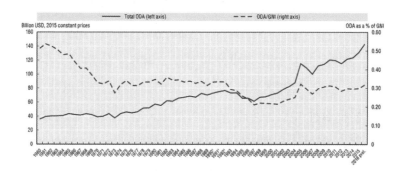

출처: OECD DAC Statistics, https://www.oecd-ilibrary.org/sites/dcr-2017-12-en/index.
html?itemld=/content/component/dcr-2017-12-en(검색일: 2020.1.22)

하였고, 이 과정에서 빈곤과 저발전 문제 해결을 위한 다양한 접
근법과 정책적 논의가 활성화 되는 계기가 되었다.

　냉전의 종식과 함께 지구촌 빈곤 및 저발전에서 기인하는 다
양한 도전과제들이 대두되었음에도 불구하고 오히려 공여국의 대외
원조가 감소하는 현상을 목격한 국제사회는 국제사회 구성원들의
보다 더 적극적인 참여를 이끌어 낼 수 있는 규범적 목표 설정 필
요성으로 확대되었다. 그 결과 빈곤, 초등교육, 여성평등, 유아 사
망률 감소, 산모의 건강 증진, 질병퇴치, 지속가능한 환경 보장의
사회개발 분야 7개 목표와 이들 목표의 달성을 위한 파트너십을
강조하는 8개 목표로 이우러진 새천년개발목표Millennium Development
Goals, MDGs의 탄생으로 이어졌다. 이후 MDGs는 국제사회의 개도
국 빈곤퇴치와 사회경제 발전을 위한 지구촌 공동 노력의 규범적
목표로서 역할을 하였고, 특히 지구촌 빈곤율을 절반 수준으로 감
축한다는 주요 목표를 달성함으로써 MDGs의 채택이 단순히 정치

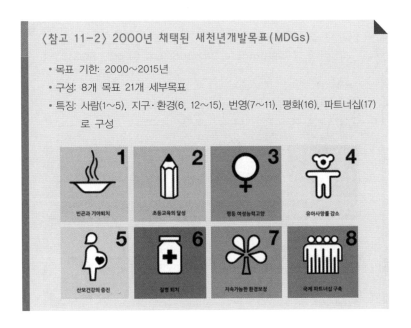

〈참고 11-2〉 2000년 채택된 새천년개발목표(MDGs)

- 목표 기한: 2000~2015년
- 구성: 8개 목표 21개 세부목표
- 특징: 사람(1~5), 지구·환경(6, 12~15), 번영(7~11), 평화(16), 파트너십(17)
  로 구성

적 수사가 아닌 국제사회의 행동 변화를 이끌어 내는 규범적 목표로서 기능하였다는 평가를 가능하게 하였다.

2015년 MDGs가 종료됨에 따라, 국제사회는 동년 10월 2030년까지를 목표 시한으로 하는 지속가능발전목표SDGs를 채택함으로써 개도국의 빈곤퇴치와 경제발전을 위해 전 지구적 관점에서 국제사회가 노력해야 할 목표를 수립하였다. 이러한 MDGs와 SDGs의 채택은 대외원조의 핵심인 공적개발원조ODA의 가치를 공여국 국익 실현의 관점이 아닌 글로벌 공공재로서 성격을 강조한 지구촌 목표이자 접근법이라고 할 수 있겠다. 특히 SDGs는 경제발전Prosperity뿐만 아니라, 사람People, 환경Planet, 평화Peace, 파트너십Partnership을 포괄하는 17개의 광범위한 목표를 포함함으로써 개도국뿐만 아니라 공여국에 과거보다 강화된 의무와 책무성을 지우는 규범적 목표 역할을 한다.

아울러 SDGs는 MDGs의 한계로 지적되어온 목표의 구체적 이행을 위한 169개 세부 지표를 매칭하고 각 지표별 목표값을 제시함으로써 더 강한 이행력을 갖추게 되었다.[2] 이로 인해 개도국뿐만 아니라 공여국도 SDGs 이행에 관한 자발적 국가검토Voluntary National Review, VNR를 제출해야 하는 의무를 가지게 되었는 바, 이러한 개선은 과거 원조를 공여국의 정치·경제 및 외교·안보적 국익 실현을 위한 수단으로 인식하고 활용하였던 관행에서 글로벌 공

---

2 이러한 맥락에서 한국 정부도 SDGs의 국내 이행을 위한 K-SDGs를 수립하였으며, 각 목표별로 2030년을 목표시한으로 하는 단계별 로드맵을 수립하였다. K-SDGs는 지속가능발전포털(http://www.ncsd.go.kr/main) 참조.

공재로서 원조의 기능과 공여국의 책무성을 강조하는 방향으로 국제사회의 인식이 변화하고 있음을 의미한다고 하겠다. SDGs 채택과 함께 대두된 글로벌 공공재로서 원조의 규범적 성격의 강화는 공여국 국익 실현을 위한 공공외교로서 대외원조를 수단화했던 인식이 국가 중심주의를 넘어서 지구촌 공동의 도전과제 해결이라는 글로벌 공공외교로서 대외원조의 성격에 대한 인식이 확대된 것으로 해석할 수 있다는 점에서 긍정적인 발전이라고 할 수 있겠다.

하지만 2030년을 목표 기한으로 하는 SDGs의 채택 그리고 대외원조의 규범적 성격 강화에도 불구하고 원조 정책은 여전히 공여국의 국익 실현을 위한 공공외교의 한 수단으로서의 인식이 강하다. 실제로 1970~80년대 자유주의 진영의 대외원조 정책의 근간이 된 워싱턴컨센서스는 시장경제의 확산, 시장에 대한 국가 간섭의 최소화, 국가 간 자유경쟁 등의 원칙을 내세우며 선진국 중심의 국제 정치경제 질서를 공고히 하는 수단으로서의 성격이 강하였다. 이에 반하여 최근 신흥 공여국으로 부상한 중국은 과거 워싱턴컨센서스에 기반한 원조 정책을 비판하며 개도국의 주권 존중, 국가 중심의 점진적 계획경제와 시장경제의 조화를 강조하는 베이징컨센서스를 앞세워 국제 정치경제 무대에서 중국의 패권을 확산하기 위한 한 수단으로서 대외원조 정책을 활용하고 있다. 이는 대외원조 정책이 공공외교적 측면에서 공여국 국익 실현의 수단으로서 성격이 강하다는 것을 의미한다고 할 수 있겠다.

SDGs 채택과정에서 기존의 주요 공여국들은 SDGs 이행을 위한 재원으로서 세금기반 개발재원의 한계와 재정적 부담을 인

<참고 11-4> 베이징 컨센서스(Beijing Consensus)

2004년 전 칭화대(淸華大) 교수 조슈아 쿠퍼 레이모(Joshua Cooper Ramo)가 중국의 성장과정을 설명하면서 사용한 용어로 국제개발협력에서 미국의 경제 발전모델이자 개도국 경제발전을 위한 처방으로 제시한 워싱턴 컨센서스와 대비되는 개념으로 사용되고 있다. 워싱턴 컨센서스가 1989년 남미의 금융위기에 대한 처방으로 시장의 기능 강화, 시장에 대한 국가의 간섭 최소화 등을 특징으로 하는 신자유주의적 경제발전론을 개도국에 확산하였다면, 2000년대 중국의 부상과 함께 확산되기 시작한 베이징 컨센서스는 중국식 경제발전 모델, 즉 국가 주도 하의 점진적 경제발전 방식으로 정치적 자유를 강요하지 않으면서 시장경제적 요소를 최대한 도입해 정부 주도의 점진적인 경제개혁, 균형 발전 등을 강조하는 중국식 국가 발전 모델이 최근 권위적 개도국을 중심으로 환영받고 있다.

출처: 베이징 컨센서스[北京共识](중국현대를 읽는 키워드 100, 유희복)을 바탕으로 저자 작성

식한 가운데 보다 혁신적이며 민간의 풍부한 재원을 활용하는 방안의 필요성을 강조하였다.[3] 구체적으로, GNI 대비 0.7%를 ODA로 공여하자는 합의는 1960년대부터 1970년대까지 UN총회에서 언급되었지만, 이는 선언 차원에 머무른 가운데, 2000년 들어 MDGs가 채택되면서 2002년 몬테레이 회의에서는 국내재원 동원, 국제재원, 무역을 위한 원조, 국제금융체제 개선, 부채탕감 등을 본격적으로 논의하였다. 하지만 이러한 다양한 재원 확보에 대한 구체적인 이행 방안보다는 ODA 외의 개발재원 확보에 대한 세부적 방

---

3 이 파트의 개발재원에 대한 주된 논의는 저자의 2015년 국토연구원 연구보고서인 "국제사회 개발재원 논의의 한반도 통일비용에 대한 함의: 북한 인프라 개발을 중심으로"의 내용 중 개발재원에 대한 내용을 발췌한 것임.

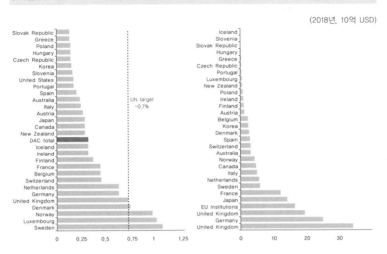

〈그림 11-3〉 2018년 공여국별 GNI 대비 ODA 비율 및 ODA 절대규모 현황

출처: https://www2.compareyourcountry.org/oda?cr=20001&cr1=oecd&lg=en&page=0(검색일: 2020.1.22)

안을 논의하였다고 할 수 있다. 특히 GNI 대비 ODA의 규모 0.7% 달성은 2005년 7월 영국을 의장으로 한 글렌이글스 정상회담 G8 국가들은 아프리카에 대한 원조를 2배로 늘리겠다고 약속하며 재차 강조되었지만, 2016년 기준 29개의 DAC 국가 중 0.7%를 달성한 국가는 노르웨이, 스웨덴, 덴마크, 룩셈부르크, 영국 등 5개 국가뿐이며, 2018년 DAC 국가의 GNI 평균은 0.3%에 머물고 있다.

IV. 한국 대외원조의 특수성: 수원국에서 공여국으로

한국은 2009년 11월 OECD 국가들의 선진 공여국 모임인 개발원조위원회Development Assistance Committee, DAC의 24번째 회원 자격을 획득함으로써 서방국가들이 주도적이었던 모임에 신흥 공여국으로서 참여하게 되었다. 당시 국제사회는 원조를 받았던 수원국으로서 한국이 그 원조를 바탕으로 발전을 이루고 당당히 DAC의 공여국 회원이 되었다고 묘사하면서 짧은 시간에 경제발전을 이룬 한국의 투지와 노력을 칭찬하였다.

하지만 한국의 발전 과정은 순탄하지 않았다. 한국 전쟁 후 7년이 지난 1960년 한국의 1인당 국민소득은 79달러로 세계 최하위의 암울한 수준이었다. 한국 전쟁 이전 일본의 식민통치 수탈과 3년에 걸친 치열한 전쟁은 한국을 잿더미로 만들었고, 당시 유엔군 총사령관이었던 맥아더 장군은 '이 나라가 복구되려면 최소

〈참고 11-5〉 수원국으로서 한국의 원조 수원 역사

	목적 및 욕구	형태 및 양식	분야 및 구성	원조 의존도	주 공여자
1945 ~ 1952	• 긴급구호	• 증여(100%) • 구호물품	• 교육 • 토지개혁	• 원조가 주요 외화 유입수단	• 미국
1953 ~ 1962	• 군사적 방어 • 안정 • 재건사업	• 증여(98.5%) • 물자 • 기술협력	• 농업 • 물자, 식량지원 • 군사원조 • 소비/중간재	• 높은 원조의존도	• 미국 • UN
1963 ~ 1979	• 전환기 • 성장 및 투자	• 양허성 차관 (70%)	• 사회간접자본 • 수입대체 및 수출지향적 사업 • 프로젝트 원조 및 중간자본재	• 절대/상대적 원조 중요성 감소	• 미국 • 일본
1980 ~ 1992	• 과도한 채무 • 안정 및 성장균형	• 비양허성 차관	• 섹터 차관	• IDA 협력대상국 명단 졸업	• 일본 • 독일 • 국제금융기구
1993 ~ 2003	• 금융위기	• IMF 구제금융	• 구조조정 • 프로그램	• ODA 협력대상국 명단 졸업	• IMF • IBRD

출처: 국무총리실, "2017 대한민국 ODA 백서"(2017), p.24

공공외교

100년은 걸릴 것이다'라고 평했을 만큼 한국은 매우 비참한 상황이었다. 이러한 열악한 상황 속에서 한국이 비약적인 경제 발전을 이룰 수 있었던 것은 여러 요소가 있겠으나 미국을 주축으로 하는 국제사회의 원조가 있었기에 가능했다.

실제로 한국은 6.25 전쟁 이후 1995년 세계은행 차관 대상국을 졸업할 때까지 약 120억 달러의 원조를 받았으며, 이 중 약 100억 달러가 미국과 일본의 지원이었다. 특히 미국은 6.25 전쟁 직후 1960년대 초까지 긴급구호와 재건지원에 있어 핵심적인 역할을 담당하였으며, 1960년대에 들어서면서부터는 우리 정부와 국민들의 경제발전에 대한 의지와 노력이 국제사회의 양허성 차관과 결합됨으로써 이전의 전후복구에서 경제개발 단계로 전환할 수 있었다. 그 결과 한국은 1975년 세계은행의 최빈국 그룹인 IDA 연성차관 공여대상 그룹에서 졸업하게 되었으며, 이후 비양허성 차관 중심의 개발원조를 일본, 독일 및 국제 금융기구로부터 지원받아 중화학 공업 등 산업화에 박차를 가했다. 이러한 우리 정부 및 국민의 노력과 국제사회 지원의 결과로 눈부신 경제 발전을 이룩한 한국은 1991년 UNDP로부터 기술원조 순공여국Net Contributor Country, NCC 지위를 부여받았으며, 1995년에는 세계은행 차관 대상국을 졸업하게 됨으로써 한국 전쟁 후 반세기가 못되는 기간에 수원국 시대를 접고 본격적인 원조 공여국으로서 걸음마를 시작하게 되었다.

한국의 대외원조 규모에 대한 통계는 1991년 무상원조 전문기관인 한국국제협력단Korea International Cooperation Agency, KOICA의 설립과 함께 시작되었다. 사실 한국은 1987년 유상차관 ODA 제공을 위해 대외경제협력기금Economic Development Cooperation Fund, EDCF 을 채택하고 그 기능을 한국수출입은행에 이관하였으며, 1991년에는 무상원조 수행 기관인 KOICA를 설립하였다. 하지만 이러한 유무상 원조추진 기관의 설립에도 불구하고 한국의 개도국 원조는 적극적이지 못하였다. 이는 앞서 논의하였듯이 1995년 이래로 대북지원에 정부 및 시민사회의 관심과 지원이 집중된 데 기인한다. 하지만 대외원조에 있어 북한에 집중된 경향에 대해 국제사회로부터 비판과 개도국 대상 원조 확대에 대한 압력을 받아온 노무현 정부는 2006년 UN 연설을 통해 국제사회의 구성원으로서 개도국 원조 확대를 천명하기에 이른다. 노무현 정부는 2006년 국제사회를 상대로 2015년까지 GNI 대비 0.25%까지 확대한다는 계획을 천명하였고, 이는 2008년 제4차 국제개발협력위원회(2008.8.14)에서 공식화되었다. 이후 대북지원에 부정적이었던 이명박 정부의

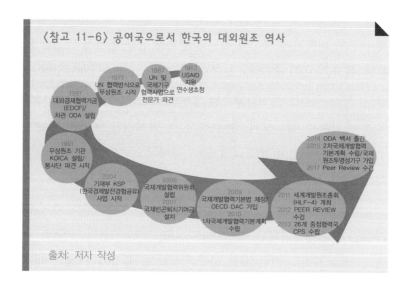

〈참고 11-6〉 공여국으로서 한국의 대외원조 역사

출처: 저자 작성

〈그림 11-4〉한국 ODA 규모 증가 추이(2017 or 2018년까지 업데이트)

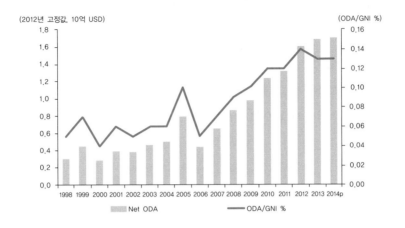

출범과 함께 대북지원의 열기와 자원이 ODA로 전환되기에 이르면서4 ODA 규모는 지속적으로 증가하기 시작하였다.

이러한 연장선에서 한국은 국제개발협력 정책의 선진화를 위해 2006년 국무총리실 산하에 국제개발협력위원회를 설립하였으며, 2009년에는 국제개발협력기본법을 채택함으로써 대외원조 정책 추진의 제도적 기반을 구축하였다. 이후 2009년에는 국제개발협력의 선진국 모임인 OECD DAC의 회원 자격을 획득하였으며, 2012년에는 제4차 원조효과성 제고를 위한 고위급회의High Level Form on Aid Effectiveness, HLF-4를 부산에서 개최함으로써 명실상부 원조를 받던 나라에서 원조를 주는 나라로서의 면모를 갖추게 되었다.

또한 지구촌 빈곤퇴치와 경제발전을 위한 2000년 새천년개발목표MDGs 수립 과정에서 IMF 경제위기 탈출 및 대북지원에 집중

---

4 북한은 헌법상 한국의 미수복지역이라는 이유로 대북지원은 ODA에 포함되지 않는다.

했던 한국은 국제사회의 공동 노력에 있어 이렇다 할 역할을 하지 못했다. 이후 MDGs 수립 과정에서 미미한 역할에 대한 반성과, IMF 경제위기의 극복 그리고 UN 사무총장에 한국 인사(반기문 총장)가 진출하는 등 국제사회에서 높아진 한국의 위상을 반영하듯 한국은 2015년 MDGs를 대체하는 SDGs 수립과정에서 적극적인 역할을 수행하게 됨으로써 SDGs가 서구의 주요 공여국들의 전유물이 아닌 한국 역시 국제사회의 한 책임있는 구성원이자 신흥 공여국으로서 그 역할을 다하는 계기가 되었다.

국제사회의 일원으로서 대외원조 정책의 확대에 대한 우리 정부의 인식 변화와 함께 2030년을 기한으로 하는 SDGs는 동 목표의 이행에 관한 자발적 보고서Voluntary National Review, VNR를 4년

〈그림 11-5〉 2018년 한국의 GNI 대비 ODA 비율 및 절대규모

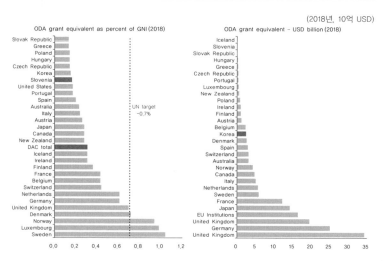

출처: https://www2.compareyourcountry.org/oda?cr=20001&cr1=oecd&lg=en&page=0(검색일: 2020.1.13)

마다 제출하도록 함으로써 단순히 권고가 아닌 의무적 성격을 강화하였다. 아울러 2009년 OECD DAC 회원국 자격을 획득함으로써 매 4년마다 우리 정부의 원조 정책에 대한 객관적 평가를 받아야 하는 의무를 지게 되었으며, 2014년에는 국제원조투명성기구 International Aid Transparency Initiative, IATI [5]에 가입함으로써 원조 정책의 수립, 집행, 평가에 있어 그 정보를 공개한다는 책무를 지니게 되었다.

이처럼 국내외적 환경 변화와 함께 시작된 ODA 규모 및 관심의 확대는 규모의 비약적 증가로 이어졌고, 이러한 노력의 결과로 한국은 2009년 11월 OECD의 원조 선진국 모임인 개발원조위원회 Development Assistance Committee, DAC의 회원 자격을 획득하였다. 또한 이러한 노력은 국제사회의 평가에서 긍정적인 요소로 작용하였다. DAC 회원 자격 획득 후 첫 실시된 2012년 동료검토 Peer Review 에서 국제사회는 한국의 지속적인 ODA 규모 확대 노력에 대해 긍정적으로 평가하였다.[6] 하지만 이러한 노력에도 불구하고 노무현 정부가 목표 시한으로 한 2015년 GNI 대비 0.25% 달성은 쉽지 않은 목표였고, 급기야 2015년 박근혜 정부는 '제2차 국제개발협력 기본계획'을 통해 2020년까지 GNI 대비 ODA 비중을 0.2%로 하향 조정하였다. 아울러 박근혜 정부는 2030년까지 ODA 규모를 OECD DAC의 평균인 0.3%로 끌어올린다는 포부를 밝히기도 하

---

5 IATI, 웹사이트 https://iatistandard.org/en/(검색일: 2019.10.28).
6 동료검토는 OECD DAC의 사무국과 회원국으로 구성된 평가팀이 평가 대상국을 상대로 4년에 한 번 해당 국가의 원조 정책 전반에 대한 평가를 실시한다. 출처: OEC DAC 웹사이트 https://www.oecd.org/dac/peer-reviews/

였다.[7] 하지만 이러한 수정된 목표에도 불구하고 2018년 우리 정부의 GNI 대비 ODA 비율은 0.15%에 불과한 실정이며, 이에 대해서 2018년 2차 동료검토Peer Review는 "원조 규모가 이전 승인된 목표에 비해 낮은 수준… (중략) … 한국의 ODA 실적은 국제적으로 공약한 목표에 미달한다"고 지적하였다.[8]

비록 경제 규모 대비 ODA 규모를 평가하는 GNI 대비 ODA 비율과는 달리 2019년 정부가 국회에 제출한 '2020년 예산안'에 따르면, 2020년도 ODA에 투입되는 예산은 3조 5,000억 원으로 2019년 3조 1,000억 원보다 11.4% 증가한 수치이다. 특히 문재인 정부가 신남방 정책 구상을 밝히며 동 지역에 대한 ODA 규모를 확대한다는 방침을 천명하면서 ODA 규모는 최근 5년 사이 가장 높은 증가율을 기록할 전망이다. 이는 2017년 2조 5,700억 원에 비해서도 크게 늘어난 수치다.[9] 결과적으로 지난해 기준 한국의 ODA 절대 규모는 DAC 29개국(유럽연합 제외) 가운데 16위에 해당하는 비약적 성장을 이루었지만, 경제력 대비 ODA를 나타내는 GNI 대비 비율은 24위에 그쳤다. 한국보다 비율이 낮은 국가는 폴란드, 체코, 헝가리 등 사회주의 경제에서 시장경제로 체제전환을 단행한 동유럽 국가이면서 최근 DAC 회원자격을 획득한 5개 국가뿐이며, 최

---

7 손영하, "해외원조 0.2% '空約' … 한국, 내년에도 OECD 최하위권," 한국일보, 2019년 9월 16일. https://www.hankookilbo.com/News/Read/201909091765755090?did=NA&dtype=&dtypecode=&prnewsid=.(검색일: 2019.10.24).

8 상동.

9 국무조정실 보도자료, "'18년 우리나라 ODA는 23.5억불, DAC 국가 중 15위: 경제협력개발기구(OECD, 파리), '18년 공적개발원조(ODA) 잠정통계 발표," 2019년 4월 10일.

하위 슬로바키아와의 차이도 0.02% 포인트에 불과하다. 이는 국제 사회의 권고 기준인 0.7%와 OECD DAC 국가들의 평균인 0.31%에 비해서도 낮은 수치라는 점에서 한국은 국제사회로부터 지구촌 빈곤 문제 달성을 위한 공동의 노력으로써 그 경제력에 걸맞은 ODA 규모의 확대에 대한 압력을 더욱 받을 것으로 전망된다.

V. 공공외교적 관점에서 한국 대외원조 정책의 성과

우리 정부의 ODA가 개도국의 사회·경제 발전에 어떻게 기여하였는지에 대한 원조의 효과성에 대한 연구[10]나 OECD DAC가 매 4년마다 실시하는 동료검토Peer Review와 같이 국제사회가 한국 ODA 정책 전반에 대해서 어떻게 인식하고 있는지에 대한 평가는 존재한다.[11] 또한 미국의 민간 연구소인 글로벌 개발센터Center for Global Development, CGD는 주요 공여국이 개도국의 경제사회 발전에 어떻게 기여하고 있는지 지속적으로 평가하기도 한다. 하지만 이들 외부 기관들의 한국 ODA에 대한 평가는 ODA 절대적인 규모 면

---

10 한국 대외원조의 효과성에 대한 연구로 다음의 연구가 있다. 국무총리실, "2017 대한민국 ODA 백서"(2017); 정태영, "우리나라 공정개발원조(ODA)의 효과성에 관한 연구,"『국제경영리뷰』 20권 4호(2016); 장준영, "한국의 대미얀마 공적개발원조(ODA) 효과성과 개선 방안: 새마을운동을 중심으로,"『아태연구』 24권 3호(2017); 김은주, "한국의 대미얀마 공적개발원조(ODA) 효과성과 개선 방안: 새마을운동을 중심으로,"『국제개발협력연구』 9권 4호(2017).

11 한국은 2009년 11월 OECD DAC 회원국이 됨에 따라 2012년과 2018년에 동료검토(Peer Review)를 수검받았다. 동 보고서는 OECD DAC의 동료검토 웹사이트 (https://www.oecd.org/dac/peer-reviews/)에서 확인 가능하다.

〈그림 11-6〉 미국 CGD가 평가한 개발공헌지수(Commitment to Development Index(2018))

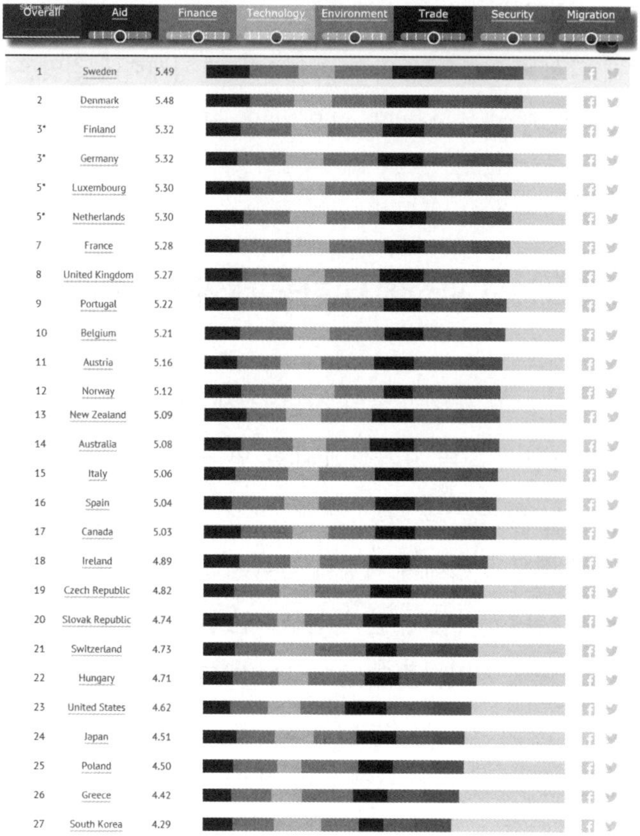

출처: Center for Global Development 웹사이트 https://www.cgdev.org/commitment-development-index-2018(검색일: 2020.1.15)

에서는 점진적이고 비약적인 진전이 있었으나, 여전히 한국의 경제력 대비 원조 규모는 미미한 편이며, 이들 ODA가 개도국의 발전에 얼마나 기여하였는지에 대해서도 부정적인 평가를 내놓고 있다.

하지만 안타깝게도 우리 정부의 ODA가 수원국의 주민 및 정부의 한국에 대한 인식 변화로 연결되었는지에 대한 연구는 많지 않다. 유일한 연구로 김유경·이효복[2010]의 연구는 ODA가 국가 브랜드에 미치는 영향을 연구함으로써 상대 국가의 마음을 사는 한 수단으로서 ODA가 실제로 수원국 주민들의 한국에 대한 인식 변화로 이어졌는지에 대한 연구를 수행하였다. 동 연구가 ODA가 확대되기 시작한 지 얼마 되지 않았다는 점에서 ODA의 규모적 측면이나 질적 측면에서 기여가 많지 않았다는 점을 감안할 필요가 있겠다. 그럼에도 불구하도 이 연구는 개도국에 대한 한국의 ODA가 수원국으로 하여금 한국의 브랜드 파워를 제고하는 데 기여하였다고 평가한다는 점에서 ODA는 수원국의 마음을 사는 효과적인 수단임을 알 수 있다. 이러한 관점에서 2016년 공공외교법이 제정된 지금 ODA가 공공외교적 관점에서 한국에 대한 이미지 개선과 국가 브랜드 제고에 어떻게 기여하는지에 대한 평가 및 연구가 지속적으로 수행되어야 할 필요가 있다고 하겠다.

끝으로 ODA가 공공외교적 측면에서 어떠한 위치를 차지하는지를 공공외교에 대한 국제사회의 평가 프레임워크를 통해 확인 가능하다. 미국의 대표적인 공공외교 평가 기관인 남캘리포니아대학University of Southern California 공공외교센터Center for Public Diplomacy, CPD는 '관여engagement' 섹터에서 ODA를 포함시켜 해당 국가의 공공외교 성적을 평가하는데, 한국은 기업Enterprise과 디지털Digital에서 부각을 나타내고 있으나 ODA에 포함되는 관여 섹터에서는 이렇다 할 평가를 받지 못하고 있다는 점에서 동 분야에서의 지속적인 노력이 필요하다고 하겠다.

**〈그림 11-7〉 미국 남캘리포니아대학 공공외교센터(CPD)의
국별 공공외교 평가 결과**

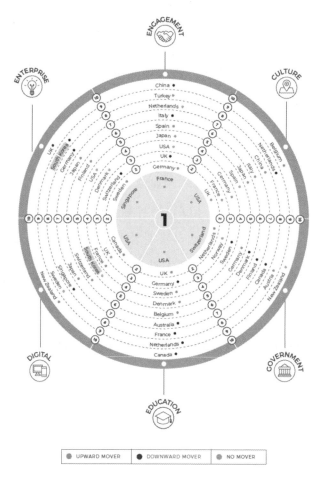

출처: https://www.uscpublicdiplomacy.org/

VI. 맺음말: 공공외교와 원조 정책 간 조화를 위한 과제

이처럼 대외원조는 수원국으로 하여금 한국에 대한 우호적인 이미지를 형성하는 데 있어 효과적인 정책 수단임이 틀림없다. 과제는 공공외교적 관점에서 대외원조가 가지는 긍정적 효과를 지속적으로 유지 및 확대 발전시키기 위해서는 대외원조의 규모 증액과 함께 어떠한 원조 정책 즉 원조 방식과 목표에 대한 정책적 고민이 필요하다고 하겠다. 이러한 맥락에서 한국의 대외원조 규모 증액과 원조 방식을 둘러싼 주요 논의에 대한 검토를 끝으로 본 글을 마무리하고자 한다.

먼저, 우리 정부의 대외원조 규모 증액에 대한 국제사회의 압력은 더욱 거세질 것으로 전망되며, 이러한 압력은 한편으로는 보편적 인류애 실현을 강조하는 OECD DAC를 중심으로 하는 국제사회의 압력과 다른 한편으로는 대외원조를 국익 실현의 한 도구로서 인식하는 우리 정부의 정책적 동인에서 기인할 것으로 보인다. 즉, 대외원조 증액에 대한 대외변수로써 국제적 규범 측면에서의 원조 규모 증액에 대한 압력, 한국의 대외 정치외교 및 경제적 측면에서의 대외원조 확대 필요성에 대한 인식 확대 그리고 같은 맥락에서 미·중 패권 경쟁 속에서 한국의 원조 규모 증액에 대한 압력이 그것인데 우리 정부는 이러한 여러 원조 동기들 가운데서 균형점을 모색할 필요가 있다.

첫째, 글로벌 공공재로서 대외원조에 대한 인식이 더욱 강화되면서 한국 정부에 대한 국제사회로부터의 OECD DAC 국가 원조 평균인 GNI 대비 0.3% 달성과 궁극적으로 0.7% 달성에 대한 압력이 더욱 가시화될 것으로 보인다. 최근 문재인 정부는 신남방 정책을 천명하면서 아세안 지역에 대한 ODA를 2023년까지 현재 수준의 2배로 확대한다는 계획을 밝히기도 하였으나, 지난 2008년 ODA 규모 증액 결정 이후 보여준 힘겨운 상황들을 고려할 때 ODA 규모의 증액은 시민사회의 합의뿐만 아니라 한국 경제수준의 여력에 대한 고려가 필요한 사항으로 향후 ODA 규모를 OECD DAC의 평균 수준으로 끌어올리는 데 있어 한국 정부의 힘겨운 노력이 예상된다. 이러한 한국의 노력에 대해 국제사회는 긍정적인 평가를 하면서도 한국의 경제수준을 고려할 때 OECD DAC 회원국의 평균인 0.3%를 달성하지 못한 데 대한 비판을 강화하고 있으며, 이러한 압력은 SDGs 채택과 함께 더욱 거세지고 있다. 하지만 문재인 정부는 노무현 정부(2005년), 박근혜 정부(2015년)와 달리 GNI 대비 ODA 예상 증액에 대한 정책을 제시하지 못하고 있다.[12] 또한 두 번에 걸친 정부 차원의 공식적 목표 설정에도 불구하고 실제로 ODA 예산의 증액은 불가능하였다. 실제로 2018년 GNI 대비 ODA 규모는 0.15%에 머물렀으며, 2019년 원조 규모는 2018년 대비 3,000억이 증가한 3조 1,000억이었으며, 2020년 원조 규모는 3조 5,000억으로 책정될 전망이다. 결과적으로 2020년 0.2% 달성은 현실적으로 어려운 실정이다.

둘째, 한국의 대외 정치외교 및 경제적 측면에서의 국익 실현

---

12 박근혜 정부는 2015년 '제2차 국제개발협력기본계획' 채택을 통해 2020년까지 GNI 대비 0.2%와 2030년까지 OECD DAC 평균치인 0.3%을 달성한다는 목표를 제시하였다.

의 수단으로서 ODA 확대 필요성에 대한 인식이 지속적으로 확대되고 있다. 노무현 정부가 ODA 확대 정책으로 국제개발협력 정책의 중요성에 대한 포문을 열었다면, 이명박 정부는 ODA를 자원외교와 접목을 시도하였다. 반면에 박근혜 정부는 ODA 정책을 여성과 보건에 집중하면서 국제사회의 지구촌 빈곤퇴치를 위한 노력에 보조를 맞추는 면모를 보여주었다. 현 정부 들어서는 아세안 국가들과의 경제협력 필요성에 대한 인식 하에 신남방 정책을 천명하였는 바, 이에 따라 우리 정부는 신남방 지역에 대한 ODA 예산을 2023년까지 200% 증액하는 계획을 수립하였다. 이 경우 2019년 870억 원에 달하는 아세안지역 국가에 대한 ODA는 2023년 1,800억 원에 달할 것으로 전망하고 있다. 즉 문재인 정부는 대외원조 정책을 아세안 지역에서의 외교적 국익 및 경제적 국익 실현을 위한 한 수단으로 인식하고 있다는 점에서 실제로 아세안 국가들에 대한 우리 정부의 ODA가 이들 아세안 수원국들로 하여금 한국 기업과 경제주체들에 대한 우호적인 인식 형성으로 이어질 수 있기 위해서는 우리 정부의 원조 추진 부처 및 비원조 추진 부처와 여러 경제 관련 주체 간 전략적 연계 방안에 대한 고민이 필요하다고 하겠다.

셋째, 2019년 미국은 아시아·태평양 지역에서 중국의 패권 확산에 대한 우려와 이를 견제해야 한다는 내용을 담은 인도·태평양 전략을 바탕으로 동 전략의 이행에 있어 한국의 참여를 요구하고 있다. 즉 인도·태평양 전략을 바탕으로 미국은 한국과 군사 및 경제 분야의 협력뿐만 아니라 대외원조 분야에서의 협력을 요구하고 있는데, 미국은 전통적으로 국익 실현을 위한 수단으로서 공공외교 정책을 적극적으로 추진해 왔고 대외원조는 미국 공공외교의 중요한 수단이었다는 점에서 대외원조 분야에서의 한국에 대한 미국의 압력이 거세질 것으로 전망할 수 있다. 실제로 미국은 문재인 정부가 한국의 외교안보 및 경제적 측면에서 동남아 국가의 중요성을 강조한 신남방 정책을 천명한 후 이 정책과 자국의 인도·태평양 전략 간 연계를 모색하고 있다. 특히 신남방 정책에서 이들 신남방 국가들에 대한 대외원조가 중요한 수단으로 인식되고 있는 만큼, 미국은 아세안 지역에서 중국의 패권 확장 저지를 위해 미국식 워싱턴컨센서스에 기반한 대외원조 정책의 추진과 이 과정에서 한국의 참여와 역할 확대를 더욱 강하게 요구할 것으로 예상된다. 이처럼 아시아·태평양 지역에서의 패권 경쟁은 동 지역에 대한 대외원조 규모의 증액 요구로 이어질 것이라는 점을 전망할 수 있는데, 중국과 미국의 패권 경쟁이 단순 아시아·태평양 지역에 국한된 것이 아니라 아프리카와 중남미 대륙에 걸쳐 이루어지고 있다는 점에서 한국 대외원조의 규모 증액에 대한 압박이 과거 OECD DAC의 규범적 목표인 0.7% 달성이라는 규범적 권고를 넘어 현실적 압박 요인으로 작용할 가능성을 무시하기 어렵다고 하겠다.

끝으로 원조 방식에 대한 고민이다. 대외원조는 공여국의 공공외교적 관점에서 효과적 수단으로 인식되어 왔으며, 이 때문에 대부분 공여국들이 대외원조를 수원국의 필요 충족을 위한 이타적 동기와 공여국의 국익 실현이라는 동기를 절충하는 방안으로 원조 방식을 타협해 왔다. 이 과정에서 개도국의 발전을 궁극적인 목적으로 하는 원조 방식보다는 공여국의 여러 이익이 충족될 수 있는 방식으로의 원조가 진행되었다.

예를 들어, 개발자원이 부족한 개도국에 대해서 무상형태의 원조가 바람직하다는 국제사회의 권고에도 불구하고 일본, 한국, 프랑스와 같은 공여국들은 여전히 상환의 의무를 가지는 차관성 원조의 비중이 높으며,[13] 구속성 원조의 비효율성을 지적하면 비구속성 원조를 권고하는 국제사회의 외침에도 불구하고 한국과 같은 공여국은 구속성 원조를 선호하며 비록 높은 비용이 발생하더라도 자국의 기업이 원조 사업을 수행하는 정책을 고수하고 있다. 또한 OECD DAC은 원조의 성공과 실패 사례에 대한 분석을 통해 개도국의 발전에 기여하는 원조의 한 방식으로서 공여국들로 하여금 다국가에 대한 원조보다 소수 국가에 집중적인 원조 방식을 권고하여 왔으나, 여전히 일본, 미국, 한국, 프랑스, 호주, 영국 등 주요 공여국들은 120개국이 넘는 개도국에 원조를 분산 지원하는 경향을 보이고 있다.[14]

원조의 배분에 있어서도 최빈국에 대한 원조가 우선되어야 한다는 규범적 권고에도 불구하고 영국, 프랑스, 스페인과 같은 공여국들은 과거 식민지 국가들에 원조를 집중하고 있으며, 일본과 한국은 경제적 이해관계가 높은 개도국에 그리고 미국은 아프가니스탄과 이라크와 같이 안보적 이해관계가 높은 국가, 그리고

---

13 Jan Van de Poel, "2018 development aid figures. Why aid reporting rules matter for more effective development," Eurodad, 19 Apr 2019, https://eurodad.org/Entries/view/1547063/2019/04/19/2018-development-aid-figures-Why-aid-reporting-rules-matter-for-more-effective-development(검색일: 2020.1.13).

14 The Economist, "Where does foreigh aid go?" https://www.economist.com/graphic-detail/2016/08/10/where-does-foreign-aid-go(검색일: 2018.1.13).

호주는 태평양 도서 국가들에 원조를 집중하면서 지역적 인접성에 기반한 원조 배분 경향을 보이고 있다.

이렇듯 제2차 세계대전 이후 본격화된 주요 공여국의 대외원조 역사에서 확인되는 특징은 개도국 주민들의 보편적 가치 실현을 위한 도구로서 원조 그리고 산업화와 함께 가속화되고 있는 지구촌 도전과제들의 등장과 함께 글로벌 공공재로서의 성격을 강조하는 원조 규범에도 불구하고 현실 정치에서 원조는 이들 보편적 가치뿐만 아니라 공여국의 여러 국익 실현을 위한 수단 인식이 되어왔고, 실제로 이러한 국익 실현을 위한 촉진제이자 직접적인 도구로서 사용되어 왔다. 결국 대외원조가 개도국의 수요 충족에 기여하면서 공여국의 국익 실현에도 기여하는 상호 윈-윈의 관점에서 사용되어 왔음을 부정할 수 없다. 이 때문에 우리는 원조의 규범적 가치와 현실적 가치를 조화롭게 활용하는 방안에 대한 고민을 진지하고 체계적으로 가져야 한다는 결론에 도달하게 된다.

소결하자면, 2016년 2월 공공외교법이 제정됨에 따라 우리 정부 내 다양한 부처가 소관 부처의 전문성과 업무에 기반하여 추진해온 공공외교 사업들이 공공외교라는 프레임워크로 재해석되고 또한 통합적으로 추진되도록 조정하여야 하는 제도적 기반이 마련되었다. 그럼으로 대외원조 정책도 공공외교의 핵심적인 한 요소인 만큼, 우리 정부가 추구하는 다양한 형태와 분야의 국익 실현을 위한 하나의 정책적 수단으로서 대외원조가 국제사회가 수립한 SDGs의 실현에 기여하는 글로벌 공공재로서의 성격과 어떻게 조화롭게 추진될 수 있을지에 대한 우아한 전략 모색이 필요하다고 하겠다.

1 ODA를 공여국의 국익 실현을 위한 공공외교적 관점에서 접근해야 하는가, 아니면 인류의 보편적 가치 실현을 위한 글로벌 공공재적 측면에서 접근해야 하는가?

2 지구촌 도전과제들에 대한 글로벌 공공재로서 ODA가 가지는 공공외교적 성격은 무엇인가?

3 한국의 ODA를 공공외교적 측면과 융합하기 위해서는 어떠한 정책 및 범정부적 거버넌스가 필요한가?

4 국제사회는 원조의 효과성 제고를 위해서 적은 수의 개도국에 큰 규모의 원조 제공을 권고하는 반면, 공여국의 외교적 측면에서는 다양한 국가들에 원조를 제공하는 것이 더 효과적이라고 인식된다. 그렇다면 우리 정부는 어떤 입장을 취해야 하는가?

5 한국 ODA가 가지는 타공여국과의 차별성은 무엇이라고 생각하는가?

추천 문헌

국무총리실(2017). "2017 대한민국 ODA 백서."

손혁상(2015). "시민사회와 국제개발협력." 서울: 집문당.

이연호 외. "EU과 국제개발협력." 서울: 박영사.

한국국제협력단 ODA 교육원(2016). "국제개발협력 입문편." 서울: 시공미디어.

한국국제협력단 웹사이트. http://www.koica.go.kr/koica_kr.

ODA Korea 웹사이트. http://www.odakorea.go.kr.

참고 문헌

국무총리실(2017). "2017 대한민국 ODA 백서."

국무조정실 보도자료(2019). "'18년 우리나라 ODA는 23.5억불, DAC 국가 중 15위: 경제협력개발기구(OECD, 파리), '18년 공적개발원조(ODA) 잠정통계 발표." 2019년 4월 10일.

권 율(2015). "SDGs 이행과 개발재원." 국제개발협력학회 외. "2030 개발의제 시대의 지속가능발전목표(SDGs)와 이행전략." 2015.10.8. 세미나 발표자료.

김은주(2017). "한국의 대미얀마 공적개발원조(ODA) 효과성과 개선 방안: 새마을운동을 중심으로." 『국제개발협력연구』 9(4).

대외경제정책연구원(2017). "중국의 '일대일로' 추진 현황 및 평가와 전망." 북경사무소.

문경연(2015). "국제사회 개발재원 논의의 한반도 통일비용에 대한 함의: 북한 인프라 개발을 중심으로." 국토연구원.

_____(2019). "굿네이버스 비전 2030 연구용역."

석창민(2018). "중국 대외원조의 최근 동향 및 시사점." 한국수출입은행, 2018년 6월.

손영하. "해외원조 0.2% '空約' … 한국, 내년에도 OECD 최하위권." 한국일보, 2019년 9월 16일. https://www.hankookilbo.com(검색일: 2019.10. 24).

손혁상 외(2013). "주요국의 다자원조 추진전략과 정책적 시사점." 경제·인문사회연구회 미래사회 협동연구총서.

이기성(2018). "영국 DFID, 국익에 기반한 원조 등 우선순위 과제 제시." EDCF.

이정선(2017). "주요국의 ODA 법제." 한국법제연구원 국제협력실.

외교부(2014). "개발협력과 지역외교(정무) 간 시너지 제고 방안 연구."

외교부 공공외교 웹사이트. www.publicdiplomacy.go.kr(검색일: 2020.1.15).

유웅조(2015). "미국 대외원조정책 현황 및 특징과 시사점." 한국의 개발협력. EDCF.

윤완준. "中 일대일로' 맞서 미국-일본-인도-호주판 '일대일로' 나오나." 동아일보, 2018년 2월 20일(https://news.naver.com/main/read.nhn?oid=020&aid=0003129318).

주동주 외(2009). "선진국의 ODA 공여실태 분석과 한국의 대외원조 전략." EDCF.

장준영(2017). "한국의 대미얀마 공적개발원조(ODA) 효과성과 개선 방안: 새마을운동을 중심으로."『아태연구』 24(3).

정태영(2016). "우리나라 공정개발원조(ODA)의 효과성에 관한 연구."『국제경영리뷰』 20(4).

지속가능포털. http://www.ncsd.go.kr/main(검색일: 2019.10.1).

최동주(2016). "2017-2021 대한민국 공공외교 기본계획에 관한 연구용역." 숙명여자대학교.

CGD. 웹사이트 https://www.cgdev.org/(검색일: 2019.10.28).

Devex. 웹사이트 https://www.devex.com/(검색일: 2019.10.1).

HM Treasury & DFID(2015). "UK aid: tackling global challenges in the national interest." OGL.

IATI. 웹사이트 https://iatistandard.org/en/(검색일: 2019.10.28).

OECD DAC Statistics. "GeoBook: ODA by sector—bilateral commitments by donor and recipient." https://stats.oecd.org/#(검색일: 2020.1.7).

OECD Library. "Development co-operation profiles 2019 Canada." https://www.oecd-ilibrary.org(검색일: 2019.10.20).

_____. "Development co-operation profiles 2019 United Kingdom." https://www.oecd-ilibrary.org(검색일: 2019.10.20).

_____. "Development co-operation profiles 2019 United States." https://www.oecd-ilibrary.org(검색일: 2019.10.20).

Partnership for Effective Development Co-operation. http://www.effectivecooperation.org/files/OUTCOME_DOCUMENT_-_FINAL_EN2.pdf(검색일: 2013.8.8).

U.S. Department of State & USAID(2018). "JOINT STRATEGIC PLAN."

제12장
해외 한국학 진흥과 공공외교

김유리 ● 한국개발연구원

[핵심어]

한국학   해외 한국학   한국학 진흥 사업
한국어 교육   한국 연구

I. 해외 한국학의 의미와 목적

최근 '해외 한국학 진흥 사업'은 공공외교 측면에서 지속가능하고 장기적으로 한국의 입지를 다질 수 있는 해외사업으로서 정부와 민간 모두에서 화두가 되고 있다. 해외 한국학Korean Studies Abroad 을 간단히 정의한다면 '해외에서 외국인이 수행하는(배우는) 한국에 대한 학문'이 될 것이다.김동택 2006, 229 한국의 경제성장과 민주화, 한류에 이르기까지 국제사회에서 한국에 대한 관심이 증가하고 있음은 주지의 사실이다. 한국어 학습을 넘어 한국의 역사, 문화 등 다양한 측면을 배우려는 수요가 확대되었다. 여기에 적극 부응하여 한국을 알리고 이해와 호감을 증진시키는 공공외교의 한 방법으로서 정부 주도의 해외 한국학 진흥 사업이 추진되고 있다.

공공외교 정책 시각에서 '해외 한국학'은 비교적 최근에 확산된 용어이다. '해외' 여부를 떠나 학문의 한 영역으로서 '한국학'을 어떻게 정의하느냐에 대해서 다양한 논의가 있어 왔다. 명칭부터 범위, 주체, 내용 등에 대한 논의가 지금도 진행 중이다. 해외 한국학 진흥 사업을 논하기 전에 한국학과 해외 한국학의 배경과 의미, 범위를 간단히 살펴보고자 한다. 학문의 한 분과로서 국내외를 아우르는 한국학은 보다 일반적인 학술 교류의 관점에서 바라볼 필요가 있다.

한국 내의 한국학은 길게 보면 조선 후기부터 변화를 겪으며 이어져 왔다. 전성운(2010)은 조선 후기에 확산되었던 조선학(朝鮮學)에서 한국학의 시작을 찾는다. 일제 치하에서 국학(國學)으로 이어졌고, 1945년 이후에도 같은 명칭으로 계속되다가 1960년대부터 한국학으로 불리기 시작해 1990년대 이후 공식적인 용어가 되었다고 설명한다. 조선학이나 국학이라고 할 때는 한국인으로서 정체성을 강조하는 성향이 강했다면, 한국학이라고 할 때는 외부인의 관점에서 객관적으로 관찰하고 분석하는 성향이 있다.전성운 2010, 320-321 영문 명칭으로 보면 국학(National Studies)과 한국학(Korean Studies)의 주체와 목적이 확연히 구별된다. 한국학은 한국을 객관적인 연구 대상으로 설정하고, 연구자가 한국인이든 외국인이든 외부에서 관찰하고 분석하는 것을 전제로 한다.

최근 한류의 폭발적인 인기로 한국에 대한 관심이 늘어나고 있다. 한류 팬들이 많은 지역에서 한국 역사와 문화를 중심으로 한국학 수요가 크게 확대되었다. 일차적인 한국어 수요가 급증하면서 한국어 교육과 한국학이 동일시되기도 한다. 한국어가 해외 한국학에 반드시 포함되는 요소임은 분명하나, 기능적인 언어 교육과 학문적인 한국학은 구분할 필요가 있다. 한국어 교육 과정에서 문화나 역사 등 기초적인 한국학 내용을 포함하는 경우가 많으므로 단절된 분야라고는 할 수 없다. 그러나 한국학은 인문학, 사화과학 등 일반 학문 분과와 연계한 전문적인 분석을 지향한다는 점을 염두에 두어야 한다.

해외 거주 외국인이 한국에 대해 공부하려 할 때, 한국학은 자연히 지역학area studies의 한 갈래가 된다. 언어부터 지리, 역사, 문화, 정치, 경제 등 기본지식을 학습하고, 특정 학문 분과 또는 학제간 연구로 연결시키는 것이다. 곽수민(2012)은 해외 한국학 동향을 분석하면서 대상(외국인), 지역(해외), 주제(한국)를 기준으로 다양한 정의가 있다고 지적하였다.곽수민 2012, 212-213 지역학의 한 분과로서 해외 한국학은 외국인이 해외에서 한국과 관계된 현상을 객관적으로 관찰, 분석, 비교하는 학문이라고 할 수 있다.

해외 한국학은 한국어와 기초적인 정보 제공에 머물러 있는 경우가 많아 아직 내용적으로 매우 기초 단계이다. 해외 한국학과 국내 한국학은 다소 단절되어 상호작용이나 소통이 원활하다고 할 수 없는 상황이다. 공공외교 관점에서 본다면 한국학은 일차적으로 한국적 특성을 널리 알리고 한국에 대한 관심과 친밀감을 높이는 역할을 한다. 중장기적으로 추구하는 방향은 해외 한국학 네트워크를 구축하고 국내외 한국학계가 협력하여 학문 분과에 따라 한국을 분석하고 비교, 평가하며 상호 발전하는 것이다. 이를 위해 해외 한국학도 역량을 강화하여 한국인과 한국사회를 객관적으로 비교하고 분석하는 수준을 지향해야 한다.

〈참고 12-1〉 한국학의 국제화와 세계화

해외 한국학 사업이 나아갈 방향으로 '세계화(globalization)'를 제시하는 경우가 많다. 세계화는 일반적으로 국경과 민족을 넘어 하나의 커뮤니티를 구성하는 과정을 의미한다. 국가 고유의 가치와 특수성을 강조하면서 교류하는 '국제화(internationalization)'와 다르다는 점을 기억할 필요가 있다. 한국학 사업이 단지 한국을 알리고 이해를 돕는 역할에 집중한다면 이는 국제화에 충실한 것이다. 임형재(2014)는 한국의 특수성을 다른 국가나 사회에 알려서 "한국적이라는 것에 대한 객관적 가치를 공유"하는 경우는 한국학의 국제화이고, 고유성과 배타성을 넘어서 일반화되어 "세계적으로 향유하는 재화가 되는 것"을 한국학의 세계화로 정의하였다(임형재 2014, 141-142).

해외 한국학은 지역별로 편차가 있으나 대부분 초기 단계이고 기초적인 한국 역사나 문화를 통해 한국적 특수성을 알려주는 데 초점이 맞추어져 있다. 즉 세계화보다는 국제화에 주력하고 있다고 볼 수 있다. 공공외교 사업 측면에서는 국제화도 매우 중요하다. 국제화를 통해 해외 전문가와 대중에게 한국을 알리고 이해와 교류를 심화할 수 있다. 이에 더해 한국학의 세계화를 추진한다면 접근을 달리할 필요가 있다.

한국학의 세계화는 한국의 다양한 측면을 객관적으로 분석하고 비교하는 방식을 국내외에서 협력할 때 가능해진다. 학문 분과별로 한국을 분석하고 논의하는 과정을 일반화하는 것이다. 이를 위해서는 국내와 해외 양방향에서 접근방식과 내용을 서로 관찰하고 비교해야 한다. 김동택(2006)은 해외에서 외국인들이 한국을 연구하는 과정에서 자국과 한국을 비교분석한다고 보고, 상호작용을 통해 국내 한국학에 비교분석적 관점을 더하게 되면 국내외를 아우른 한국학이 가능하다고 보았다(김동택 2006, 229). 아직 해외 한국학은 기초적인 단계이고, 국내 한국학은 해외와 상호작용할 수 있는 플랫폼이 미비한 상황이다. 국내 한국학도 한국에 대한 객관적 분석을 전제하고 있는 만큼, 향후 국내외의 상호작용이 원활히 이루어진다면 일반적으로 향유하는 세계화된 학문에 한발 나아갈 수 있으리라 기대해 본다.

최근에는 한국에서 멀게만 느껴지던 중남미나 아프리카에서도 한류에 힘입어 한국학 수요가 증가하고 있다. 한국어로 시작하여 한국의 민주화와 경제성장, 남북 문제 등으로 내용적인 관심이 확대되고 있다. 급증하는 수요에 부응하고자 노력하고 있으나 지역별로 적절한 사업 구조를 형성하지 못하거나 지원이 편중되는 문제도 발생하고 있다. 전재강·박은희(2015)에 의하면 대체로 동북아시아는 교수진, 교재, 교육과정 등이 현지의 수요를 따라가지 못하고 어학과 문학에 편중되어 있다. 동남아시아도 양질의 교재와 전문인력이 부족하고 내용도 취업을 위한 기능적인 어학교육에 치중되어 있다. 미주 지역도 수요에 비해 만성적으로 지원이 부족하고, 유럽도 인력과 지원의 부족 문제가 발생하고 있다.전재강·박은희 2015, 448

한국 정부는 지역별로 수요에 부응하면서 공공외교 측면에서 활용하기 위해 해외 한국학 진흥 사업을 추진해 왔다. 정책적인 지원 체계를 구축하면서 양적, 질적인 측면 모두에서 발전을 촉진하는 노력이 지속되고 있다. 1990년대 후반부터 정책적 지원이 본격화되어, 외교부 산하 국제교류재단Korea Foundation과 교육부 산하 한국학중앙연구원이 지원 사업에 큰 역할을 하고 있다. 국제교류재단은 해외 대학에 한국학 교수직을 설치하거나 교수를 파견하는 사업을 시행하고 있고, 한국학중앙연구원은 2010년부터 한국학세계화랩 사업을 출범하고 연구의 심화와 장기적인 지속성을 모색하고 있다. 문화체육관광부의 세종학당 사업도 있고, 국내 대학들도 국제화를 위해 다양한 학술교류사업을 시행하고 있다.

이러한 정책적 지원은 해외에서 사업이 확장되는 데 실질적인 기여를 하지만, 급격히 확장되면서 많은 문제도 노출하였다. 기관 간 역할 중복 문제, 해외 학자들의 참여로 이어지지 못하는 문제, 수준 높고 장기적인 연구성과로 연결되지 않는 문제 등 극복할 과제가 산적한 실정이다.한도현 2010, 8 이러한 이해를 바탕으로 아래에서는 먼저 해외 한국학 진흥 사업의 정책적인 방향과 체계를 정리하여 보고, 이어서 전반적인 해외 한국학 사업 현황과 지역별 특성, 과제를 분석해 보고자 한다.

II. 공공외교 차원의 해외 한국학 진흥 사업 체계

공공외교는 국제관계에서 소프트파워를 확장하는 수단으로서 중요성이 커지고 있다. 자국에 대한 학문적인 관심을 촉진하는 공공외교 기관 사례로는 미국의 풀브라이트 위원회Fulbright Commission나 포드 재단Ford Foundation의 장학사업을 비롯하여 영국문화원British Council, 독일 괴테 인스티튜트Goethe-Institut, 프랑스문화원Institut Francais과 알리앙스 프랑세즈Alliance Francaise 등 다양한 국가별 기관이 있어 왔다. 아시아에서는 1972년에 일본 외무성 산하 일본국제교류기금 Japan Foundation이 출범하여 일본의 국제적 위상을 높이고 교류를 증진하는 역할을 담당하였다. 중국도 공자아카데미를 출범(2004)시켜 각지의 대학과 일반 대중을 대상으로 중국어와 중국 문화를 전파하고 인적 교류를 확대하고 있다.정기웅·정경원 2017, 62-63

한국학 강좌가 최초로 시작된 해외 대학은 1897년 러시아의 상트페테르부르크 대학이었고, 20세기 초에 일본과 미국에 관련 수업이 있었다고 하나 존재감은 미미하였다. 해방 후 1970년대까지도 해외 한국학은 일본, 미국, 서유럽 일부의 소수 대학에서 명맥을 유지하였고 해당 기관들에서만 심도 있는 연구가 진행되었다. 1980년대 이후부터 한국 정부가 국제교류재단, 학술진흥재단(현 한국연구재단)을 통해 지원을 시작하였고 서울올림픽 등으로 위상이 높아지면서 급격히 확대되었다.곽수민 2012, 220 냉전 시기 체코, 동독, 폴란드 등 동유럽 국가에서는 북한과의 관계를 토대로 한국어(조선어) 및 북한과 협력한 한국학 교육이 이루어지기도 하였다.이은정 2018, 95 탈냉전 후 한국(남한)에 대한 관심이 확산되었고, 1990년대 말부터는 한류를 따라 한국어와 한국학 수요가 크게 확대되었다.

최근의 한국학 진흥 사업은 한류 인기 지역에서 폭발적으로 늘어난 수요에 초점을 맞추어 한류와 연계한 양적 확장을 우선 추진하였다. 2000년대부터 국제교류재단(외교부), 한국학중앙연구원(교육부), 한국어세계화재단(문화관광부) 등 여러 부처 산하기관이 한국학 활성화 방안을 추진하였다. 다른 부처들도 한류 활용 정책을 마련하면서 종류와 업무의 중복도 빈발하였다. 민간에서도 국내 주요 대학 연구소나 연구센터에서 국제적인 협력 연구와 사업을 진행하였다. 해외 지역별로 학회가 생겨났고 한국학 연구소나 학위과정의 숫자는 크게 늘고 있다.

그러나 다른 흐름으로 해외 대학들의 실용주의적 경향이 강해지면서 영미권 주요 대학의 한국학과나 한국어 강좌가 폐지되거나 축소되기도 하였다. 한국 정부의 지원으로 겨우 유지되는 곳도 생겨났다. 이는 한류 활용과 한국학의 확대에는 다른 접근이 필요하다는 새로운 과제를 안겨주었다.김동택 2006, 215-219 한류의 인기로 한국어와 기초적인 문화 강좌 수요가 크게 확대되었으나, 그것이 곧 한국학의 발전으로 이어진다고 보기는 어렵다. 언어 학습은 단순 취미, 유학, 취업 등 실용적인 목적이 작용한다. 이 수요가 반드시 한국학 전공자와 연구자의 증가로 이어지는 것은 아니다.

앞서 살펴보았듯이 해외 연구자들에게 한국학은 지역학의 한 분야이다. 대부분의 해외 대학에서 어문계열이나 동아시아 전공에 속하여 기초적인 지역학 수준에 머물러 있다. 지역학으로서의 한국학은 졸업 후 진로에 도움이 되지 않는 것으로 판명되면 곧 존폐의 위기를 맞게 된다. 인문학이나 사회과학 등 전통적 분과의 세부 전공으로 수업과 교수직을 개설하는 것이 바람직하나 이는 단기간에 기대하기 어려운 일이다.김동택 2006, 230-232 최근 한국에 대한 학문적인 관심과 인적, 물적 기반이 넓어진 것은 사실이다. 정규 과정으로 제도화되어 정착하기 위해서는 지속적으로 한국을 연구할 인구가 늘어나야 한다. 해외 현지의 전문인력 양성과 자립적인 연구 환경 조성이 장기적 과제가 되고 있다.

한국학의 정착과 장기적인 발전은 정부의 해외 한국학 진흥 사업에도 큰 과제이다. 지금까지는 한류와 더불어 급증하는 양적 수요에 부응하면서 지경을 넓히는 것이 목표였고, 기초 과정을 확대하면서 기반을 넓히도록 지원해 왔다. 부처 및 산하기관별로 다양한 사업이 진행되었고, 여기에는 한국어와 한국 문화 전파에 일조할 수 있는 모든 기관이 연관되어 있다.

주로 외교부의 한국국제교류재단과 교육부의 한국학중앙연구원이 학문적인 한국학 진흥에 집중하고 있다. 이외에도 언어와 문화 보급 차원에서 문화체육관광부 산하의 세종학당, 국립국어원, (재외) 한국문화원도 사업을 펼치고 있으며, 교육부의 국립국제교육원, 과기부의 한국연구재단 등도 관련되어 있다. 각 기관들은 외교부, 교육부, 문화체육관광부 각각의 목적과 특성에 따라 사업 성격을 조금씩 달리한다. 외교부는 해외에 한국을 알리는 교류의 취지, 문화체육관광부는 교류가 확립된 곳에 한국어와 한류 전파, 교육부는 연구를 할 만한 대학이나 연구기관을 장기적으로 지원하는 것이 주목적이다.송현호 2014, 3-4 그러나 사업의 성격상 서로 연계되지 않을 수 없고 업무 중복 문제가 지속적으로 제기되었다.

　한국학 진흥 사업을 대표한다고 할 수 있는 한국국제교류재단과 한국학중앙연구원의 사업은 같은 목표를 지향하면서도 서로 다른 사업체계를 갖추고 있다. 외교부 산하의 공공외교 사업 기관인 한국국제교류재단은 1992년 설립 이래 해외 한국학 연구를 지원해 왔다. 해외 대학에 한국학 교수직을 설치하고, 해외 연구자들이 방한하여 연구할 수 있는 펠로십과 한국학 전공 대학원생을 위한 장학금을 지원하였다. 해외 대학에 한국 관련 수업을 개설하도록 객원교수를 파견하고, 해외 대학 도서관에 도서와 자료 지원, 교재 개발 지원 등 다양한 활동을 수행하고 있다. 지역 안배를 고려하여 한국학 기반이 취약한 아프리카나 중동, 중남미 등에 한국 관련 행사나 강연을 열어 진출을 모색하는 사업도 수행하고 있다. 한국국제교류재단 2018, 17-18

　2007년에 교육부 산하의 한국학중앙연구원에 한국학진흥사업단이 출범하였다. 이미 학술진흥재단(현 한국연구재단)에서 해외 연구자들을 지원하던 사업을 한국학진흥사업단으로 이관하면서 해외 한국학 연구와 연구자 지원, 기관 간 연구협력, 한국학 학술대회를 지원하는 사업을 추진하였다.박태균 2018, 2-3 한국학중앙연구원 사업 중에는 해외 연구자를 지원하는 한국학 세계화랩사업,

해외 대학을 지원하는 해외한국학 중핵대학육성사업, 해외한국학 씨앗형사업 등이 있다. 공공외교 차원에서 가장 주목할 만한 사업은 해외한국학 씨앗형사업을 들 수 있다. 한국학이 아직 정규 강좌나 학과로 자리 잡지 못한 지역의 대학을 선정하여 학과 설립, 연구센터 설립, 학술대회 개최 등을 지원함으로써 토대를 마련하는 사업이다.김진량 2019, 296-297 공공외교 기반을 넓히고 개척하는 성격이 강한 국제교류재단과 달리 연구와 교육의 제도화와 정착을 지원하고 수준을 심화하는 데 초점을 두고 있다.

기관의 성격이 다르다 하더라도 같은 지향점을 갖고 있고, 서로 연관되는 부분도 많다. 해외 현지에서 활동이 겹치면서 중복과 행정 비용 문제가 제기되었다. 2008년에 업무를 조정하여 한국국제교류재단은 외교부의 해외 네트워크를 활용하여 기초적인 접점을 만들고 제도화해 가는 사업을, 한국학중앙연구원은 인프라가 구축된 지역에서 본격적인 연구 환경을 조성하는 사업을 추진하게 되었다. 그러나 중복 문제가 계속 제기되어 2016년에 한국국제교류재단의 모든 학술활동 지원 사업은 한국학중앙연구원으로, 한국학중앙연구원의 교수요원 파견 사업은 한국국제교류재단의 객원교수 파견 사업으로 재조정되었다.한국국제교류재단 2018, 23 2012년에는 문화체육관광부에서 기존 한국어세계화재단을 재편하여 세종학당재단을 출범시켰다. 해외 현지 기관들의 신청을 받아 세종학당을 설립하고 한국어 교육을 운영하는 사업으로, 현지마다 또 하나의 한국어 교육 관련 사업이 생긴 셈이다. 이에 한국국제교류재단이 세종학당 선정 과정에 참여하는 등 상호 연계를 위해 노력하고 있다.

정부 지원 사업은 양적인 성장을 촉진하고 기반을 넓힌다는 측면에서 긍정적으로 평가할 수 있다. 그러나 정부와 기관의 정책적 지원은 부작용 우려가 큰 것도 사실이다. 해마다 이루어지는 단기적인 실적 평가와 예산 제약, 관리감독을 위한 행정적 비용 등 현지의 자율성을 살리지 못하고 장기적인 계획이 어렵다는 문제가 있다.김진량 2019, 285 몇몇 선호 지역과 학자에 지원이 편중되는 현상도 발생하였고, 해외 대학의 교수직 설치나 해외 연구자 재정 지원이 한국 정부 지원에 의존하게 되면서 자생력을 잃고 지속성이 떨어질 우려도 있다.김동택 2006, 234-235 한국학 프로그램들이 해외 현지 상황에서 동떨어져 발전 잠재력을 발현하지 못한 채 고착될 수 있으므로 초반에 정책적 지원을 활용하되 자생력을 배양하기 위한 고민이 필요하다.

현재 한국학 지원 사업은 인력을 지원하고 관리하면서 교재 등 자료를 제공하며, 대학이나 연구기관에 정규 강좌를 개설하도록 유도하는 것이 주를 이룬다. 지역마다 전문인력을 파견하고, 한국학 학술대회나 세미나, 해외 연구자(개인 또는 그룹)의 연구를 지원하는 규모가 늘어나고 있다. 단지 양적인 확대와 실적 도출만이 발전의 기준이 되어서는 안 되며,전성운 2010, 329 해외 현지 상황에 맞는 방식으로 자생력을 키우고 장기적인 안목으로 현지 전문가와 공동체적 네트워크를 구축해야 한다. 지역마다 한국학에 대한 인식과 발전단계가 다른 만큼, 목표와 기대수준을 달리하고 적절한 접근방식을 찾을 필요가 있다.

III. 해외 한국학 사업의 지역별 현황 분석

한국국제교류재단이 발간한 『2018 해외한국학백서』에 따르면, 한국학 진흥 사업을 통해 본격적 지원이 시작된 이래 해외 한국학 (한국어 포함) 강의 수와 범위는 2000년대 중반부터 비약적으로 증가하였다. 해외 한국학 강의 수는 1991년 당시 32개 국가에서 151개에 머물렀으나, 2000년대 중반에 50개 이상의 국가에서 600개 넘는 강좌로 확대되었고 2017년 기준으로 105개국 1,348개 강좌에 이르고 있다(〈그림 12-1〉 참조). 강좌 수가 9배 가까이 증가한 것이다.

강의 개설 수와 대상 국가 수의 증가로 양적인 확산 추세를 살펴볼 수 있다면, 이를 지역별로 나누어 보면 중점을 두었던 지역과 그렇지 못한 지역, 최근의 다변화 추세를 가늠할 수 있다

〈그림 12-1〉 연도별 해외 한국학 강의 개설 현황

출처: 한국국제교류재단 편, 『2018 해외한국학백서』, p.28

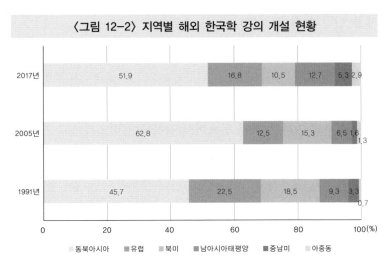

〈그림 12-2〉 지역별 해외 한국학 강의 개설 현황

	동북아시아	유럽	북미	남아시아태평양	중남미	아중동
2017년	51.9	16.8	10.5	12.7	5.3	2.9
2005년	62.8		12.5	15.3	6.5	1.6, 1.3
1991년	45.7	22.5	18.5	9.3	3.3	0.7

출처: 한국국제교류재단 편, 『2018 해외한국학백서』, p.28

(〈그림 12-2〉 참조). 정치경제적 관계가 빈번했던 동북아시아와 북미, 유럽이 여전히 큰 비중을 차지하고 있지만, 한류와 함께 관심이 확산된 동남아시아, 중남미, 아프리카와 중동 역시 비율이 높아지고 있다. 전체적인 강의 수 증가세를 고려하면 비율 증가는 상당한 의미가 있다.

비교적 심도 있는 한국 관련 인문학, 사회과학 과정 운영은 아직 북미나 유럽에서 한국학 전통이 있는 대학들과 일본, 중국의 몇몇 대학에 그치고 있다. 지역 내 많은 국가에서 많은 강좌가 개설되어 있다 하더라도 학문적 깊이와 지속성을 기대하기 어려운 경우도 많다. 해마다 강좌 수와 추이가 변화하고 있으나, 강좌를 개설하더라도 한국어 강좌만 있는 경우가 절반 내외에 이르고, 추가로 기초적인 인문 강좌만 개설된 단계가 상당수를 차지한다. 아래에서는 각 지역별로 한국학의 발전 현황을 개괄하고 당면한 과제를 간단히 살펴보았다.

1. 미주 지역

북미 지역, 즉 미국과 캐나다의 한국학 연구는 20세기 후반 동아
시아 연구의 일부로 자리 잡으면서 정착되어 비교적 성숙 단계에
접어들었다. 한국전쟁과 냉전을 지나며 이민 1세대 학자(주로 정
치학자)들이 활동하였고, 1960~70년대 평화봉사단 활동을 통해
한국을 접한 미국인 학자들을 2세대로 본다면, 이제 한국계 미국
인을 포함한 3세대로 이어지는 연구자들이 활약하고 있다.소렌슨
2018, 39 타 지역 한국학이 주로 한국어와 문학에 치우쳐 있는 데
비해 북미 지역은 정치학적 또는 인류학적 접근을 하는 경우가
많았다. 최근 한국학 전담 교수진이나 연구자를 갖춘 대학이 늘어
나면서 세부 분야도 더 다양해져서 인문학, 사회과학은 물론이고
예술과 공학까지 포괄하게 되었다.

　　몇몇 주요 대학을 중심으로 성숙한 한국학 프로그램을 운영
하고 있다. 1960년대에 동부의 컬럼비아대학교, 서북부 워싱턴대학
교, 캘리포니아 주립대학(버클리), 하와이대학교 등이 한국어와 한
국학 강좌를 개설하였고 꾸준히 운영해 왔다. 현재 미국의 한국학
을 선도하는 대학들로 하버드대학교, 컬럼비아대학교, 하와이대학
교, 워싱턴대학교와 캘리포니아 주립대학들을 꼽을 수 있다.김지원
2014, 174-175 개방적인 학문 풍토와 대규모 교민사회를 기반으로 후
발 주자인 캘리포니아주립대학UCLA, 스탠포드대학 등 중서부 대학
들도 규모나 다양성에서 활발한 활동을 보인다.곽수민 2012, 222 캐나
다에서는 브리티시콜럼비아대학교UBC, 토론토대학교 등이 구심점

이 되고 있다.

축적된 기반 위에 성숙한 프로그램을 운영하는 대학이 있는 반면, 최근에 기초적인 한국어와 문화 강좌를 갖추기 시작한 곳도 많아 편차가 크다. 주요 대학들의 경우 한국 연구를 전담하는 교수진이 이끌어 왔으나, 근래 상당수 대학들이 예산상의 이유로 어려움을 겪고 있다. 특히 주립대학들의 재정 상황이 불확실해지면서 프로그램이 축소되는 경우가 많은데, 한국국제교류재단과 같은 한국 정부기관의 지원이나 미국 내 교민사회의 기부 등을 필요로 하고 있다.소렌슨 2018, 62-64 후발주자인 서부 대학들은 보다 대중적인 수요에 부응하면서 한국 정치, 경제, 문화(한류) 등 연구를 위해 한국 정부가 더 지원해 주기를 요구하고 있다. 성숙 단계에 이른 대학들도 지속적인 연구와 교육을 위해서는 교수직과 연구사업을 유지할 재원이 계속 필요하다.김지원 2014, 183-184 공공외교 효과가 큰 유명 주요 대학에 지속적인 재정 지원을 하고 있으나, 자립보다는 오히려 더 큰 지원이 필요해지고 있다. 지역 안배나 비용 대비 효과 등을 고려한 정책적 고민이 필요한 시점이다.

중남미 지역 한국학은 북미와 달리 전반적으로 초기 단계이다. 오랜 기간 한국을 관찰해 온 북미에 비해 중남미는 1990년대까지도 존재감이 미미하다가 한국 기업이 진출하고 한류가 인기를 얻으면서 2000년대 이후 급성장하였다. 2000년대 중반 아르헨티나를 시작으로 멕시코, 브라질, 콜롬비아 등에서 한국학의 저변을 넓히는 노력이 지속되었다.김원호 2017, 65-66 아직 한국국제교류재단이나 한국학중앙연구원 등의 지원을 반드시 필요로 하는 단계이다. 기관의 지원을 기반으로 한국어 교육, 강좌 개설, 연구소 설립, 학술행사 등을 이어가고 있다.

중남미 한국학은 거점 대학의 사정과 담당교수의 역량에 따라 국가별로 편차가 크고 안정적인 운영을 담보하기 어려운 경우가 많다. 아르헨티나는 수도에 자리한 부에노스아이레스대학교UBA 가 구심점이 되어 비교적 꾸준히 성장하는 성공 사례이다. 그러나 멕시코나 브라질에서는 수도권 거점 대학을 육성하지 못하여 전국적으로 활성화되지 못하였고, 칠레, 콜롬비아 등도 관심은 높아졌으나 거점 대학 육성에 실패하면서 해마다 한국의 지원에 의존한 행사 개최 수준에 머물고 있다.김원호 2017, 86-87 진출 초기에 공공외교의 간판이 될 거점 대학을 확보해야 하지만, 적절한 역량을 갖춘 대학이 아니라면 단기적 지원이나 행사를 개최해도 지속적인 발전을 기대하기 어렵다는 특성을 보여주고 있다.

2. 동북아시아 지역

동북아시아 지역은 지리적 인접성과 문화적 근접성, 역사적 관계 위에 최근의 한류와 경제관계 심화로 한국어 교육과 한국학 수요가 크고 증가세도 뚜렷하다. 규모 면에서 압도적인 중국과 일본의 한국학 확산은 괄목할 만하다. 한중, 한일 간의 역사 문제 갈등이나 정치경제적 관계 변화에 따라 추세에 부침이 있으나, 다양한 차원에서 교류가 증대되면서 양적으로나 질적으로 수요가 커지고 있고 이에 잘 부응하는 것이 과제이다.

일본의 경우 과거 식민지 시기에 목적성이 강한 한국학 연구가 있었고, 이후에도 상당수 주요 대학에서 한국을 다루어 왔다. 한국어과나 한국학과라는 이름으로 별도의 프로그램을 갖추기보다는 동아시아학과에 편제되거나 인문, 사회과학 과정에 한국 관련 강좌를 개설하고 있다. 2000년대 이후 동경대학, 게이오대학, 와세다대학 등 주요 대학에는 한국학 연구소나 연구센터가 설립되었다.이종원 2018, 105 2000년대 이후 한국어 수요가 더 가파르게 늘면서 일본 전체 대학의 절반 정도에서 외국어로서의 한국어 교육이 이루어지고 있고, 이는 1990년대 후반보다 두세 배 증가한 것이다.이종원 2018, 107 대부분 전임교원이 아닌 강사로 운영되고 있어 제도적으로 안정되었다고 볼 수는 없으나 수요가 계속 증가하면서 독보적인 강좌 수와 비율을 보이고 있다.

일본의 한국학 프로그램은 대학에 따라 한국어에 주력하는 경우와 역사나 사회과학적 접근에 주력하는 경우로 나눠진다. 한국어와 문학 강좌는 백 명이 넘는 학생이 수강하는 수업도 많으며, 학문적 접근의 경우 각각 박사학위 과정까지 개설할 정도로 독자적인 전문성을 구축하고 있다.곽수민 2012, 224 향후 분야와 주제를 내실화하면서 보다 실용적인 수요에 부응하고, 공공외교 측면에서 일본과 한국이 공통으로 당면한 많은 과제에 서로 기여할 수 있도록 교류를 촉진해야 할 과제를 안고 있다.이종원 2018, 114

중국의 한국학은 1990년대 한중 수교 후 본격적으로 시작되어 다수의 대학에 한국학 프로그램과 연구소가 설립되었다. 실용적인 목적에 의한 한국어 교육에 편중되어 있고 학문적 영역은 발전이 미미하다. 한국어 수요는 매우 커서 수강생이 수백 명씩 되기도 하지만, 취업 등 실용적인 목적에 의한 수요일 뿐 학문적 호기심으로 이어지지 못하고 있다.곽수민 2012, 225 또한 대부분 한국 프로그램이 동북 지역에 있어서 지역적 불균형이 심하고, 교원의 수준도 편차가 크다. 한국 문화에 대한 이해가 부족한 중국인 교원, 한국어 교육에 대한 전문성이 없는 원어민 교원 등이 해결해야 할 과제이다. 한국에 유학하는 유학생들이 크게 증가하였고 중국에서도 대학원생이 점차 늘어나고 있어, 그들이 전문성을 갖춘 연구자로 성장할 수 있도록 지속적인 지원이 필요한 상황이다.송현호 2014, 6-8

중국 동북부 연변대학, 중앙민족대학, 남경대학, 산동대학 등이 한국학중앙연구원의 해외중핵대학으로 선정되어 지속성과 질적 성장을 도모하고 있다. 해외 한국학 사업에서 중국이 차지하는 비중이 상당한데, 대학의 한국학 수요에 부응하면서 정책적 지원 과정에서 한국이 원하는 요건을 구비하도록 하고 질적 성장을 유도하고자 노력하고 있다.송현호 2014, 14-15 중국의 한국학은 최근 수년간의 급성장에 힘입어 공공외교적 기반이 될 양적인 기초 인프라는 상당히 확보한 것으로 평가된다. 이제 장기적으로 내실을 기하고 지역별, 기관별 편차를 줄여야 하며, 체계적인 프로그램, 양질의 교재 및 자료 개발, 일정 수준 이상을 갖춘 전문인력 확보 등 긍정적 효과를 지속할 요건들을 갖추어가는 것이 과제가 되고 있다.

3. 동남아시아 지역

동남아시아의 한국학은 한국 기업 취업이라는 실용적 목적을 위한 한국어 교육이 대부분을 차지한다. 태국이나 베트남 등 한국과의 교류가 활발한 국가일수록 한국어 교육이 활발하다. 1990년대 후반부터 시작된 한류, 한국 기업 진출, 한국인 관광객 증가 등에 힘입어 2000년대 초부터 동남아 각국에서 한국의 인지도가 급상승하였다. 한국문화원을 통해 문화 교류 프로그램이 확대되었고, 세종학당 등 현지의 한국어 강좌가 늘어나고 있다.김홍구 2017, 214 여기서는 베트남과 인도네시아 사례를 간단히 언급하고 과제를 진단하고자 한다.

베트남은 한국과 수교 후 1990년대 중반부터 국립하노이대학교를 비롯하여 몇몇 주요 대학에 한국어 프로그램이 설치되었다. 한국학 연구는 베트남 사회과학원 동북아연구소 내 한국학센터가 있다. 그러나 학문으로서 한국학이 자리 잡았다고 보기는 어렵다. 하노이와 호치민의 대학에도 연구센터가 있으나 주로 한국어 교육과 행사 개최를 한다.남미혜 2012, 366-367 한국어 전공과정을 설치한 열 곳 남짓의 대학들은 한국어 교육과 일부 한국학 수업을 함께 하는데 한국학은 주로 기초적인 역사와 문화 과목이다. 한국어 교육은 한국어를 할 줄 아는 베트남인 교원이 하는 경우가 많으며, 대학의 한국학 강좌는 한국국제협력단KOICA 파견요원이나 한국국제교류재단 객원교수, 현지 거주 한국인 강사들이 담당한다.남미혜 2012, 382-385 학생 수는 해마다 증가하고 있으나 적절히 부응할 전문인력과 환경을 갖추는 것이 과제가 되고 있다.

베트남을 포함하여 동남아시아 한국어(학) 교육에서는 양질의 교재 제공도 과제이다. 급증하는 수요를 반영하여 시중에 수많은 한국어 교재가 출판되고 있으나 기본 사항조차 검증되지 않은 교재가 많다.남미혜 2012, 372 최근에는 문학이나 경제 서적 번역도 늘어나고 세종학당 등 한국 기관이 출간한 교재가 현지어로 사용되는 등 점차 개선되고 있다. 그러나 현지화된 내용을 반영하는 양질의 교재 개발은 한국어 학습 인구가 증가하고 있는 모든 동남아시아 국가에서 여전히 시급한 과제이다.

인도네시아에서도 1990년대 중반부터 몇몇 대학에 한국어 과정이 개설되어 2000년대부터 전공학위를 수여하는 대학이 생겨났다. 한국과의 경제관계 심화와 한류의 인기로 2000년대 중반부터 여러 주요 대학에 한국어 학사 과정과 연수 프로그램이 생겨났고 이를 보완하는 문학이나 문화, 역사 등 기초적인 한국학 강좌가 병행되었다.전재강·박은희 2015, 449 이렇게 시작한 한국학 전공 과정들은 수요의 증가로 성장하고는 있으나, 베트남과 마찬가지로 전문성을 갖춘 인력이나 현지화된 교재가 부족하고 프로그램이 내실 있게 운영되지 못하고 있다.

수요가 급증하고 있다는 측면에서 공공외교 효과가 크게 기대되지만, 체계와 내용이 적절히 부응하지 못할 경우 실망과 역효과로 이어질 수 있음에 유의해야 한다. 한국어 교육 체계를 구축하고 전문인력 양성을 지원하는 것이 가장 시급하며, 현지화된 교재와 자료 개발도 병행되어야 한다. 한류 기반의 관심이 크게 작용하는 중고등학교 교과 과정을 지원하여 한국학 잠재 인구를 늘려갈 수도 있다.전재강·박은희 2015, 463-465 대학과 세종학당이 연계하여 일반 사회구성원이나 중고등학교에 한국어와 기초 한국학을 제공하는 방식은 동남아뿐만 아니라 유럽, 중남미 등 한류 인기 지역에서 중장기적인 기반을 넓히는 효과를 거두고 있다.

한국어 수요가 급증하면서 양적으로 성장하고 있는 동남아시아의 한국학은 아직 한국의 정책적 지원에 크게 의존하고 있다. 실용적인 목적이 큰 만큼 한국학 진흥 사업도 그에 부응하여 취업과 진로 개척에 도움이 되는 실질적인 내용들을 확충해야 한다.김흥구 2018, 227 연구의 질적 향상이라는 장기적인 목표는 타 지역과 다르지 않지만, 급속히 증가하는 실용적 수요에 부응할 필요성 때문에 기능적인 교육을 우선 지원하고 있다. 정부의 정책적 지원이 지나친 의존으로 이어지지 않도록 유의하면서 현지 특성에 맞는 장기적인 지원과 자생적 체계를 고민할 필요가 있다.

4. 유럽 지역

유럽의 한국학은 과거 17세기에 동아시아 조선의 존재를 인지한 시기부터 역사를 찾을 수 있다. 선교사의 보고서 등을 통해 학문적 호기심의 대상이 되었고, 19세기에는 중국과 일본을 연구하면서 부수적으로 언급되기도 하였다. 본격적으로 한국어와 한국 연구가 이루어진 것은 20세기 후반부터다. 동독과 체코 등 동유럽에서는 북한과의 관계를 토대로 1950년대부터 한국어와 한국학 교육이 제도화되었고, 서유럽에서는 1960년대 이후부터 소수의 대학에서 한국어와 한국학 강좌, 한국 전공과정 설립이 확산되었다.이은정 2018, 93-96 냉전이 끝난 1990년대부터 유럽 각지에서 한국학과들이 급속한 성장을 경험하였다. 2000년대에는 한류, 특히 K-pop의 영향으로 청소년층에서 관심이 확산되었다. 여기에 한국국제교류재단 등의 지원 사업이 유럽 내 대학들의 한국학 프로그램 설립과 정착을 촉진하였고, 한국 대학들도 학생 교환 프로그램 등 교류를 통해 한국학 기반 조성에 기여하였다.정진현 2017, 273-274

2010년 이후에는 성장세가 더 가팔라져서 중국학이나 일본학에 뒤지지 않을 만큼 학생 수가 늘어났다. 반면 내용적으로는 과거 소수의 대학에서 집중적인 연구와 교육이 이루어지던 것에 비해서 성과가 미미하다. 미국의 동아시아 지역학과 달리 유럽의 한국학은 어문학이나 인문학에 치중해왔고, 상대적으로 사회과학 분야 발전은 저조하였다. 정치경제적 관계의 영향이 덜하고 대학마다 개별 연구자들의 관심을 반영한 연구가 진행되었기 때문이다. 소수이나마 영국의 SOAS, 파리7대학, 독일 보훔대학, 네덜란드 라이덴대학 등이 비교적 심도 있는 연구를 해왔다.곽수민 2012, 223 최근 사회과학 분야에서도 한국 연구가 확대되고 있으나, 유럽의 일본학과 중국학이 인문학과 사회과학 전반에서 세계적으로 권위 있는 학자와 연구 성과를 내고 있음에 비하면 한국 연구는 양적으로나 질적으로나 초보적 수준이다.이은정 2018, 99

　　최근 북유럽과 영국을 비롯하여 유럽 대부분 대학이 재정에 민감해지고 실용적인 접근을 하고 있다. 한국학도 한국 정부 지원을 포함한 외부의 지원과 학생들의 수요, 연구자의 성과 등을 기준으로 존폐와 발전 여부가 결정되는 추세다. 서유럽의 프랑스와 독일 등에서는 학생 수가 계속 증가하면서 한국학 과정도 비교적 잘 유지되었다. 그러나 연구보다 취업 등을 고려한 실용성에 무게를 두고 있어 대학 구조조정 논의가 나올 때마다 폐지 위기를 맞는 사례가 발생하고 있다.이은정 2018, 101 단기적 성과보다 중장기적인 안목에 입각한 꾸준한 지원이 필요하다. 한국에 대한 관심이 높아지면서 존폐 논의 대상에서는 벗어나고 있지만, 지속성을 담보할 수 있는 자생적 환경 구축에 힘쓸 필요가 있다.

　　동유럽은 대부분 2000년대부터 한국어와 한국학 수요가 빠르게 증가하였다. 소련 치하에서 벗어난 1990년대 이후 동유럽 내 주요 대학에 중국어, 일본어 등 타 지역 언어와 관련 강좌가 다양하게 개설되었다. 한국어와 한국학은 최근 한류의 유입과 함께 빠르게 확산되었다. 예를 들면 에스토니아, 라트비아, 리투아니아의 세 발트 지역 국가들은 1991년 소련에서 독립한 직후부터 서유럽의 연구대상이던 일본, 중국의 언어와 문화강좌를 도입하였고, 한국어와 한국학은 2000년대 이후 한류의 인기 및 한국 대학들과의 교류 프로그램을 통해 도입하였다. 최근 몇 년간 한국학중앙연구원, 한국국제교류재단 등의 지원을 받아 한국어와 한국학 강좌가 증가하고 있다.서진석 2018, 338-339 슬로베니아의 경우에도 한류가 확산되고 경제와 관광 분야 교류가 심화되면서 2000년대 중반에 한국어와 한국학 강좌가 생겼고, 2010년대에 류블랴나대학교에 한국학 전공이 설립되었다.강병융 2017, 115-118

현재까지 동유럽 각국의 한국학은 자립할 상황은 아니고 한국 정부와 기관의 지원에 크게 의존하고 있다. 폴란드, 체코, 러시아 등 한국학 연구를 축적한 경험이 있는 국가는 개별 연구자의 역량에 따라 연구가 이루어지고 있다. 그러나 한류와 함께 한국학이 확산되는 초기 단계의 발트 지역이나 기타 동유럽 국가들은 아직 한국어와 기초적인 문화 강좌 이상의 한국학 연구 체계나 방향을 정립하지 못하고 있다.서진석 2018, 343 한국에 대한 관심은 지속적으로 확산되고 있어 잠재력은 높으나 대학의 재정 상황과 학문적 방향의 정립이 과제이다.

한류 기반으로 증폭된 수요에 부응하며 공공외교의 장기적 기반으로서 유럽의 한국학 범위와 수준을 심화시킬 방안을 고민할 때이다. 대부분 대학 학부의 한국어 과정이 정착하는 단계이고 일부 문화 수업이 제도화되었다. 내용적으로는 유럽의 대학들이 갖는 강점으로 북한을 포함하는 한반도 연구에 접근성이 높다는 점을 꼽을 수 있다. 덴마크 코펜하겐대학, 노르웨이 오슬로대학, 독일 베를린 자유대학, 보훔대학, 프랑크푸르트대학, 영국 SOAS 등 상당수 대학교들이 북한 연구를 포함한 한국학 프로그램을 운영 중이다.정진헌 2017, 280-281 동유럽도 소련 시기 경험과 북한과의 교류도 있었던 만큼 향후 한반도 연구에 기여할 만한 잠재력을 갖추고 있다. 유럽의 한국학이 향후 남북관계에 대한 시사점 도출 등 의미 있는 발전을 할 수 있도록 교류를 강화하면서 신진 연구자를 양성할 수 있는 환경을 구축해야 한다.

5. 러시아와 중앙아시아

19세기 후반부터 시작된 러시아의 한국학은 오랜 역사를 가지고 있으나 인지도가 높다고는 할 수 없다. 1990년대부터 한국국제교류재단 등의 지원으로 한국학과가 개설되고 연구 사업을 수행하고 있다. 오랜 한국 연구 전통이 있는 모스크바국립대학, 상트페테르부르크국립대학, 극동연방대학 등에는 연구소도 설립되어 활동이 확대되었고, 주로 대도시의 대학들에 한국어 및 한국학 프로그램이 신설되고 있다.쿠르바노프 2018, 140-142 실용적인 목적을 겸하여 일차적으로 한국어와 문학을 다루고 역사, 정치, 경제 등 점차 다변화하고 있다. 2000년대 이후 한국과의 경제 관계와 한류의 영향을 받아 한국어 프로그램이 급증하였고, 소수 대학을 중심으로 한국학 사업을 통해 다양한 분야로 전문가가 배출되기 시작하는 단계이다.

과거 소련 시기에는 북한과의 관계를 기반으로 연구가 이루어졌고, 1990년대 한국과 수교 이후 남한과 연계된 한국학이 확산되었다. 그러나 구 사회주의권 대학이 대개 그렇듯 교수와 연구진의 처우가 좋지 않아 한국의 재정 지원이 없으면 학과나 연구소 인력의 지속성을 보장하기 어려운 상황이다. 한국학 전공자들도 안정적으로 연구를 지속하지 못하고 다른 진로로 변경하는 경우가 많아, 과거 소수의 심도 있는 연구 업적을 이어갈 신진 연구자 양성이 쉽지 않다.곽수민 2012, 224 중장기적 안목으로 연구진을 유지하며 자생할 수 있는 환경 구축에 많은 고민이 필요하다. 고려인 사회의 존재 등 한국과의 연결고리를 가진 인구도 있어서 한국학의 잠재력이 없지 않으나, 그 잠재력을 발현시킬 사업이 원활히 이루어지지는 않고 있다.

우즈베키스탄, 카자흐스탄 등 중앙아시아 한국학의 역사는 소련 시기부터이다. 소련 치하 1970년대부터 고려인 사회를 중심으로 소수민족으로서 인문학적 접근이 시작되었다. 모스크바 등 소련의 대도시 대학이 북한과 연계하여 연구와 교육을 진행했던 데 비해 중앙아시아는 선도적인 대학이 나타나지는 않았다. 1990년대 이후 고려인 인구가 많은 우즈베키스탄, 카자흐스탄을 중심으로 한국학이 양적으로 급성장하였고, 2000년대부터 한류로 인해 관심이 더 증가하였다.장호종 2018, 194 동남아시아나 동유럽과 유사하게 급증한 수요에 부응할 재원과 체계 미비가 과제이다.

중앙아시아 각국의 한국학도 다른 여러 지역과 유사하게 한국어 과정이나 문화 강좌 수준의 기초 단계에 머물러 있다. 공공외교의 매개가 될 수 있는 고려인 사회 등 접점이 있는 만큼 장기적으로 자생할 수 있도록 지원하고 지속적인 연계를 모색해야 한다. 몇몇 대학에서 지속성을 가지고 연구와 교육을 할 수 있도록 구심점을 형성하고, 고려인 사회 등 역사적인 접점을 찾아 남북한을 아우르는 연구로 협력하는 것도 방법이 될 수 있다.장호종 2018, 211-212 한국 국내와 연계 협력을 비롯해 글로벌 차원에서 한국학 관련 협력을 추진하는 등 꾸준한 동력을 제공할 방안을 모색해야 한다.

6. 기타 지역

한국의 경제적 위상 강화와 한류에 힘입어 위에 언급하지 않은 다른 지역에서도 한국어와 기초적인 한국학 기반이 조성되고 있다. 인도를 비롯한 남아시아, 중동과 아프리카 등지에서도 한국 정부의 지원에 힘입어 한국어 및 한국학 강좌가 확대되고 있다. 호주와 뉴질랜드는 한국과의 경제관계와 이민사회 형성, 유학생 증가에 힘입어 상당수 대학에 한국학 프로그램이 정착하였고 학생 수도 계속 증가하고 있다. 모든 지역에서 늘어나고 있는 수요와 기회를 활용하여 한국학의 기반을 넓히는 사업이 지속적으로 필요한 상황이다.

　여기서는 아프리카의 케냐 사례를 간단히 언급하는 것으로 갈음하고자 한다. 박정경(2015)에 따르면 아프리카와 한국의 교류는 1970년대 한국이 중동과 북아프리카 지역에 석유, 건설업으로 진출하면서 시작되었다. 대학의 한국어와 한국학도 북아프리카에서 먼저 시작하였고, 2000년대부터 탄자니아, 케냐, 세네갈 등 사하라 이남 국가들로 확대되었다. 아직 초기 단계로 대부분 비정규 한국어 강좌이고 한국국제교류재단, 한국국제협력단, 세종학당

등 기관의 지원으로 유지되는 상황이다.^{박정경 2015, 367-369}

케냐에서는 2000년대 후반부터 나이로비 대학에서 한국학 진흥 사업이 시작되었고 한국학중앙연구원 해외한국학 씨앗형사업 지원을 받아 학사 및 대학원 과정에 수업을 개설하였다.^{박정경 2015, 371-373} 타 지역의 초기 단계 지원과 마찬가지로 강좌를 통한 수업과 한국 관련 학술행사, 문화행사를 개최하여 지역 사회의 관심을 제고하고 인지도를 높이는 사업을 시행하고 있다.^{박정경 2015, 378} 역내 관심을 증진하고 기반을 조성하는 초기 단계를 넘어서 한국학을 제도화, 현지화하는 장기적인 접근이 필요하다.

IV. 공공외교 자산으로서의 해외 한국학 발전방안

해외 한국학의 발전단계, 수준, 현황과 과제는 지역과 국가에 따라 차이가 있다. 한국의 공공외교 자산으로서 부처와 기관의 정책적 지원은 일차적인 확산과 정착에 큰 도움이 된다. 그러나 한시적인 학술행사나 비정규적 강좌 같은 단기적인 사업에 머물러서는 중장기적인 효과를 기대하기 어렵다. 한류로 증폭된 관심을 지속시키면서 질적으로 심화하여 상호 이해와 이익의 증진을 추구해야 하는 만큼, 지원 사업도 현지의 특성에 맞추어 다양화하고 중장기적 안목으로 자생적 운영을 유도해 나갈 필요가 있다.

공공외교 자산으로서 지속적으로 해외 한국학을 발전시키기 위해서는 몇 가지 기본적인 요건이 충족되어야 한다. 먼저 해당 지역과 사회에서 한국학 발전에 대한 수요가 계속 창출되어야 하고, 둘째로 이에 부응할 만한 인적, 물적, 제도적 자원이 있어야 하며, 셋째로 이를 효율적으로 활용하고 관리하여 자립시키는 지원 방식이 정립되어야 한다.

첫째로 현지 사회에서 한국학의 필요성을 인식하고 발전을 원하는 수요를 충분히 창출해야 한다. 해당국 사회구성원들이 한국학에 실질적인 효용이 있음을 인식하고, 그 관심이 지속되고 일상화되어야 한다. 소수 연구자들이 각별한 관심으로 깊이 있는 연구를 하는 것은 그러한 관심의 일부이다. 대중적인 차원에서 외국어와 외국 문화에 대한 관심 중에 자연스럽게 한국이 포함되어야 한다. 비중 있는 한인 교민사회가 있거나 한국 기업의 시장이 형성되어 있거나 학생 교류가 많다면 이러한 과정이 촉진될 수 있다.

한인 교민사회나 유학생 그룹이 크지 않더라도 한류의 인기 덕에 관심은 계속 확대되는 추세이다. 대부분 지역에서 현지 청소년층의 관심 증가로 학부 과정 학생들 대상의 기초 한국학 수요가 점점 많아지고 있다. 이를 잘 육성하면 대학원생과 전문가도 늘어나리라 예상할 수 있다. 일례로 한국과 역사적 교류나 경제사회적 관계가 미미한 발트 지역의 리투아니아에서도 한류의 인기에 힘입어 청소년과 대학생 사이에서 관심이 고조되었다. 대학의 교과 과정 형성, 일반 청소년을 포함한 클럽(동아리) 활동 등을 통해 빠르게 기반이 확대되었다. 발트 지역에도 점차 한국인 관광객이 늘어나 교류가 확대되는 추세이기도 하다. 비록 한국의 정치, 경제적인 영향력이 크지 않더라도 대중문화와 국제적 위상이 부여한 매력으로 호감을 증폭시키는 것이 문화외교, 공공외교의 힘이다. 이를 진작하여 연구와 협력을 확대하는 기회로 삼아야 할 것이다.

발트 3국이라 불리는 에스토니아, 라트비아, 리투아니아에서도 최근 K-pop 등 한류의 영향을 받은 청소년층을 중심으로 수요가 크게 증가하였다. 리투아니아는 2010년대 초에 최초로 대학의 한국어 정규과정이 설치된 후 대학생과 일반 청소년을 아우르는 한국문화 동아리 '한류'가 생겨났다. 라트비아에서도 라트비아대학교 내외에서 활동하는 '비빔' 클럽이, 에스토니아 타르투대학교에도 한국문화 클럽이 설립되어 활동하고 있다(서진석 2018, 340-342).

리투아니아 카우나스(Kaunas)에 자리한 비타우타스 마그누스 대학(Vytautas Magnus University)에 발트 지역 최초로 2012년부터 한국학 전공 프로그램(학사, 석사)이 설치되었다. 한국국제교류재단의 객원교수 파견, 도서 제공 등 지원 사업은 프로그램 성장과 안정에 핵심적인 기여를 하였다. 한국학 과정이 있다는 특성에 힘입어 한국 대학들과 교환 프로그램도 늘어났고 학생들에게 더욱 동기를 부여하는 선순환이 있었다. 여기에 한국대사관과 문화원이 적극 협력하면서 특별강연, 문화체험 행사 등을 주기적으로 시행하여 지역사회에 상승효과를 일으키게 되었다. 2018년부터 같은 대학에 세종학당도 설치되어 일반을 상대로 한국어를 가르치면서 발전의 기반을 한층 넓히고 있다.

발트의 작은 나라 리투아니아의 한국학은 아직 맹아기에 가깝다. 오랜 기간 일본의 공공외교 사업이 진행된 지역이고, 중국도 공자학당을 통해 적극적인 사업을 펼치고 있어 한국의 사업규모가 큰 편은 아니다. 그러나 전공 학생 증가와 대학원 수업 진행, 세미나 개최 등 성과는 괄목할 만하다. 한류로 촉발된 수요와 이에 부응한 대학 지원 사업, 대사관, 문화원, 세종학당 등 기관의 적절한 협력으로 효율적인 발전이 가능했다. 한국의 지원에 의존하는 바가 크다는 점에 대한 우려는 있으나, 기관 간 협력과 꾸준한 관심으로 한국학 기반을 다지고 발전을 도모할 수 있음을 보여주고 있다.

둘째로 위와 같이 형성된 수요에 부응할 수 있는 인력과 제도적 인프라가 마련되어야 한다. 대학에서 한국학과를 설치하려 해도 담당할만한 인적 자원이 부족한 경우가 많고, 이는 한국으로부터의 지원에 의존하는 요인이 된다. 한국어를 포함하여 한국학에 뚜렷한 목표를 가지고 해당국에서 사업을 이끌어갈 전문인력이 필요하다. 아울러 그러한 인적 자원을 지속적으로 활용하도록 대학이나 기관(연구소)에 제도적인 기반이 주어지고, 현지의 사정에 맞게 활용할 만한 교재나 자료의 마련이 원활히 되어야 한다.

동남아시아에서 보듯, 한국학 수요에 비해 체계나 내용은 초기 단계일 경우 전문인력과 교재의 현지화가 우선적인 과제이다. 베트남은 한국어 교육이 상당히 확산되어 한국어 교원은 편차가 있더라도 어느 정도 수급이 되고 있으나 대학에서 한국학을 가르칠 만한 전문인력은 매우 부족한 상황이다. 교재도 한국어로 기초적인 한국학 강좌를 실시하는 경우가 많은데 역사, 문화는 현지 학생들에게 맞는 한국어 교재를 지원하지 못하고 있다.남미혜 2012, 389-390 장기적으로 기초적인 한국학을 정착시키고 보급할 수 있는 현지인 연구자와 인력 양성이 시급한 문제이다.

비교적 오랜 역사와 기반을 다져 온 미국 같은 경우에는 더 경쟁력이 있고 다양한 분야로 내용을 확대해야 한다. 산재되어 있는 역내 전문가들 간에 협력을 강화하여 상호 발전을 모색하고, 교재와 자료도 다변화하여 대중문화 및 온라인 콘텐츠까지 활용함으로써 한국학 진흥의 동력으로 삼을 수 있을 것이다.김지원 2014, 186 지역 경계를 넘어 연구자와 학생들이 상호작용하는 장이 필요하다. 한국 국내 학계와 교류를 강화하는 것도 큰 동력이 될 수 있다. 해외의 관심사와 한국 내에서 중요시하는 연구의 방향성과 내용이 일치하지 않을 수 있으므로, 현지 상황을 잘 파악하고 현지인 연구자, 현지 전문가, 한국인 연구자들이 소통하고 협력하는 과정이 요구되고 있다.서진석 2018, 351-352

마지막으로 빠른 정착과 자립, 장기적인 자생력을 확보하도록 돕는 차원에서 한국 정부와 기관의 지원이 체계적으로 이루어져야 한다. 공공외교와 해외 한국학이 정책 차원에서 교집합을 이루는 부분이 이곳이다. 한국 정부의 재정적 지원 사업에 의존하게 되어 마치 그 사업이 전부인 것처럼 한정되어서는 곤란하다. 해외의 한국학 연구자들이 한국으로부터 재정적 지원을 받아 대학 내에서 입지를 확보하고 한국학 사업을 주도하게 되는 것은 매우 바람직한 출발점이다. 지속적인 인적, 물적 지원으로 기반을 다지고 심도 있고 장기적인 연구사업을 추진하는 동기로 활용해야 한다. 현지의 대학과 다른 기관의 투자와 지원을 이끌어 내고 인적, 물적으로 자립할 수 있는 흐름이 형성되도록 유도해야 한다.

아프리카와 같은 지역에서는 아직 한국학의 존재를 알리고 인지도를 얻기 위해서 한국 정부의 재정적 지원이 필수적인 상황이다. 한국학을 소개하는 단계이고 국가별, 대학별 재정 사정과 방침에 따라 한국학 강좌의 지속성에 문제가 생길 수 있는 상황이기 때문이다. 기본적인 한국학 과정 유지를 위해 교수요원 파견이나 재정적 지원이 꼭 필요하다. 그렇다 하더라도 장기적으로 현지인 연구자와 전문인력을 양성해야 하고, 정책적 지원은 어디까지나 기반 조성과 동기 부여를 위한 것이 되어야 한다. 한국의 정책적 지원을 받되 현지 학계와 동떨어지지 않고 소통하며 한국학이 그 일부로 편입될 수 있도록 해야 한다.박정경 2015, 379-381 한국의 지원은 여러 부처와 기관에 의해 진행되고 있어 초기 단계에서는 불필요한 중복이나 비효율적인 배분의 위험도 더 크므로 지원 기관 간 협의와 조율도 더욱 긴밀해야 한다.

지역별 특성도 고려할 필요가 있다. 서유럽의 경우 유럽 학계의 특성상 수업이 정규 과정으로 정착되는 데 오래 걸린다는 점에서 재정적 지원도 장기간 지속적으로 이루어져야 한다는 의견이 많다. 학부 수준에서 호기심을 충족하는 단계를 지나 한국학 전공으로 대학원 과정을 확대하려면 장기간 안정적인 지원이 필수적이라는 것이다. 특히 유럽 대학들은 역내외로 연구자와 학생을 교환하는 프로그램이 잘 구축되어 있다. 한국학 대학원 과정이 정착되어 역량이 축적되면 유럽 역내는 물론이고 타 문화권 연구자와 학생들에게 교환 프로그램으로 기회를 제공하고 장학금 지원도 기대할 수 있다.정진현 2017, 285 지역을 넘나드는 한국학 네트워크를 구축하고 발전시키는 데 활용할 수 있을 것이다.

이와 같이 공공외교 차원에서 해외 한국학을 발전시키기 위해서는 해외 현지마다 적절한 접근 방법과 자생력 향상을 고민해야 한다. 단순히 재정 지원을 늘리고 파견 교원과 교재를 제공하는 정도를 넘어, 현지에서 자체적인 추진력을 가지고 한국학 수요와 공급이 자생적으로 확대되는 것이 바람직하다. 지원 방식도 더 체계화하고 내용을 확충할 필요가 있다. 한국국제교류재단에서는 지역별로 자문위원회를 구성하여 전문성 제고를 모색해 왔고, 2011년부터는 온라인을 통해 'KF 글로벌 e-스쿨'을 신설하는 등 한국학 자료도 다양한 방식으로 제공하고 있다.한국국제교류재단 2018, 14-15 지역별로 상황이 다르고 편차가 큰 상황에서 현지의 특수성을 고려하면서도 일정 이상의 수준과 일관성을 담보할 수 있도록 인적, 물적 지원과 온오프라인의 다양한 소통 방식을 유연하게 연계해야 할 것이다.

V. 맺음말

공공외교 정책의 시각에서 볼 때 한국어 교육을 포함한 한국학 프로그램들은 한국을 알리고 매력적으로 홍보하는 단기적인 효과도 있지만, 지속적인 연구를 통해 중장기적인 효과를 볼 수 있다는 점에서 더욱 유용하다. 한국에 대한 단순한 관심을 넘어 국제적인 비교와 분석을 통해 이해를 심화하고 상호작용할 수 있다. 또한 연구자와 학생들이 한국학을 매개로 소통하고 이해함으로써 소속감과 연대감을 형성할 수 있고, 글로벌 네트워크가 되어 한국의 위상과 이익 제고에 기여할 수 있다.김진량 2019, 288-291 이러한 효과를 진작하기 위해서는 해외 한국학의 전반적인 수준과 내용을 보장하면서 끌어올릴 수 있는 기준과 범위를 설정하고, 현지에 특화된 전문인력을 확보하여 원활하게 보급하는 것이 기본적이고 지속적인 과제이다.

현재 해외 한국학은 지역별로 편차가 있으나 아직 한국어 학습이 대부분을 차지하고 거기서 파생된 기초적인 수요가 늘어나는 단계이다. 정부와 기관의 지원 사업은 한국에 대한 인식을 우호적으로 발전시키기 위한 한국적 특수성 이해에 많은 노력을 기울인다. 한국에 대한 이해와 호감, 매력을 신장시키는 공공외교 정책 측면에서는 그 부분도 중요하다. 이를 중장기적으로 정착시키고 이해와 교류를 심화하기 위해서는 해외 현지의 한국학 연구를 일반 학문 분과의 일부로 제도화하고, 한국 국내 학계와 협력 및 소통하도록 지원할 필요가 있다.

해외 한국학에 대한 정책적 지원 과정에서 한국 측의 유의점도 있다. 박태균(2018)은 우선 해외 연구자들에 대한 지원에서 정치성을 배제해야 한다고 강조하였다. 한국의 정치 상황과 분리하여 주제나 내용에 대해 간섭하지 않아야 한다. 지원 사업은 한국의 국제적 역량과 수준을 보여주는 것이기도 한 만큼, 현지에 대한 정확한 정보를 파악하고 기관 간 중복을 미연에 방지해야 한다. 부실한 사업을 정확히 평가하고 과도한 행정비용이 발생하지 않도록 하는 것도 중요하다. 또한 한국 국내 학계와 연구 성과를 공유하고 소통해야 하는데, 언어의 장벽과 정보 부족으로 원활하게 이루어지지 못하고 있어 대책이 필요하다.박태균 2018, 5-7 현재까지는 부처와 기관별로 정형화된 사업 패턴을 따라 사업을 선정하고 심사하는 상황이다. 지역과 국가마다 현황을 분석하고 시점과 단계에 맞는 사업을 기획, 운영하는 노력이 필요하다.

장기적인 안목으로 자생력을 키우는 데 성공할 경우 해외 한국학 진흥 사업은 비교적 적은 비용으로 지속적이고 광범위한 효과를 얻을 수 있는 독보적인 공공외교 수단이 될 수 있다. 연구협력과 관계를 심화해 온 미국과 서유럽 일부 대학과 연구자에 지원이 편중된다는 지적이 있다. 세계적인 차원에서 관심이 확산되고 있는 만큼, 서구의 성숙한 거점 기관에 대한 지원을 지속하면서도 비교적 적은 재원으로 큰 효과를 거둘 수 있는 비서구권에 관심이 필요하다.곽수민 2012, 236 동아시아, 유라시아 지역 등 새로운 수요가 증가하는 지역과 초기 단계에 머물고 있는 지역에 새로운 접근이 필요하다. 문화교류, 한국어 보급 등 공공외교 수단 간에 적극 연계하고, 현지 학계 및 사회의 역량과 한국의 정책적 지원이 시너지를 낼 수 있는 지점을 찾아 적극 활용해야 할 것이다.

1 해외 학생과 연구자 입장에서 한국학은 중국학, 일본학과 같은 동아시아 지역학의 한 분과이다. 한국 국내의 미국학, 유럽학, 중국학 등 지역학의 시각과 내용을 고려한다면, 해외 한국학의 구성이나 내용, 지향점은 어떠해야 할까?

2 공공외교 수단으로서 한국학 활용은 범위와 효과가 다양하다. 대상국의 일반 대중에게 접근성을 넓히는 양적 확대와 소수 학교나 연구자를 집중 지원하는 질적 심화 등 방식마다 효과를 달리한다. 대상 지역별로 비중과 방식은 어떠해야 할까?

3 한국어 교육은 한국학 연구와 기능적으로는 구별되나, 한국학에 언어 능력이 필수적이고 한국어도 한국에 대한 이해를 요한다는 점에서 긴밀히 연관되어 있다. 한국어 교육과 한국학의 적절한 연계와 상승효과를 낼 수 있는 방법은 무엇이 있을까?

4 젊은 층과 청소년 사이의 한류 확산이 한국학의 진흥에 큰 영향을 주고 있다. 중고등학생 대상의 프로그램 확산으로 저변을 넓혀야 한다는 의견이 많은데, 대학이 아닌 중고등학교나 일반사회를 향한 한국학 접근 방식은 무엇이 있을까?

5 한국학의 장기적이고 효과적인 발전을 위해서는 한 지역 내에 머물지 않고 글로벌 네트워크를 형성하는 것이 중요하다. 한국 국내와의 교류, 세계 각 지역 간의 한국학 교류를 활성화할 수 있는 다양한 방법을 생각해 보자.

추천 문헌

곽수민(2012). "해외한국학 동향 분석 및 발전요인 연구." 『정신문화연구』 35(3), pp.211-241.

박태균(2018). "해외 한국학 연구의 질적 도약을 위하여." 『역사비평』, pp.2-12.

한국국제교류재단 편(2018). 『2018 해외한국학백서』. 을유문화사.

KF통계센터 – 해외대학한국학현황, 세계 한국학 지도(http://www.kf.or.kr/koreanstudies/koreaStudiesMap.do).

참고 문헌

강병융(2017). "슬로베니아 한국학의 현황과 전망에 관한 연구."『동방학지』 179, pp.111-135.

곽수민(2012). "해외한국학 동향 분석 및 발전요인 연구."『정신문화연구』 35(3), pp.211-241.

김동택(2006). "한류와 한국학 ─ 해외 한국학 현황과 지원방안."『역사비평』, pp.213-240.

김원호(2018). "성장기에 들어선 중남미 한국학의 실태와 발전 방안." 한국국제 교류재단 편.『2018 해외 한국학 백서』. 을유문화사, pp.65-90.

김지원(2014). "미국의 한국학 교육 현황의 역사성: 역사적 맥락에서 하버드와 캘리포니아 주립대학(UCLA)의 한국학 프로그램 비교 분석."『세계 역 사와 문화 연구』32, pp.171-196.

김진량(2019). "해외한국학의 현지화 연구."『정신문화연구』42(1), pp.283-307.

김홍구(2018). "동남아시아 지역 한국어(학) 교육 발전 추이." 한국국제교류재 단 편.『2018 해외 한국학 백서』. 을유문화사, pp.213-231.

남미혜(2012). "베트남의 한국학 연구 현황과 한국학 교육."『사학연구』105, pp.365-391.

박정경(2015). "아프리카 대학의 한국학 현황과 육성방향: 케냐의 사례를 중심 으로."『비교한국학』23(2), pp.361-389.

박태균(2018). "해외 한국학 연구의 질적 도약을 위하여."『역사비평』, pp.2-12.

서진석(2018). "발트3국 한국학 발전과 활성화를 위한 제안."『한국문화연구』 35, pp.333-353.

소렌슨, 클라크 W.(2018). "북미의 한국학 연구 2007~2017." 한국국제교류재 단 편.『2018 해외 한국학 백서』. 을유문화사, pp.38-64.

송현호(2014). "한중 인문 교류의 현황과 과제 ─ 교육부의 한국학진흥사업을 중심으로."『한중인문학연구』44, pp.1-24.

이은정(2018). "유럽 한국학의 현황과 전망." 한국국제교류재단 편.『2018 해 외 한국학 백서』. 을유문화사, pp.91-103.

이종원(2018). "일본의 한국학 연구 현황과 과제." 한국국제교류재단 편. 『2018 해외 한국학 백서』. 을유문화사, pp.104-115.

임형재(2014). "해외한국학에 대한 접근방법 연구─한국학의 유형 분석을 중심으로." 『한국언어문화학』 11(2), pp.135-159.

장호종(2018). "중앙아시아의 한국학." 한국국제교류재단 편. 『2018 해외 한국학 백서』. 을유문화사, pp.193-212.

전성운(2010). "한국학의 개념과 세계화의 방안." 『한국학연구』 32, pp.317-337.

전재강·박은희(2015). "세계 속 인도네시아 한국학의 현황과 발전 방향." 『국학연구』 26, pp.439-476.

정기웅·정경원(2017). "중남미 지역의 한국학 연구 현황 및 발전방향모색." 『글로벌교육연구』 9(2), pp.61-86.

정진헌(2017). "유럽에서의 한국학 동향과 전망." 『한국문화연구』 31, pp.271-287.

쿠르바노프, S. O.(2018). "러시아의 한국학(2006~2016)." 한국국제교류재단 편. 『2018 해외 한국학 백서』. 을유문화사, pp.138-168.

한국국제교류재단 편(2018). 『2018 해외한국학백서』. 을유문화사.

한도현(2010). "좌절과 도약의 갈림길." 『국제한국학연구』 4, pp.1-24.

제13장

공공외교와 통일:
한국 통일공공외교에 대한 이해, 상상, 그리고 구상*

박지연 • 전북대학교

*본 글은 박지연, "한국 통일공공외교의 네트워크 탐색," 『북한연구학회보』 23(1)(2019)
를 수정 보완한 것임을 밝힌다.

[핵심어]

통일공공외교   네트워크

신뢰도   중심성

I. 들어가며

공공외교는 전통외교 이외의 국제관계 영역을 포괄하는 개념으로 한 국가의 행위자가 자신의 정책 목표를 달성하기 위해 자국 혹은 다른 국가의 대중에게 개입하는 다양한 활동을 의미한다.Waller 2007, 23 현상으로서 공공외교는 오랜 역사를 가지지만, '공공외교'라는 용어가 사용된 것은 1965년 터프츠대학에 에드워드 머로우 공공외교센터Edward Murrow Center for Public Diplomacy가 설립되면서부터이다.Pamment 2012, 20 이후, 지난 반세기 동안 정보통신기술의 혁신은 개인, 기업, 비정부단체 및 테러리스트까지 모든 행위 주체가 세계정치의 직접적인 역할을 수행할 수 있도록 공공의 장을 확대해왔다.Nye 2008, 99-101 그 결과 대부분의 국가에게 공공외교의 필요성은 증대하게 되었다. 이제는 한 국가의 정치 지도자가 어떤 사건에 대한 특정 반응을 조성하기 위해서는 자국뿐 아니라 다른 국가의 정부, 기업, 개인 등과도 소통해야 하는 것이다.

위와 같은 배경에 따라 여러 국가들이 공공외교의 효과적인 수행에 관심을 보여 왔으며, 동시에 효과적인 공공외교 수행 방식에 관한 다양한 연구들이 진행되어왔다. 많은 실무자와 학자들은 기존의 공공외교 방식이 독백의 역할을 강조하고 협동 등의 쌍방적인 방식의 활용을 간과해왔음을 지적하며, 대화와 협동의 필요성을 강조한다.Cowan·Arsenault 2008, 10-11 특히 한국 공공외교 연구들은 독백과 같은 일방적인 방식보다는 대화나 협동 등의 쌍방적인

〈참고 13-1〉 공공외교 방식에 관한 논의

독백(Monologue): 외교관들은 외국 대중에게 접근하는 방법으로서 대중연설 등 독백과 같이 본질적으로 폐쇄적이며 단방향적인 의사소통의 형식과 수단을 오랫동안 중시해왔다. 최근 정보통신기술의 발달은 외교관뿐 아니라 다양한 행위자로부터 단방향 메시지가 매일, 매시간, 매분 단위로 초국적으로 전송될 수밖에 없도록 만들고 있다.

대화(Dialogue): 정치적 지향이나 방향과 상관없이 사람들은 다른 사람과 대화할 때 상대의 다른 관점을 알게 되고, 그 관점이나 경험으로부터 배움을 얻게 되는데, 이러한 메커니즘을 활용하여 우리는 공공외교를 효과적으로 이행할 수 있다. 기본적으로 상대방은 자신의 입장을 고려해주고 있다는 것을 인지하는 것에서 이미 열린 자세로 상대를 경청하게 되며, 이것은 공공외교가 효과적으로 이루어질 수 있는 기반을 제공한다.

협동(cooperation): 공동의 프로젝트를 완성하거나 공동의 목표를 달성하기 위해 여러 국가의 시민들이 함께 노력하는 구상 및 활동을 의미한다. 파트너십의 형성은 광범위한 경우에 걸쳐서 신뢰와 이해를 조성하며, 때로는 폭력과 정치적 긴장의 효과 완화에도 기여할 수 있다.

출처: Cowan·Arsenault(2008), pp.10-30

방식의 활용을 일관되게 제언한다.김우상 2013, 331-350; 성병욱 2013, 1-23 공공외교의 목적이 상대의 마음을 얻어 외교수행에 있어 자신의 편을 획득하는 것이라는 점Nye 2008, 94-95을 고려할 경우, 매력 어필을 위한 방식으로 대화와 협동은 충분히 효과적일 수 있다. 그러나 문제는 대화와 협동을 통해 상대의 마음을 사는 것에 많은 비용이 요구된다는 것이다. 여타 외교정책과 마찬가지로 공공외교 수행 방식의 결정에는 비용 대비 효과가 고려되어야 할 것이다. 즉, 효율적인 공공외교 방식의 선택은 공공외교 수행 전략 마련에 매우 중요한 과제가 될 수 있다.

본 글은 한국 공공외교의 한 분야인 통일공공외교를 대상으로 효율적인 공공외교 방식에 대해 고민해보고자 한다. 한반도 통일에 대한 국제사회의 지지를 확보하려면 어떠한 통일공공외교가 효율적일 수 있을까? 본 글은 통일공공외교가 외교의 대상뿐 아니라 '북한'이라는 상대를 함께 고려해야 한다는 측면에서 일반 공공외교와 구별되는 네트워크 구조를 가질 것이며, 효율적인 통일공공외교 방식은 해당 네트워크 구조의 특징에 따라 결정될 것이라는 가정assumption 하에 통일공공외교를 이해하고, 상상하며, 구상해보고자 한다.

다음 절에서는 통일공공외교가 무엇인지에 대하여 설명한다. Ⅲ절에서는 네트워크 이론을 활용하여 통일공공외교의 작동 구조를 상상한다. Ⅳ절에서는 상상을 바탕으로 통일공공외교 추진 전략을 구상해본다. 마지막 결론에서는 본론의 내용을 요약하고 통일공공외교에 대한 이해, 상상, 구상이 현실 정책에 주는 함의를 살펴본다.

II. 통일공공외교란?

통일공공외교란 한반도 통일에 대한 국제사회의 지지와 우호적인 분위기 조성을 목적으로 수행되는 한국의 공공외교로서 내용적 차원의 통일외교와 방법론적 차원의 공공외교의 결합을 의미한다. 박인휘 외 2014, 3 한국에서 통일공공외교는 1973년 6월, 박정희 대통령의 평화통일외교 선언에서 시작되었는데, 당시 박정희 정부가 통일에 대한 주변국 이해의 필요성을 인식하면서 통일외교를 논의하기 시작하였다.황병덕 2013, 4 즉, 초기 통일공공외교는 현상으로 존재하였으며, 미국, 일본 등 우방국에 대한 통일외교 활동으로 이해할 수 있었다. 이후 과학기술의 진보로 국제관계에서 공공외교의 범위가 크게 확대되면서 통일공공외교의 대상이 확대되었으며, 그 중요성은 더욱 증대하고 있다. 즉, 과거 통일외교는 미국, 일본 등 일부 유관국 리더들의 마음을 사면 되는 외교였지만, 최근 통일공공외교는 미국, 일본뿐 아니라 중국 러시아 등 해당 국가 리더들과 국가 내 시민단체, 대학, 언론 및 개인 등의 마음을 사야 하는 활동이 되었다.

통일공공외교의 중요성이 점차 증대해왔음에도 불구하고, 통일공공외교는 뚜렷한 추진 체계가 부재한 상황에서 일부 행위자들에 의해 특정 대상만을 상대로 추진되어온 것이 사실이다. 통일공공외교를 추진하는 기관으로는 통일연구원, 통일교육원 등을 포함한 통일부, 한국국제교류재단KF, 한국국제협력단KOICA 등을 포함한 외교부, 국방연구원 등을 포함한 국방부 등 정부 부처와 대통령 직속 민주평화통일자문회의 및 지방정부 등이 있다. 각 기관의 주요 업무와 사업의 예는 아래 〈참고 13-2〉를 통해 파악할 수 있다. 먼저 통일부는 미국, 일본, 중국, 러시아 등을 포함한 주요 지역과 정례적으로 협의체를 구축하여, 다양한 통일 콘텐츠를 활용한 정보 확산에 집중해왔다. 외교부의 경우에는 기존의 외교적 채널과 통일 이슈를 접목하여 다양한 행사를 기획하는 등의 활동을 벌여왔다. 국방부는 미국 등을 중심으로 국방외교를 시행

〈참고 13-2〉통일공공외교의 주요 추진 기관 및 사업 내용

기관	주요 내용
통일부 (통일연구원, 통일교육원 포함)	– 4대 강국 포함한 세계 주요 지역과 정례적인 협의체 구축 – 재외동포사회와의 협력 채널 유지 및 확대 – 다양한 통일교육프로그램 개발 및 통일 관련 정보 확산 및 사회교육 강화 – 통일 관련 연구의 국제적 선도 – 사업의 예: 〈국제통일전략대화〉, 〈한반도국제포럼〉, 〈한반도통일미래센터〉, 〈주요싱크탱크교류사업〉 등
외교부 (KF, KOICA 포함)	– 통일친화적 외교안보환경 조성을 위한 외교활동 – 전통적인 양자 및 다자외교 활동의 전개 – 각종 국제기구에서 한국의 영향력 확산 제고 – 사업의 예: 〈한반도클럽〉, 〈MIKTA〉, 〈KF 내 각종 사업〉, 〈KOICA 내 각종 사업〉 등
국방부	– 미국 등 주요국을 상대로 한 다양한 국방외교의 상시적인 전개 – 사업의 예: 〈서울국제안보대화〉, 〈군비검증단 국제교류사업〉, 〈주요국 안보싱크탱크교류사업〉 등
민주평화통일 협의회	– 통일의 공론화를 위한 국민여론 상시 분석 – 통일 관련 포괄적인 대통령 상시자문 활동 – 전 세계 지역협의회 통한 통일 필요성 홍보 – 사업의 예: 〈글로벌 통일강연회〉, 〈통일공공외교대사〉 등
지방정부	– 지자체별 독자적인 외교활동 전개 – 사업의 예: 〈동북아지역자치단체연합〉 등
기타	학계 및 NGO 등의 활동

출처: 박인휘 외(2014), p.7

해온 경험을 활용하여 일부 사업에 통일 혹은 평화 관련 콘텐츠를 추가하는 방식을 활용하여 통일공공외교에 기여해왔다. 그 외 민주평화통일자문회의는 전 세계 협의회를 활용하여 재외국민을 포함한 다양한 대상에게 통일의 중요성을 알려왔다.

한편 해당 통일공공외교 사례들에 대한 평가는 대체적으로 부정적인데(이하 평가는 박인휘 외(2014)를 참조), 예를 들어 통일부 사업의 경우, 타 기관과 비교해 콘텐츠는 풍부하지만, 공공외교 전문 인력의 부족과 단순 행사 중심의 사업 추진의 측면에서 비판을 받아왔다. 유사하게 국방부와 민주평화통일자문회의 경우에도 통일과 국방에 대한 콘텐츠는 풍요롭지만, 이를 공공외교에 활용하는 전문성이 부족하다는 비판에서 벗어나기 어렵다는 평가이다. 한편 외교부 사업의 경우, 북한 혹은 통일 관련 업무를 보편적인 외교 업무의 하위 영역으로 인식하는 등 통일공공외교에 대한 이해가 충분하지 못하다는 지적을 받아왔다.

현재 한국의 통일공공외교는 미국, 일본, 중국 등을 주 대상으로 추진되고 있다. 미국에 대한 통일공공외교의 목표는 첫째, 한미동맹이 통일 과정에서 한국의 이익을 극대화하는 방향으로 기여하도록 미국 내 정책 환경을 조성하는 것이며 둘째, 통일 과정에서 역내 국가들의 불필요한 관여를 제한하기 위한 미국의 역할을 도모하는 것이고 셋째, 국제사회가 평화통일을 지지하는 환경을 조성하기 위해 미국이 적극적인 역할을 담당할 수 있도록 하는 것이다.박영호 외 2013, 33-34 이를 위하여 한국 정부는 미국의 정부, 의회, 학계, 언론 및 개인을 대상으로 하여 다양한 외교활동을 펼쳐왔다. 여기에는 지식자원, 문화자원 등을 활용한 독백과

대화 및 협동이 외교의 방식으로 사용되어왔다. 독백이란 개인이
나 단체에 의해 고안된 내용이 변경 불가능한 형태로 활용되는
단방향의 의사소통Cowan·Arsenault 2008, 10-30으로서 통일부가 발간한
통일백서·북한 이해 영문판과 통일대박론의 설명책자를 미국 주
요 연구기관 및 재외공관에 배포하는 활동박인휘 외 2014, 28 등이 여
기에 해당된다. 다음으로 대화 및 협동의 공공외교는 정보가 교환
되는 과정을 통해 함께 프로젝트를 구상하는 쌍방향적인 의사소
통Cowan·Arsenault 2008, 10-30으로서 미국에 대한 통일공공외교에서는

〈참고 13-3〉 북한 이해 영문판(Understanding North Korea,
2017) 내용 중 일부

Theory of the Socio-Political Body

North Korea presented the **"Theory of the Socio-Political Body"** in 1986,
introducing it as a system to rule and guide the general population that is
centered on the *suryong* and the Party. The theory claims that while everyone's
physical life is limited, their socio-political life is eternal when the *suryong*, the
Party and the masses are united. North Korea used the theory of the **socio-
political body** to solidify its *suryong*-centered totalitarian dictatorship system
and justify the hereditary transfer of power from Kim Il Sung to Kim Jong Il.

North Koreans laying flowers at the statues of Kim Il Sung and Kim Jong Il on Mansu Hill

출처: Institute for Unification Education(2017), p.18

〈참고 13-4〉 통일연구원의 통일공공외교 사례
KINU-Woodrow Wilson Center 한미전략대화
(2018.12.4.)

• 주제: Deciphering U.S. Policy toward the Indo-Pacific and the Korean Peninsula
• 내용: 각 연구원 소속의 연구자들이 관련 주제를 토론하며, 서로 의견을 교환함.

출처: 통일연구원 웹사이트, http://www.kinu.or.kr/brd/board/606/L/CAT EGORY/590/menu/405?brdType=R&thisPage=3&bbIdx=55379&s earchField=&searchText=,(검색일: 2020.3.16)

북한 연구자 초청 사업,[1] 미국 싱크탱크와의 국제학술회의 개최,박 인휘 외 2014, 30 미국 내 유수 대학의 한국학과 설립[2] 등이 구체적인

---

1 통일교육원은 초빙교수제도 등을 통해 해외 북한 연구자들을 관리하고 있다. 통일 교육원, http://www.uniedu.go.kr/uniedu/home/cms/page/teaching/main.do?mid= SM00000561(검색일: 2019.4.14).
2 2018년 기준 현재 미국의 브라운대학교, 포틀랜드주립대학교, 피츠버그대학교 등에 서 한국국제교류재단의 지원을 통해 한국학 교육을 실시하고 있다. 한국국제교류재단, http://www.kf.or.kr/front/archv/rltd/popupEvent.html?archv_no=33303&lang= 0&siteno=11(검색일: 2019.4.15).

사례가 될 수 있다.

다음으로 중국에 대한 통일공공외교의 목표는 첫째, 한반도 통일과 북한 문제에 대한 중국의 협력과 지지를 유도하는 것이며 둘째, 동북 국경을 맞대고 있는 북한 체제의 불안정과 급변사태의 발생에 대한 중국의 우려를 불식시키는 것이고 셋째, 중국 국민들에게 한반도 통일이 중국의 부상에 기여하게 될 것이라는 인식을 갖도록 유도하는 것에 있다.전병곤 외 2013, 35-38 중국을 대상으로 하는 통일공공외교의 추진 주체는 기본적으로는 일반적인 통일공공외교의 추진 주체와 크게 다르지는 않다. 즉 중국의 정부, 학계, 언론, 개인 등이 외교의 대상이다. 다만 중국에 대한 통일공공외교는 정부, 관변단체, 학자 등 여론 주도층을 주요 대상으로 하고 있으며, 주로 지식자원을 활용한 독백 및 대화를 활용해왔다.박인휘 외 2014, 100-101

독백의 대표적인 사례로는 주중대사의 통일외교 활동을 들 수 있다. 특히 이명박 정부의 주중대사들은 중국 신화사, 환구시보, CCTV에 출연하거나 중국 대학을 방문하여 한국 정부의 대북 정책과 남북 관계 개선 필요성 및 세계 평화와 안정에 대한 한국의 기여에 대해 중국인들에게 설명함으로써 한국에 대한 중국인들의 인식을 개선하는 데에 기여한 것으로 평가받은 바 있다.전병곤 외 2013, 54 대화를 활용한 공공외교 사례로서 민주평화통일자문회의의 활동을 들 수 있다. 민주평화통일자문회의는 중국협의회 등을 통해 '동북아 지역의 평화번영과 한중협력의 신과제(2006년)', '한·중 전략적 협력동반자 관계의 새로운 비전(2010)', '한중관계 발전과 한반도 평화(2011)' 등의 국제회의 개최를 통해 한반도 통일과 관련한 직간접적인 정보를 전달하고, 중국전문가들과 관련 이슈를 논의해 왔다.전병곤 외 2013, 52-54 3

한편 일본에 대한 통일공공외교의 목표는 첫째, 한반도 통일에 대한 일본 국민들의 지지를 확보하는 것이며 둘째, 동아시아 지역의 평화공동체 실현을 위한 일본의 지지를 확보하는 것이고 셋째, 일본인 납치피해자 문제에 대해 한반도 통일이 해결책이 될 수 있다는 점을 적극 홍보하고 지지를 확보하는 것이다. 이기태·김두승·송화섭 2013, 36-38 한국의 일본에 대한 통일공공외교의 대상은 정부, 학계, 언론, 개인 등이며, 지식자원과 문화자원이 활용된 독백, 대화 및 협동의 비교적 다양한 외교 방식이 활용되었다. 예를 들어 지식자원을 활용한 대화 방식으로서 외교안보연구원과 통일연구원 등 국책연구기관들은 '한일학술회의', '한미일 3자 안보협력회의', '한중일 3자 협력포럼', '일본관서경제동우회와의 간담회' 등 연구교류협력 프로그램을 운영해왔다. 이기태·김두승·송화섭 2013, 58-61 4

지식자원을 활용한 독백에는 국방연구원의 국방정책 해외소개서비스ROK Angle 사업이 있다. 본 사업은 한국의 안보국방정책을 비롯해 한미동맹, 북한 문제 등에 관한 각종 안보이슈를 청와대, 국방부, 안보국방 전문가들이 분석하여 일본의 정치가, 국회의원,

---

3 민주평화통일자문회의 베이징협의회, http://cafe.daum.net/nuacbeijing/SUTS(검색일: 2019.4.20).

4 본 학술회의는 외교안보연구원의 연구자, 일본국제문제연구소의 연구자 외에 한일 양국의 외교부 관계자, 대학교수 등이 참가하고 있다. 한일학술회의는 주로 북한의 핵 문제, 한일관계, 지역협력 등의 문제에 관한 한일 연구자 간 의견교환을 목적으로 실시되고 있다. 주로 한반도 평화체제 에 관한 문제에 대해서도 양자 간 논의를 실시하고 있다.

안보국방 관련 전문가에게 송출하는 학술사업이다.[5] 협동 형태의 문화자원 활용 공공외교 사례로는 한일 연극 페스티벌이 있다. 특히 2012년의 경우, 영화 '웰컴 투 동막골Welcome to Dongmakgol'이 연극으로 소개되었다. 본 공연은 일본인 배우와 연출가에 의해 재해석되었으며, 이러한 연극 공연을 통해 한국전쟁 및 분단된 한국의 이미지를 부정적인 것만이 아닌 동아시아의 시민들의 교류에 활용할 수 있다는 인식 전환에 도움을 준 것으로 평가받기도 하였다.[6]

요컨대 미국, 중국, 일본 등에 대한 통일공공외교의 목표는 기본적으로 유사하나, 상대국가와의 관계에서 발생하는 다양한 이해와 연관하여서는 약간의 차이만 발견된다. 반면 대상국별 특화된 통일공공외교 전략은 거의 발견되지 않는다. 이러한 까닭에 한국의 미국, 중국, 일본에 대한 통일공공외교는 공통적으로 구체적인 외교 대상의 선택과 각 대상에 대한 전략 마련을 요구받아왔다.황병덕 외 2013, 307-315 전략이 부재한 주먹구구식의 외교 방식 선택은 언제나 비판의 대상이 될 수 있다. 더불어 통일공공외교는 미국, 중국, 일본 이외의 대상국 확대를 요청받고 있다.박인휘 외 2014, 32-36 통일 공공외교 대상은 지속적으로 확대되고 있으며, 향후 더욱 확대될 수밖에 없다는 측면에서 선택과 집중을 통한 효율

---

5 국방연구원, "국방정책 해외소개서비스(ROK Angle)," http://kida.re.kr/frt/rscenter/frtCenterIntro.do?searchCondition=&searchKeyword=&pageIndex=23&depth=3&sidx=316&check=1(검색일: 2019.4.20).

6 이기태·김두승·송화섭, 『한국의 對 일본 통일공공외교 실태』(서울: 통일연구원, 2013), p.76; 한국연극연출가협회는 '연극연출가육성', '국제교류', '연극 연극에 관한 출판' 등 각종 공연 관계 사업을 펼치고 있다; 한국연극연출가협회, https://tdak.modoo.at/?link=59zajc37(검색일: 2019.4.3).

적인 공공외교 전략 마련이 필수적인 것이다. "언제 비교적 저렴한 외교 방식의 활용으로도 높은 효과를 기대할 수 있을 것인가?" 혹은 "언제 고비용의 외교 방식을 활용해야만 하는 것인가?" 등을 고민하지 않을 수 없게 되었다.

III. 통일공공외교 상상하기: 네트워크 이론의 활용

효율적인 통일공공외교란 무엇일까? 이에 답하기 위하여 본 절에서는 네트워크 이론에서 활용되는 개념들을 바탕으로 통일공공외교의 네트워크를 상상해보고자 한다. 먼저, 네트워크란 정보, 자원, 에너지 그리고 권력 등의 이동을 위한 부분 혹은 노드 사이의 관계이며, 네트워크 조직은 이러한 네트워크를 기반으로 탄생한 조직이다.Scott·Davis 2007, 279; Powell 1990, 295-336 여기서 네트워크 조직이 구축되는 이유는 다음과 같다. 먼저, 구성원들의 지식 획득 및 강화를 위해서 네트워크가 구축될 수 있으며Powell 1990, 304 둘째, 구성원의 지위나 정당성을 향상시키기 위해서 네트워크가 마련되기도 하고Baum·Oliver 1996, 1378-1427 7 셋째, 예상하지 못한 환경적 변화에 쉽게 적응하거나 불확실성의 원인을 제거하기 위해서 네트워크가 만들어진다.Uzzi 1996, 674-698 한편 네트워크 조직은 그것이 어떤 식으로 구조화되느냐에 따라 각 행위자들에게 미치는 영향이

---

7 정당성이 약한 기관들은 사회적으로 정당성이 높은 기관, 예를 들어 교회나 공기업 등과의 네트워크 구축을 통해 생존뿐 아니라 지위향상을 도모할 수 있다.

달라진다. 예컨대 네트워크의 구조는 네트워크의 개방성, 안정성, 연계성, 원활성 등을 바탕으로 특징이 다르게 나타날 수 있다.[8] 동시에 네트워크 구조는 역사적 상황이나 행위자의 특징에 따라 다른 형태를 지니게 된다.안희남·이승철 2012, 231 네트워크사회에서는 양자 관계뿐만 아니라 다자 관계가 성립되며, 비교적 명확한 의사를 가진 주체적 참여자뿐만이 아니라 특별한 참여 의사가 없는 관련자도 포함하는 다양한 유형의 관계가 성립하게 된다.이명진 2012, 74

위와 같은 네트워크 이론의 논리적 개념을 차용하여 통일공공외교 네트워크를 상상해보면, 먼저 통일공공외교 네트워크는 중심행위자, 대립행위자, 그리고 주변행위자로 구성된다. 중심행위자는 한국 정부이며, 대립행위자는 북한 그리고 주변행위자는 다른 모든 국가의 정부 및 해당 국가 내 시민단체, 학교, 언론 등 공공public을 포함한다. 한국 정부는 한반도 통일 이슈에 관한 정보의 이동과 통일 지지 세력의 확대를 목적으로 통일공공외교 네트워크를 주도적으로 구축할 것이다. 구체적으로 통일 관련 정보 제공, 통일의 정당성 확산, 평화통일에 반대 세력 형성 및 확산 등에 대한 불확실성의 원인 제거 등이 네트워크 구축의 목적이 될 수 있다.황병덕 외 2013 목적 달성을 위해 한국 정부는 효율적인 외교 방식을 선택해야 한다. 즉, 독백, 대화, 협동 중 어떠한 외교 방식이 가장 효율적인 외교 방식이 될 수 있는가에 대한 논의는 성공적인 통일공공외교 추진의 주요 과제가 된다.

---

8 네트워크 구조를 다룬 국내연구들 중 강동완(2008)은 개방성과 연계성에 관심을 가졌으며, 진상기(2009)는 개방성, 안정성, 그리고 원활성을 바탕으로 연구를 수행했고, 황병상·강근복(2004)는 개방성, 연계성 그리고 지속성에 초점을 맞추었다.

〈그림 13-1〉 통일공공외교 네트워크의 기본 가정

[가정 1] 네트워크는 중심행위자(한국 정부),[9] 대립행위자(북한 당국), 그리고 주변행위자(전 세계 국가 정부 및 국가 내 시민단체, 학교, 언론, 개인 등)로 구성된다.

[가정 2] 중심행위자인 한국 정부는 통일 관련 정보 제공, 통일의 정당성 확산, 평화 통일에 반대 세력 형성 및 확산 등에 대한 불확실성의 원인 제거 등을 목적으로 네트워크를 구축 및 유지할 것이다.

[가정 3] 중심행위자인 한국 정부는 목적 달성을 위해 독백, 대화, 협동 등 특정 방식을 활용하며, 상대적으로 독백은 대화 혹은 협동보다 저렴한 외교 방식으로 가정한다.[10]

한국의 외교 방식 결정에는 통일공공외교 네트워크의 구조가 영향을 미치게 된다. 물론 행위자의 특징이 네트워크 구조에도 영향을 미칠 수 있으나, 이에 대한 논의는 북한을 한국의 대립적 행위자로 가정함으로써 제한적이나마 연구에 반영하였으며, 이후

---

9 최근 공공외교는 단순히 정부 중심의 외교 행위가 아닌, 시민단체, 학교, 언론, 개인 등 다양한 행위자를 포함하는 이슈로서 특징을 가지며, 이러한 이유로 다양한 행위자를 포함할 수 있는 네트워크 이론의 활용은 더욱 의미를 가질 수 있다. 다만 본 연구는 통일공공외교의 예비적 검토 연구로서 연구 질문이 '한국 정부'의 의사 결정에 초점을 맞추고 있는 바, 부득이하게 중심행위자는 정부 행위자로 제한하고 있음을 한계로 밝힌다.

10 본 논의에서 독백, 대화, 협동 등은 공공외교의 비용적 측면에서 선택지로 제시되어 각각의 목적과 기능에 대한 논의가 제한적으로 이루어져 있음을 한계로 밝힌다. 다만 각각의 특장점을 간단히 소개하자면, 독백은 자국의 정책, 정체성, 가치 등에 대한 인지도를 높이기 위한 필수도구로서 의미를 가지며, 대화는 관계를 개선하고 이해를 증진시키기 위한 가장 유용한 방식으로 의미를 가지고, 구체적이고 명확한 목적이나 결과를 포함하고 있기 때문에 지속적인 관계를 형성하는 가장 효율적인 방식으로서 의미를 가진다.

상상은 네트워크 구조만을 독립변수로 살펴볼 것이다. 구체적으로 통일공공외교에 대한 상상은 통일공공외교 네트워크 구조가 구성원 간의 '신뢰도'를 의미하는 네트워크의 안정성과 구성원들의 '중심성'을 의미하는 네트워크 연계성을 기준으로 그 특징이 결정된다고 가정한다.

그렇다면 한국 정부는 왜 네트워크 내에서 주변행위자와의 신뢰 수준을 고려하여 통일공공외교 방식을 결정하는가? 일반적으로 네트워크에서 행위자들 간의 신뢰는 협상, 계약, 감시 등에서 나타날 수 있는 거래비용을 크게 감소시켜 준다.^{Dyer·Chu 2003,} ^{57-68; Perry 1999, 4-17} 신뢰는 거래비용 감소를 기반으로 조직 파트너들이 환경변화에 신속하게 대응할 수 있는 유연성을 높여줄 뿐 아니라 신뢰는 공동의사결정이라는 개방성을 근거로 하기 때문에 문제해결 가능성을 높여 궁극적으로 네트워크의 효과적인 작동에 긍정적으로 기여한다.^{Creed·Miles 1995, 16-37} 예컨대 Perry(1999)는 가족기업들 간의 거래가 기업의 효율성 증대에 긍정적인 영향을 미칠 뿐 아니라, 시장 변화 등의 불확실성에 더욱 유연한 대처가 가능하다고 분석한다.^{Perry 1999, 55-80} 유사한 원리로 통일 공공외교에서 행위자들 간의 신뢰는 네트워크 구축의 목적인 '통일 관련 정보 제공', '통일의 정당성 확산', '평화통일에 반대 세력 형성 및 확산 등에 대한 불확실성의 원인 제거' 등의 실현에 긍정적인 영향을 미칠 수 있을 것이다.

좀 더 구체적으로 상상해보자. 통일공공외교 네트워크 조직 내에서 중심행위자와 주변행위자 간의 신뢰 수준은 어떻게 측정할 수 있을까? 일반적으로 네트워크 행위자들 사이의 신뢰가 유지되는 경우는 행위자 사이에 장기적이고 반복적인 상호작용이 있는 경우이다.안희남·이승철 2012, 226-227 물론 조직 행위자들 사이의 유사성, 상대 행위자와의 근접성, 조직 파트너 간의 상호성 등이 상호 신뢰 유지에 또 다른 요인이 될 수 있을 것이다.안희남·이승철 2012, 226-227 11 그러나 전술하였듯이 본 연구에서는 네트워크의 구조적 특성에 초점을 맞추고 있기 때문에 조직 행위자의 특징에 기반을 둔 행위자들 간 유사성과 근접성에 대한 논의는 분석에서 제외한다. 다만 조직 파트너 간의 상호성은 네트워크의 구조적 특성으로 다룰 수 있으나, 본 모델은 한국의 주도적인 네트워크에 초점을 맞추고 있기 때문에 한국 정부 중심의 상호작용에만 집중한다. 요컨대 통일공공외교 네트워크의 신뢰도는 한국 정부를 기준으로 행위자 사이에 장기적이고 반복적인 상호작용을 고려하여 구조화된다고 가정한다.

따라서 모델은 한국과 주변행위자 간의 상호작용 빈도에 기반을 둔 신뢰도를 주요 변수로 도입한다. 다만, 통일공공외교의 경우 대립행위자인 북한과 주변행위자 간의 상호작용의 빈도도 함께 분석한다. 통일공공외교 네트워크의 경우, 주변행위자가 한국과 잦은 교류를 가진다고 해서 충분한 신뢰도를 확신하기 어려우며 주변행위자가 대립행위자인 북한과 얼마나 잦은 상호작용을 하는가를 고려하여 신뢰도를 인지한다는 것을 의미한다.

---

11 유사성과 관련한 분석은 조직 파트너들은 협력관계의 당사자들이 자신과 유사한 것을 많이 가지고 있을수록 신뢰를 느끼게 되고 이를 바탕으로 네트워크 관계를 강화하고자 한다는 논의이다. 근접성은 출신지역, 출신학교가 같으면 신뢰도는 크게 높아진다는 접근이며, 상호성은 상대방이 나를 선택한다면 나도 상대방을 선택할 가능성이 높다는 논의이다.

이번에는 한국 정부는 왜 주변행위자의 네트워크 중심성을
고려하여 통일공공외교 방식을 결정하게 되는가를 상상해보자.
네트워크 중심성은 네트워크 내에서 행위자가 어떤 위치를 차지
하고 있는지를 의미한다. 구조적 차원의 개념인 중심성은 네트워
크 속에서 행위자가 중심에 놓이는 정도를 표현해주는 객관적 지
표이다. 행위자의 중심성이 높다는 것은 적극적으로 네트워크 활
동을 하고 있다고 해석하며, 또 중심자리를 차지함으로써 네트워
크 속에서 강한 영향력을 나타내거나 관계 형성에 있어 중요한
역할을 할 수 있다고 해석할 수 있다.Brehm·Dahn 1997, 999-1023; 이재희
·조상미 2015, 89-125 즉, 중심성이 높은 행위자들은 정보와 자원 확보
가 유리하며 다른 행위자들을 자신에게 의존하게 만듦으로써 결
국 높은 지위와 권력을 획득하게 된다.정명호 외 2008, 47-48 따라서
중심행위자는 네트워크 내에서 중심성이 높은 주변행위자와 소통
함으로써 네트워크 구축의 목표를 효율적으로 달성할 수 있게 된
다. 실제로 여러 선행연구들은 네트워크 중심성이 조직성과에 긍
정적인 영향을 미친다고 분석한다.

예컨대, Ajay Mehra et al.(2006)은 기업 리더들의 네트워크
중심성이 해당 기업의 성과에 긍정적인 영향을 미친다는 연구결
과를 서술Mehra et al. 2006, 64-79하며, 장연진(2010)은 여성복지조직
들 간 네트워크 분석 결과를 통해 중심성이 높은 단체일수록 조직
성과에 긍정적인 영향을 미치는 것을 밝혀냈다.장연진 2010, 313-343
유사한 논리로 통일공공외교 네트워크에서 중심성이 높은 주변행
위자는 통일 관련 정보 전달, 통일의 정당성 확산, 평화통일에 반
대 세력 형성 및 확산에 대한 불확실성의 원인 제거에 훨씬 효과

적으로 기여할 수 있을 것이라는 기대가 가능하다. 따라서 한국은 특정 외교 방식의 결정에 있어 상대의 네트워크 내 중심 역량을 고려하는 것이다.

구체적으로 중심성은 위치적 역할에 따라 다른 조직과 연결된 정도(수)를 중심으로 파악하는 연결 중심성, 특정 조직이 다른 조직들과 얼마만큼 가깝게 위치하고 있는지를 파악하는 근접 중심성, 특정 조직이 전체 네트워크 속에서 다른 조직들이 관계를 구축하는 데 있어 다리 역할을 수행하는지를 보여주는 매개 중심성으로 구분하여 설명할 수 있다.이재희·조상미 2015, 89-125 본 글에서 주변행위자의 네트워크 중심성은 연결 중심성과 매개 중심성을 기준으로 측정한다. 근접 중심성을 논의에서 제외하는 이유는 공공외교의 등장이 행위자들 간 물리적 거리의 의미 축소에 기반을 두기 때문이다.Fisher 2010 연결중심성은 주변행위자의 외교 파트너의 수로 측정하며, 매개 중심성은 주변행위자가 외교 파트너와 북한 및 통일 관련 이슈를 다루는 빈도로 측정할 수 있다.

전술한 네트워크 구조의 결정 요인들을 종합한 네트워크 모형, 즉 통일공공외교 네트워크에 대한 상상은 아래와 같이 요약할 수 있다(〈그림 13-2〉 참조). 네트워크에서 A는 중심행위자인 한국 정부이고, B는 대립행위자인 북한 당국이며, C1부터 C9까지의 행위자는 주변행위자로서 전 세계 국가의 정부, 시민단체, 학교, 언론, 개인 등을 의미한다. 검정 실선은 주변행위자들과 한국 정부와의 관계이며, 검은 점선은 주변행위자들과 북한 당국과의 관계이며, 선의 굵기가 굵을수록 상호작용의 빈도가 높음을 의미한다. 예를 들어 C5는 한국 정부와는 자주 상호작용하며, 북한 당국과는

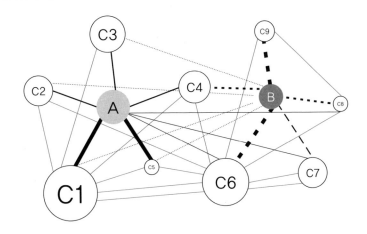

거의 상호작용하지 않는다. 반면, C9은 북한 당국과 자주 상호작용하며, 한국 정부와는 거의 상호작용하지 않는다. 한편 원의 크기가 클수록 북한 혹은 한반도 평화 이슈의 논의 빈도가 높은 행위자, 즉 매개중심성이 높은 행위자이다. 초록 실선은 주변행위자들 간의 네트워크의 수를 설명하는데, 초록 실선이 많을수록 다수의 외교관계를 보유하고 있음을 즉, 연결중심성이 높은 행위자이다. C1은 북한 및 통일 관련 논의를 자주 다루는 매개 중심성이 높은 행위자이면서 연결 중심성도 높은 파트너라고 할 수 있다. 반면 C8은 매개 중심성과 연결 중심성이 모두 낮은 파트너를 의미한다.

IV. 효율적인 통일공공외교 구상하기:
아무것도 안 하기 vs. 독백 vs. 대화 혹은 협동

본 절에서는 전술된 상상의 결과를 바탕으로 한국 정부의 효율적인 외교 방식 결정을 구상해보고자 한다. 먼저 한국 정부의 주변행위자와의 신뢰도를 분석해보자(〈그림 13-3〉 참조). 중심행위자인 한국 정부는 주변행위자가 자신과 상호작용 빈도가 높고 북한과 상호작용 빈도가 낮을 경우, 높은 신뢰도를 인지하게 된다. 반면, 한국 정부는 자신과 상호작용 빈도가 낮고 북한과 상호작용 빈도가 높은 주변행위자의 경우, 낮은 신뢰도를 인지하게 된다.

다음으로 주변행위자의 네트워크 중심성을 평가해보자(〈그림 13-4〉 참조). 한국 정부는 특정 주변행위자가 다른 많은 주변행

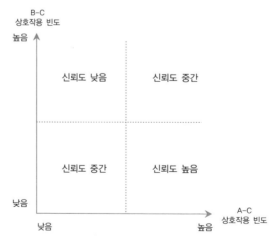

〈그림 13-3〉 중심행위자와 주변행위자 간 신뢰도 분석

주: A는 중심행위자, B는 대립행위자, C는 주변행위자를 의미함

위자들과 관계를 가지면서 동시에 다른 주변행위자들과 자주 통일 이슈를 논의할 경우, 해당 주변행위자가 높은 네트워크 중심성을 보유한 것으로 판단한다. 반면 한국 정부는 주변행위자가 적은 수의 주변행위자들과 관계를 가지면서 동시에 다른 주변행위자들과 통일 이슈를 거의 논의하지 않을 경우, 해당 주변행위자가 낮은 네트워크 중심성을 보유한 것으로 인지하게 된다.

위와 같은 통일공공외교 네트워크 구조의 특성 하에서 한국은 효율적인 통일공공외교 방식을 결정할 수 있는데, 여기서 선택지는 세 가지로 요약된다. 한국은 낮은 비용의 독백을 선택할 수 있고, 높은 비용의 대화와 협동을 선택할 수 있으며, 아무것도 선택하지 않는 즉 통일공공외교 미수행을 선택할 수 있다. 본 논의에서 한국 정부의 선택을 독백, 대화, 협동 등의 특정 방식으로 명명하는 것이 필수적이지는 않지만, 구체적인 함의 도출을 위해

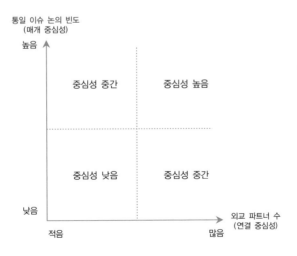

〈그림 13-4〉 주변행위자들의 네트워크 중심성 분석

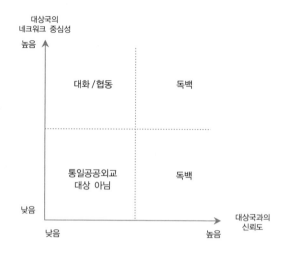

〈그림 13-5〉 중심행위자의 의사결정

저렴한 비용을 대변하는 외교 방식을 독백, 고비용을 대변하는 외교 방식을 대화와 협동으로 설명한다. 먼저 한국이 대화와 협동이라는 높은 비용을 필요로 하는 외교 방식을 선택하는 경우는 해당 주변행위자와의 신뢰도는 낮지만, 주변행위자의 네트워크 중심성이 높은 경우이다. 높은 네트워크 중심성은 네트워크 내 통일인식 확산에 매우 효과적인 기여를 할 수 있을 것이기 때문에 고비용의 외교술도 감당해야 할 유인이 존재하게 되는 것이다. 다만, 주변행위자의 신뢰도가 높다면, 독백만으로도 충분한 통일지지 세력을 확보할 수 있을 것이다. 한편 주변행위자의 네트워크 중심성이 낮다면, 높은 비용의 대화와 협동의 외교 방식을 선택할 유인이 낮아진다. 대화와 협동 등 고비용이 소요되는 외교 방식을 활용해도 효용이 크지 못할 것으로 예상되기 때문에 독백을 선택하는 것이 효율적인 의사결정이 되는 것이다. 더구나 한국과 낮은 신뢰

관계의 주변행위자라면 독백조차도 비효율적일 수 있다. 중심성도 낮고 신뢰도까지 낮다면 해당 주변행위자에 대한 외교 활동이 거의 효과를 보이지 못할 것으로 예상되기 때문이다. 이 경우 해당 주변행위자는 공공외교 대상에서 제외하는 것이 효율적인 의사선택이 된다.

전술한 네트워크 모델(〈그림 13-2〉 참조)와 연관하여 한국 정부의 효율적인 통일공공외교 방식 결정을 살펴보면 다음과 같다. 먼저 C6에 대해서는 대화 혹은 협동(1사분면)을 활용할 필요가 있으며, C1과 C5에 대해서는 독백이 효율적인 방식이다. 단, C1은 2사분면의 차원에서 선택된 독백이며, C5는 4사분면의 차원에서 선택된 독백이다. 마지막으로 C9는 공공외교 대상에서 제외할 수 있다. 실제 사례를 살펴보면, C1은 미국과 같은 주변행위자라고 할 수 있다. 미국은 한국과의 상호작용 빈도가 매우 높으며,[12] 주변행위자들과 다양한 관계[13]를 가질 뿐 아니라, 북한 관련 논의에 매우 활발히 참여Payne 2018, 1-8하는 주변행위자이기 때문이다. C6는 중국과 같은 주변행위자이다. 중국은 한국뿐 아니라 북한과도 매우 긴밀히 상호작용Kong 2018, 76, 95하는 주변행위자이며, 주변행위자들과 다양한 관계[14]를 가질 뿐 아니라, 북한 관련 논의에 매우 활발히 참여Weede 2018, 330-351하는 특징을 가지기 때문이다. C5는

---

12 Congressional Research Service, "South Korea: Background and U.S. Relations," https://fas.org/sgp/crs/row/IF10165.pdf(검색일: 2020.1.30).

13 Global Diplomacy Index, https://globaldiplomacyindex.lowyinstitute.org/#(검색일: 2019.4.20).

14 Global Diplomacy Index, https://globaldiplomacyindex.lowyinstitute.org/#(검색일: 2019.4.20).

<참고 13-5> 대상국별 효율적인 한국 통일공공외교의 예

[사례 1] 신뢰도와 네트워크 중심성이 모두 높은 국가(예: 미국 등)를 대상으로 통일공공외교를 추진하는 경우에는 관련 자료 제공 등과 같이 비용이 크게 소요되지 않는 독백을 활용하는 것이 효율적일 수 있다. 이미 충분한 신뢰도가 형성되어 있기 때문에 추가적인 신뢰도 마련을 위해 불필요한 비용을 지출하는 것은 효율적이지 않기 때문이다. 다만, 상대의 높은 네트워크 중심성을 활용하기 위해서는 일정 수준의 정보 제공이 필요할 것으로 판단된다.

[사례 2] 신뢰도는 높지 않지만 네트워크 중심성이 높은 국가(예: 중국 등)를 대상으로 통일공공외교를 추진하는 경우에는 추가적인 비용이 예상되더라도 대화 혹은 협동을 활용하는 것이 효율적일 수 있다. 대화와 타협을 통해 신뢰도를 높이는 것은 향후 대상국기 가진 높은 수준의 네트워크 중심성 활용에 필수적이기 때문이다.

[사례 3] 신뢰도와 네트워크 중심성이 모두 낮은 국가(예: 북마케도니아 등)를 대상으로 통일공공외교를 추진하는 것은 독백, 대화, 협동 등 그 어떤 것도 효율적인 방법이 아닐 수 있다. 즉, 통일공공외교를 추진하지 않는 것이 효율적이다. 높은 비용이 소요되는 대화와 협동을 추진하여 신뢰도를 구축한다 해도 한반도 평화와 관련하여 마케도니아는 한국에 대한 지지 의사를 전파할 충분한 네트워크 중심성이 없을 것이기 때문이다. 또한 낮은 비용이 소요되는 독백의 경우에도 낮은 신뢰도 하에서라면 전달된 정보의 이해가 한국에 우호적으로 해석되기 어렵다는 측면에서 효율적인 공공외교라고 하기 어렵다.

* 위 논의에서 다루는 효율성은 비용 대비 효과의 측면을 의미한다. 즉 자원이 무한하다면 모든 공공외교는 효율적이지는 못하더라도 효과적일 수 있다.

북마케도니아와 같은 국가가 될 수 있으며, C9은 나이지리아와 같은 국가가 될 수 있다. 북마케도니아는 한국이나 북한과 모두 상호작용 빈도가 낮은 국가[15]라는 특징을 가지며, 나이지리아는

---

15 2019년 4월 기준, 마케도니아는 한국과 미수교국이며, 북한과의 Republic of

북한과 상대적으로 긴밀한 상호작용을 해왔기 때문이다.[16] 두 국가 모두 네트워크 중심성은 낮다. 이해를 돕기 위해 본 절에서는 특정 국가를 예로 활용하여 기술했으나, 통일공공외교 네트워크 내 행위자들은 국가로 제한되지 않기 때문에 주변행위자는 시민단체, 교육기관, 언론, 개인 등으로 확장될 수 있다.

V. 맺음말

통일공공외교란 한반도 통일에 대한 국제사회의 지지와 우호적인 분위기 조성을 목적으로 수행되는 한국의 공공외교이다. 과거 통일외교는 미국, 일본 등 일부 유관국 정부들의 마음만 사면되는 외교였지만, 최근 통일공공외교는 미국, 일본, 중국 등을 포함한 여러 국가와 해당 국가 내 시민단체, 대학, 언론, 개인 등의 마음을 사야 하는 활동이 되었다. 한국은 어떻게 효율적인 통일공공외교를 수행할 수 있을까? 이에 답하기 위하여 본 연구는 네트워크 이론에서 활용되는 개념들을 바탕으로 통일공공외교의 네트워크 구조를 상상하고, 이를 바탕으로 한국 통일공공외교 전략을 구상해보았다. 통일공공외교 네트워크는 중심행위자, 대립행위자, 그

Macedonia 당시 수교를 맺었으나 현재 상호작용이 거의 없는 관계이다. 한국 외교부, http://www.mofa.go.kr/www/nation/m_3458/view.do?seq=89(검색일: 2019. 4.20).

16 Economic Confidential, "North Korea Enjoys Bilateral Relations with Nigeria," https://economicconfidential.com/2018/04/north-korea-enjoys-bilateral-relations-with-nigeria/(검색일: 2019.4.20).

리고 주변행위자로 구성된다. 중심행위자는 한국 정부이며, 대립행위자는 북한 그리고 주변행위자는 다른 모든 국가의 정부 및 해당 국가 내 시민단체, 학교, 언론 등 공공public을 포함한다.

분석결과, 첫째, 한국이 대화와 협동이라는 높은 비용을 필요로 하는 외교 방식을 선택하는 경우는 해당 주변행위자와의 신뢰도는 낮지만, 주변행위자가 높은 네트워크 중심성을 가지고 있는 경우이다. 중심성이 높은 행위자는 네트워크 내 통일인식 확산에 효과적으로 기여할 수 있기 때문에 한국 정부는 고비용의 외교술이라도 기꺼이 활용할 유인을 가지는 것이다. 다만 동일한 상황에서 한국 정부가 주변행위자와 높은 신뢰도를 가지고 있다면, 독백만으로도 충분한 통일지지 세력을 확보할 수 있다.

둘째, 주변행위자가 낮은 네트워크 중심성을 가진다면, 한국 정부가 높은 비용의 대화와 협동을 선택할 유인은 낮아진다. 고비용의 외교 방식을 활용하더라도 이에 대한 외교적 효용이 낮기 때문에 상대적으로 저렴한 독백을 선택하는 것이 효율적인 의사결정이 된다. 한편 동일한 상황에서 한국이 해당 주변행위자와 낮은 신뢰도를 가지고 있다면, 독백도 무의미할 가능성이 높다. 따라서 한국 정부에게는 해당 주변행위자를 공공외교 대상에서 제외하는 것이 가장 효율적인 의사선택이 될 수 있다. 이러한 분석결과는 현재 미국, 일본 및 중국에 대한 통일공공외교 추진 방식 평가의 기준이 될 수 있을 뿐 아니라 향후 통일공공외교 확대 추진을 위한 효율적인 대상 선별 및 전략 수립 등에 정책적 함의를 제공할 수 있다.

우리의 이해, 상상 그리고 구상은 기존에 거의 다루어진 바

없는 통일공공외교를 중심으로 이루어졌을 뿐 아니라 새로운 분석틀의 구축을 시도했다는 측면에서 의의를 가진다. 그러나 상상에는 한계도 분명히 존재한다. 먼저 구축된 네트워크 모델은 신뢰도와 중심성 등의 두 요인만을 기준으로 단순화되었기 때문에 한국 통일공공외교 네트워크의 작동을 구체적으로 살펴보는 것에는 한계가 있었다. 더욱이 네트워크의 신뢰도 및 중심성은 통일공공외교의 내용과 상호 영향을 미칠 수 있는 바, 이에 대한 검토도 추가적으로 이루어져야 할 것이다. 한편 한국 정부의 통일공공외교 방식에 대하여 독백, 대화, 협동 등의 선택지를 지나치게 단순화함으로써 각 외교 행위의 특장점이 충분히 논의되지 못한 한계를 가진다. 향후 구체적인 사례연구를 통해 통일공공외교 네트워크에 관한 이해를 확장해야 할 것이다.

생각해볼 문제

1 효과적인 그리고 효율적인 공공외교란 무엇인가?

2 통일공공외교는 왜 필요한가?

3 통일공공외교는 공공외교와 구분될 수 있을까?

4 한국의 미국에 대한 통일공공외교와 북마케도니아에 대한 통일공공외교는 달라야 할까? 달라야 한다면 무엇이 어떻게 달라야 할까?

5 네트워크이론 이외 통일공공외교를 상상할 수 있는 다른 이론들은 어떤 것이 있을까?

추천 문헌

황병덕 외(2013). 『한반도 통일공공외교 추진전략』. 서울: 통일연구원.

Cowan, Geoffrey, and Amelia Arsenault(2008). "Moving from Monologue to Dialogue to Collaboration." *The ANNALS of the American Academy of Political and Social Science*, Vol.616, Issue 1, pp.10-30.

Fisher, Ali(2010). *Mapping the Great Beyond: Identifying Meaningful Networks in Public Diplomacy*. USC center on Public Diplomacy.

Nye, S. Joseph(2008). "Public Diplomacy and Soft Power." *The ANNALS of the American Academy of Political and Social Science*, Vol.616, Issue 1, pp.94-109.

Wilson, Ernest(2008). "Hard Power, Soft Power, Smart Power." *The ANNALS of the American Academy of Political and Social Science*, Vol.616, Issue 1, pp.110-124.

참고 문헌

강동완(2008). "정책네트워크분석을 통한 대북지원정책 거버넌스 연구."『국제정치논총』48(1), pp.293-323.

김우상(2013). "대한민국의 중견국 공공외교."『정치정보연구』16(1), pp.331-350.

박영호 외(2013).『한국의 對 미국 통일공공외교 실태』. 서울: 통일연구원.

박인휘 외(2014).『통일한국 공공외교 제도화 방안 연구』. 통일부 정책연구과제보고서.

성병욱(2013). "공공외교의 환경변화와 한국의 대응방안."『대한정치학회보』20(3), pp.1-23.

안희남·이승철(2012). "교환 거버넌스로서 네트워크 조직의 본질과 쟁점."『한국자치행정학보』26(1), pp.219-240.

이기태·김두승·송화섭(2013).『한국의 對 일본 통일공공외교 실태』. 서울: 통일연구원.

이명진(2012). "네트워크사회의 도래와 공공성의 특성 변화."『한국사회』13(1), pp.63-85.

이재희·조상미(2015). "사회적기업간 네트워크 특성이 조직성과에 미치는 영향: 네트워크 중심성을 중심으로."『한국사회복지행정학』17(2), pp.89-125.

장연진(2010). "여성복지조직의 네트워크에 관한 연구."『사회복지연구』41(4), pp.313-343.

전병곤 외(2013).『한국의 對 중국 통일공공외교』. 서울: 통일연구원.

정명호 외(2008). "사회적 관계와 협조적 행동."『인사·조직연구』16(4), pp.41-74.

진상기(2009). "계층분석을 활용한 국제정보격차해소정책 네트워크 분석."『한국정책학회보』18(4), pp.237-268.

황병덕 외(2013).『한반도 통일공공외교 추진전략』. 서울: 통일연구원.

황병상·강근복(2004). "과학기술 정책과정의 정책네트워크 분석: 핵융합연구개발정책사례를 중심으로."『한국정책학회보』13(2), pp.175-204.

Ajay Mehra et al.(2006). "The Social Network Ties of Group Leaders: Implications for Group Performance and Leader Reputation." *Organization Science*, Vol.17, Issue 1, pp.64-79.

Baum, A. C. Joel, and Christine Oliver(1996). "Toward An Institutional Ecology of Organizational Founding." *Academy of Management Journal*, Vol.39, Issue 5, pp.1378-1427.

Brehm, John, and Wendy Dahn(1997). "Individual-level evidence for the causes and consequences of social capital." *American Journal of Political Science*, Vol.41, Issue 3, pp.999-1023.

Cowan, Geoffrey, and Amelia Arsenault(2008). "Moving from Monologue to Dialogue to Collaboration." *The ANNALS of the American Academy of Political and Social Science*, Vol.616, Issue 1, pp.10-30.

Creed, Douglas, and Raymond Miles(1995). "A Conceptual Framework Linking Organizational Forms, Managerial Philosophies, and the Opportunity Costs of Control." In Roderick M. Kramer and Tom R. Tyler, eds. *Trust in Organizations: Frontiers of Theory and Research*. London: SAGE Publications, pp.16-37.

Dyer, H. Jeffrey, and Wujin Chu(2003). "The Role of Trustworthiness in Reducing Transaction Costs and Improving Performance." *Organization Science*, Vol.14, Issue 1, pp.57-68.

Fisher, Ali(2010). *Mapping the Great Beyond: Identifying Meaningful Networks in Public Diplomacy*. USC center on Public Diplomacy.

Institute for Unification Education(2017). *Understanding North Korea*. Institute for Unification Education.

Kong, Tat Yan(2018). "China's engagement-oriented strategy towards North Korea: achievements and limitations." *The Pacific Review*, Vol.31, Issue 1, pp.76-95.

Nye, S. Joseph(2008). "Public Diplomacy and Soft Power." *The ANNALS of the American Academy of Political and Social Science*, Vol.616, Issue 1, pp.94-109.

Pamment, James(2012). *New Public Diplomacy in the 21st century*. Routledge.

Payne, B. Keith(2018). "Nuclear deterrence in a new age." *Comparative Strategy*, Vol.37, Issue 1, pp.1–8.

Powell, Walter(1990). "Neither Market nor Hierarchy: Network Forms of Organizations." In Barry Staw and Larry Cummings, eds. *Research in Organizational Behavior*. Greenwich, CT: JAI Press, pp.295–336.

Scott, Richard, and Gerald Davis(2007). *Organizations and Organizing: Rational, Natural and Open System Perspectives*. Upper Saddle River, NJ: Prentice Hall.

Uzzi, Brian(1996). "The Sources and Consequences of Embeddedness for the Economic Performance of Organizations: The Network Effect." *American Sociological Review*, Vol.61, Issue 4, pp.674–698.

Waller, J. Michael(2007). *The Public Diplomacy Reader*. Washington, DC: The Institute of World Politics Press.

Weede, Erich(2018). "Considering a Chinese Sphere of Influence: North Korean Nuclear Weapons Should Not Be an American Problem." *Pacific Focus*, Vol.33, Issue 2, pp.330–351.

국방연구원. "국방정책 해외소개서비스(ROK Angle)." http://kida.re.kr/frt/rscenter/frtCenterIntro.do?searchCondition=&searchKeyword=&pageIndex=23&depth=3&sidx=316&check=1(검색일: 2019.4.20).

민주평화통일자문회의 베이징협의회. http://cafe.daum.net/nuacbeijing/SUTS,(검색일: 2019.4.20).

외교부. "북마케도니아." http://www.mofa.go.kr/www/nation/m_3458/view.do?seq=89(검색일: 2019.4.20).

통일교육원. http://www.uniedu.go.kr/uniedu/home/cms/page/teaching/main.do?mid=SM00000561(검색일: 2019.4.14).

한국국제교류재단. "2018 한국(어)학 교원 고용 지원 실적." http://www.kf.or.kr/front/archv/rltd/popupEvent.html?archv_no=33303&lang=0&siteno=11(검색일: 2019.4.15).

한국연극연출가협회. https://tdak.modoo.at/?link=59zajc37(검색일: 2019. 4.3).

Congressional Research Service(2019). "South Korea: Background and U.S. Relations." In Focus, Updated August 1, https://fas. org/sgp/crs/row/IF10165.pdf(검색일: 2020.1.30).

Economic Confidential(2018). "North Korea Enjoys Bilateral Relations with Nigeria." April 13, https://economicconfidential.com/2018/04/north-korea-enjoys-bilateral-relations-with-nigeria/(검색일: 2019.4.20).

Global Diplomacy Index. https://globaldiplomacyindex.lowyinstitute.org/#(검색일: 2019.4.20).

편저자 및 집필진 소개 (원고게재순)

송기돈 (전북대학교 정치외교학과 교수)

전북대학교 영어교육과를 졸업하고 동대학원 정치학과에서 국제정치 제도화 이론으로 박사학위를 취득했다. 이후 Georgetown University의 박사후연구원을 거쳐 전북대학교 정치외교학과 교수로 재직 중이며, 한국국제정치학회 부회장을 역임하고 현재 전라북도 국제정책자문위원으로 있다. 주요 연구분야는 국제정치/외교이론과 유엔정치론이다.

박성용 (전북대학교 정치외교학과 조교수)

국제정치학으로 University of Salford에서 박사학위를 받았다. 현재 전북대학교 정치외교학과에 재직 중이며, 주요 연구 분야는 동아시아 국제관계, 안보, 북한군사, 국방정책이다.

강정석 (전북대학교 심리학과 부교수)

고려대학교 심리학과에서 학사학위와 석사학위(소비자·광고심리학)를 취득하고 박사과정(소비자·광고심리학)을 수료했다. 이후 University of Connecticut에서 박사학위(커뮤니케이션)를 취득했다. 현재 전북대학교 심리학과에 재직 중이며, 이전에 광고회사인 DDB Korea 차장, SK텔레콤 부장으로 근무했다. 주요 연구 분야는 장소 브랜딩, 소셜 마케팅, 마케팅 커뮤니케이션에 대한 청중의 심리적 저항, 브랜드 확장과 관련된 소비자의 정보처리 등이다.

조화림 (전북대학교 인문대학 프랑스·아프리카학과 교수)

프랑스 그르노블3대학에서 17세기 프랑스 고전극으로 석사 및 박사학위를 취득하였다. 1991년 9월부터 전북대학교 인문대학 프랑스·아프리카학과 교수로 재직 중이며 한국프랑스문화예술학회 부회장과 전북대학교 프랑스·아프리카연구소 소장을 맡고 있다. 프랑스 문학과 영화에 대한 다수의 논문을 발표하고 대표적인 번역서로는 장 라신의 '베레니케'와 프랑수와 니네의 '다큐멘터리란 무엇인가'가 있다.